Maximilian Freiherr von Proff zu Irnich

NotarFormulare Nichteheliche Lebensgemeinschaft

N O T A R F O R M U L A R E

H E R A U S G E G E B E N V O M
D E U T S C H E N N O T A R V E R E I N

NotarFormulare Nichteheliche Lebensgemeinschaft

Muster – Verträge – Erläuterungen

---

3. Auflage 2024

von
Notar
Dr. Maximilian Freiherr von Proff zu Irnich,
Köln

DeutscherNotarVerlag

Zitiervorschlag:
Proff zu Irnich, NotF Nichteheliche Lebensgemeinschaft, § 1 Rn 1

Benutzer-Hinweis für Muster
Für den Download der Mustertexte gehen Sie auf
https://www.notarverlag.de/nichteheliche-lebensgemeinschaft
Dort erhalten Sie Zugriff auf das zip-Archiv: nv_6288_musterdownload

Hinweis
Die Ausführungen in diesem Werk wurden mit Sorgfalt und nach bestem Wissen erstellt. Sie stellen jedoch lediglich Arbeitshilfen und Anregungen für die Lösung typischer Fallgestaltungen dar. Die Eigenverantwortung für die Formulierung von Verträgen, Verfügungen und Schriftsätzen trägt der Benutzer. Herausgeber, Autoren und Verlag übernehmen keinerlei Haftung für die Richtigkeit und Vollständigkeit der in diesem Buch enthaltenen Ausführungen und der per Download bereitgestellten Daten.

Anregungen und Kritik zu diesem Werk senden Sie bitte an
info@notarverlag.de
Autoren und Verlag freuen sich auf Ihre Rückmeldung.

Umschlaggestaltung: gentura, Holger Neumann, Bochum
Satz: Reemers Publishing Services GmbH, Krefeld
Druck: Hans Soldan Druck GmbH, Essen
ISBN 978-3-95646-288-7

Bibliografische Information der Deutschen Bibliothek
Die Deutsche Bibliothek verzeichnet diese Publikation in der Deutschen Nationalbibliografie; detaillierte bibliografische Daten sind im Internet über
http://dnb.d-nb.de abrufbar.

Vorwort

Nichteheliche Lebensgemeinschaften sind in ihren unterschiedlichsten Lebenslagen mittlerweile alltägliche Begleiter der notariellen Praxis. Der Kautelarjurist ist dabei mit einer Querschnittsmaterie konfrontiert, die nicht nur tief in die zivilrechtlichen Gebiete des Schuld-, Grundstücks-, Familien- und Erbrechts hineinreicht, sondern auch mannigfaltige steuerrechtliche und sozialrechtliche Facetten hat. Die dabei auftauchenden Fragestellungen lassen sich am leichtesten mit einer praxisnahen Gesamtdarstellung beantworten, die eine fokussierte Aufbereitung des einschlägigen materiellen Rechts mit Formulierungsvorschlägen und Gestaltungsempfehlungen verbindet. Dies ist Aufgabe und Ziel des vorliegenden Buches. Es soll dem mit nichtehelichen Lebensgemeinschaften befassten Notariat in überschaubarer Zeit Hilfe bei der ersten Orientierung, Vertiefung und der Rechtsgestaltung leisten.

Rechtsprechung und Literatur konnte ich bis Anfang Mai 2023 berücksichtigen.

Danken möchte ich meiner Frau, ohne deren liebevolle Anteilnahme diese Arbeit nicht zu Stande gekommen wäre. Ihr und unseren Kindern widme ich dieses Buch.

Köln, Mai 2023 *Dr. Maximilian Freiherr von Proff zu Irnich*

Inhaltsverzeichnis

Musterverzeichnis

Abkürzungsverzeichnis

a.A.	anderer Auffassung
AA	Auswärtiges Amt
a.a.O.	am angegebenen Ort
abgedr.	abgedruckt
abl.	ablehnend
ABl	Amtsblatt
Abs.	Absatz
Abschn.	Abschnitt
Abt.	Abteilung
abw.	abweichend
a.E.	am Ende
ÄndG	Änderungsgesetz
a.F.	alte Fassung
AfA	Absetzung bzw. Abschreibung für Abnutzung
AG	Aktiengesellschaft; Amtsgericht; Arbeitgeber; Auftraggeber; Ausführungsgesetz
AGB	Allgemeine Geschäftsbedingungen
AGH	Anwaltsgerichtshof
AIZ	Allgemeine Immobilien-Zeitung
Alg	Arbeitslosengeld
allg.	allgemein
allg.M.	allgemeine Meinung
Alt.	Alternative
a.M.	anderer Meinung
AN	Arbeitnehmer
Anh.	Anhang
Anm.	Anmerkung
AnwG	Anwaltsgericht

AnwGH	Anwaltsgerichtshof
ArbG	Arbeitsgericht
arg.	argumentum
ARGE	Arbeitsgemeinschaft
Art.	Artikel
AT	Allgemeiner Teil
Aufl.	Auflage
ausdr.	ausdrücklich
Az.	Aktenzeichen

BAG	Bundesarbeitsgericht
BayObLG	Bayerisches Oberstes Landesgericht
BayVerfGH	Bayerischer Verfassungsgerichtshof
BayVGH	Bayerischer Verwaltungsgerichtshof
Bd.	Band
Bekl	Beklagter
BerlVerfGH	Berliner Verfassungsgerichtshof
Beschl.	Beschluss
bestr.	bestritten
BezG	Bezirksgericht
BFH	Bundesfinanzhof
BGH	Bundesgerichtshof
BGH VGrS	Bundesgerichtshof, Vereinigter Großer Senat
Bl	Blatt
BMA	Bundesministerium für Arbeit
BMF	Bundesministerium der Finanzen
BMI	Bundesministerium des Innern
BMJ	Bundesministerium der Justiz
BPatG	Bundespatentgericht
BR	Bundesrat

BRAK	Bundesrechtsanwaltskammer
BReg	Bundesregierung
BRH	Bundesrechnungshof
BSG	Bundessozialgericht
bspw.	beispielsweise
BT	Besonderer Teil, Bundestag
BVerfG	Bundesverfassungsgericht
BVerwG	Bundesverwaltungsgericht
bzgl.	bezüglich
bzw.	beziehungsweise
ca.	circa
c.i.c.	culpa in contrahendo
DA	Dienstanweisung
DAV	Deutscher Anwaltverein
dB	Dezibel
DBA	Doppelbesteuerungsabkommen
ders.	derselbe
d.h.	das heißt
Diss.	Dissertation
DJT	Deutscher Juristentag
DNotI	Deutsches Notarinstitut
DPA	Deutsches Patentamt
DRS	Deutscher Rechnungslegungsstandard
Drucks	Drucksache
DSR	Deutscher Standardisierungsrat
DStK	Dienststrafkammer
DVEV	Deutsche Vereinigung für Erbrecht und Vermögensnachfolge e.V.

ebd.	ebenda
EG	Europäische Gemeinschaft, Einführungsgesetz
e.G.	eingetragene Genossenschaft
EGMR	Europäischer Gerichtshof für Menschenrechte
Einf.	Einführung
eingetr.	eingetragen
EinigungsV	Einigungsvertrag
Einl.	Einleitung
einschl.	einschließlich
eLP	eingetragene Lebenspartnerschaft
Entsch.	Entscheidung
Entschl.	Entschluss
entspr.	entsprechend
Entw.	Entwurf
EPA	Europäisches Patentamt
Erkl.	Erklärung
Erl.	Erlass, Erläuterung
etc.	et cetera
EU	Europäische Union
EuG	Europäisches Gericht Erster Instanz
EuGH	Europäischer Gerichtshof
EUR	Euro
e.V.	eingetragener Verein
EV	Eidesstattliche Versicherung
evtl.	eventuell
EWG	Europäische Wirtschaftsgemeinschaft
EWGV	Vertrag zur Gründung der Europäischen Wirtschaftsgemeinschaft

f., ff.	folgende, fortfolgende
Fa.	Firma
FA	Finanzamt
FamG	Familiengericht
FG	Finanzgericht, Freiwillige Gerichtsbarkeit
FM	Finanzministerium
Fn	Fußnote
FS	Festschrift
GBA	Grundbuchamt
GBl	Gesetzblatt
GbR	Gesellschaft des bürgerlichen Rechts
GdB	Grad der Behinderung
gem.	gemäß
GF	Grundfläche
ggf.	gegebenenfalls
Gl.	Gläubiger
GmbH	Gesellschaft mit beschränkter Haftung
GmbH i. Gr.	GmbH in Gründung
GO	Gemeindeordnung
GoA	Geschäftsführung ohne Auftrag
GoB	Grundsätze ordnungsgemäßer Buchführung
grds.	grundsätzlich
GRZ	Grundflächenzahl
GV	Gebührenverzeichnis
GVBl	Gesetz- und Verordnungsblatt
GVGA	Geschäftsanweisung für Gerichtsvollzieher
HessStGH	Hessischer Staatsgerichtshof
Hinw.	Hinweis(e)

h.L.	herrschende Lehre
h.M.	herrschende Meinung
HReg	Handelsregister
Hrsg.	Herausgeber
hrsg.	herausgegeben
Hs.	Halbsatz
i.A.	im Auftrag
i.d.F.	in der Fassung
i.d.R.	in der Regel
i.d.S.	in diesem Sinne
IDW	Institut der Wirtschaftsprüfer in Deutschland
i.E.	im Ergebnis
i.e.S.	im engeren Sinne
i.G.	in Gründung
IGH	Internationaler Gerichtshof
IHK	Industrie- und Handelskammer
i.H.v.	in Höhe von
i.L.	in Liquidation
inkl.	inklusive
insb.	insbesondere
insg.	insgesamt
IPR	Internationales Privatrecht
i.S.d.	im Sinne des
i.S.v.	im Sinne von
i.Ü.	im Übrigen
i.V.	in Vertretung
i.V.m.	in Verbindung mit
i.Vorb.	in Vorbereitung

i.W.	in Worten
i.w.S.	im weiteren Sinne
Jg.	Jahrgang
JG	Jugendgericht
JVA	Justizvollzugsanstalt
Kap.	Kapitel
Kfz	Kraftfahrzeug
KG	Kommanditgesellschaft; Kammergericht
KGaA	Kommanditgesellschaft auf Aktien
koord.	koordiniert
krit.	kritisch
KV	Kostenverzeichnis
LAG	Landesarbeitsgericht; Lastenausgleichsgesetz
lfd.	laufend
LG	Landgericht
lit.	litera (Buchstabe)
Lit.	Literatur
LKA	Landeskriminalamt
LPartG	Gesetz zur Beendigung der Diskriminierung gleichgeschlechtlicher Gemeinschaften: Lebenspartnerschaften v. 16.2.2001, BGBl I 2001, 266
LRH	Landesrechnungshof
LS	Leitsatz
LSG	Landessozialgericht
LVA	Landesversicherungsanstalt
LWG	Landwirtschaftsgericht

MdE	Minderung der Erwerbsfähigkeit
MDK	Medizinischer Dienst der Krankenversicherung
m.E.	meines Erachtens
mind.	mindestens
Mio.	Million
Mitt.	Mitteilungen
MPU	Medizinisch-psychologische Untersuchung
m.w.H.	mit weiteren Hinweisen
m.w.N.	mit weiteren Nachweisen
MwSt	Mehrwertsteuer
m.W.v.	mit Wirkung vom
NachlG	Nachlassgericht
ne.	nichtehelich
n.F.	neue Fassung
Nr.	Nummer
n.r.	nicht rechtskräftig
n.v.	nicht veröffentlicht
NW	Nordrhein-Westfalen
o.a.	oben angegeben/angeführt
o.Ä.	oder Ähnliches
OFD	Oberfinanzdirektion
OFH	Oberfinanzhof
o.g.	oben genannt
OHG	Offene Handelsgesellschaft
OLG	Oberlandesgericht
OVG	Oberverwaltungsgericht
OWi	Ordnungswidrigkeit

p.a.	pro anno
PKH	Prozesskostenhilfe
PKV	Prozesskostenvorschuss
Pkw	Personenkraftwagen
Prot.	Protokoll
pVV	positive Vertragsverletzung
RA	Rechtsanwalt
RAG	Reichsarbeitsgericht
RAin	Rechtsanwältin
RAuN	Rechtsanwalt und Notar
RAuNin	Rechtsanwältin und Notarin
RdErl	Runderlass
Rdn	Randnummer in diesem Werk
RdSchr	Rundschreiben
rechtskr.	rechtskräftig
Red.	Redaktion
Reg.	Regierung, Register
RegEntw	Regierungsentwurf
RFH	Reichsfinanzhof
RG	Reichsgericht
Ri	Richter
RiAG	Richter am Amtsgericht
Rn	Randnummer in anderen Werken
Rspr.	Rechtsprechung
rückw.	rückwirkend
S.	Satz; Seite
s.	siehe
s.a.	siehe auch

SG	Sozialgericht
Slg.	Sammlung
s.o.	siehe oben
sog.	sogenannte/r/s
StA	Staatsanwaltschaft
StB	Steuerberater
StGH	Staatsgerichtshof
StR	Strafrecht
str.	streitig
st.Rspr.	ständige Rechtsprechung
StV	Strafverteidiger
s.u.	siehe unten
SÜ	Sicherheitsübereignung
SVS	Speditionsversicherungsschein
TÜV	Technischer Überwachungsverein
TV	Tarifvertrag
u.a.	unter anderem
u.Ä.	und Ähnliches
u.E.	unseres Erachtens
umstr.	umstritten
UNO	United Nations Organization
unstr.	unstreitig
unveröff.	unveröffentlicht
UR.	Urkundenrolle
URL	Uniform Resource Locators
urspr.	ursprünglich
Urt.	Urteil
usw.	und so weiter

u.U.	unter Umständen
u.V.m.	und Vieles mehr
VBL	Versorgungsanstalt des Bundes und der Länder
vEK	verwendbares Eigenkapital
Verf.	Verfassung; Verfasser
VerfGH	Verfassungsgerichtshof
Veröff.	Veröffentlichung
Verz.	Verzeichnis
Vfg.	Verfügung
VG	Verwaltungsgericht; Verwertungsgesellschaft
VGH	Verwaltungsgerichtshof; Verfassungsgerichtshof
vgl.	vergleiche
VGrS	Vereinigter Großer Senat
VGT	Verkehrsgerichtstag
v.H.	vom Hundert
VO	Verordnung
VOBl	Verordnungsblatt
Vor	Vorbemerkung
vorl.	vorläufig
VormG	Vormundschaftsgericht
VVaG	Versicherungsverein auf Gegenseitigkeit
z.B.	zum Beispiel
Ziff.	Ziffer
zit.	zitiert
z.T.	zum Teil
zust.	zustimmend

ZVK	Zusatzversorgungskassen
zzgl.	zuzüglich
zzt.	zurzeit

Literaturverzeichnis

Beck'sche Online-Formulare Vertragsrecht, 6.5.1, zitiert *Krause*, Partnerschaftsvertrag der nichtehelichen Lebensgemeinschaft, 64. Edition 2023

Grziwotz, Die nichteheliche Lebensgemeinschaft, 5. Aufl. 2014

Grziwotz, Partnerschaftsvertrag für die nichteheliche und nicht eingetragene Lebensgemeinschaft, 5. Aufl. 2016

Hausmann, Nichteheliche Lebensgemeinschaft und Vermögensausgleich, 1989

Hepting, Ehevereinbarungen – Die autonome Ausgestaltung der ehelichen Lebensgemeinschaft im Verhältnis zu Erbrecht, Rechtsgeschäftslehre und Schuldrecht, 1984

Leipold, Testierfreiheit und Sittenwidrigkeit in der Rechtsprechung des BGH, in: 50 Jahre BGH, Festgabe aus der Wissenschaft (2000), Bd. 1, S. 1011

MüKo zum BGB, Anhang zu § 1302, Bd. 7, 8. Aufl. 2022, zitiert *Wellenhofer*, Zivilrechtsfragen der nichtehelichen Lebensgemeinschaft

Münchener Vertragshandbuch, Bd. 6, Bürgerliches Recht II, 8. Aufl. 2020, zitiert *Langenfeld*, Der Vertrag der nichtehelichen Lebensgemeinschaft

Bengel/Reimann/Dietz, Testament und Erbvertrag, 7. Aufl. 2020

Schöner/Stöber, Grundbuchrecht, 16. Aufl. 2020

Süß, Erbrecht in Europa, 4. Aufl. 2020

Staudinger, Kommentar zum Bürgerlichen Gesetzbuch, Neubearbeitung 2018, zitiert *Löhnig*, Anhang zu §§ 1297 ff. (Verlöbnis, Eheschließung, Allgemeine Ehewirkungen, Faktische Lebensgemeinschaft)

v. Proff, Die eheähnliche Gemeinschaft im Einkommensteuerrecht, 2007 (Münchener Universitätsschriften; Band 216)

Weinreich/Klein, Fachanwaltskommentar Familienrecht, 7. Aufl. 2021, zitiert *Weinreich*, Nichteheliche Lebensgemeinschaft

§ 1 Einleitung

Angesichts einer stetig weiter ansteigenden Verbreitung nichtehelicher Lebensgemeinschaften in Deutschland ist zu erwarten, dass ihre Bedeutung in der juristischen Praxis noch zunehmen wird. Dies gilt umso mehr, als es im bürgerlichen Recht an einschlägigen gesetzlichen Regelungen fehlt. Es handelt sich um eine Materie, in der dem Notar ein breiter Gestaltungsspielraum zusteht, den er auch nutzen sollte, da er in einem weitgehenden gesetzgeberischen Vakuum operiert und den Beteiligten einen erheblichen „Mehrwert" gegenüber einem teilweise noch konturlosen, im Umbruch befindlichen Richterrecht anbieten kann. Hierin liegt eine anspruchsvolle Herausforderung, die mit Augenmaß und nicht zuletzt mit Blick auf die besondere Schutzbedürftigkeit mancher Beteiligter genutzt werden kann und sollte. 1

Hinter der Bezeichnung nichteheliche Lebensgemeinschaft verbergen sich eine Vielzahl heterogener Formen unterschiedlicher Bindungsintensität, die etwa von der kurzlebig-unverbindlichen Studenten-Wohngemeinschaft über die „Ehe auf Probe" als Prüfungszeit im Hinblick auf eine etwaige Eheschließung bis zur dauerhaften Lebensgemeinschaft als Alternative zur Ehe mit gemeinsamen Kindern reicht, und unterschiedlicher Rollenverteilung in Erwerbstätigkeit und Beruf (Einverdiener-Partnerschaft, Doppelverdienerbeziehung).[1] Die Kautelarpraxis trägt diesen völlig unterschiedlichen Lebenssachverhalten durch an die individuellen Verhältnisse „maßgeschneiderte" Vertragsmuster Rechnung.[2] 2

Die nichteheliche Lebensgemeinschaft kann auf drei Arten enden. Die unglücklichen sind der Tod eines Lebensgefährten oder die Trennung, der glückliche Ausgang ist ihre Heirat. Haben die Partner lange Zeit miteinander gelebt und ihre Vermögenssphären vermischt, beispielsweise durch Erwerb gemeinsamer Vermögensgegenstände oder Bau eines Familienhauses aufgrund und Boden nur eines Partners, so führt insbesondere der Tod eines Partners oder die Trennung erfahrungsgemäß häufig zum Streit, der vor Gerichten ausgetragen wird.[3] 3

1 *Strätz*, FamRZ 1980, 301, 302.

2 So werden Muster unterschiedlicher Partnerschaftsverträge für die „Ehe auf Probe" und die auf Dauer angelegte Lebensgemeinschaft vorgestellt, etwa *Grziwotz*, Partnerschaftsvertrag, S. 7 ff., 99 ff.

3 Zum Ausgleich einer bereits während einer vorehelichen Lebensgemeinschaft konkludent begründeten und während der Ehe fortgeführten Innengesellschaft (Betrieb der späteren Ehefrau) vgl. BGH NJW 2006, 1268.

§ 2 Vermögensausgleich nach beendeter nichtehelicher Lebensgemeinschaft

A. Überblick

Der Gesetzgeber hat auf die zunehmende Verbreitung nichtehelicher Lebensgemeinschaften durch punktuelle Regelungen in verschiedenen Bereichen der Rechtsordnung reagiert. Gemeinsames Merkmal all dieser gesetzgeberischen Aktivitäten ist, dass sie nur das Außenverhältnis der Lebensgefährten zu Dritten im Privat-, Straf- oder öffentlichen Recht betreffen. Dagegen fehlen spezielle Kodifikationen zum Innenverhältnis der Lebensgefährten. Nach heute ganz herrschender Meinung kommt durch die Begründung einer nichtehelichen Lebensgemeinschaft kein Vertragsverhältnis zwischen den Lebensgefährten zustande.[1] Der Zusammenschluss zweier Personen zu einer nichtehelichen Lebensgemeinschaft ist ein rein tatsächlicher Vorgang. Auch eine Analogie zum Recht des Zugewinnausgleichs zwischen Ehegatten (§§ 1371 ff. BGB) kommt nicht in Betracht.[2] Die Lebensgefährten unterstellen sich bewusst nicht dem Eherecht. Dadurch, dass die Partner zusammenziehen oder in anderer Weise eine nichteheliche Lebensgemeinschaft begründen, äußern sie noch keinen Rechtsfolgenwillen. Weil die Beteiligten (zunächst) bewusst nicht die Ehe schließen möchten, kommt eine Gesamtanalogie zum Eherecht nicht in Betracht. Haben sie sich auch nicht die Ehe versprochen, kommt auch das Verlöbnisrecht nicht zur Anwendung. 1

Die **ältere Rechtsprechung des BGH** hat schon früh den Grundsatz aufgestellt, dass nach beendeter Lebensgemeinschaft kein Ausgleich oder eine Vermögensauseinandersetzung stattfindet.[3] Als Ausnahme hiervon hat die Rechtsprechung nur die Fälle anerkannt, in denen ein Partner einen Vermögensstand allein erwirbt, der vom anderen Partner jedoch wesentlich mitfinanziert wird, wenn die Beteiligten sich darüber einig waren, dass der Vermögensgegenstand ihnen beiden wirtschaftlich gehören soll.[4] In diesen Fällen hat die Rechtsprechung lange Zeit angenommen, dass eine Innengesellschaft bürgerlichen 2

1 Ebenso BGH v. 8.7.1996, II ZR 340/95, NJW 1996, 2727; *Grziwotz*, Die nichteheliche Lebensgemeinschaft, § 5, Rn 13 m.w.N.; *Strätz*, FamRZ 1980, 301, 305 f.; *Simon*, JuS 1980, 252, 253; *Messerle*, JuS 2001, 28, 31; *Röthel*, Jura 2006, 641, 648. A.A. nur die Theorie vom Zusammenlebensvertrag, die nur von *Roth-Stielow*, JR 1978, 233 f. vertreten wird.

2 LG Aachen v. 30.9.1987, 11 O 132/87, NJW-RR 1988, 450.

3 BGH v. 24.3.1980, II ZR 191/79, BGHZ 77, 55, 58 = NJW 1980, 1520, 1521; BGH NJW 1983, 1055; BGH NJW 1992, 906, 907; BGH NJW 1996, 2727; BGH NJW 1997, 3371; BGH NJW 2004, 59, 60; BGH NJW-RR 2005, 1089, 1090 f.; BGH v. 25.11.2009, XII ZR 92/06, NJW 2010, 998 = ZEV 2010, 145 m. Anm. *Muscheler*; BGH v. 3.2.2010, XII ZR 53/08, NJW 2010, 868 = FamRZ 2010, 542; NJW-Spezial 2010, 229. Zust. *Röthel*, Jura 2006, 641, 648. Vgl. auch OLG Brandenburg v. 26.1.2010, 13 W 67/09, BeckRS 2010, 04800; OLG Bremen v. 4.1.2013, 4 W 5/12, NJW-RR 2013, 197.

4 Vgl. bereits BGH WM 1965, 793; BGH NJW 1986, 51; 1992, 906, 907; BGH NJW-RR 1996, 1473; BGH NJW 1997, 3371 f.; BGH NJW-RR 2005, 1089, 1091; OLG Hamm NJW 1980, 1530.

Rechts zustande kommt. Der BGH unterschied nicht danach, ob die Partner den Vermögensgegenstand, insbesondere die Immobilie, zu eigenen (Wohn-) Nutzungszwecken oder zur Erzielung von Einkünften (z.B. Betriebe, Renditeobjekte) verwendeten.[5] Lange Zeit hat die Rechtsprechung des BGH – entgegen anders lautenden Urteilen mancher Obergerichte[6] – es abgelehnt, Rückforderungsansprüche unter dem Gesichtspunkt eines Wegfalls der Geschäftsgrundlage (§ 313 BGB) oder Ansprüche auf Rückgabe wegen ungerechtfertigter Bereicherung unter dem Gesichtspunkt eines Wegfalls des mit der Leistung verfolgten Zwecks (§ 812 Abs. 1 S. 2, 2. Alt. BGB) zuzusprechen.[7] Begründet wurde dies damit, dass jeder der beteiligten Partner damit rechnen müsse, dass die Lebensgemeinschaft durch Trennung enden kann. Es wurde weiter ins Feld geführt, dass die nichteheliche Lebensgemeinschaft als rein tatsächlicher Vorgang keine Geschäftsgrundlage sein könne.[8] Ein gegebenenfalls vereinbarter Zweck im Sinne des § 812 Abs. 1 S. 2, 2. Alt. BGB habe sich bereits durch das Zusammenleben verwirklicht.[9]

3 In zwei **Grundsatzurteilen vom 9.7.2008**[10] hat der **BGH seine bisherige Rechtsprechung aufgegeben**. Die Urteile hatten finanzielle Beiträge bzw. Arbeitsleistungen eines Partners zum Gegenstand, die gemeinsam bewohnten Immobilien zu Gute kamen. Der BGH erkennt nun erstmals an, dass ein Partner **nach der Trennung** gegen den Anderen Ansprüche wegen Wegfalls der Geschäftsgrundlage (§ 313 BGB) und wegen Nichterreichung des mit der Leistung verfolgten Zwecks (§ 812 Abs. 1 S. 2 Alt. 2 BGB) haben kann. Die Urteile des BGH vom 9.7.2008[11] bedeuten eine Abkehr von einer jahrzehntelangen feststehenden Rechtsprechung. Sie sind von äußerst hoher praktischer Bedeutung. Ihre Folgen sind noch nicht vollständig absehbar. Insbesondere ist noch nicht klar, in welchem Umfang die alte Rechtsprechung obsolet geworden ist. Die Urteile des BGH vom 9.7.2008[12] sind zu der Fallkonstellation ergangen, dass die nichteheliche Lebensgemeinschaft durch Trennung (nicht durch Tod) endete und ein Partner vom anderen die Erstattung von Beiträgen verlangte, die dessen (Miteigentumsanteil an einer) Immobilie zu Gute gekommen waren.

5 BGH WM 1965, 793; NJW-RR 1993, 774; OLG Bremen NZG 1999, 25. A.A. *Schulz*, FamRZ 2007, 593, 596 ff.; OLG Hamm NJW-RR 1990, 1223; OLG Naumburg, NJW-RR 2003, 578.

6 OLG Düsseldorf FamRZ 1997, 1110, 1112; OLG Naumburg NJW 2006, 2418; *Schulz*, FamRZ 2007, 593, 596.

7 BGH NJW 1983, 1055; OLG Celle NJW-RR 2000, 1675; offenlassend jüngst BGH NJW 2008, 443 m. Anm. *v. Proff* = BGH FamRZ 2008, 247 m. Anm. *Grziwotz*.

8 BGH v. 24.3.1980, II ZR 191/79, BGHZ 77, 55, 60 = NJW 1980, 1520; BGH NJW 1983, 1055; 2004, 58, 59; BGH NJW-RR 2005, 1089, 1091; *Sandweg*, BWNotZ 1990, 49, 55; *Lipp*, AcP 180 (1980), 537, 579 f.; *Röthel*, Jura 2006, 641, 648 f.; *Burger*, FamRZ 2003, 1543, 1544.

9 OLG Hamm NJW-RR 1990, 1223; OLG Celle NJW-RR 2000, 1675.

10 BGH v. 9.7.2008, XII ZR 179/05, DNotZ 2009, 52 m. Anm. *Löhnig* = NJW 2008, 3277 = RNotZ 2008, 611 m. Anm. *v. Proff*; BGH v. 9.7.2008, XII ZR 39/06, NJW 2008, 3282.

11 BGH v. 9.7.2008, XII ZR 179/05, DNotZ 2009, 52 m. Anm. *Löhnig* = NJW 2008, 3277 = RNotZ 2008, 611 m. Anm. *v. Proff*; BGH v. 9.7.2008, XII ZR 39/06, NJW 2008, 3282.

12 BGH v. 9.7.2008, XII ZR 179/05, DNotZ 2009, 52 m. Anm. *Löhnig* = NJW 2008, 3277 = RNotZ 2008, 611 m. Anm. *v. Proff*; BGH v. 9.7.2008, XII ZR 39/06, NJW 2008, 3282.

Der BGH hat sich nicht dazu geäußert, was gilt, wenn die nichteheliche Lebensgemeinschaft durch Tod endet und andere Beiträge eines Partners im Streit stehen, z.B. Geldüberweisungen. Auch hierzu ist in letzter Zeit höchstrichterliche Rechtsprechung ergangen. Mit Urt. v. 25.11.2009[13] hat der BGH für den Fall, dass der spendierfreudigere Partner (zuerst) stirbt, entschieden dass seinen Erben regelmäßig keine Ausgleichsansprüche zustehen.[14] Zugleich hat der BGH in diesem Urteil und in einem Urt. v. 3.2.2010[15] bestätigt, dass für Beiträge des alltäglichen Bedarfs unverändert das Ausgleichsverbot der alten Rechtsprechung fortgilt. 4

Vor diesem Hintergrund empfiehlt es sich, sich zunächst die „alte", bis zum 9.7.2008 ergangene Rechtsprechung des BGH vor Augen zu führen und anschließend die Urteile des BGH vom 9.7.2008 sowie die Folgerechtsprechung zu analysieren. 5

B. Alte BGH-Rechtsprechung bis zum 9.7.2008

I. Ausgleichsverbot

In seiner bis zu den Urteilen vom 9.7.2008[16] ständigen Rechtsprechung lehnte der BGH es grundsätzlich ab, nach der Beendigung einer nichtehelichen Lebensgemeinschaft in die Vermögenszuordnung der Partner einzugreifen. Die Rechtsprechung **unterschied dabei nicht, ob die Lebensgemeinschaft durch Trennung oder durch Tod geendet hatte**.[17] Hauptmotiv dieser Rechtsprechung war, zu vermeiden, dass der Partner, der finanzielle Beiträge erbracht hat, besser gestellt wird, als derjenige, der sich mit im Nachhinein kaum bewert- und bezifferbaren Eigenleistungen insbesondere im Haushalt eingebracht hat.[18] Als Ausnahme von diesem Ausgleichsverbot erkannte der BGH neben ausdrücklichen abweichenden Vereinbarungen Ausgleichsansprüche im Wesentlichen nur unter dem Gesichtspunkt einer durch konkludentes Verhalten begründeten Innengesellschaft an. An deren Annahme knüpfte und knüpft der BGH hohe Anforderungen (zur alten Rechtsprechung siehe Rdn 14 ff., zur neuen Rechtsprechung siehe Rdn 28). 6

13 BGH v. 25.11.2009, XII ZR 92/06, NJW 2010, 998 = ZEV 2010, 145 m. Anm. *Muscheler*.

14 Ebenso schon *Grziwotz*, FamRZ 2008, 250 (Analogie zu § 1301 S. 1 BGB); *Coester*, JZ 2008, 315, 316; *Löhnig*, DNotZ 2009, 59, 61.

15 BGH v. 3.2.2010, XII ZR 53/08, NJW 2010, 868 = FamRZ 2010, 542; NJW-Spezial 2010, 229. Vgl. auch OLG Düsseldorf v. 28.3.2006, I-4 U 102/05, ZEV 2007, 184 m. Anm. *Muscheler*; OLG Brandenburg v. 26.1.2010, 13 W 67/09, BeckRS 2010, 04800; OLG München v. 19.7.2010, 34 O 25145/09, BeckRS 2010, 28347.

16 BGH v. 9.7.2008, XII ZR 179/05, DNotZ 2009, 52 m. Anm. *Löhnig* = NJW 2008, 3277 = RNotZ 2008, 611 m. Anm. *v. Proff*; v. 9.7.2008, XII ZR 39/06, NJW 2008, 3282.

17 BGH v. 24.3.1980, II ZR 191/79, BGHZ 77, 55 = NJW 1980, 1520, 1521.

18 Vgl. zuletzt BGH v. 31.10.2007, XII ZR 261/04, NJW 2008, 443 m. Anm. *v. Proff* = FamRZ 2008, 247 m. Anm. *Grziwotz*.

7 Die alte Rechtsprechung des BGH ging von dem Grundsatz aus, dass in der nichtehelichen Lebensgemeinschaft Leistungen materieller oder immaterieller Art, die dem anderen Partner oder der Lebensgemeinschaft zu Gute kommen, unentgeltlich erbracht sind.[19] Dieser alten BGH-Rechtsprechung zufolge blieben insbesondere Beiträge im Interesse der Führung der Lebensgemeinschaft, d.h. finanzielle und immaterielle Leistungen im Rahmen der gemeinsamen Haushaltsführung[20] und solche Beiträge zum Zusammenleben, die bei Parallelwertung in intakter Ehe dem Familienunterhalt (§§ 1360, 1360a BGB) zuzurechnen wären,[21] nicht ausgeglichen.[22] Gleiches galt für die (im Zweifel unentgeltliche) Pflege des kranken Partners[23] und für den Tilgungs- und Zinsdienst in Bezug auf ein Darlehen, das ein Lebensgefährte im Interesse des Zusammenlebens aufgenommen hat und nach den Darlehensbedingungen alleine bedienen muss.[24] Nach Ansicht der Rechtsprechung bestimmen die persönlichen Beziehungen auch das die Lebensgemeinschaft betreffende vermögensmäßige Handeln der Partner.[25] Persönliche und wirtschaftliche Leistungen der Lebensgefährten seien daher nicht gegeneinander abzurechnen.[26] Die Vorstellung, für Leistungen im gemeinsamen Interesse könnten ohne Abrede

19 Einen fundamental anderen Ansatz verfolgt *Lipp*, AcP 180 (1980), 537, 583 ff., der ein synallagmatisches Verhältnis der Lebensgefährten erkennen will.

20 Vgl. bereits BAG v. 23.4.1959, 2 AZR 118/56, NJW 1959, 1511; nach OLG München v. 28.7.1987, 5 U 2074/87, FamRZ 1988, 58, kann ein Lebensgefährte ohne entsprechende Vereinbarung vom anderen nicht Aufwendungsersatz, Erstattung, (Gesamtschuldner-) Ausgleich oder in anderer Weise Ersatz für Materialaufwand und eigene Arbeitsleistungen im Zusammenhang mit einer Renovierung einer gemeinsam mit der Lebensgefährtin bewohnten Wohnung beanspruchen.

21 Vgl. BGH v. 1.4.1965, II ZR 182/62, WM 1965, 793, 794: „In einem Verhältnis, wie es zwischen der Klägerin und J jahrelang bestanden hat, werden die Leistungen, die im Rahmen gemeinsamer Haushaltsführung jeder für den anderen erbringt, gewöhnlich im Hinblick auf die als gleichwertig angesehenen Leistungen des anderen und deshalb nicht in der Erwartung gewährt, hierfür eine Bezahlung zu erhalten.“; BAG v. 23.4.1959, 2 AZR 118/56, NJW 1959, 1511; OLG Düsseldorf v. 31.1.1997, 7 U 59/96, FamRZ 1997, 1110, 1111; OLG Köln v. 22.11.1996, 11 U 107/96, FamRZ 1997, 1113.

22 Vgl. *Schulz*, FamRZ 2007, 593, 594 m.w.N.

23 Vgl. OLG Köln v. 22.11.1996, 11 U 107/96, FamRZ 1997, 1113, für den Fall freiwilliger Betreuungsleistungen, anders sei jedoch im Falle der vertraglichen Übernahme einer Pflegeverpflichtung zu entscheiden.

24 Vgl. BGH v. 3.10.1983, II ZR 132/82, FamRZ 1983, 1213 (allerdings sind die dort streitgegenständlichen erheblichen fremdfinanzierten Aufwendungen zum Umbau des im Alleineigentum der Lebensgefährtin stehenden Hauses in eine Gaststätte m.E. nicht als bloße Beiträge zum Zusammenleben zu qualifizieren); OLG Oldenburg v. 26.2.1986, 3 U 229/85, FamRZ 1986, 465 m. zust. Anm. *Bosch*; *Schulz*, FamRZ 2007, 593, 594 m.w.N.

25 BGH v. 24.3.1980, II ZR 191/79, BGHZ 77, 55, 58 = NJW 1980, 1520, 1521 = BB 1980, 858 = FamRZ 1980, 664 = JR 1980, 455 m. Anm. *Görgens*; BGH v. 20.1.1983, II ZR 91/82, NJW 1983, 1055 = FamRZ 1983, 349; v. 25.2.1991, II ZR 46/90, DStR 1991, 655, 656 m. Anm. *Goette*; BGH v. 4.11.1991, II ZR 26/91, NJW 1992, 906, 907 = FamRZ 1992, 408 = DStR 1992, 475; BGH v. 8.7.1996, II ZR 340/95, NJW 1996, 2727; BGH v. 25.9.1997, II ZR 269/96, NJW 1997, 3371= FamRZ 1997, 1533; BGH v. 6.10.2003, II ZR 63/02, NJW 2004, 59, 60 = DStR 2004, 50 = FamRZ 2004, 94; BGH v. 13.4.2005, XII ZR 296/00, NJW-RR 2005, 1089, 1090 f. = FamRZ 2005, 1151; zustimmend *Röthel*, Jura 2006, 641, 648.

26 BGH v. 24.3.1980, II ZR 191/79, BGHZ 77, 55, 58 = NJW 1980, 1520, 1521= BB 1980, 858 = FamRZ 1980, 664 = JR 1980, 455 m. Anm. *Görgens*; *Schulz*, FamRZ 2007, 593, 594; *Sandweg*, BWNotZ 1990, 49, 53.

Gegenleistungen, Wertersatz, Ausgleichung oder Entschädigung verlangt werden, sei nichtehelichen Lebensgemeinschaften fremd.[27] Beiträge im Rahmen des Zusammenlebens würden geleistet, sofern Bedürfnisse auftreten und, wenn nicht von beiden, so von demjenigen erbracht, der dazu in der Lage ist. Der BGH ging davon aus, dass Partner einer langjährigen nichtehelichen Lebensgemeinschaft die gegenseitigen finanziellen oder Arbeitsleistungen im Rahmen der Haushaltsführung als gleichwertig ansehen. Sie gewährten sie daher nicht in der Erwartung, hierfür eine Bezahlung zu erhalten. So hat der BGH entschieden, dass angeblich von 1946 bis 1960 geleistete Unterhaltszahlungen in Höhe von 20.000 DM des Mannes von seinen Erben nicht zurück verlangt werden können, und dies insbesondere damit begründet, dass ihnen Leistungen der Haushaltsführung der Frau gegenüberstanden.[28] Dieser Rechtsprechung lag die Wertung zu Grunde, dass Geldleistungen und Arbeitsleistungen, die in intakter Ehe als Beiträge zum Familienunterhalt (§ 1360 BGB) einzuordnen wären, in nichtehelicher Lebensgemeinschaft ebenfalls gleichwertig sind.[29] Hinzu kam die Scheu davor, Arbeitsleistungen im Haushalt nach Stundenzahl und Stundenlohn zu bewerten.[30] Hervorgehoben wurde auch der Zusammenhang mit der (rechtlich irrelevanten) Lebensgemeinschaft.[31] Das OLG München hat in einem Urt. v. 28.7.1987[32] entschieden, dass ein Lebensgefährte ohne entsprechende Vereinbarung vom anderen nicht Aufwendungsersatz, Erstattung, (Gesamtschuldner-) Ausgleich oder in anderer Weise Ersatz für Materialaufwand und eigene Arbeitsleistungen im Zusammenhang mit einer Renovierung einer gemeinsam mit der Lebensgefährtin bewohnten Wohnung beanspruchen kann.[33] Das OLG Oldenburg hat ausgeführt, dass ein Partner, der langlebige Wirtschaftsgüter anschafft, nicht besser gestellt werden darf, als der, der für den täglichen Bedarf einkauft, Wohnraum zur Verfügung stellt oder Dienstleistungen erbringt. Die einander erbrachten Leistungen seien vielmehr als gleichwertig anzusehen, schon deshalb, weil es gar nicht möglich sei, nach Beendigung der Lebensgemeinschaft den Umfang der erbrachten Leistungen festzustellen und zu bewerten.[34]

27 BGH v. 24.3.1980, II ZR 191/79, BGHZ 77, 55, 58 = NJW 1980, 1520, 1521 = BB 1980, 858 = FamRZ 1980, 664 = JR 1980, 455 m. Anm. *Görgens*; v. 20.1.1983, II ZR 91/82, NJW 1983, 1055 = FamRZ 1983, 349; BGH v. 6.10.2003, II ZR 63/02, NJW 2004, 58, 59 = DStR 2004, 50 f. = FamRZ 2004, 94; OLG Düsseldorf v. 31.1.1997, 7 U 59/96, FamRZ 1997, 1110, 1111; OLG Köln v. 22.11.1996, 11 U 107/96, FamRZ 1997, 1113.

28 BGH v. 1.4.1965, II ZR 182/62, WM 1965, 793, 794.

29 Gleiches gilt für Liebesdienste, die nach BGH v. 7.12.1983, IVa ZR 160/82, NJW 1984, 797, in einer von emotionalen Bindungen getragenen Beziehung nicht gegen Entgelt erbracht werden.

30 So ausdrücklich OLG Düsseldorf v. 31.1.1997, 7 U 59/96, FamRZ 1997, 1110, 1111; vgl. bereits OLG Oldenburg v. 26.2.1986, 3 U 229/85, FamRZ 1986, 465 m. zust. Anm. *Bosch*.

31 OLG Oldenburg v. 26.2.1986, 3 U 229/85, FamRZ 1986, 465 m. zust. Anm. *Bosch*; OLG Frankfurt v. 23.12.1980, 17 W 35, 80, FamRZ 1981, 253 m. zust. Anm. *Bosch*.

32 OLG München v. 28.7.1987, 5 U 2074/87, FamRZ 1988, 58.

33 Die Aufrechnung gegen Darlehensrückzahlungsansprüche der Lebensgefährtin wurde daher versagt; OLG München v. 28.7.1987, 5 U 2074/87, FamRZ 1988, 58.

34 OLG Oldenburg v. 26.2.1986, 3 U 229/85, FamRZ 1986, 465 m. zust. Anm. *Bosch*.

1. Keine Rückforderung wegen Zweckverfehlung (§ 812 Abs. 1 S. 2 Alt. 2 BGB)

8 Eine bereicherungsrechtliche Rückforderung von während einer nichtehelichen Lebensgemeinschaft erfolgten Leistungen unter dem Gesichtspunkt der Verfehlung des mit der Leistung verfolgten Zwecks (*condictio ob rem*, § 812 Abs. 1 S. 2 Alt. 2 BGB) schied nach der Rechtsprechung regelmäßig aus.[35] Die Rechtsprechung betonte in diesem Zusammenhang die wesensmäßige Instabilität der eheähnlichen Gemeinschaft,[36] d.h. dass sie jederzeit von jedem Partner ohne Ankündigung oder Kündigungsfrist einseitig aufgelöst werden kann. Damit sei es unvereinbar, anzunehmen, dass ein Lebensgefährte dem anderen Vermögen mit der einschränkenden Maßgabe zuwendet, dass der andere es im Trennungsfall nur dann behalten darf, wenn sich der zugewendete Gegenstand bis dahin amortisiert hat.[37] Die Rechtsprechung der Oberlandesgerichte ging regelmäßig davon aus, dass ein etwaiger mit einer Leistung an den Lebensgefährten verfolgter Zweck i.S.d. § 812 Abs. 1 S. 2 Alt. 2 BGB bereits erreicht ist. Investitionen in die gemeinsam bewohnte, aber im Alleineigentum des anderen Lebensgefährten stehende Immobilie bezweckten danach lediglich die (wenn auch nur vorübergehende) gemeinsame Benutzung.[38] In einem Urt. v. 20.1.1983[39] hat der BGH die Erstattung von Aufwendungen für Heizöl, kleinere Reparaturen durch Handwerker und geringfügigen Materialaufwand, die allesamt dem gemeinsam bewohnten Haus der Partnerin zu Gute kamen, nach Trennung verweigert.

9 In seinen **Urteilen vom 9.7.2008**[40] hat der BGH die vorgenannte Rechtsprechung **aufgegeben**. Er betont nun nicht mehr die jederzeitige Auflösbarkeit, sondern vielmehr das Vertrauen in den Fortbestand der Beziehung.

35 BGH v. 8.7.1996, II ZR 340/95, NJW 1996, 2727. Die Anwendung des Bereicherungsrechts ablehnend auch *Lohmann*, Verhandlungen des 57. Deutschen Juristentages, Bd. II, I 99, 100; *Sandweg*, BWNotZ 1990, 49, 55; *Strätz*, FamRZ 1980, 434, 435; *Diederichsen*, NJW 1983, 1017, 1024; OLG München v. 15.11.1979, 8 W 2106/79, FamRZ 1980, 239; OLG Frankfurt am Main v. 23.12.1980, 17 W 35/80, FamRZ 1981, 253 m. Anm. *Bosch*; OLG Frankfurt am Main v. 23.10.1981, 17 W 29/81, FamRZ 1982, 265 m. Anm. *Bosch*; OLG Köln v. 10.3.1995, 3 U 74/94, FamRZ 1995, 1142, 1143. A.A. OLG Stuttgart v. 25.2.1992, 6 U 32/91, NJW-RR 1993, 1475, 1476; OLG Karlsruhe v. 13.10.1993, 6 U 57/93, NJW 1994, 948; OLG Köln v. 7.11.1994, 16 U 58/94, NJW-RR 1996, 518; *Lipp*, AcP 180 (1980), 537, 579 ff.

36 *Schulz*, FamRZ 2007, 593, 594.

37 OLG Hamm v. 11.12.1989, 29 W 116 und 117/88, NJW-RR 1990, 1223.

38 OLG Celle v. 29.6.1999, 4 W 99/99, NJW-RR 2000, 1675.

39 BGH v. 20.1.1983, II ZR 91/82, NJW 1983, 1055.

40 BGH v. 9.7.2008, XII ZR 179/05, DNotZ 2009, 52 m. Anm. *Löhnig* = NJW 2008, 3277 = RNotZ 2008, 611 m. Anm. *v. Proff*; BGH v. 9.7.2008, XII ZR 39/06, NJW 2008, 3282.

2. Keine Ansprüche wegen Wegfalls der Geschäftsgrundlage (§ 313 BGB)

Ansprüche wegen Wegfalls der Geschäftsgrundlage (§ 313 Abs. 3 S. 1 i.V.m. §§ 346 ff. BGB) lehnte der BGH ab. Der Fortbestand der Lebensgemeinschaft komme nicht als Geschäftsgrundlage in Betracht, weil dies andernfalls der spezifischen Risikoverteilung in der nichtehelichen Lebensgemeinschaft zuwiderlaufe. Wer eine nichteheliche Lebensgemeinschaft eingeht, übernehme das Risiko, dass er Leistungen erbringt, die er nicht selbst voll ausnutzen und dennoch nicht ersetzt verlangen kann.[41] Der BGH lehnte es in stetiger Rechtsprechung ab, im Fortbestehen der nichtehelichen Lebensgemeinschaft die Geschäftsgrundlage für Leistungen der Lebensgefährten füreinander zu erblicken. Nach Beendigung der eheähnlichen Gemeinschaft konnte kein Lebensgefährte von ihm erbrachte Leistungen unter dem Gesichtspunkt des Wegfalls der Geschäftsgrundlage (§ 313 Abs. 3 S. 1 i.V.m. §§ 346 ff. BGB) vom anderen zurückverlangen.[42] **10**

Diese Rechtsprechung ist seit den **BGH-Urteilen vom 9.7.2008**[43] **obsolet**. Der BGH hält das Vertrauen in den Fortbestand der Beziehung für schutzwürdig. **11**

3. Schenkungswiderruf wegen groben Undanks (§ 530 Abs. 1 BGB)

Die bloße Trennung genügt nach der Rechtsprechung nicht als Widerrufsgrund wegen groben Undanks gemäß § 530 Abs. 1 BGB.[44] Der Schenker müsse damit rechnen, dass sich die Lebensgemeinschaft auflöst. Ihm kann daher nur durch ein vertragliches Rückforderungsrecht geholfen werden. **12**

Die für einen Schenkungswiderruf wegen groben Undanks erforderliche schwere Verfehlung kann somit nur in besonders rücksichtslosen Begleitumständen der Trennung erblickt werden.[45] Der BGH hat diese Voraussetzungen in einem Fall bejaht, in dem die beschenkte Lebensgefährtin den Schenker vor dessen Arbeitgeber angeschwärzt und gegen **13**

41 BGH v. 20.1.1983, II ZR 91/82, NJW 1983, 1055; *Sandweg*, BWNotZ 1990, 49, 55; *Lipp*, AcP 180 (1980), 537, 579 f.

42 BGH v. 24.3.1980, II ZR 191/79, BGHZ 77, 55, 60 = NJW 1980, 1520, 1521 = BB 1980, 858 = FamRZ 1980, 664 = JR 1980, 455 m. Anm. *Görgens*; BGH v. 6.10.2003, II ZR 63/02, NJW 2004, 58, 59 = DStR 2004, 50 = FamRZ 2004, 94 (Erwerb eines Wohnhauses als gemeinsamer Alterssitz zu Miteigentum und Ausschluss des Rechts zur Auflösung der Bruchteilsgemeinschaft) m.w.N. aus der Rechtsprechung; BGH v. 13.4.2005, XII ZR 296/00, NJW-RR 2005, 1089, 1091 = FamRZ 2005, 1151; *Röthel*, Jura 2006, 641, 648 f.; *Burger*, FamRZ 2003, 1543, 1544. A.A. OLG Düsseldorf v. 31.1.1997, 7 U 59/96, FamRZ 1997, 1110, 1112; OLG Naumburg v. 14.2.2006, 8 W 4/06, NJW 2006, 2418; *Schulz*, FamRZ 2007, 593, 596.

43 BGH v. 9.7.2008, XII ZR 179/05, DNotZ 2009, 52 m. Anm. *Löhnig* = NJW 2008, 3277 = RNotZ 2008, 611 m. Anm. *v. Proff*; BGH v. 9.7.2008, XII ZR 39/06, NJW 2008, 3282.

44 Vgl. OLG Frankfurt a.M. v. 12.10.2022, 17 U 125/21, NJOZ 2022, 1543 = BeckRS 2022, 29618 Tz. 76; LG Gera v. 24.2.2005, 4 O 2404/03 (nicht veröffentlicht); OLG Karlsruhe v. 3.10.1985, 4 U 51/84, BeckRS 2009, 29501.

45 Vgl. OLG Frankfurt a.M. v. 12.10.2022, 17 U 125/21, NJOZ 2022, 1543 = BeckRS 2022, 29618 Tz. 76 ff.

ihn Anzeige wegen Diebstahls von Kraftstoff seines Arbeitgebers erstattet hat. Sie verstoße gegen ihre Leistungstreuepflicht (§ 242 BGB), wenn sie aus bloßen allgemein staatsbürgerlichem Interesse und ohne eigene Betroffenheit ihren Lebensgefährten der Gefahr einer Strafverfolgung und des Verlustes seines Arbeitsplatzes aussetzt.[46] Das OLG Hamm hat groben Undank für den Fall erkannt, dass ein Mann von seiner Partnerin Geldgeschenke annahm, obwohl er ohne ihr Wissen bereits Verhältnisse zu anderen Frauen pflegte.[47] Der BGH hat groben Undank in einem Fall angenommen, in dem ein Mann seiner Lebensgefährtin ein Wohnrecht an seinem Haus einräumte, um ihr eine neue Existenzgrundlage außerhalb der von ihr bislang betriebenen Prostitution zu verschaffen, wenn die Frau sich später wieder der Prostitution zugewandt hat und ein Verhältnis zu einem anderen Mann unterhalten hat.[48] Das OLG Frankfurt hat groben Undank verneint, als der Schenker die Beschenkte mit einer anderen Frau betrogen hat und es hierauf zu einem „emotional aufgeladenen Trennungsgeschehen und hitzigen Auseinandersetzungen" mit „Wortgefechten" und „wechselseitigen Beschimpfungen über WhatsApp" kam, in deren Verlauf der Schenker unmittelbar nach der Trennung zweimal gegen das Fahrzeug der Beschenkten gefahren ist und dieses nicht nur unerheblich beschädigt hat, die Beschenkte gegen den Schenker Strafanzeige erstattet und ein polizeiliches Kontaktverbot erwirkt hat.[49] Das OLG Frankfurt berücksichtigte dabei, dass die „behaupteten Geschenke einem luxuriösen, exklusiven, eher konsumorientierten Lebensstil entsprangen, zu dem nach übereinstimmendem Vortrag der – finanziell gut situierten – Parteien der Einkauf in hochpreisigen Geschäften ebenso wie der regelmäßige Besuch teurer Restaurants, internationale Reiseaufenthalte in gehobenen Hotels und das Aufsuchen von Therapeuten im Ausland dazugehörte".[50]

II. Abfindungsansprüche aus Innengesellschaft

14 Eine vermögensmäßige **Gesamtauseinandersetzung** nach Auflösung einer nichtehelichen Lebensgemeinschaft, die alle während ihres Bestehens erbrachten Leistungen oder Zuwendungen der Partner untereinander berücksichtigt (Gesamtsaldierung aller Ausgaben der Partner), fand nach ständiger Rechtsprechung nicht statt, wenn es die Part-

46 BGH v. 28.9.1990, V ZR 109/89, BGHZ 112, 259, 263.

47 OLG Hamm v. 30.9.1977, 11 U 99/77, NJW 1978, 224. Kein grober Undank dürfte aber mit OLG München v. 28.1.2009, 20 U 2673/08, BeckRS 2009, 05471, FamRZ 2009, 1831 = RNotZ 2009, 339 m. Anm. *v. Proff* vorliegen, wenn die Ehefrau im Jahr 1991 und damit im zweiten Ehejahr ein ehebrecherisch gezeugtes Kind zur Welt bringt, das sie jedoch möglicherweise für ein eheliches hielt, und im Jahr 2001 vom Ehemann schenkweise erhebliche Geldzuwendungen erhält. Der grobe Undank kann der Schenkung zeitlich nicht vorgehen.

48 BGH v. 13.11.2012, X ZR 80/11, BeckRS 2012, 25607.

49 OLG Frankfurt a.M. v. 12.10.2022, 17 U 125/21, NJOZ 2022, 1543 = BeckRS 2022, 29618 Tz. 76 ff.

50 OLG Frankfurt a.M. v. 12.10.2022, 17 U 125/21, NJOZ 2022, 1543 = BeckRS 2022, 29618 Tz. 79.

ner nicht ausdrücklich anders vereinbart hatten.[51] Ebenso wenig war Raum für einen Gesamtvermögensausgleich nach Art des Zugewinnausgleichs, in den die Vermögensentwicklung beider Partner während ihrer Lebensgemeinschaft einbezogen wird.

Trafen die Beteiligten ausdrückliche vertragliche Vereinbarungen, wurden diese selbstverständlich anerkannt, weil die nichteheliche Lebensgemeinschaft keinen rechtsfreien Raum schafft. Meist fehlten jedoch derartige Vereinbarungen der Partner. Der BGH ließ **hinsichtlich einzelner Vermögensgegenstände von bedeutendem Wert nach gesellschaftsrechtlichen Grundsätzen** einen Ausgleich zu. Der nunmehr nach der Geschäftsverteilung zuständige XII. (Familien-) Senat des BGH hat die Grundlage hierfür in Abkehr von der bisherigen Rechtsprechung in einem Urt. v. 28.9.2005 nicht mehr in einer „entsprechenden Anwendung" der §§ 730 ff. BGB (ab 1.1.2024: § 740b Abs. 1 BGB idF durch das MoPeG[52]), sondern darin gesehen, dass eine Innengesellschaft durch schlüssiges Verhalten zu Stande gekommen sei.[53] Die nichteheliche Lebensgemeinschaft sei eine Verbindung ohne Rechtsbindungswillen. Aus einer bloßen faktischen Willensübereinstimmung könnten sich gesellschaftsrechtliche Ausgleichsansprüche nicht ergeben.[54] In seinen beiden **Urteilen vom 9.7.2008** hat der BGH diese Rechtsprechung und ihre dogmatische Grundlage (konkludente Innengesellschaft) bestätigt. Er hat jedoch ihren **Anwendungsbereich auf Vermögensgegenstände eingeschränkt, die zur Erzielung von Einkünften dienen** (z.B. Mietobjekte, Unternehmen, Freiberuflerpraxen).[55] Wenn es dagegen um das selbst bewohnte Familienwohnhaus geht, hegt der BGH nun Zweifel an dem für eine Innengesellschaft der Partner unverzichtbaren Bindungswillen, soweit diese lediglich „die nichteheliche Lebensgemeinschaft verwirklichen" wollten.[56] 15

51 OLG Düsseldorf v. 31.1.1997, 7 U 59/96, FamRZ 1997, 1110, 1111.

52 Gesetz zur Modernisierung des Personengesellschaftsrechts (Personengesellschaftsrechtsmodernisierungsgesetz – MoPeG) v 10.8.2021, BGBl 2021 I, 3436.

53 BGH v. 28.9.2005, XII ZR 189/02, NJW 2006, 1268, 1270; BGH v. 31.10.2007, XII ZR 261/04, NJW 2008, 443 m. Anm. *v. Proff*, Tz. 17 = FamRZ 2008, 247 m. Anm. *Grziwotz*; OLG Koblenz v. 7.9.2022, 9 UF 123/22, BeckRS 2022, 39337, Tz. 18 (Ehegatteninnengesellschaft). Allein durch das gemeinsame Wohnen und Wirtschaften kommt dagegen keine Gesellschaft bürgerlichen Rechts zustande; vgl. *Schulz*, FamRZ 2007, 593, 594.

54 BGH v. 28.9.2005, XII ZR 189/02, NJW 2006, 1268, 1270; BGH v. 31.10.2007, XII ZR 261/04, NJW 2008, 443 m. Anm. *v. Proff*, Tz. 17 = FamRZ 2008, 247 m. Anm. *Grziwotz*.

55 BGH v. 9.7.2008, XII ZR 179/05, DNotZ 2009, 52 m. Anm. *Löhnig* = NJW 2008, 3277 = RNotZ 2008, 611 m. Anm. *v. Proff*, Tz. 21–23; BGH v. 9.7.2008, XII ZR 39/06, NJW 2008, 3282, Tz. 13–15, vgl. für Ehegatten BGH v. 19.9.2012, XII ZR 136/10, NJW 2012, 3374.

56 BGH v. 9.7.2008, XII ZR 179/05, DNotZ 2009, 52 m. Anm. *Löhnig* = NJW 2008, 3277 = RNotZ 2008, 611 m. Anm. *v. Proff*, Tz. 22; BGH v. 9.7.2008, XII ZR 39/06, NJW 2008, 3282, Tz. 14; BGH v. 6.7.2011, XII ZR 190/08, Tz. 23, BeckRS 2011, 20252 = NZG 2011, 984; LG Köln v. 19.8.2014, 15 O 315/13, BeckRS 2015, 10974; OLG Hamm v. 6.4.2022, 8 U 172/20, NJW-RR 2022, 957 = BeckRS 2022, 8899 Rn 37. Ebenso für Ehegatten BGH NJW 2006, 1268, 1269; *Arens*, FamRZ 2000, 266, 268; OLG Karlsruhe FamRZ 2008, 1080; OLG Schleswig v. 20.4. 2016, 15 UF 84/15, juris 2016, 851 Tz. 17.

16 Die Annahme einer durch schlüssiges Verhalten begründeten Innengesellschaft liegt nahe, wenn die Partner durch gemeinschaftliche Leistungen einen Vermögensgegenstand erwirtschaftet haben, der dinglich nur dem einen Partner zusteht, hierbei aber im Innenverhältnis die Absicht verfolgt haben, einen – wenn auch nur wirtschaftlich – gemeinschaftlichen Wert zu schaffen, der von ihnen für die Dauer ihrer Partnerschaft nicht nur gemeinsam genutzt wird, sondern ihnen nach ihrer Vorstellung auch gemeinsam gehören soll.[57]

17 Die Voraussetzungen für einen gesellschaftsrechtlichen Ausgleichsanspruch sind nach der Rechtsprechung des BGH beispielsweise dann gegeben, wenn die Partner durch beiderseitige Arbeit, finanzielle Aufwendungen oder sonstige Leistungen zusammen ein gewerbliches Unternehmen aufbauen, betreiben und als gemeinsamen Wert betrachten und behandeln.[58] Gleiches gilt, wenn während einer nichtehelichen Lebensgemeinschaft Renditeobjekte gemeinsam derart geschaffen werden, dass die Partnerin Grundstücke erwirbt und der Partner an deren Bebauung wesentlich mitwirkt.[59] Diese Grundsätze **gelten auch nach** den **Urteilen vom 9.7.2008**. Der Sachverhalt, dass der Lebensgefährte wesentlich zum Bau des gemeinsam bewohnten Hauses beiträgt, das im Alleineigentum des anderen Lebensgefährten steht, war dagegen nur nach alter Rechtsprechung tauglicher Gesellschaftsgegenstand.[60]

18 Immer muss der Beitrag des dinglich nicht beteiligten Lebensgefährten dem Substanzaufbau, der Erhaltung oder wesentlichen Verbesserung dienen. Nicht ausreichend sind bloße Reparaturmaßnahmen oder -aufwendungen. Daher begründen auf eigene Kosten vor-

57 Vgl. bereits BGH v. 1.4.1965, II ZR 182/62, WM 1965, 793; BGH v. 24.6.1985, II ZR 255/84, NJW 1986, 51 (Bau zweier Dreifamilienhäuser als Renditeobjekte); BGH v. 4.11.1991, II ZR 26/91, NJW 1992, 906, 907 = FamRZ 1992, 408; BGH v. 8.7.1996, II ZR 193/95, NJW-RR 1996, 1473 (Beitrag von 90000 DM zur Anschaffung einer gemeinsam bewohnten und nur auf die Lebensgefährtin eingetragenen Wohnung); BGH v. 25.9.1997, II ZR 269/96, NJW 1997, 3371 f. = FamRZ 1997, 1533 (Beitrag von 94.000 DM zur Anschaffung einer gemeinsam bewohnten und nur auf die Lebensgefährtin eingetragenen Wohnung); BGH v. 10.1.2000, II ZR 247/98, WM 2000, 522; BGH v. 21.7.2003, II ZR 249/01, FamRZ 2003, 1542 m. Anm. *Burger* = NZG 2003, 1015; BGH v. 13.4.2005, XII ZR 296/00, NJW-RR 2005, 1089, 1091 = FamRZ 2005, 1151; BGH v. 31.10.2007, XII ZR 261/04, NJW 2008, 443 m. Anm. *v. Proff*, Tz. 17 = FamRZ 2008, 247 m. Anm. *Grziwotz*. Vgl. auch OLG Hamm v. 31.10.1979, 8 U 114/78, NJW 1980, 1530 (Hotelbetrieb); OLG Stuttgart v. 31.1.1991, 13 U 88/90, DStR 1992, 474 m. Anm. *Goette*, rkr. nach BGH v. 13.1.1992, II ZR 70/91, nicht veröffentlicht; OLG Köln v. 10.3.1995, 3 U 74/94, FamRZ 1995, 1142, 1143; OLG Bremen v. 14.7.1998, 3 U 22/98, NZG 1999, 25; OLG Bremen v. 4.1.2013, 4 W 5/12, NJW-RR 2013, 197; OLG Koblenz v. 7.9.2022, 9 UF 123/22, BeckRS 2022, 39337, Tz. 18 f. (Ehegatteninnengesellschaft); Staudinger/*Habermeier*, BGB, § 730 Rn 8.

58 BGH v. 12.7.1982, II ZR 263/81, BGHZ 84, 388, 390 = FamRZ 1982, 1065 m. Anm. *Bosch*.

59 BGH v. 24.6.1985, II ZR 255/84, NJW 1986, 51; BGH v. 10.1.2000, II ZR 247/98, WM 2000, 522.

60 BGH v. 1.4.1965, II ZR 182/62, WM 1965, 793; BGH v. 1.2.1993, II ZR 106/92, NJW-RR 1993, 774 = FamRZ 1993, 939; OLG Bremen v. 14.7.1998, 3 U 22/98, NZG 1999, 25; OLG Schleswig v. 12.1.2001, 14 U 120/00, FamRZ 2002, 96, nimmt sogar bei Erwerb einer Wohnung durch die Lebensgefährten zu ½ Miteigentumsbruchteilen eine Innengesellschaft an mit der Folge, dass jeder Lebensgefährte vom anderen nach Beendigung der Lebensgemeinschaft und Verkauf der Wohnung den entstandenen Verlust mitzutragen hat.

genommene Renovierungsmaßnahmen eines Lebensgefährten an der von ihm gemieteten und von beiden genutzten Wohnung auch dann keine Ausgleichsansprüche gegen die Lebensgefährtin, wenn die Lebensgemeinschaft scheitert.[61] In diesem Fall steht der Zweck des gemeinschaftlichen Zusammenlebens ganz im Vordergrund.

Maßgebend für das Bestehen von Ausgleichsansprüchen ist nach der ständigen Recht- 19
sprechung des BGH eine Gesamtwürdigung, die sich an getroffenen Absprachen, Äußerungen des dinglich allein berechtigten Partners gegenüber Dritten, den finanziellen Verhältnissen der beiden Partner und daran orientiert, dass jedenfalls bei Vermögenswerten von erheblicher wirtschaftlicher Bedeutung wesentliche Beiträge des Partners, der nicht Eigentümer oder Miteigentümer ist, einen Anhaltspunkt für eine gemeinschaftliche Wertschöpfung bilden.[62]

Stets sind aber ausdrückliche Vereinbarungen vorrangig. Sie verdrängen einen gesell- 20
schaftsrechtlichen Ausgleichsanspruch. Trägt der Lebensgefährte beispielsweise zum Erwerb eines Wohnhauses durch seine Partnerin bei und ist man sich einig, dass ihm als einzige Gegenleistung ein grundbuchlich abgesichertes Mitbenutzungsrecht eingeräumt wird, so ist für einen gesellschaftsrechtlichen Ausgleichsanspruch nach Ansicht des OLG Naumburg kein Raum mehr.[63] Ist die Lebensgefährtin beim Partner angestellt und erbringt ihre Beiträge zum Betrieb ihres Partners aufgrund dieses Anstellungsvertrages, kann sie nicht darüber hinaus beanspruchen, als Innengesellschafterin am Betriebserfolg beteiligt zu werden, weil ihre Leistungen auf ausdrücklicher arbeitsvertraglicher Grundlage vergütet worden sind.[64] Allerdings bestand auf die durchgängige Anwendung dieses Grundsatzes durch die Rechtsprechung kein Verlass. So hat das OLG Schleswig hinter dem Erwerbsbeteiligungsverhältnis der Bruchteilsgemeinschaft eine konkludent begründete Innengesellschaft bürgerlichen Rechts erkannt.[65]

61 OLG München v. 28.7.1987, 5 U 2074/87, FamRZ 1988, 58; dies gilt selbst dann, wenn die Handwerkerrechnungen erst nach Trennung fällig werden; vgl. BGH v. 20.1.1983, II ZR 91/82, NJW 1983, 1055.

62 BGH v. 4.11.1991, II ZR 26/91, NJW 1992, 906, 907 = FamRZ 1992, 408 = DStR 1992, 475 = WM 1992, 610, 611; BGH v. 1.2.1993, II ZR 106/92, NJW-RR 1993, 774 = FamRZ 1993, 939 m.w.N.; BGH v. 8.7.1996, II ZR 193/95, NJW-RR 1996, 1473 = DStR 1996, 1740 m. Anm. *Goette*; BGH v. 10.1.2000, II ZR 247/98, WM 2000, 522.

63 OLG Naumburg v. 17.9.2002, 8 W 9/02, NJW-RR 2003, 578, 579.

64 OLG Brandenburg v. 10.12.2014, 10 WF 63/14, NJW-RR 2015, 516.

65 OLG Schleswig v. 12.1.2001, 14 U 120/00, FamRZ 2002, 96: Die Frau brachte 150000 DM Eigenkapital ein, während ihr Lebensgefährte die überwiegenden laufenden Zins- und Tilgungsdienst für die Fremdfinanzierung übernahm. Bevor die Immobilie abbezahlt war, trennte man sich und veräußerte sie mit Verlust. Die Frau verlangte mit Erfolg vom Mann, zur Verlustdeckung beizutragen.

C. Vermögensausgleich nach Trennung nach neuer Rechtsprechung

I. Vorgeschichte, „Umbuchungs“-Urteil des BGH vom 31.10.2007

21 Lange Zeit prägte der II. (Gesellschaftsrechts-) Senat die Rechtsprechung zur nichtehelichen Lebensgemeinschaft. Dies mag ein Grund dafür sein, dass der BGH einen Vermögensausgleich gescheiterter Beziehungen im Wesentlichen nur auf gesellschaftsrechtlicher Grundlage bejahte. Als der XII. (Familienrechts-) Senat die Zuständigkeit für die nichteheliche Lebensgemeinschaft erhielt, führte er diese Rechtsprechung zunächst fort, ohne sie wesentlich zu ändern.[66] Lediglich die dogmatische Begründung wurde seit einem Urt. v. 28.9.2005 nicht mehr in einer „entsprechenden Anwendung“ der §§ 730 ff. BGB, sondern darin gesehen, dass eine Innengesellschaft durch schlüssiges Verhalten zu Stande gekommen sei.[67]

22 In einem Urt. v. 31.10.2007[68] hat der BGH diese Rechtsprechung zwar im Grundsatz bestätigt, jedoch erstmals offengelassen, ob Ausgleichsansprüche nach § 313 BGB (gemeinschaftsbezogene Zuwendung, deren Geschäftsgrundlage mit Auflösung der Lebensgemeinschaft wegfällt) oder nach § 812 Abs. 1 S. 2 Alt. 2 BGB zur Anwendung kommen können. Ein an Krebs erkrankter Mann überwies seiner Lebensgefährtin im März 1999, ein halbes Jahr vor seinem Tod, knapp 40.000 EUR unter der Bezeichnung „Umbuchung“. Nach dem Tod des Mannes verlangte sein Sohn Rückzahlung, da sein Vater seiner Partnerin nur ein Darlehen habe gewähren wollen. Er habe den Betrag dem Zugriff seiner von ihm getrenntlebenden Frau entziehen wollen. Der BGH konnte die Frage, ob Ansprüche nach § 313 BGB oder § 812 Abs. 1 S. 2 Alt. 2 BGB zur Anwendung kommen können, offenlassen. Der geldgebende Lebensgefährte hatte bei der Überweisung seinen nahen Tod vor Augen, so dass nicht davon ausgegangen werden konnte, dass der Fortbestand der Lebensgemeinschaft Geschäftsgrundlage der „Umbuchung“ war.

II. BGH-Urteile vom 9.7.2008

23 Die beiden Grundsatz-Urteile des BGH zur nichtehelichen Lebensgemeinschaft vom 9.7.2008[69] haben finanzielle Beiträge bzw. Arbeitsleistungen eines Partners zum Gegen-

66 BGH v. 13.4.2005, XII ZR 296/00, NJW-RR 2005, 1089, 1090 f. = FamRZ 2005, 1151.

67 BGH v. 28.9.2005, XII ZR 189/02, NJW 2006, 1268, 1270; BGH v. 31.10.2007, XII ZR 261/04, NJW 2008, 443 m. Anm. *v. Proff*, Tz. 17 = FamRZ 2008, 247 m. Anm. *Grziwotz*. Allein durch das gemeinsame Wohnen und Wirtschaften kommt dagegen keine Gesellschaft bürgerlichen Rechts zustande; vgl. *Schulz*, FamRZ 2007, 593, 594.

68 BGH v. 31.10.2007, XII ZR 261/04, NJW 2008, 443.

69 BGH v. 9.7.2008, XII ZR 179/05, DNotZ 2009, 52 m. Anm. *Löhnig* = NJW 2008, 3277 = RNotZ 2008, 611 m. Anm. *v. Proff*; v. 9.7.2008, XII ZR 39/06, NJW 2008, 3282.

stand, die gemeinsam bewohnten Immobilien zu Gute kamen und weit über den Grad der dinglichen Beteiligung des Leistenden an dem Objekt hinausgingen.

1. Sachverhalt

Im dem Urteil XII ZR 39/06[70] zugrundeliegenden Sachverhalt erwarben die Lebensgefährten im Jahr 1995 in Bruchteilsgemeinschaft zu je ½ ein Baugrundstück. Sie trugen den Kaufpreis für das Grundstück und die Grunderwerbsteuer zu gleichen Teilen. Die Partner bebauten das Grundstück anschließend mit einem Familienwohnhaus, das sie gemeinsam zu eigenen Wohnzwecken nutzten. Die Frau trug im Prozess vor, dass sie in weit höherem Umfang als der Mann zur Bebauung beigetragen habe. Von Beruf Architektin, habe sie allein umfangreiche Bauplanungsleistungen und erhebliche finanzielle Beiträge erbracht. Im Jahr 2002 ging die Beziehung auseinander. Die Frau verlangte nun vom Mann, ihr die Hälfte ihrer Mehrleistungen beim Hausbau zu erstatten. Diese bezifferte sie mit 203.926,77 EUR. Sie trug vor, dass sie und ihr Lebensgefährte bereits beim Erwerb des Grundstücks darüber einig gewesen seien, alle Kosten hälftig zu teilen. 24

Im Urteil XII ZR 179/05[71] ging es ebenfalls um ein Familienwohnhaus. Dieses stand jedoch im Alleineigentum der Frau. Diese erwarb das betreffende Baugrundstück 1999 mit finanziellen Mitteln beider Partner allein auf ihren Namen. Anschließend wurde das Grundstück mit einem Einfamilienwohnhaus samt Einliegerwohnung bebaut. Der Mann wurde weder als Miteigentümer im Grundbuch eingetragen noch hat er eine sonstige dingliche Berechtigung an dem Grundstück erlangt. Dies entsprach seinem ausdrücklichen Wunsch. Er hatte Kinder aus einer geschiedenen Ehe. Diese sollten nach seinem Tode möglichst keine Erb- oder Pflichtteilsansprüche im Hinblick auf die Immobilie erwerben. Nach seinem bestrittenen Vortrag hat ihm seine Partnerin beim Erwerb ein lebenslanges „Wohnrecht“ versprochen. Dem vom BGH wiedergegebenen Sachverhalt lässt sich nicht entnehmen, ob sich dieses „Wohnrecht“ auf alle Räume der Immobilie oder – was nahe liegt – nur auf einen Teil davon erstrecken bzw. nur als Mitwohnrecht konzipiert sein sollte, ohne dass die Partnerin gänzlich von der Nutzung hätte ausgeschlossen werden können. Immerhin sollte das Anwesen den Lebensgefährten teils als gemeinsame Wohnung dienen, teils dem für eine Bausparkasse tätigen Mann als Büro und teils der Tochter der Frau als Wohnung. Die für die dingliche Entstehung des „Wohnrechts“ erforderlichen Erklärungen hat die Frau jedoch in der Folgezeit nicht abgegeben, so dass es auch nicht im Grundbuch eingetragen worden ist. 2003 kam es zu Span- 25

70 BGH v. 9.7.2008, XII ZR 39/06, NJW 2008, 3282. Vorinstanzen: LG Frankfurt am Main v. 8.3.2004, 2 – 30 O 237/02 (nicht veröffentlicht); OLG Frankfurt am Main v. 20.1.2006, 8 U 75/04 (nicht veröffentlicht).

71 BGH v. 9.7.2008, XII ZR 179/05, DNotZ 2009, 52 m. Anm. *Löhnig* = NJW 2008, 3277 = RNotZ 2008, 611 m. Anm. *v. Proff*; Vorinstanzen: LG Gera v. 24.2.2005, 4 O 2404/03 (nicht veröffentlicht); OLG Jena v. 18.10.2005, 8 U 278/05 (nicht veröffentlicht).

nungen der Beteiligten. Auf eine Räumungsklage der Eigentümerin hin verließ der Partner das Haus. Er verlangte nun Zahlung in Höhe von 83.806,25 EUR als Ausgleich für seine finanziellen Beiträge zum Hausbau sowie 10.000 EUR als Ausgleich für seine am Hausbau erbrachten eigenen Arbeitsleistungen, die er mit einem Umfang von jedenfalls 1.000 Stunden zu jeweils 10 EUR ansetzte.

2. Entscheidung des BGH

26 Legt man die bisherige Rechtsprechung des BGH zugrunde, so wären die geltend gemachten Ansprüche in beiden Verfahren abzulehnen gewesen. Anhaltspunkte für eine durch schlüssiges Verhalten begründete Innengesellschaft bürgerlichen Rechts der Lebensgefährten waren nicht ausreichend vorhanden. Im Falle XII ZR 39/06 lag dies daran, dass die Frau bereits als Miteigentümerin eingetragen war.[72] Die Rechtsprechung des BGH hat Innengesellschaften im Wesentlichen nur in Fällen angenommen, in denen ein Partner alleine erworben hatte.[73] Im Falle XII ZR 179/05 war das Bestehen einer Innengesellschaft deshalb abzulehnen, weil dem Partner nach seinem Vortrag bereits ein Wohnrecht versprochen war.[74] Alles sprach daher dafür, dass der Mann lediglich ein Mitbenutzungsrecht, jedoch nicht das Miteigentum an dem Grundstück erhalten sollte. Eine Innengesellschaft kommt ebenfalls nicht zu Stande, wenn eine Immobilie allein auf die Frau angeschafft wird, weil der als selbstständiger Handwerker tätige Mann sie vor etwaigen Haftungs- oder Insolvenzrisiken schützen will.[75]

27 In Aufgabe seiner bisherigen Rechtsprechung sieht der BGH nun Raum für Anspruchsgrundlagen jenseits des Ausgleichs nach den Regeln der Innengesellschaft bürgerlichen Rechts. Im Falle XII ZR 39/06 sind dies die Grundsätze über den Wegfall der Geschäftsgrundlage (§ 313 BGB). Im Falle XII ZR 179/05 ist dies der Anspruch aus § 812 Abs. 1 S. 2 Alt. 2 BGB (Rückforderung wegen Nichterreichung des mit der Leistung verfolgten Zwecks).

III. Vermögensausgleich bei Trennung

1. Innengesellschaft nur noch im Einkünfteerzielungsbereich

28 Gleichsam als roter Faden zieht sich durch die beiden in weiten Teilen gleichlautenden Urteile vom 9.7.2008 die Tendenz, die Auseinandersetzung gescheiterter nichtehelicher

72 Mit gleicher Begründung lehnte die Vorinstanz einen Ausgleichsanspruch wegen Innengesellschaft ab; vgl. LG Frankfurt am Main v. 8.3.2004, 2 – 30 O 237/02 (nicht veröffentlicht).

73 BGH NJW 1992, 906, 907; BGH NJW-RR 1996, 1473; BGH NJW 1997, 3371 f.; BGH NJW-RR 2005, 1089, 1091; a.A. OLG Schleswig FamRZ 2002, 96.

74 So ausdrücklich für die Gütertrennungsehe BGHZ 84, 361 = NJW 1982, 2236, Rn 17.

75 BGH v. 6.7.2011, XII ZR 190/08, Tz. 17, BeckRS 2011, 20252 = NZG 2011, 984.

Lebensgemeinschaften an die von der Rechtsprechung entwickelten Regeln über den Vermögensausgleich von Gütertrennungsehen[76] anzugleichen.[77] So schränkt der BGH in einem ersten Schritt den Anwendungsbereich der konkludent begründeten Innengesellschaft zwischen Lebensgefährten ein.[78] Der BGH hegt nun Zweifel an dem für eine Innengesellschaft der Partner unverzichtbaren Bindungswillen, soweit diese lediglich „die nichteheliche Lebensgemeinschaft verwirklichen" wollten.[79] Mit dieser knappen Formulierung ist nicht die Selbstverständlichkeit gemeint, dass das Zusammenleben nicht tauglicher Gesellschaftszweck sein kann. Vielmehr geht es darum, dass eine Innengesellschaft zwischen Lebensgefährten nur konkludent begründet wird, soweit Vermögensgegenstände betroffen sind, die zur Erzielung von Einkünften dienen (z.B. Mietobjekte, Unternehmen, Freiberuflerpraxen), nicht dagegen wenn es um das Familienwohnhaus geht.[80] Die Innengesellschaft wird regelmäßig durch die Trennung aufgelöst.[81]

2. Wegfall der Geschäftsgrundlage („gemeinschaftsbezogene Zuwendung"), Bereicherungsansprüche wegen Zweckverfehlung

Dass es bei einer ersatzlosen Verkürzung des Spektrums möglicher Ausgleichsansprüche **29**
nach gescheiterter nichtehelicher Lebensgemeinschaft nicht bleiben kann, leuchtet ein. Die Beteiligten begeben sich mit der Begründung einer nichtehelichen Lebensgemeinschaft nicht in einen rechtsfreien Raum. Der im Dienste der gemeinsamen Sache besonders engagierte Lebensgefährte ist schutzwürdig. Er ist auch schutzbedürftig, dies in noch höherem Maße als der Ehegatte, der wenigstens Aussicht auf einen Vermögensausgleich – abhängig vom Güterstand – im Scheidungsfalle oder (jedenfalls in Höhe seines Pflichtteils) bei Beendigung durch Tod hat.[82] Der BGH bejaht daher in den Urteilen vom

76 Vgl. dazu BGHZ 142, 137 = NJW 1999, 2962; BGH FamRZ 1997, 933; *Bruch*, MittBayNot 2008, 173.

77 Gleiche Einschätzung bei *Löhnig*, DNotZ 2009, 59. So ausdrücklich BGH v. 6.7.2011, XII ZR 190/08, Tz. 23, BeckRS 2011, 20252 = NZG 2011, 984.

78 BGH v. 9.7.2008, XII ZR 179/05, DNotZ 2009, 52 m. Anm. *Löhnig* = NJW 2008, 3277 = RNotZ 2008, 611 m. Anm. *v. Proff*, Tz. 21–23; BGH v. 9.7.2008, XII ZR 39/06, NJW 2008, 3282, Tz. 13–15.

79 BGH v. 9.7.2008, XII ZR 179/05, DNotZ 2009, 52 m. Anm. *Löhnig* = NJW 2008, 3277 = RNotZ 2008, 611 m. Anm. *v. Proff*, Tz. 22; BGH v. 9.7.2008, XII ZR 39/06, NJW 2008, 3282, Tz. 14; v. 6.7.2011, XII ZR 190/08, Tz. 16, BeckRS 2011, 20252 = NZG 2011, 984; OLG Brandenburg v. 10.12.2014, 10 WF 63/14, NJW-RR 2015, 516; LG Köln v. 23.6.2017, 3 O 280/16, BeckRS 2017, 122731 Tz. 14; OLG Brandenburg v. 23.1.2019, 4 U 39/17, NJOZ 2019, 1183 Rn 38; KG v. 20.7.2020, 17 UF 11/19, BeckRS 2020, 38040 Rn 24; OLG Brandenburg v. 23.2.2022, 7 U 133/20, BeckRS 2022, 3972. Ebenso für Ehegatten BGH NJW 2006, 1268, 1269; *Arens*, FamRZ 2000, 266, 268; OLG Karlsruhe FamRZ 2008, 1080.

80 Zust. *Löhnig*, DNotZ 2009, 59, 60. Ebenso schon für Ehegatten BGH NJW 1999, 2962, insbes. Rn 18 und 27; vgl. dazu *Grziwotz*, DNotZ 2000, 486, *Langenfeld*, ZEV 2000, 14; BGHZ 84, 361 = NJW 1982, 2236.

81 AG Kehl v. 8.5.2016, 1 F 332/15, juris (betreffend von Ehegatten betriebenes und im Alleineigentum der Ehefrau stehendes Altersheim).

82 Zu Ansprüchen auf Rückgewähr ehebezogener Zuwendungen im gesetzlichen Güterstand vgl. OLG Oldenburg NJW-RR 2008, 596; *Wever*, FamRZ 2008, 1485, 1491.

9.7.2008 grundsätzlich die Anwendung der Grundsätze über den Wegfall der Geschäftsgrundlage (§ 313 BGB) und von Rückforderungsansprüchen wegen Nichteintritt des mit der Leistung nach dem Inhalt des Rechtsgeschäfts bezweckten Erfolges (§ 812 Abs. 1 S. 2 Alt. 2 BGB).[83]

30 Im Urteil XII ZR 39/06 erörtert der BGH eingehend einen Ausgleichsanspruch nach den Grundsätzen über den Wegfall der Geschäftsgrundlage (§ 313 BGB). Den zugrundeliegenden Vertrag erblickt er – entsprechend der ehebedingten Zuwendung unter Ehegatten – in einer „**gemeinschaftsbezogenen Zuwendung**“. Geht es um Arbeitsleistungen, so spricht der BGH von einem Kooperationsvertrag.[84] Es handelt sich wie beim Vermögensausgleich in der Gütertrennungsehe[85] um ein Instrument der Billigkeitskorrektur. Voraussetzung hierfür ist, dass die Zuwendung in der Vorstellung oder Erwartung erfolgt ist, die Lebensgemeinschaft werde Bestand haben. Dass die Architektin ihre bedeutenden Eigenleistungen im Vertrauen auf den Fortbestand ihrer Partnerschaft erbracht hat, ist nahe liegend. Eine solche Zuwendung kann nach den Grundsätzen des Wegfalls der Geschäftsgrundlage nur korrigiert werden, wenn dem leistenden Partner die Beibehaltung der durch seine Leistungen und Beiträge geschaffenen Vermögensverhältnissen nach Treu und Glauben nicht zuzumuten ist.[86] Nach diesen Grundsätzen können Beiträge zur alltäglichen Lebensführung (z.B. Miete, Lebensmittel) nicht ausgeglichen werden, wohl dagegen Beiträge zur Anschaffung oder Bebauung eines gemeinsamen Familienwohnheims.

31 Die Abgrenzung kann im Einzelfall schwierig sein. So hat der BGH in seinem Urt. v. 6.7.2011 in einem *obiter dictum* auch größere Einmalzahlungen vom Ausgleich ausgeschlossen, weil der Leistende nicht besser gestellt werden kann als der andere Partner, wenn letzterer nur den täglichen Bedarf deckt.[87] Das OLG Bremen hatte sich in einem Urt. v. 9.6.2011 und ihm nachfolgend der BGH in einem Urt. v. 8.5.2013 mit der Abgrenzung des ausgleichspflichtigen vom nicht ausgleichspflichtigen Bereich auseinan-

83 BGH v. 9.7.2008 XII ZR 179/05, DNotZ 2009, 52 m. Anm. *Löhnig* = NJW 2008, 3277 = RNotZ 2008, 611 m. Anm. *v. Proff*, Tz. 29; BGH v. 9.7.2008 XII ZR 39/06, NJW 2008, 3282, Tz. 22; vgl. auch OLG Brandenburg v. 3.5.2012, 10 U 6/11, BeckRS 2012, 10029.

84 BGH v. 9.7.2008 XII ZR 179/05, DNotZ 2009, 52 m. Anm. *Löhnig* = NJW 2008, 3277 = RNotZ 2008, 611 m. Anm. *v. Proff*, Tz. 42; BGH v. 9.7.2008 XII ZR 39/06, NJW 2008, 3282, Tz. 30. Vgl. für Ehegatten bereits BGHZ 127, 48 = NJW 1994, 2545; BGHZ 84, 361 = NJW 1982, 2236 („familienrechtlicher Kooperationsvertrag sui generis“).

85 Dazu *Bruch*, MittBayNot 2008, 173.

86 BGH v. 9.7.2008 XII ZR 179/05, DNotZ 2009, 52 m. Anm. *Löhnig* = NJW 2008, 3277 = RNotZ 2008, 611 m. Anm. *v. Proff*, Tz. 44; BGH v. 9.7.2008 XII ZR 39/06, NJW 2008, 3282, Tz. 32; LG Köln v. 23.6.2017, 3 O 280/16, BeckRS 2017, 122731 Tz. 17.

87 BGH v. 6.7.2011, XII ZR 190/08, Tz. 19, BeckRS 2011, 20252 = NZG 2011, 984 unter Verweis auf BGH v. 31.10.2007, XII ZR 261/04, Rn 22 ff., NJW 2008, 443 m. Anm. *v. Proff* = FamRZ 2008, 247 m. Anm. *Grziwotz*. Dort endete die nichteheliche Lebensgemeinschaft allerdings durch Tod.

der zu setzen.[88] Ein Tischler lebte von 1995 bis 2005 in nichtehelicher Lebensgemeinschaft mit einer Frau, aus der ein 1996 geborenes Kind hervorging. Ende 1996 erwarb die Frau eine Immobilie in Bremen zu einem Kaufpreis von 64.000 DM zu Alleineigentum. Hintergrund war, dass der Mann zu dieser Zeit nach eigenem Vortrag einen Schufa-Eintrag hatte, so dass er nicht kreditwürdig war. Die Immobilie sollte ungeachtet der dinglichen Lage beiden Partnern als Familienheim dienen und diente bis zum Auszug des Mannes 2005 auch hierzu. Zur Finanzierung nahm die Partnerin einen Kredit in Höhe von 80.000 DM auf. Nach seinem Vortrag erbrachte allein der vollschichtig erwerbstätige Mann die Kreditrate für die Immobilie in Höhe von monatlich 340 EUR. An der Immobilie wurden in der Folgezeit erhebliche Renovierungsarbeiten durchgeführt und sie wurde mit einem Anbau versehen. Daran wirkte auch der Partner mit. Bis zur Trennung soll sie eine erhebliche Wertsteigerung erfahren haben. Der Partner machte Ausgleichsansprüche geltend. Das OLG Bremen und der BGH verweigerten sie dem Partner.[89] Seine Zahlungen auf die Darlehensschuld seien Beiträge zum alltäglichen Lebensbedarf und unterlägen daher dem Ausgleichsverbot. Sie könnten nicht anders als Mietzahlungen behandelt werden und entsprächen der zwischen den Beteiligten gewählten Rollenverteilung.[90] Der vom Partner getragene Darlehensdienst von monatlich 340 EUR liege offenkundig zumindest nicht deutlich über dem Betrag, den die Beteiligten an Miete für entsprechenden Wohnraum hätte aufwenden müssen.[91] Die Arbeitsleistungen waren nicht belegt worden. Zwar hinkt der Vergleich der vom Kläger gezahlten Darlehensraten mit Mieten, weil die Leistungen des Klägers hier seine Partnerin – anders als Mieten – bereichert haben; dementsprechend hat der BGH jüngst[92] zwischen Tilgungsanteil und Zinsanteil differenziert und nur noch in Letzterem ein Mietäquivalent gesehen. Dennoch dürfte den Urteilen zuzustimmen sein, weil im vorliegenden Fall das Darlehen nur unerheblich getilgt worden war.[93]

88 OLG Bremen v. 9.6.2011, 5 U 50/10, BeckRS 2011, 17134 = FamFR 2011, 383 m. Anm. *Grziwotz*; BGH v. 8.5.2013, XII ZR 132/12, BeckRS 2013, 11221.

89 OLG Bremen v. 9.6.2011, 5 U 50/10, BeckRS 2011, 17134 = FamFR 2011, 383 m. Anm. *Grziwotz*; BGH v. 8.5.2013, XII ZR 132/12, BeckRS 2013, 11221.

90 BGH v. 8.5.2013, XII ZR 132/12, BeckRS 2013, 11221; OLG Bremen v. 9.6.2011, 5 U 50/10, BeckRS 2011, 17134 = FamFR 2011, 383 m. Anm. *Grziwotz*. Mit ähnlicher Begründung vgl. OLG Oldenburg v. 2.1.2012, 11 W 6/11, NZG 2012, 225 = BeckRS 2012, 950.

91 OLG Bremen v. 9.6.2011, 5 U 50/10, BeckRS 2011, 17134 = FamFR 2011, 383 m. Anm. *Grziwotz*. In Abgrenzung hierzu billigte LG Bamberg v. 10.11.2014, 2 O 181/14, FamRZ 2015, 1307, Ausgleichsansprüche wegen Wegfalls der Geschäftsgrundlage zu. Dort beteiligte sich die Partnerin mit insgesamt 50.447,60 EUR an den monatlichen Darlehensraten von 1.173,60 EUR für den allein vom Mann erworbenen Grundbesitz. Eine vergleichbare Monatsmiete hätte 600 EUR betragen.

92 BGH v. 26.11.2014, XII ZB 666/13, NJW 2015, 690, Tz. 31.

93 Anders dagegen im von OLG Brandenburg v. 5.8.2014, 3 U 45/13, FamRZ 2015, 346 entschiedenen Fall, in dem das Hausdarlehen binnen zehn Jahren getilgt war.

32 Der Ausgleichsanspruch ist nach der BGH-Rechtsprechung höhenmäßig einerseits durch die beim Empfänger noch vorhandene Vermögensmehrung,[94] andererseits durch die ersparten Kosten einer fremden Arbeitskraft[95] begrenzt. Praktisch führt dies kaum je dazu, dass die Leistungen voll zurück zu erstatten sind. Vielmehr richten sich Art und Höhe des Ausgleichsanspruchs nach der BGH-Rechtsprechung zur Gütertrennungsehe nach einer Würdigung der Umstände des Einzelfalles. Dies hat der BGH in einem Urt. v. 6.7.2011 klargestellt. Maßgeblich sind daher die Dauer der Lebensgemeinschaft, das Alter der Parteien, Art und Umfang der erbrachten Leistungen, die Höhe der dadurch bedingten und noch vorhandenen Vermögensmehrung sowie die Einkommens- und Vermögensverhältnisse.[96] Schließlich spielt auch eine anspruchsmindernde Rolle, dass der dinglich nicht beteiligte Partner die Immobilie (mit-) genutzt hat.[97] In seinem Urt. v. 6.7.2011 hat der BGH die Anwendung dieser Kriterien konkretisiert. Dort hat der BGH entschieden, dass dem dinglich nicht beteiligten Partner nicht allein schon wegen seines höheren Einkommens nach der Trennung Ansprüche nach § 313 BGB versperrt sind.[98] Wesentlich sei vielmehr auch, inwieweit eine Vermögensmehrung noch vorhanden ist.[99] Diese ist dann Maßstab für den durchzuführenden Ausgleich.

33 Der BGH macht deutlich, dass Ansprüche nach § 812 Abs. 1 S. 2 Alt. 2 BGB vorrangig vor etwaigen Ausgleichsansprüchen wegen Wegfalls der Geschäftsgrundlage (§ 313 BGB) zu prüfen sind. Dies ist aus Sicht des Praktikers zu begrüßen, weil die Rechtsfolgen im Bereicherungsrecht deutlicher geregelt sind, während die Anwendung des § 313 BGB durch die Gerichte kaum vorhersehbar ist.

34 Im Urteil XII ZR 179/05 sieht der BGH Anhaltspunkte für einen Anspruch des Partners aus § 812 Abs. 1 S. 2 Alt. 2 BGB.[100] Der Partner hatte vorgetragen, dass ihm die Alleineigentümerin, seine Partnerin, ein lebenslängliches (Mit-?)Wohnrecht versprochen hatte. Die erforderliche Zweckabrede könnte sich daraus ergeben, dass die Leistungen und Beiträge des nicht dinglich berechtigten Partners zur Bebauung (finanzielle Beiträge und Arbeitsleistung) in beiderseitigem Einvernehmen den Zweck hatten, ihm auf Dauer und über eine

94 BGH v. 6.7.2011, XII ZR 190/08, Tz. 27, BeckRS 2011, 20252 = NZG 2011, 984; KG v. 20.7.2020, 17 UF 11/19, BeckRS 2020, 38040 Rn 21. Ebenso schon für Ehegatten BGH NJW 1999, 2962 Rn 23; BGHZ 84, 361 = NJW 1982, 2236, Rn 22.

95 BGH v. 6.7.2011, XII ZR 190/08, Tz. 27, BeckRS 2011, 20252 = NZG 2011, 984. Für Ehegatten bereits BGHZ 127, 48 = NJW 1999, 2545, Rn 14; BGHZ 84, 361 = NJW 1982, 2236, Rn 22.

96 BGH v. 6.7.2011, XII ZR 190/08, Tz. 24, BeckRS 2011, 20252 = NZG 2011, 984 mit Verweis auf BGH v. 8.7.1982, IX ZR 99/80, BGHZ 84, 361 = NJW 1982, 2236 (Gütertrennungsehe); BGH v. 19.9.2012, XII ZR 136/10, Tz. 26, NJW 2012, 3374. Vgl. auch *Arens*, FamRZ 2000, 266, 267.

97 OLG Oldenburg v. 2.1.2012, 11 W 6/11, NZG 2012, 225 = BeckRS 2012, 950.

98 BGH v. 6.7.2011, XII ZR 190/08, Tz. 25, BeckRS 2011, 20252 = NZG 2011, 984.

99 BGH v. 6.7.2011, XII ZR 190/08, Tz. 25, BeckRS 2011, 20252 = NZG 2011, 984; v. 19.9.2012, XII ZR 136/10, Tz. 27, NJW 2012, 3374.

100 Anders noch zu einem ähnlichen Sachverhalt, der sich in der Gütertrennungsehe abspielte, BGH v. 8.7.1982, IX ZR 99/80, BGHZ 84, 361 = NJW 1982, 2236.

eventuelle Trennung hinaus die Mitbenutzung des Familienwohnheims zu gewährleisten. Weil das Berufungsgericht den Sachverhalt insoweit noch nicht gewürdigt hat, verweist der BGH zurück. Der BGH hatte in einem Urt. v. 6.7.2011 Gelegenheit, seine Rechtsprechung zu Ansprüchen nach § 812 Abs. 1 S. 2 Alt. 2 BGB zu konkretisieren. Darin hat er ausgeführt, dass nach dieser Vorschrift nur Leistungen zurück gefordert werden können, „die über das hinausgehen, was das tägliche Zusammenleben erst ermöglicht und die bei einem oder beiden Partnern zur Bildung von die Beendigung der Lebensgemeinschaft überdauernden Vermögenswerten geführt haben".[101] Die zudem erforderliche Zweckabrede kann gegeben sein, wenn ein Partner das Vermögen des anderen in der Erwartung vermehrt hat, an dem erworbenen Gegenstand langfristig partizipieren zu können.[102] Für eine derartige Zweckabrede kann z.B. sprechen, dass ein Partner in das im Alleineigentum des anderen stehende Hausgrundstück investiert, um eine eigene Altersversorgung mit Wohnraum zu sichern.[103] Konsequent hat das OLG Naumburg Ausgleichsansprüche des Ex-Partners verneint, die dieser nach Trennung wegen Investitionen geltend gemacht hat, die er während der Lebenspartnerschaft in das im Alleineigentum seiner Partnerin stehende Hausgrundstück getätigt hatte, wenn von vornherein zwischen den Beteiligten fest stand, dass er kein Miteigentum erhalten soll, sondern das Grundstück auch nach der Trennung, abgesichert durch ein dingliches Wohnrecht, weiter allein nutzen darf und dies auch tatsächlich so nutzt.[104] Wenn die Lebensgefährtin im Betrieb des Partners aufgrund Anstellungsvertrages mitarbeitet, kann nicht angenommen werden, dass für einzelne Leistungen außerhalb des Arbeitsvertrages konkrete Zweckabreden getroffen wurden, sondern dass diese im Trennungsfall unausgeglichen bleiben.[105]

Es ist überzeugend, dass der BGH nicht mehr generell darauf abstellt, dass eine nichteheliche Lebensgemeinschaft stets aufgelöst werden kann.[106] Anderenfalls könnten Ausgleichsansprüche nach gescheiterter Partnerschaft nie zugesprochen werden. Vielmehr ist entscheidend, dass der Lebenspartner, der nicht dinglich an der Immobilie beteiligt ist, im Vertrauen auf den Fortbestand der Gemeinschaft handelt. Daher steht der Ausschlusstatbestand des § 815 Alt. 1 BGB (Eintritt des Erfolgs – Mitbenutzung der Immobilie – war von Anfang an unmöglich und der Leistende hat dies gewusst) nicht entgegen.[107] **35**

101 BGH v. 6.7.2011, XII ZR 190/08, Tz. 29 ff., BeckRS 2011, 20252 = NZG 2011, 984; BGH v. 27.1.2021, XII ZR 21/20, ErbR 2021, 534 = FamRZ 2021, 699 = BeckRS 2021, 2640 Rn 13; KG v. 20.7.2020, 17 UF 11/19, BeckRS 2020, 38040 Rn 26.

102 BGH v. 6.7.2011, XII ZR 190/08, Tz. 32, BeckRS 2011, 20252 = NZG 2011, 984; v. 9.7.2008 XII ZR 179/05, DNotZ 2009, 52 m. Anm. *Löhnig* = NJW 2008, 3277 = RNotZ 2008, 611 m. Anm. *v. Proff*, Tz. 35.

103 Vgl. BGH v. 6.7.2011, XII ZR 190/08, Tz. 38, BeckRS 2011, 20252 = NZG 2011, 984.

104 OLG Naumburg v. 2.1.2012, 8 W 7/11, BeckRS 2012, 20198.

105 OLG Brandenburg v. 10.12.2014, 10 WF 63/14, NJW-RR 2015, 516, Tz. 12.

106 So ausdrücklich BGH v. 6.7.2011, XII ZR 190/08, Tz. 35, BeckRS 2011, 20252 = NZG 2011, 984.

107 BGH v. 9.7.2008 XII ZR 179/05, DNotZ 2009, 52 m. Anm. *Löhnig* = NJW 2008, 3277 = RNotZ 2008, 611 m. Anm. *v. Proff*, Tz. 49.

Auch wenn die Trennung allein von dem dinglich nicht berechtigten Partner ausgegangen sein sollte, kann der Ausschlusstatbestand des § 815 Alt. 2 BGB (der Leistende hat den Eintritt des Erfolgs – Mitbenutzung der Immobilie – wider Treu und Glauben verhindert) m.E. regelmäßig nicht entgegenstehen.[108] Anderenfalls würde das Verschuldensprinzip für die nichteheliche Lebensgemeinschaft eingeführt. Dieses hat der Gesetzgeber 1977 für die Ehescheidung abgeschafft. Für die jederzeit auflösbare und durch den rein tatsächlichen Vorgang des Zusammenziehens ohne staatliche Mitwirkung begründete nichteheliche Lebensgemeinschaft muss diese Wertung erst recht gelten. Dass der dinglich nicht berechtigte Partner für den anderen erkennbar in den Fortbestand der Lebensgemeinschaft vertraut hat, führt bei diesem nicht zu einer verschärften Haftung nach §§ 818 Abs. 4, 820 Abs. 1 S. 1 BGB (Folge wäre, dass der Entreicherungseinwand des § 818 Abs. 3 BGB abgeschnitten wäre und der Zuwendungsempfänger zur Herausgabe verpflichtet ist, wie wenn der Herausgabeanspruch schon beim Leistungsempfang rechtshängig geworden wäre). Grund hierfür ist, dass die Partner den mit der Leistung bezweckten Erfolg, d.h. die Mitbenutzung des Hauses durch den Zuwendenden, bei der Zuwendung nicht als ungewiss ansehen.[109]

36 Der BGH hat mit einem Urt. v. 6.7.2011[110] seine Urteile vom 9.7.2008[111] bestätigt. Damit steht fest, dass die jüngsten Urteile des XII. Zivilsenats zur Rückabwicklung von Zuwendungen an Schwiegerkinder[112] an der Fortgeltung der vom BGH mit den Urteilen vom 9.7.2008[113] aufgestellten Grundsätze nichts ändern. Mit seinem Grundsatzurteil vom 3.2.2010[114] hat der BGH die rechtliche Behandlung von Zuwendungen an Schwiegerkinder auf eine neue Grundlage gestellt und seine gefestigte Rechtsprechung[115] aufgegeben. Der BGH unterscheidet zwischen Zuwendungen von Vermögensgegenständen und Arbeitsleistungen. Letztere sind nach wie vor als unbenannte Zuwendungen (sog. Koope-

108 Vgl. BGH v. 9.7.2008 XII ZR 179/05, DNotZ 2009, 52 m. Anm. *Löhnig* = NJW 2008, 3277 = RNotZ 2008, 611 m. Anm. *v. Proff*, Tz. 49: der Ausschluss greife allenfalls dann, wenn der Entreicherte selbst die Verbindung wider Treu und Glauben gelöst hat.

109 BGH v. 9.7.2008 XII ZR 179/05, DNotZ 2009, 52 m. Anm. *Löhnig* = NJW 2008, 3277 = RNotZ 2008, 611 m. Anm. *v. Proff*, Tz. 49.

110 BGH v. 6.7.2011, XII ZR 190/08, BeckRS 2011, 20252 = NZG 2011, 984.

111 BGH v. 9.7.2008 XII ZR 179/05, DNotZ 2009, 52 m. Anm. *Löhnig* = NJW 2008, 3277 = RNotZ 2008, 611 m. Anm. *v. Proff*, Tz. 44; v. 9.7.2008 XII ZR 39/06, NJW 2008, 3282, Tz. 32.

112 BGH v. 21.7.2010, XII ZR 180/09, NJW 2010, 2884; BGH v. 3.2.2010, XII ZR 189/06, FamRZ 2010, 958 = NJW 2010, 2202 m. zust. Anm. *B. Schmitz*; bestätigt durch BGH v. 26.11.2014, XII ZB 666/13, NJW 2015, 690, Tz. 17 f.; BGH v. 3.12.2014, XII ZB 181/13, NJW 2015, 1014; zur BGH-Rechtsprechung *Schlecht*, FamRZ 2010, 1021; *Wever*, FamRZ 2010, 1047.

113 BGH v. 9.7.2008 XII ZR 179/05, DNotZ 2009, 52 m. Anm. *Löhnig* = NJW 2008, 3277 = RNotZ 2008, 611 m. Anm. *v. Proff*, Tz. 44; BGH v. 9.7.2008 XII ZR 39/06, NJW 2008, 3282, Tz. 32.

114 BGH v. 3.2.2010, XII ZR 189/06, FamRZ 2010, 958 = NJW 2010, 2202 m. zust. Anm. *B. Schmitz*; vgl. auch BGH v. 20.7.2011, XII ZR 149/09, NJW 2012, 523 = DNotZ 2012, 538.

115 BGH v. 7.9.2005, XII ZR 316/02, FamRZ 2006, 394 = NJW-RR 2006, 664; BGH v. 28.10.1998, XII ZR 255/96, FamRZ 1999, 365 = NJW 1999, 353; BGH v. 4.2.1998, XII ZR 160/96, FamRZ 1998, 669 = NJW 1998, 2600; BGH v. 12.4.1995, XII ZR 58/94, BGHZ 129, 259 = NJW 1995, 1889.

rationsvertrag) zu qualifizieren. Für sie kann bei Scheitern der Ehe Ersatz verlangt werden, wenn sie erheblichen Umfang erreichen und über Gefälligkeiten hinausgehen, höchstens die ersparten Kosten einer fremden Arbeitskraft.[116] Zuwendungen von Vermögensgegenständen der Schwiegereltern an das Schwiegerkind um der Ehe ihres Kindes willen sind nunmehr nicht (mehr) als unbenannte Zuwendung, sondern als Schenkung (§ 516 BGB) einzuordnen.[117] Die Ausgleichsfolgen stimmen jedoch für Sachzuwendungen und Arbeitsleistungen überein: Scheitert die Ehe, kommt eine (teilweise) Rückforderung nach den Grundsätzen über den Wegfall der Geschäftsgrundlage (§§ 313, 346 ff. BGB) und wegen Nichteintritts des mit der Leistung nach dem Inhalt des Rechtsgeschäfts bezweckten Erfolges (§ 812 Abs. 1 S. 2 Alt. 2 BGB) in Betracht.[118] Derartige Ansprüche sind dem Zugewinnausgleich der Ehegatten untereinander nicht nachrangig, weil es sich hier um zwei voneinander unabhängige Rechtsverhältnisse (Schwiegereltern-Schwiegerkind einerseits, Ehegatten untereinander andererseits) handelt.[119]

In einem Urt. v. 18.6.2019 hat der X. Senat des BGH zur Rückforderung von Geldschenkungen für ein Familienwohnheim vom Lebensgefährten der eigenen Tochter nach Trennung Stellung genommen.[120] In diesem Fall lebte eine Frau seit 2002 mit ihrem Partner zusammen. Im Jahr 2011 kaufte das Pärchen ein Hausgrundstück zum gemeinsamen Wohnen. Die Eltern der Frau wandten dem Pärchen (also ihrer Tochter und dem Schwiegersohn in spe) zur Finanzierung insgesamt gut 104.000 EUR zu. Am 28.2.2013, etwa eindreiviertel Jahre nach der Geldschenkung, zerbrach die Beziehung und der Mann zog aus. Die Frau blieb noch weitere zwei Jahre in dem Objekt wohnen. Ihre Eltern verlangten vom Mann, ihrem verflossenen „Schwiegersohn in spe“, die Hälfte des an ihn und seine frühere Partnerin (die Tochter der Schenker) gezahlten Geldbetrages zurück. Sie beriefen sich auf eine Geldschenkung, deren Geschäftsgrundlage durch die Trennung entfallen sei. 37

Der X. Senat des BGH bestätigt die Rechtsprechung, dass Geldzuwendungen an den „Schwiegersohn in spe“ keine unbenannte Zuwendung, sondern eine Schenkung sind.[121] Der Schenker wird durch sie endgültig entreichert. Er hat an dem Schenkungs-

116 BGH v. 3.2.2010, XII ZR 189/06, FamRZ 2010, 958 = NJW 2010, 2202 Tz. 52 ff., 61.

117 BGH v. 26.11.2014, XII ZB 666/13, NJW 2015, 690, Tz. 17; BGH v. 3.12.2014, XII ZB 181/13, NJW 2015, 1014, Tz. 14 f.; BGH v. 20.7.2011, XII ZR 149/09, NJW 2012, 523 = DNotZ 2012, 538, Tz. 19; BGH v. 21.7.2010, XII ZR 180/09, NJW 2010, 2884; BGH v. 3.2.2010, XII ZR 189/06, FamRZ 2010, 958 = NJW 2010, 2202 m. zust. Anm. *B. Schmitz.* Krit. *Schwab*, FamRZ 2010, 1701, 1706 f.

118 BGH v. 20.7.2011, XII ZR 149/09, NJW 2012, 523 = DNotZ 2012, 538, Tz. 21 ff., 33; BGH v. 21.7.2010, XII ZR 180/09, NJW 2010, 2884, Tz. 14, 27 ff.; BGH v. 3.2.2010, XII ZR 189/06, FamRZ 2010, 958 = NJW 2010, 2202, Tz. 26, 47 ff.

119 BGH v. 20.7.2011, XII ZR 149/09, NJW 2012, 523 = DNotZ 2012, 538, Tz. 26; BGH v. 21.7.2010, XII ZR 180/09, NJW 2010, 2884; BGH v. 3.2.2010, XII ZR 189/06, FamRZ 2010, 958 = NJW 2010, 2202 m. zust. Anm. *B. Schmitz.*

120 Vgl. BGH v. 18.6.2019, X ZR 107/16, NZFam 2019, 822 m.Anm. *Löhnig.*

121 Vgl. BGH v. 18.6.2019, X ZR 107/16, NZFam 2019, 822, Rn 10 ff.

gegenstand selbst nicht mehr teil.[122] Eine Rückforderung infolge der Trennung und damit des Auszugs des „Schwiegersohns in spe" aus der mit der Schenkung finanzierten Immobilie nach § 313 BGB im Hinblick auf einen angeblichen Wegfall der Geschäftsgrundlage kommt grundsächlich in Betracht. Wendet, wie vorliegend, der Schenker Geld zum Erwerb eines Familienheims oder direkt Immobilieneigentum zu, liege dem regelmäßig die Vorstellung des Schenkers zugrunde, dass die Wohnnutzung der Immobilie jedenfalls „von einiger Dauer sein" werde.[123] Dies gelte insbesondere dann, wenn die Zuwendung an das Kind des Schenkers und dessen Partner im Hinblick auf deren Ehe oder „sonstige dauerhafte Verbindung" erfolgt.[124] Der Schenker muss zwar, so der BGH weiter, „regelmäßig damit rechnen, dass die Ehe seines Kindes mit dem mitbeschenkten Ehegatten nicht auf Lebenszeit Bestand hat"; dies gelte „erst recht" für eine nichteheliche Lebensgemeinschaft.[125] Man könne auch nicht annehmen, dass der Schenker die Schenkung nicht vorgenommen hätte, wenn er gewusst hätte, dass die Ehe nach der in Deutschland durchschnittlichen Ehedauer von fünfzehn Jahren geschieden werde.[126] Als Geschäftsgrundlage komme jedoch „regelmäßig nur die Vorstellung in Betracht, die Lebensgemeinschaft und damit die gemeinsame Nutzung der Immobilie durch die Beschenkten werde von mehr als kurzer Dauer sein".[127] Was „kurze Dauer" sein könne, werde unter Rückgriff auf die Rechtsprechung zu § 1579 Nr. 1 BGB (Beschränkung des nachehelichen Unterhalts wegen kurzer Ehedauer) entschieden.[128]

Die Geschäftsgrundlage sei entfallen, da das Pärchen weniger als zwei Jahre in der Immobilie gelebt hat.[129] Im vorliegenden Falle kommt der BGH zu dem Ergebnis, dass die Schenkung in voller Höhe rückgängig gemacht werden müsse. Die Schenkung habe zum dauerhaften Zusammenleben des Pärchens beitragen sollen. Dies sei auch dem früheren „Schwiegersohn in spe" bewusst gewesen.[130] Den Schenkern sei ein Festhalten am Vertrag auch nicht zuzumuten.[131] Vorliegend seien die Schenker zum Rücktritt vom Schenkungsvertrag insgesamt berechtigt. Es komme nicht nur zu einer Anpassung mit der Folge, dass der geschenkte Betrag zwischen den Schenkern und dem beschenkten früheren „Schwiegersohn in spe" aufgeteilt würde, sondern die Rückzahlung sei in voller Höhe gerechtfertigt.[132] Hierzu führt der BGH aus: „Vielmehr ist, hat sich die Vor-

122 Vgl. BGH v. 18.6.2019, X ZR 107/16, NZFam 2019, 822, Rn 17.
123 Vgl. BGH v. 18.6.2019, X ZR 107/16, NZFam 2019, 822, Rn 19.
124 Vgl. BGH v. 18.6.2019, X ZR 107/16, NZFam 2019, 822, Rn 19.
125 Vgl. BGH v. 18.6.2019, X ZR 107/16, NZFam 2019, 822, Rn 20.
126 Vgl. BGH v. 18.6.2019, X ZR 107/16, NZFam 2019, 822, Rn 20.
127 Vgl. BGH v. 18.6.2019, X ZR 107/16, NZFam 2019, 822, Rn 21.
128 Vgl. BGH v. 18.6.2019, X ZR 107/16, NZFam 2019, 822, Rn 21.
129 Vgl. BGH v. 18.6.2019, X ZR 107/16, NZFam 2019, 822, Rn 25.
130 Vgl. BGH v. 18.6.2019, X ZR 107/16, NZFam 2019, 822, Rn 23 f.
131 Vgl. BGH v. 18.6.2019, X ZR 107/16, NZFam 2019, 822, Rn 27 ff.
132 Vgl. BGH v. 18.6.2019, X ZR 107/16, NZFam 2019, 822, Rn 37.

stellung einer dauerhaften gemeinsamen Nutzung des Grund- oder Wohnungseigentums nicht verwirklicht, im allgemeinen die Annahme gerechtfertigt, der Schenker hätte in Kenntnis dieses Umstands von der Schenkung abgesehen, und es ist ihm in diesem Fall, sofern nicht besondere Umstände vorliegen, nicht zuzumuten, dem Beschenkten das Geschenk auch nur teilweise zu belassen.“[133]

Nun drängt der BGH zwar den Anwendungsbereich der Rechtsfigur der „unbenannten Zuwendung“ zurück. Für Zuwendungen der Schwiegereltern an das Schwiegerkind begründet das Gericht dies überzeugend damit, dass die für eine Schenkung maßgebliche Einigung über die Unentgeltlichkeit festzustellen ist. Anders als bei einer sog. ehebedingten Zuwendung an den (eigenen) Ehegatten ist der subjektive Tatbestand der Schenkung (§ 516 BGB) damit erfüllt.[134] Demgegenüber stellt der BGH selbst unter Bestätigung seiner langjährigen Rechtsprechung klar, dass unbenannte Zuwendungen unter Ehegatten nicht den objektiven Tatbestand der Schenkung – dauerhafte Vermögensminderung beim Zuwendenden – erfüllen. Der zuwendende Ehegatte geht davon aus, dass ihm der Zuwendungsgegenstand letztlich nicht verloren geht, sondern der ehelichen Lebensgemeinschaft und ihm selbst zu Gute kommt.[135] Gleiches muss zwischen nichtehelichen Partnern gelten.[136] 38

Dass die Rechtsfigur der unbenannten Zuwendung fortbesteht, hat der BGH jüngst in zwei zu geschiedenen Ehegatten ergangenen Urteilen bestätigt.[137] Zugleich hat er bekräftigt, dass auch auf Schenkungen unter Ehegatten die Rückforderung wegen Wegfalls der Geschäftsgrundlage denkbar ist. 39

3. Ausschluss alltäglicher Beiträge von der Auseinandersetzung

Voraussetzung für Ausgleichsansprüche ist nach der neuen Rechtsprechung, dass ihnen Leistungen zugrunde liegen, „die über das hinausgehen, was das tägliche Zusammenle- 40

133 Vgl. BGH v. 18.6.2019, X ZR 107/16, NZFam 2019, 822, Rn 37.

134 BGH v. 20.7.2011, XII ZR 149/09, NJW 2012, 523 = DNotZ 2012, 538, Tz. 20; BGH v. 3.2.2010, XII ZR 189/06, FamRZ 2010, 958 = NJW 2010, 2202 Tz. 20 ff.; BGH v. 19.9.2012, XII ZR 136/10, Tz. 21, NJW 2012, 3374.

135 BGH v. 3.2.2010, XII ZR 189/06, FamRZ 2010, 958 = NJW 2010, 2202 Tz. 23. Ebenso *Schwab*, FamRZ 2010, 1701; OLG Bremen v. 9.6.2011, 5 U 50/10, BeckRS 2011, 17134 = FamFR 2011, 383 m. Anm. *Grziwotz;* LG Köln v. 23.6.2017, 3 O 280/16, BeckRS 2017, 122731 Tz. 12. Allerdings ist diese Erwartung nicht notwendig für die Annahme einer unbenannten Zuwendung, wie BGH v. 6.5.2014, X R 135/11, NJW 2014, 2638, Tz. 10 bekräftigt hat (Zuwendung mit dem Zweck, die Lebensgefährtin beim Tod des Zuwendenden abzusichern).

136 Vgl. OLG Frankfurt a.M. v. 12.10.2022, 17 U 125/21, NJOZ 2022, 1543 = BeckRS 2022, 29618 Tz. 72.

137 BGH v. 27.6.2012, XII ZR 47/09, NJW 2012, 2728; BGH v. 27.6.2012, XII ZR 203/09, BeckRS 2012, 16503; vgl. auch BGH v. 6.5.2014, X R 135/11, NJW 2014, 2638; KG v. 20.7.2020, 17 UF 11/19, BeckRS 2020, 38040 Rn 22.

ben erst ermöglicht".[138] Damit sind insbesondere finanzielle Beiträge für die Lebensgemeinschaft von einem Ausgleich ausgeschlossen, die der Deckung von Grundbedürfnissen des Alltags dienen, z.B. Lebensmittel oder Miete.[139] Das OLG Frankfurt hat prägnant formuliert: „Die entsprechenden Ausgaben gingen nicht über das Maß hinaus, die das tägliche Zusammenleben in der konkreten Art der Lebensführung der Parteien ermöglichten, sondern sollten ersichtlich den gewöhnlichen Konsum im Hier und Jetzt abdecken, ohne auf die Zukunft gerichtet zu sein."[140] Der Ausschluss gilt auch für einen etwaigen Gesamtschuldnerausgleich nach § 426 BGB.[141] Dieser Ausschluss ist sinnvoll, sogar notwendig, um eine umfassende Auseinandersetzung nach gescheiterter Lebensgemeinschaft zu verhindern. Er ist zudem sachlich gerechtfertigt, weil in der nichtehelichen Lebensgemeinschaft davon auszugehen ist, dass derartige Beiträge, die sich in überschaubarem Zeitraum verbrauchen und (auch) dem anderen Lebensgefährten zu Gute kommen, unentgeltlich zugewendet werden. Der Rechtsgrund hierfür liegt in einer sogenannten unbenannten Zuwendung, die auch nach Trennung rückforderungsfest ist.[142] Weil sie sich rasch verflüchtigen, kann nicht angenommen werden, dass im Rahmen derartiger Beiträge (auch) dem anderen Lebensgefährten zugewendete Leistungen unter Vereinbarung eines Zwecks gemäß § 812 Abs. 1, S. 2, 2. Alternative BGB erfolgen oder dass ihre Geschäftsgrundlage (§ 313 BGB) im Fortbestand der Lebensgemeinschaft besteht. Allerdings kann die Abgrenzung des prinzipiell ausgleichspflichtigen Bereichs von ausgleichsfreien alltäglichen Zuwendungen bisweilen fraglich sein. In einem Urt. v. 31.10.2007 hat der BGH einen Geldbetrag von fast 40.000 EUR, den ein schwer Kranker seiner Lebensgefährtin mit dem Verwendungszweck „Umbuchung" überwies, als gemeinschaftsbezogenen Zuwendung qualifiziert, die nicht auszugleichen war.[143] In einem Urt. v. 6.7.2011 hat der BGH dies in einem *obiter dictum* bestätigt.[144]

138 BGH v. 9.7.2008 XII ZR 179/05, DNotZ 2009, 52 m. Anm. *Löhnig* = NJW 2008, 3277 = RNotZ 2008, 611 m. Anm. *v. Proff*, Tz. 33; BGH v. 9.7.2008 XII ZR 39/06, NJW 2008, 3282, Tz. 26; OLG Oldenburg v. 2.1.2012, 11 W 6/11, NZG 2012, 225 = BeckRS 2012, 950; OLG Frankfurt a.M. v. 12.10.2022, 17 U 125/21, NJOZ 2022, 1543 = BeckRS 2022, 29618 Tz. 82; OLG Brandenburg v. 9.2.2016, 3 U 8/12, NZFam 2016, 336 (Investitionen in das Haus der Partnerin, Aufwendungen für das „Home-Office", Möbel und den Kauf eines Hundes in Höhe von insgesamt 2.157,60 EUR); LG Köln v. 23.6.2017, 3 O 280/16, BeckRS 2017, 122731 Tz. 16; AG Brandenburg v. 31.3.2021, 31 C 280/19, NZFam 2021, 432 Rn 102 = NZFam 2021, 432 Rn 119; *Schulz*, FPR 2010, 373. Kritisch zur Abgrenzung von ausgleichspflichtigen Vermögenstransaktionen *Grziwotz*, FPR 2010, 369, 371.

139 Vgl. OLG Düsseldorf v. 28.3.2006, I-4 U 102/05, ZEV 2007, 184 m. Anm. *Muscheler*; OLG München v. 19.7.2010, 34 O 25145/09, BeckRS 2010, 28347; BGH v. 6.7.2011, XII ZR 190/08, BeckRS 2011, 20252, Tz. 19 = NZG 2011, 984; OLG Hamm v. 23.4.2013, II-2 WF 39/13, NJOZ 2013, 1962; OLG Brandenburg v. 10.12.2014, 10 WF 63/14, NJW-RR 2015, 516, Tz. 11.

140 OLG Frankfurt a.M. v. 12.10.2022, 17 U 125/21, NJOZ 2022, 1543 = BeckRS 2022, 29618 Tz. 83.

141 Vgl. OLG Brandenburg v. 22.2.2006, 4 U 160/05, LNR 2006, 11292.

142 Ebenso *Coester*, JZ 2008, 315; *Wellenhofer*, LMK 2008, 251355; *Schwab*, FamRZ 2010, 1701, 1703.

143 BGH v. 31.10.2007, XII ZR 261/04, Rn 22 ff., NJW 2008, 443 m. Anm. *v. Proff* = FamRZ 2008, 247 m. Anm. *Grziwotz*. Zustimmend *Coester*, JZ 2008, 315, 316.

144 BGH v. 6.7.2011, XII ZR 190/08, BeckRS 2011, 20252, Tz. 19 = NZG 2011, 984.

In einem Urt. v. 3.2.2010[145] hat der BGH diese Rechtsprechung bestätigt. Dabei ging es um Mietzahlungen für die während bestehender Partnerschaft gemeinsam bewohnten Räume. Die Partnerin bekam ein Kind von ihrem Lebensgefährten, das sie während der etwa zweijährigen Lebensgemeinschaft allein betreute. Nur der Mann ging einer Erwerbstätigkeit nach. Da nur er über die erforderlichen finanziellen Mittel verfügte, zahlte er während der bestehenden Lebensgemeinschaft die Miete für die gemeinsame Wohnung allein. Zum Trennungszeitpunkt bestanden erhebliche Mietrückstände. Der Vermieter erstritt (nach der Trennung der Partner) ein Gerichtsurteil, das die ehemaligen Partner gesamtschuldnerisch zur Zahlung von 1.527,74 EUR rückständiger Miete und 390,01 EUR Kosten verpflichtete. Der Mann beglich diese Schuld allein in vollständiger Höhe. Anschließend begehrte er von seiner Ex-Partnerin Erstattung der Hälfte. Der BGH versagte ihm einen entsprechenden Anspruch. Für die Mietzahlung gelte das Ausgleichsverbot. Es handelt sich um Kosten der gemeinsamen Lebensführung. Ein Anspruch auf Erstattung im Wege des Gesamtschuldnerausgleichs (§ 426 Abs. 1 S. 1 BGB) scheitere, weil die Partner „ein anderes bestimmt" hätten. Dies ergebe sich aus ihrer Aufgabenverteilung während der intakten Partnerschaft. Die Frau habe danach allein das gemeinsame Kind betreut. Der Partner hat die Mietschuld in dieser Zeit allein beglichen (soweit sie überhaupt erfüllt wurde). Zudem war er seiner Lebensgefährtin gegenüber nach § 1615l BGB unterhaltspflichtig. Hieraus ergebe sich, dass die Mietzahlung im Innenverhältnis allein Aufgabe des Mannes gewesen sei. Dies müsse für alle Mietzahlungen gelten, die während der intakten Partnerschaft fällig gewesen seien. Auf den Erfüllungszeitpunkt komme es nicht an. Daher seien auch die rückständigen Mieten im Innenverhältnis allein vom Mann zu tragen gewesen. 41

4. Leistungen nach Trennung; Gesamtschuldnerausgleich; Nutzungsentgelt gemeinsamer Immobilien

Das Ausgleichsverbot für Beiträge zum alltäglichen Bedarf gilt nur für die während der intakten Partnerschaft fälligen Beiträge.[146] Hat also der Partner während des glücklichen Zusammenlebens die Miete allein gezahlt, obwohl auch seine Freundin Mieterin war, spricht alles dafür, dass er im Innenverhältnis der Gesamtschuldner (§ 427 BGB) abwei- 42

145 BGH v. 3.2.2010, XII ZR 53/08, NJW 2010, 868 = FamRZ 2010, 542; NJW-Spezial 2010, 229. Vgl. auch BGH v. 18.2.2009, XII ZR 163/07, NJW-RR 2009, 1142 Tz. 15; v. 25.11.2009, XII ZR 92/06, NJW 2010, 998 = ZEV 2010, 145 m. Anm. *Muscheler*; OLG Brandenburg v. 26.1.2010, 13 W 67/09, BeckRS 2010, 4800. Zum Gesamtschuldnerausgleich in der nichtehelichen Lebensgemeinschaft vgl. auch schon BGH v. 24.3.1980, II ZR 191/79, BGHZ 77, 55 = NJW 1980, 1520, 1521.

146 BGH v. 3.2.2010, XII ZR 53/08, NJW 2010, 868 = FamRZ 2010, 542; NJW-Spezial 2010, 229; vgl. auch OLG Brandenburg v. 28.8.2000, 9 W 18/00, FamRZ 2001, 1074 = NJW-RR 2001, 1297 (Eheleute). Kritisch zur Abgrenzung nach dem Fälligkeitstermin *Grziwotz*, FPR 2010, 369, 371.

chend von § 420 BGB allein haftete. Mithin ist für die während der Partnerschaft fälligen Mieten regelmäßig ein Gesamtschuldnerausgleich ausgeschlossen.

43 Die im Innenverhältnis der Gesamtschuldner maßgebliche „andere Bestimmung", d.h. die Abweichung von der Zweifelsregel des § 420 BGB, entfällt jedoch nach der Rechtsprechung regelmäßig mit der Trennung der Partner für die ab dann fälligen Verpflichtungen.[147] Für diese haften die Partner einander zu gleichen Teilen. Dies kann zu unbefriedigenden Ergebnissen führen, wenn zwischen den Lebensgefährten weitere Rechtsbeziehungen bestehen, die keinem Ausgleich unterliegen. In der Praxis kann dies geschehen, wenn die Partner in Bruchteilseigentum eine gemeinsam bewohnte Immobilie fremdfinanziert angeschafft haben. Zieht etwa die Frau aus und beendet sie damit die Partnerschaft, stehen im Hinblick auf die Tilgung und den Zinsdienst für den Hauskredit Ansprüche auf Gesamtschuldausgleich (§ 426 Abs. 1 BGB) und wegen der Alleinnutzung durch den Mann Ansprüche auf Nutzungsentgelt (§ 745 Abs. 2 BGB) in Raum. Unterstellt, die Partner haben während der Partnerschaft die Tilgung und den Zinsdienst zu gleichen Teilen getragen, wird der Mann das Darlehen in derartigen Fällen ab Auszug meist allein weiter bedienen, weil die weggezogene Partnerin keine Beiträge mehr hierzu leistet. Der Mann hat jedoch nach der Rechtsprechung Anspruch auf hälftige Beiträge der Frau (§ 420 BGB), und zwar unmittelbar ab Trennung. Um diese Ansprüche zum Entstehen zu bringen, muss der Mann sie nicht gesondert geltend machen. Sie entstehen vielmehr kraft Gesetzes. Umgekehrt kann die Frau vom Mann Miete (Nutzungsentgelt) erst ab dem Zeitpunkt beanspruchen, in dem sie diese verlangt hat.[148] Nach einem Beschluss des OLG Koblenz soll dies sogar dann gelten, wenn der Mann mit der Frau nach ihrem Auszug privatschriftlich vereinbart hat, das Haus gegen Schuldentlassung zu übernehmen. Wenn diese Abrede nicht umgesetzt wird, könne er von der Frau hälftige Erstattung der seit Trennung von ihm allein geleisteten Tilgung, Zinsen, öffentlichen Abgaben und Versicherungsprämien verlangen, obwohl die Frau erst nach dem ernsthaften Verlangen eines Nutzungsentgelts zwei Jahre nach Auszug eine Miete fordern könne.[149] Diese Rechtsprechung ist abzulehnen. Sie steht im Widerspruch zur BGH-Rechtsprechung zu getrenntlebenden Ehegatten. Bewohnt ein alleinverdienender Ehegatte nach der Trennung das im Miteigentum beider Ehegatten stehende

147 BGH v. 3.2.2010, XII ZR 53/08, NJW 2010, 868 = FamRZ 2010, 542; NJW-Spezial 2010, 229; OLG Koblenz v. 8.9.2009, 2 W 402/09, NZM 2010, 293; OLG Jena v. 8.12.2011, 1 UF 396/11, NJW 2012, 1235.

148 AG Wolfenbüttel v. 13.5.2016, 20 F 1072/15 RI, BeckRS 2016, 117661; OLG München v. 9.5.2012, 3 U 5004/11, BeckRS 2012, 11483; OLG Koblenz v. 8.9.2009, 2 W 402/09, NZM 2010, 293 (nichteheliche Lebensgemeinschaft); BGH v. 22.3.2005, X ZR 152/03, NJW-RR 2005, 1200 (gemeinschaftliches Patent); BGH v. 13.1.1993, XII ZR 212/90, FamRZ 1993, 676 = NJW-RR 1993, 386 (getrennt lebende Eheleute); BGH v. 29.6.1966, V ZR 163/63, NJW 1966, 1707; KG v.13.12.2007, 19 U 33/07, FamRZ 2008, 2034 (getrennt lebende Eheleute); Grüneberg/*Sprau*, § 745, Rn 5.

149 OLG Koblenz v. 8.9.2009, 2 W 402/09, NZM 2010, 293. A.A. OLG Schleswig v. 30.9.1992, 12 U 9/91, NJW-RR 1993, 1029.

Haus mit Duldung des anderen allein und trägt er wie bisher die hierfür entstehenden Lasten und Finanzierungskosten, ohne zu erkennen zu geben, dass er einen Ausgleichsanspruch geltend zu machen beabsichtigt, und verlangt der andere Ehegatte deshalb von ihm kein Nutzungsentgelt, so kann nach einem Urteil des BGH v. 13.1.1993[150] in dieser tatsächlichen Ausgestaltung eine anderweitige Bestimmung i.S.d. § 426 Abs. 1 S. 1 Hs. 2 BGB liegen, die einem hälftigen Ausgleich entgegensteht. Verlangt er später rückwirkend einen Ausgleich, so kann ihm der andere Ehegatte, dem mangels rechtzeitiger Geltendmachung für die zurückliegende Zeit kein eigener Nutzungsentgeltanspruch zusteht, entgegenhalten, dass ihm für diese Zeit die Nutzungen des Hauses zugekommen sind.[151]

Mit Urt. v. 11.7.2018 hat der BGH sich zum Anspruch auf Ausgleich der Grundstückskos- 44
ten und auf Nutzungsentschädigung betreffend die früher gemeinsam genutzten Immobilie nach Scheitern einer nichtehelichen Lebensgemeinschaft geäußert.[152] Zwei nicht miteinander verheiratete oder verpartnerte Frauen waren seit Dezember 2004 je hälftige Miteigentümer der gemeinsam bewohnten Immobilie. Im Außenverhältnis hafteten sie für die zur Finanzierung aufgenommenen Darlehensverbindlichkeiten gesamtschuldnerisch. Im Innenverhältnis war die Haftung hälftig. Am 10.2.2011 zog die Beklagte aus. Die Klägerin wohnte anschließend bis November 2013 allein weiter in dem Haus und zog dann aus. Sie trug die Grundstückslasten insgesamt in Höhe von 31.825,89 EUR in den Jahren 2011 bis 2014. Die Beklagte beteiligte sich daran im Januar und Februar 2011 mit jeweils 200 EUR und von März bis Mai 2011 mit jeweils 300 EUR. Im Sommer 2014 veräußerten die Damen das Anwesen für 162.500 EUR. Hiervon gingen 53.554,26 EUR an die Bank. Den Rest erhielten sie je hälftig. Die Klägerin verlangte nun von der Beklagten unter anderem 14.612,93 EUR als Beteiligung an den von ihr in den Jahren 2011 bis 2015 überwiegend allein getragenen Grundstückslasten. Die Beklagte verteidigte sich u.a. mit einem Nutzungsentschädigungsanspruch, den sie erstmals im August 2015 geltend gemacht hat.

Der BGH prüft die Ansprüche der Klägerin auf der Grundlage eines Gesamtschuldneraus- 45
gleichs (§ 426 Abs. 1 BGB) und im Hinblick auf die zwischen den Beteiligten bestandene Bruchteilsgemeinschaft (§§ 748, 755 BGB).[153] Denn die Klägerin hat die auf das Haus bezogenen Zins- und Tilgungsraten für das Darlehen und die Hausunterhaltungskosten zu einem Anteil getragen, der ihre Haftungsquote im Innenverhältnis und auch ihre Bruchteilsquote überstieg.[154] Das Gesetz sieht insofern grundsätzlich eine hälftige Aufteilung der Kosten vor. Während intakter, nichtehelicher Lebensgemeinschaft kann indes

150 BGH v. 13.1.1993, XII ZR 212/90, FamRZ 1993, 676 = NJW-RR 1993, 386.

151 BGH v. 13.1.1993, XII ZR 212/90, FamRZ 1993, 676 = NJW-RR 1993, 386. Ebenso OLG Schleswig v. 30.9.1992, 12 U 9/91, NJW-RR 1993, 1029.

152 Vgl. BGH v. 11.7.2018, XII ZR 108/17, NZM 2018, 763 = BeckRS 2018, 16725.

153 Vgl. BGH v. 11.7.2018, XII ZR 108/17, NZM 2018, 763 = BeckRS 2018, 16725, Rn 17 ff.

154 Vgl. BGH v. 11.7.2018, XII ZR 108/17, NZM 2018, 763 = BeckRS 2018, 16725, Rn 17.

„aus der Natur der Sache, also der besonderen Gestaltung des tatsächlichen Geschehens, zu folgern sein, dass – wenn die Partner nicht etwas Besonderes unter sich geregelt haben – persönliche und wirtschaftliche Leistungen nicht gegeneinander aufgerechnet werden."[155] Dann scheiden grundsätzlich auch Gesamtschuldnerausgleichsansprüche aus.[156] Nach Scheitern der Beziehung entfällt jedoch regelmäßig der Grund für eine von der hälftigen Ausgleichsregelung abweichende Gestaltung.[157] Damit kommt indes die hälftige Ausgleichsregelung nicht ohne Weiteres wieder zum Tragen.[158] Denn auch hier können andere Umstände als „anderweitige Bestimmungen" einem hälftigen Ausgleichsanspruch entgegenstehen.[159] Eine solche anderweitige Bestimmung hat die gefestigte Rechtsprechung zu gescheiterten Ehen anerkannt, wenn ein Ehegatte nach der Trennung mit Duldung des anderen das Haus weiterhin allein nutzt und die Lasten wie bisher trägt, ohne zu erkennen zu geben, den hälftigen Ausgleich geltend machen zu wollen und ohne dass der andere Ehegatte ihm ein Nutzungsentgelt abverlangt.[160] In solchen Fallgestaltungen ist der Ausgleichsanspruch des die Lasten tragenden Ehegatten von vornerein gem. § 242 BGB beschränkt, ohne dass es eine Aufrechnungserklärung des (ziehenden, weichenden) Ehegatten bedürfte.[161] „Je nachdem, in welchem Verhältnis der Nutzungswert einerseits und die Lasten und Kosten andererseits stehen, kann sich ein Restausgleich ergeben oder ein Anspruch ganz ausscheiden.[162] Der BGH entscheidet nun, dass diese zu Ehegatten entwickelte Rechtsprechung „auch auf nichteheliche Lebensgemeinschaften zu übertragen" ist.[163] Eine Ungleichbehandlung zwischen Eheleuten und nichtehelichen Lebensgemeinschaften ist nicht im Hinblick auf den verfassungsrechtlich gebotenen Schutz der Ehe (Art. 6 Abs. 1 GG) geboten. Vielmehr gebietet die gleiche Situation, nämlich die (früher) emotional verbundene Lebensgemeinschaft eine Gleichbehandlung.[164] Denn dem weichenden Partner ist eine weitere Nutzung seines Eigentums nicht zumutbar.

Dementsprechend war im entscheidenden Fall für die Dauer, in der die Klägerin im Haus weiter wohnte, ihr Anspruch auf hälftige Erstattung der von ihr getragenen Hauskosten zu versagen. Hier überstieg der Nutzungswert, den sie vorher für sich in Anspruch nahm, die

155 Vgl. BGH v. 11.7.2018, XII ZR 108/17, NZM 2018, 763 = BeckRS 2018, 16725, Rn 20.
156 Vgl. BGH v. 11.7.2018, XII ZR 108/17, NZM 2018, 763 = BeckRS 2018, 16725, Rn 20.
157 Vgl. BGH v. 11.7.2018, XII ZR 108/17, NZM 2018, 763 = BeckRS 2018, 16725, Rn 21.
158 Vgl. BGH v. 11.7.2018, XII ZR 108/17, NZM 2018, 763 = BeckRS 2018, 16725, Rn 21.
159 Vgl. BGH v. 11.7.2018, XII ZR 108/17, NZM 2018, 763 = BeckRS 2018, 16725, Rn 21; v. 25.3.2015, XII ZR 160/12, FamRZ 2015, 993, Rn 28; v. 13.1.1993, XII ZR 212/90, FamRZ 1993, 676, 678.
160 Vgl. BGH v. 11.7.2018, XII ZR 108/17, NZM 2018, 763 = BeckRS 2018, 16725, Rn 22; v. 20.5.2015, XII ZB 314/14, FamRZ 2015, 1272, Rn 23; v. 13.1.1999, XII ZR 2012/90, FamRZ 1993, 767, 768.
161 Vgl. BGH v. 11.7.2018, XII ZR 108/17, NZM 2018, 763 = BeckRS 2018, 16725, Rn 25.
162 Vgl. BGH v. 11.7.2018, XII ZR 108/17, NZM 2018, 763 = BeckRS 2018, 16725, Rn 25.
163 Vgl. BGH v. 11.7.2018, XII ZR 108/17, NZM 2018, 763 = BeckRS 2018, 16725, Rn 27.
164 Vgl. BGH v. 11.7.2018, XII ZR 108/17, NZM 2018, 763 = BeckRS 2018, 16725, Rn 27.

von ihr getragenen Lasten und Kosten des Hauses.[165] Anders liegt es dagegen für den Zeitraum ab Auszug der Klägerin. Denn mit ihrem Auszug entfiel die Rechtfertigung für die Beschränkung ihres Ausgleichsanspruchs durch den Nutzungswert. Somit kann sie für die ab Dezember 2013 allein getragenen Hauslasten mit Erfolg hälftigen Ausgleich von der Beklagten verlangen.[166]

5. Abgrenzung der gemeinschaftsbezogenen Zuwendung von der Schenkung

In seinen Urteilen vom 9.7.2008 erkennt der BGH die **„gemeinschaftsbezogene Zuwendung“** an. Das Gericht erklärt sie zur Grundform der unentgeltlichen Zuwendung unter Lebensgefährten. Damit überträgt der BGH die Rechtsfigur der ehebedingten Zuwendung auf die nichteheliche Lebensgemeinschaft. Es handelt sich um eine Zuwendung, die ein Partner dem anderen macht, der die Vorstellung oder Erwartung zugrunde liegt, dass die nichteheliche Lebensgemeinschaft Bestand haben werde oder die um der nichtehelichen Lebensgemeinschaft willen oder als Beitrag zu ihrer Verwirklichung oder Ausgestaltung erbracht wird. Es handelt sich dann nicht um eine Schenkung.[167] Diese liegt nur vor, wenn die Zuwendung unentgeltlich im Sinne echter Freigebigkeit erfolgt und nicht an die Erwartung geknüpft wird, dass die nichteheliche Lebensgemeinschaft Bestand haben werde.[168] Die **„gemeinschaftsbezogene Zuwendung“** unterscheidet sich darin von der Schenkung, dass sie nicht zu einer einseitigen Begünstigung und frei disponiblen Bereicherung des Empfängers führt. Sie soll vielmehr auch dem Geber selbst zu Gute kommen.[169] 46

Die Rechtsprechung des BGH grenzt die „ehebedingte Zuwendung“ bzw. „gemeinschaftsbezogene Zuwendung“ von der Schenkung für schenkungsrechtliche Zwecke – anders dagegen im Erbrecht und Insolvenzrecht[170] – am Tatbestandsmerkmal der Einigung über die Unentgeltlichkeit ab, die für die Schenkung wesentlich ist. Eine die Schenkung begrifflich ausschließende Entgeltlichkeit könne nicht nur in Gestalt einer synallagmatischen Gegenleistung, sondern auch darin bestehen, dass die Zuwendung die Geschäftsgrundlage hat, dass der Empfänger hierfür eine „Gegenleistung“ materieller oder immaterieller Art erbringe. Diese „Gegenleistung“ bestünde hier im Fortbestand 47

165 Vgl. BGH v. 11.7.2018, XII ZR 108/17, NZM 2018, 763 = BeckRS 2018, 16725, Rn 32.

166 Vgl. BGH v. 11.7.2018, XII ZR 108/17, NZM 2018, 763 = BeckRS 2018, 16725, Rn 33.

167 Ebenso *Schwab*, FamRZ 2010, 1701. Zu Ehegatten vgl. BGH v. 19.9.2012, XII ZR 136/10, Tz. 21, NJW 2012, 3374.

168 Vgl. BGH v. 9.7.2008 XII ZR 179/05, DNotZ 2009, 52 m. Anm. *Löhnig* = NJW 2008, 3277 = RNotZ 2008, 611 m. Anm. *v. Proff*, Tz. 15 ff.; LG Köln v. 23.6.2017, 3 O 280/16, BeckRS 2017, 122731 Tz. 12.

169 Vgl. BGH v. 18.6.2019, X ZR 107/16, NZFam 2019, 824, Rn 17; vgl. auch AG Brandenburg v. 31.3.2021, 31 C 280/19, NZFam 2021, 432 Rn 102, 126.

170 BGH v. 27.11.1991, IV ZR 164/90, BGHZ 116, 167, 170.

der (nicht-) ehelichen Lebensgemeinschaft der Parteien.[171] Eine Schenkung, die auch unter Ehegatten oder unverheirateten Partnern möglich ist, setzt Einigkeit beider Teile voraus, dass die Zuwendungen unentgeltlich erfolgt (§ 516 Abs. 1 BGB). Unentgeltlich ist eine Zuwendung nur, wenn sie nach dem Inhalt des Rechtsgeschäfts von keiner Gegenleistung abhängig ist.[172] Unentgeltlichkeit fehlt nicht nur dann, wenn der Zuwendung eine Leistung des Zuwendungsempfängers im Sinne eines gegenseitigen Vertrages gegenübersteht, die zu ihr in einem Gegenseitigkeitsverhältnis steht, sondern auch dann, wenn die Zuwendung rechtlich die Geschäftsgrundlage hat, dass dafür eine Verpflichtung eingegangen oder eine Leistung bewirkt wird.[173] Ein anderes Mal hat der BGH wie folgt formuliert: „Nach höchstrichterlicher Rechtsprechung und Lehre ist der Erwerb eines zugewendeten Gegenstandes (auf den kein Rechtsanspruch besteht) unentgeltlich, wenn er nicht rechtlich abhängig ist von einer den Erwerb ausgleichenden Gegenleistung des Erwerbers. Dabei kommen als rechtliche Abhängigkeit, welche die Unentgeltlichkeit ausschließt und Entgeltlichkeit begründet, Verknüpfungen sowohl nach Art eines gegenseitigen Vertrages als auch durch Setzung einer Bedingung oder eines entsprechenden Rechtszwecks in Betracht."[174] Die Leistung braucht nicht geldwerter oder vermögensrechtlicher Art zu sein; sie kann auch immateriellen Charakter haben.[175]

6. Notarielle Beurkundungsform des Versprechens einer „gemeinschaftsbezogenen Zuwendung" (§ 518 BGB)?

48 Nachdem der BGH die Rechtsfigur der ehebedingten (unbenannten) Zuwendung unter der Bezeichnung „gemeinschaftsbezogene Zuwendung" auf die nichteheliche Lebensgemeinschaft übertragen hat, stellt sich die Frage, ob § 518 Abs. 1 BGB für derartige Zuwendungsversprechen gilt. Ob nicht vollzogene Zuwendungsversprechen analog § 518 Abs. 1 BGB nur wirksam sind, wenn sie notariell beurkundet worden sind,[176] war lange Zeit höchstrichterlich nicht entschieden.[177] In den meisten Fällen alltäglicher sofort erbrachter Zuwendungen hat die Frage keine praktische Relevanz, weil die versprochene Leistung bewirkt wird

171 OLG Naumburg v. 14.2.2006, 8 W 4/06, NJW 2006, 2418 = FamRZ 2006, 1534.

172 BGH v. 27.11.1991, IV ZR 164/90, BGHZ 116, 167, 170.

173 BGH v. 17.1.1990, XII ZR 1/89, FamRZ 1990, 600, 601.

174 BGH v. 27.11.1991, IV ZR 164/90, BGHZ 116, 167, 170.

175 BGH v. 17.1.1990, XII ZR 1/89, FamRZ 1990, 600, 601.

176 Die Beurkundungsform erfasst beim Schenkungsversprechen nur die Erklärung des Versprechenden; Grüneberg/*Weidenkaff*, § 518 Rn 2.

177 Gegen Beurkundungspflicht OLG Bremen v. 6.5.1999, 5 U 35/98, BeckRS 1999, 13743 = FamRZ 2000, 671; *Bergschneider*, FPR 2011, 244, 245; *Morhard*, NJW 1987, 1734, 1736; jurisPK-BGB/*Sefrin*, Rn 10; *Wever*, FamRZ 2008, 1485, 1491 m.w.N. in Fn 78; *Schwab*, FamRZ 2010, 1701, 1707. A.A. (für Beurkundungspflicht) MüKo-BGB/*Koch*, § 518 Rn 3; BeckOK BGB/*Gehrlein*, § 518 Rn 1; Erman/*Herrmann*, § 518 Rn 3; *Sandweg*, NJW 1989, 1965, 1969; *Seiler*, in: FS Henrich, 2000, 551, 562.

und damit Heilung eintritt (§ 518 Abs. 2 BGB).[178] Bedeutung erlangt die Frage somit insbesondere für langfristige einseitige Zahlungsverpflichtungen, wie sie etwa in der Form freiwillig zugesicherter Unterhaltszahlungen vorkommen. Derartige Unterhaltsversprechen scheinen praktisch nicht selten zu sein. Sie belohnen häufig die Lebensgefährtin, die den Haushalt führt oder im Betrieb aushilft und der das Gesetz – abgesehen vom typischerweise nicht einschlägigen § 1615l BGB (Unterhalt des nicht verheirateten betreuenden Elternteils) – keine Unterhaltsansprüche zuspricht. Der BGH hatte derartige freiwillig zugesicherte Unterhaltszahlungen in seiner früheren Rechtsprechung als belohnende Schenkungsversprechen (§ 534 BGB)[179] eingestuft, die der notariellen Form des § 518 Abs. 1 BGB unterliegen.[180] Hiervon abweichend sah eine im Vordringen befindliche obergerichtliche Rechtsprechung und Literatur derartige Zahlungspflichten regelmäßig als formfrei wirksame unbenannte Zuwendungen an, mit denen Beiträge des anderen Partners im Dienste der Lebensgemeinschaft entgolten werden.[181] Die vorsichtige Vertragspraxis hielt die notarielle Beurkundungsform ein und setzte eine zeitliche Grenze der Unterhaltspflichten.[182]

Der BGH hat mit Beschl. v. 18.3.2020 entschieden, dass das Versprechen einer ehebedingten (unbenannten) Zuwendung jedenfalls in analoger Anwendung des § 518 Abs. 1 S. 1 BGB der notariellen Beurkundung bedarf.[183]

7. Auftragsverhältnis?

Nicht selten erteilt ein Partner dem anderen Kontovollmacht. Die Rechtsprechung hat sich wiederholt mit Fällen befasst, in denen schwer Kranke oder Senioren ihren Partnerinnen Kontovollmacht erteilten. Die Lebensgefährtinnen pflegten ihre Partner. Nach deren Tod sahen sie sich mit Auskunfts- und Zahlungsbegehren der gesetzlichen Erben oder pflichtteilsberechtigten Angehörigen der Erblasser konfrontiert. Die Rechtsprechung steht hier zu Recht auf dem Standpunkt, dass zwischen den Partnern kein Auftragsverhält- 49

178 Die Heilung setzt voraus, dass der Schenker alles getan hat, was seinerseits für den Leistungsvollzug erforderlich ist, so dass ein bedingter oder befristeter Vollzug genügt und der Leistungserfolg nicht erforderlich ist; Grüneberg/*Weidenkaff*, § 518, Rn 9. Sind Teilleistungen erbracht, tritt insoweit Heilung ein, bei einer freiwillig übernommenen Unterhaltspflicht demnach jeweils für die geleisteten Beträge.

179 Auch die belohnende Schenkung ist Schenkung i.S.d. §§ 516 ff. BGB; vgl. auch Grüneberg/*Weidenkaff*, § 518 Rn 1.

180 BGH NJW 1984, 797; BAG NJW 1959, 1511; RGZ 125, 380, 383; ebenso *Sandweg*, BWNotZ 1990, 45, 55 f.; anders jedoch BGH NJW 1986, 374, 375; OLG Hamm NZG 2000, 929.

181 OLG Köln v. 22.11.2000, 11 U 84/00, FamRZ 2001, 1608 = MDR 2001, 756.

182 Verpflichtet sich ein Partner freiwillig zu Unterhaltsleistungen an den anderen Partner, so ist dringend anzuraten, die Dauer der Zahlungspflichten zu bestimmen. Wird diese nicht ausdrücklich auf den Fortbestand der Lebensgemeinschaft befristet – was zulässig wäre –, so geht die Rechtsprechung davon aus, dass sie eine Trennung der Partner überdauert; BGH NJW 1986, 374, 375; OLG Hamm NZG 2000, 929; a.A. *Strätz*, FamRZ 1980, 301, 307.

183 BGH v. 18.3.2020, XII ZB 380/19, NJW 2020, 2024 Rn 38 ff.

nis (§ 662 BGB) zu Stande gekommen ist. Vertragliche Auskunftspflichten bestehen für die überlebende Partnerin im Hinblick auf ihre Kontoabhebungen daher nicht.[184]

8. Sonstige Näheverhältnisse

50 Der BGH hat entschieden, dass Ansprüche auf Herausgabe einer ungerechtfertigten Bereicherung wegen Zweckverfehlung (§ 812 Abs. 1 S. 2 Alt. 2 BGB) und auf Ausgleich nach den Grundsätzen über den Wegfall der Geschäftsgrundlage (§ 313 BGB) nicht nur in der nichtehelichen Lebensgemeinschaft, sondern auch in anderen Formen des gemeinschaftlichen Lebens und Wirtschaftens Anwendung finden können, z.B. unter verwitweten Geschwistern, sonstigen Verwandten oder Freunden.[185] Die noch im Urt. v. 31.10.2007[186] vertretene Konzentration auf nichteheliche Lebensgemeinschaften hat der BGH damit aufgegeben. Ein „Sonderrecht" der nichtehelichen Lebensgemeinschaft dürfte damit der Vergangenheit angehören. Indem der BGH in großzügigerer Weise als bisher allgemeine zivilrechtliche Ausgleichsmechanismen zur Anwendung bringt, droht freilich die Gefahr, dass Rechtsstreit in derartige rechtlich kaum konturierte Beziehungsgeflechte getragen wird.

D. Vermögensausgleich bei Tod nach neuer Rechtsprechung

51 Nach seinen Grundsatzurteilen vom 9.7.2008 zum Vermögensausgleich der nichtehelichen Lebensgemeinschaft im Trennungsfall[187] hat sich der BGH in einem Grundsatzurteil vom 25.11.2009[188] mit den Folgen ihrer Auflösung durch den Tod eines Partners beschäftigt. Gestorben war der spendable Partner, welcher seiner Partnerin Zuwendungen gemacht hatte. Nach dem Urteil steht den Erben des Zuwendenden regelmäßig kein Anspruch nach § 313 i.V.m. § 346 BGB (Störung der Geschäftsgrundlage) oder nach Bereicherungsrecht wegen Zweckverfehlung (§ 812 Abs. 1 S. 2 Alt. 2 BGB) zu.

184 Vgl. OLG Düsseldorf v. 28.3.2006, I-4 U 102/05, ZEV 2007, 184 m. Anm. *Muscheler;* OLG München v. 19.7.2010, 34 O 25145/09, BeckRS 2010, 28347; vgl. aber OLG Brandenburg v. 7.12.2011, 3 U 94/11, BeckRS 2012, 20726.

185 BGH v. 22.3.2013, BeckRS 2013, 08297, Tz. 10; 9.7.2008 XII ZR, 179/05, DNotZ 2009, 52 m. Anm. *Löhnig* = NJW 2008, 3277 = RNotZ 2008, 611 m. Anm. *v. Proff*, Tz. 33; v. 9.7.2008, XII ZR 39/06, NJW 2008, 3282, Tz. 26.

186 BGH v. 31.10.2007, XII ZR 261/04, NJW 2008, 443 m. Anm. *v. Proff* = FamRZ 2008, 247 m. Anm. *Grziwotz*.

187 BGH v. 9.7.2008, XII ZR, 179/05, DNotZ 2009, 52 m. Anm. *Löhnig* = NJW 2008, 3277 = RNotZ 2008, 611 m. Anm. *v. Proff*, Tz. 33; BGH v. 9.7.2008, XII ZR 39/06, NJW 2008, 3282, Tz. 26.

188 BGH v. 25.11.2009, XII ZR 92/06, NJW 2010, 998 = ZEV 2010, 145 m. Anm. *Muscheler*.

I. Tod des spendablen Partners

1. Entwicklung der Rechtsprechung

Wie bereits ausgeführt (vgl. oben Rdn 29 ff.) hat der BGH das Ausgleichsverbot im Bereich wesentlicher Beiträge eines Partners zur gemeinsamen Lebensgemeinschaft mit seinen Urteilen vom 9.7.2008[189] aufgegeben für die Fälle, in denen die Lebensgemeinschaft durch Trennung endet. Zu der Konstellation, dass sie durch den Tod des zuwendenden Partners endet, hatte der BGH in den vorgenannten Grundsatzurteilen dagegen nicht Stellung nehmen müssen. Der Tod des Zuwendenden hat den BGH im Urt. v. 31.10.2007 im so genannten Umbuchungsfall[190] beschäftigt. Ob in derartigen Fällen Ausgleichsansprüche nach § 313 BGB (gemeinschaftsbezogene Zuwendung, deren Wegfall mit Auflösung der Lebensgemeinschaft eintritt) oder nach § 812 Abs. 1 S. 2 Alt. 2 BGB zur Anwendung kommen können, konnte der BGH dabei offenlassen. Der geldgebende Erblasser hatte im Urt. v. 31.10.2007 bei der mit „Umbuchung" betitelten Überweisung von fast 40.000 EUR an die Lebensgefährtin seinen nahen Tod vor Augen, so dass nicht davon ausgegangen werden konnte, dass der Fortbestand der Lebensgemeinschaft Geschäftsgrundlage der „Umbuchung" war. Der BGH stufte die Zahlung zu deren offensichtlich freier Verfügung noch als Beitrag zur gemeinsamen Haushaltsführung ein, für die das Ausgleichsverbot gilt. Im Urt. v. 25.11.2009[191] musste der BGH jedoch „Farbe bekennen", weil keine Beiträge zum täglichen Zusammenleben, sondern solche der Vermögensbildung im Raum standen. 52

2. Ausscheiden von Beiträgen des täglichen Zusammenlebens

Ein Ausgleich von Beiträgen im Rahmen des täglichen Zusammenlebens scheidet aus. Für diese gilt das in jahrzehntelanger Rechtsprechung[192] entfaltete so genannte Ausgleichsverbot unverändert fort.[193] Danach sehen die Lebensgefährten die beiderseitigen finanziellen oder persönlichen Leistungen im Rahmen der Lebens- und Haushaltsführung als gleichwertig an. Die Erben des spendablen Partners können daher z.B. Zahlungen des Erblassers auf gemeinsame Darlehen wegen der Anschaffung eines Pkw, des Dachgeschossausbaus sowie von Versicherungs- und Gewinnsparbeiträgen nicht zurückverlangen.[194] 53

189 BGHZ 177, 193 = NJW 2008, 3277 = FamRZ 2008, 1822 m. Anm. *Grziwotz*; NJW 2008, 3282.
190 BGH NJW 2008, 443, Rn 17 m. Anm. *v. Proff* = FamRZ 2008, 247 m. Anm. *Grziwotz*.
191 BGH v. 25.11.2009, XII ZR 92/06, NJW 2010, 998 = ZEV 2010, 145 m. Anm. *Muscheler*.
192 BGH WM 1965, 793; vgl. bereits BAG NJW 1959, 1511.
193 BGH v. 25.11.2009, XII ZR 92/06, NJW 2010, 998 = ZEV 2010, 145 m. Anm. *Muscheler*.
194 BGH v. 25.11.2009, XII ZR 92/06, NJW 2010, 998 = ZEV 2010, 145 m. Anm. *Muscheler*.

3. Vorrang vertraglicher Regelungen

54 Stets sind vertragliche Vereinbarungen vorrangig. Hat z.B. der Erblasser seiner Partnerin ein Hausgrundstück übertragen und sich dabei höchstpersönliche Rechte vorbehaltenen – Wohnungs- und Mitbenutzungsrecht sowie Rückübereignungsansprüche –, die ihm nur zu seinen Lebzeiten zustehen sollten, sind diesbezügliche Ausgleichsansprüche seiner Erben im Ergebnis regelmäßig nicht angezeigt.[195] Aus derartigen ausdrücklichen Regelungen wird deutlich, dass die Beteiligten die Partnerin nach dem Tod ihres Partners keinen Ausgleichsansprüchen von Seiten der Erben aussetzen wollten.

55 An dieser Stelle zeigt sich einmal mehr die hohe Bedeutung, die eine konkrete vertragliche Regelung zwischen den Partnern über die Folgen der Auflösung der Partnerschaft hat. Dass der Erblasser in dem vorgenannten Beispielsfall seine Partnerin nicht testamentarisch bedacht hat, steht dem vom BGH[196] gefundenen Ergebnis insbesondere dann nicht entgegen, wenn das Hausgrundstück wesentlicher Vermögensgegenstand des Erblassers ist, weil für ihn mangels nennenswerter Erbmasse kein Bedarf für eine letztwillige Regelung besteht.

4. Ausgleich auf gesellschaftsrechtlicher Grundlage

56 Sofern keine vertraglichen Regelungen getroffen sind, können sich Ausgleichsansprüche nach beendeter nichtehelicher Lebensgemeinschaft nach der neueren BGH-Rechtsprechung aus BGB-Innengesellschaft (ab 1.1.2024: „nicht rechtsfähige Gesellschaft", § 705 Abs. 2 Alt. 2 BGB idF durch das MoPeG;[197] § 740b Abs. 1 BGB idF durch das MoPeG bzw. – bei Handelsgewerbe §§ 230 ff. HGB), wegen Störung der Geschäftsgrundlage (§ 313 Abs. 1 BGB i.V.m. §§ 346 ff. BGB) sowie wegen Zweckverfehlung (§ 812 Abs. 1 S. 2 Alt. 2 BGB) ergeben. Eine Innengesellschaft zwischen Lebensgefährten wird nach neuerer BGH-Rechtsprechung im Wesentlichen nur dann konkludent begründet, wenn Vermögensgegenstände betroffen sind, die zur Erzielung von Einkünften dienen (z.B. Mietobjekte, Unternehmen, Freiberuflerpraxen), nicht dagegen, wenn es um das Familienwohnhaus geht.[198]

195 BGH v. 25.11.2009, XII ZR 92/06, NJW 2010, 998 = ZEV 2010, 145 m. Anm. *Muscheler.*

196 BGH v. 25.11.2009, XII ZR 92/06, NJW 2010, 998 = ZEV 2010, 145 m. Anm. *Muscheler.*

197 Gesetz zur Modernisierung des Personengesellschaftsrechts (Personengesellschaftsrechtsmodernisierungsgesetz – MoPeG) v 10.8.2021, BGBl 2021 I, 3436.

198 Zust. *Löhnig*, DNotZ 2009, 59 (60); ebenso schon für Ehegatten BGH NJW 1999, 2962, insbes. Rn 18 und 27; vgl. dazu *Grziwotz*, DNotZ 2000, 486, *Langenfeld*, ZEV 2000, 14; BGHZ 84, 361 = NJW 1982, 2236.

Nur der Vollständigkeit halber sei angemerkt, dass eine BGB-Innengesellschaft (ab 1.1.2024: „nicht rechtsfähige Gesellschaft“, § 705 Abs. 2 Alt. 2 BGB idF durch das MoPeG[199]) durch den Tod eines Gesellschafters nach der ab 1.1.2024 geltenden dispositiven (vgl. § 740c Abs. 1 BGB idF durch das MoPeG[200]) Regelung des Gesetzes endet, § 740a Abs. 1 Nr. 4 BGB idF durch das MoPeG.[201] Dies gilt sowohl für den Tod des Hauptgesellschafters (dinglich allein berechtigten Partners) als auch für den Tod des stillen Gesellschafters. Es findet die Auseinandersetzung unter den Gesellschaftern bzw. den Gesellschafter-Erben gemäß § 740b Abs. 1 BGB idF durch das MoPeG statt. 57

Anders ist dagegen die Rechtslage bei der stillen Gesellschaft des HGB i.S.d. §§ 230 ff. HGB. Diese Gesellschaft wird durch den Tod des still Beteiligten nicht aufgelöst (§ 234 Abs. 2 HGB). Hat beispielsweise eine Frau jahrzehntelang ihrem Lebensgefährten ohne Arbeitsentgelt mit wesentlichen Vermögens- und Arbeitsbeiträgen dessen Betrieb mitaufgebaut, kann sie als still Beteiligte anzusehen sein. Wird die Stille jedoch nicht von ihrem Lebensgefährten, dem Betriebsinhaber beerbt, so würden ihre Erben an ihre Stelle treten. Das dürfte häufig nicht gewollt sein (ergänzende Vertragsauslegung, § 157 BGB). Vielmehr dürften die Innengesellschaft bzw. stille Gesellschaft doch mit dem Tod der Stillen enden; die Innengesellschaft bzw. stille Gesellschaft beruhen auf dem persönlichen Vertrauen der Partner zueinander. Rechtsfolge ist, dass ihre Erben vom überlebenden Eigentümer Ausgleich verlangen können. Diese Rechtsfolge kann zwar abbedungen werden. Es erscheint mir allerdings fraglich, ob man einen so weit gehenden Willen der Partner feststellen kann. In derartigen Fällen haben sich die Beteiligten regelmäßig über die Folgen ihres Ablebens überhaupt keine Gedanken gemacht und keine letztwillige Verfügung errichtet. Der Beweis, dass Abfindungsansprüche der Erben des Stillen abweichend vom Gesetz ausgeschlossen wurden, obliegt im Prozess dem überlebenden Betriebsinhaber. Insofern unterscheidet sich die Beweislage entscheidend von der bei Ausgleichsansprüchen nach § 313 BGB und § 812 Abs. 1 S. 2 Alt. 2 BGB. Dort tragen die Erben des (zuerst) verstorbenen Lebensgefährten die primäre Beweislast dafür, dass die Geschäftsgrundlage der Zuwendung durch den Tod entfallen ist bzw. der mit ihr verfolgte Zweck endgültig nicht erreicht werden kann.

199 Gesetz zur Modernisierung des Personengesellschaftsrechts (Personengesellschaftsrechtsmodernisierungsgesetz – MoPeG) v. 10.8.2021, BGBl 2021 I, 3436.

200 Gesetz zur Modernisierung des Personengesellschaftsrechts (Personengesellschaftsrechtsmodernisierungsgesetz – MoPeG) v. 10.8.2021, BGBl 2021 I, 3436.

201 Gesetz zur Modernisierung des Personengesellschaftsrechts (Personengesellschaftsrechtsmodernisierungsgesetz – MoPeG) v. 10.8.2021, BGBl 2021 I, 3436.

58 Beim gemeinsamen Immobilienerwerb ist eine ausdrücklich vereinbarte Außengesellschaft häufig die richtige Erwerbsform. Sie bietet besondere Flexibilität.

5. Störung der Geschäftsgrundlage

59 Mit Grundsatzurteilen vom 9.7.2008[202] hat der BGH anerkannt, dass die gescheiterte nichteheliche Lebensgemeinschaft einen Ausgleichsanspruch nach den Grundsätzen über die Störung der Geschäftsgrundlage (§ 313 BGB) nach sich ziehen kann. Dies setzt eine „gemeinschaftsbezogene Zuwendung" eines Vermögensgegenstandes zwischen den Partnern bzw. unentgeltliche Arbeitsleistungen („Kooperationsvertrag") voraus.[203] Außerdem muss die Zuwendung in der Vorstellung oder Erwartung erfolgt sein, die Lebensgemeinschaft werde Bestand haben. Diese Vorstellung bzw. Erwartung muss in einer Weise enttäuscht worden sein, dass dem leistenden Partner die Beibehaltung der durch seine Leistungen und Beiträge geschaffenen Vermögensverhältnisse nach Treu und Glauben nicht zuzumuten ist. An dieser Stelle setzt die neue Erkenntnis im Urteil des BGH vom 25.11.2009 ein: Zumindest für den Fall, dass der spendierfreudigere Partner (zuerst) stirbt, ist bei der Bejahung von Ausgleichsansprüchen Zurückhaltung geboten.[204] Die Partner wollen häufig nicht, dass in der Person ihrer Erben Ausgleichsansprüche gegen den anderen entstehen.[205]

6. Bereicherungsrecht (§ 812 Abs. 1 S. 2 Alt. 2 BGB)

60 Aus demselben Grund scheiden bereicherungsrechtliche Rückforderungsansprüche der Erben gegen die überlebende Partnerin aus. Seit den Grundsatzurteilen vom 9.7.2008[206] steht der BGH einer Anwendung des § 812 Abs. 1 S. 2 Alt. 2 BGB auf gescheiterte Partnerschaften zwar aufgeschlossen gegenüber. Entscheidend ist, welcher Erfolg genau mit der Leistung „nach dem Inhalt des Rechtsgeschäfts" bezweckt war, und dass dieser endgültig nicht eingetreten ist. Hat sich der Erblasser z.B. anlässlich der Übertragung eines Hausgrundstücks an seine Lebensgefährtin höchstpersönliche Rechte vorbehalten[207] – Wohnungs- und Mitbenutzungsrecht sowie Rückübereignungsansprüche –, die ihm nur zu seinen Lebzeiten zustehen sollten, so sichert er sich nur den Einfluss auf Verfügungen und die Mitnutzung auf seine Lebenszeit, nicht jedoch den (wirtschaftlichen) Verbleib der

202 BGHZ 177, 193 = NJW 2008, 3277 = FamRZ 2008, 1822 m. Anm. *Grziwotz*; NJW 2008, 3282.

203 Vgl. für Ehegatten bereits BGHZ 127, 48 = NJW 1994, 2545; BGHZ 84, 361 = NJW 1982, 2236: „familienrechtlicher Kooperationsvertrag sui generis".

204 Ebenso *Löhnig*, DNotZ 2009, 59 (61).

205 Ebenso BGH v. 22.3.2013, BeckRS 2013, 08297, Tz. 11; vgl. schon *Grziwotz*, FamRZ 2008, 250 (Analogie zu § 1301 S. 1 BGB); *Coester*, JZ 2008, 315 (316).

206 BGH v. 9.7.2008, XII ZR 179/05, DNotZ 2009, 52 m. Anm. *Löhnig* = NJW 2008, 3277 = RNotZ 2008, 611 m. Anm. *v. Proff*; BGH v. 9.7.2008, XII ZR 39/06, NJW 2008, 3282.

207 Vgl. BGH v. 25.11.2009, XII ZR 92/06, NJW 2010, 998 = ZEV 2010, 145 m. Anm. *Muscheler*.

Immobilie in seiner Familie. Der verfolgte Zweck ist mithin erreicht worden, so dass eine Rückforderung nach § 812 Abs. 1 S. 2 Alt. 2 BGB ausscheidet.[208]

II. Tod des Zuwendungsempfängers

Den Tod des Zuwendungsempfängers wird man hinsichtlich der Vermögensauseinandersetzung anders behandeln müssen als den Tod des spendablen Partners.[209] Hier dürften Ausgleichsansprüche nach den Grundsätzen der Trennung der Partner gelten.[210] 61

Die Konstellation, dass die Partnerschaft durch den Tod des Zuwendungsempfängers endet, war, soweit ersichtlich, schon lange nicht mehr Gegenstand der BGH-Rechtsprechung. Sie hat den BGH in seinem „Trümmerstein"-Urt. v. 1.4.1965 beschäftigt.[211] Dort hat der Erblasser jahrelang ehebrecherisch – seine auch nach dem Krieg in Oberschlesien verbliebene Ehefrau stimmte einer Scheidung nicht zu – mit einer Partnerin zusammengelebt. Auf allein seinen Namen schaffte man vermietete und selbst genutzte Immobilien an. Seine Lebensgefährtin trug hierzu maßgeblich bei, indem sie durch harte Arbeit Geld verdiente, insbesondere unzählige Trümmersteine putzte. Eine dingliche Beteiligung oder Gehalt bekam sie nicht, weil die Beteiligten davon ausgingen, dass ihr alles ohnehin zur Hälfte gehöre. Ihr Partner starb plötzlich, ohne ein Testament zu hinterlassen. Der BGH billigte der Partnerin einen gesellschaftsrechtlichen Abfindungsanspruch gegen die gesetzlichen Erben zu. 62

In neuerer Zeit hat sich das OLG Brandenburg in einem Urt. v. 27.5.2010[212] mit der Thematik befasst. Die Partnerin bewohnte mit ihrem anfangs noch anderweitig verheirateten Lebensgefährten jahrelang ein Hausgrundstück, das dem Partner und dessen Ehefrau, nach der Scheidung nur noch dem Partner allein gehörte. Die Partnerin beteiligte sich zwar nicht an den laufenden Kosten des Hauses und zahlte auch keine Miete. Sie machte jedoch geltend, gut 10.000 EUR in eine neue Heizung und Elektroinstallation und Renovierung des Hauses investiert zu haben. Dies habe sie in der von ihrem Partner gebilligten Erwartung getan, ein lebzeitiges (Mit-?) Wohnrecht im Grundbuch eingetragen zu bekommen. Beim Tod ihres Partners war eine derartige Absicherung nicht erfolgt und offenbar auch nicht von dessen Erben zu erlangen. Die Partnerin forderte daher ihre Leistungen nach § 812 Abs. 1 S. 2 Alt. 2 BGB zurück. Im Ergebnis zu Recht 63

208 Vgl. auch *M. Schwab*, NJW 2009, 115, 122. Anders ist es aber in den Fällen der enttäuschten Vergütungserwartung; vgl. BGH v. 22.3.2013, BeckRS 2013, 08297 (Leistungen in Erwartung eines späteren Eigentumserwerbs infolge Erbeinsetzung).

209 BGH v. 10.3.2021, XII ZR 54/20, ZEV 2021, 773 = FamRZ 2021, 964 = BeckRS 2021, 6401 Rn 19.

210 BGH v. 10.3.2021, XII ZR 54/20, ZEV 2021, 773 = FamRZ 2021, 964 = BeckRS 2021, 6401 Rn 20; *Grziwotz*, FPR 2010, 369, 372.

211 BGH v. 1.4.1965, II ZR 182/62, WM 1965, 793.

212 OLG Brandenburg v. 27.5.2010, 9 U 2/09, BeckRS 2010, 14103.

lehnte das OLG Brandenburg derartige Ansprüche ab, weil sie Beiträge zum täglichen Zusammenleben betrafen.[213] Soweit das OLG Brandenburg darüber hinaus ausführt, dass die Partnerschaft mit dem Tod des Mannes „ihr natürliches Ende gefunden habe“[214] und etwaige Ausgleichsansprüche nur zwischen den Partnern persönlich, nicht aber gegen die Erben des Zuwendungsempfängers bestehen könnten, kann dem nicht gefolgt werden. Bei größeren Beiträgen, etwa der Finanzierung oder Bebauung eines Hausgrundstücks oder gemeinsam aufgebauten Unternehmen, liegt es nahe, Ausgleichsansprüche des spendablen Partners gegen die Erben des anderen zu bejahen. Derartige Beiträge können sehr wohl die Geschäftsgrundlage haben, dass die Lebensgemeinschaft fortbesteht und weder durch Trennung noch durch Tod beendet wird. Dass alles Leben endlich ist, hindert nicht daran, dass die Beteiligten sich noch viele gemeinsame Jahre erwarten. Der überlebende Partner, der in dieser Hoffnung durch den jähen und frühen Tod des Zuwendungsempfängers enttäuscht wird, wird durch § 313 BGB geschützt. Das OLG Naumburg hat in einem PKH-Beschl. v. 3.9.2009[215] die Rechtslage *obiter* ebenso gesehen. Allerdings hat es im entschiedenen Fall die von der überlebenden Partnerin gegen die Erben ihres verstorbenen Partners geltend gemachten Ansprüche auf (teilweise) Rückabwicklung nach § 313 Abs. 3 i.V.m. §§ 346 ff. BGB abgelehnt, weil nur Beiträge zum täglichen Zusammenleben im Raum standen. Das OLG Dresden hat sich in einem Urt. v. 27.8.2019 der Rechtsprechung des OLG Naumburg angeschlossen.[216] In diesem Fall hatte eine Frau ihrem Partner monatlich 200–300 EUR bis zu einer Gesamtsumme von 8.200 EUR zugewandt und ihm zusätzlich 1.900 EUR einmalig gegeben. Ihr Partner starb bei einem Unfall, ohne ein Testament zu hinterlassen. Seine ehemalige Partnerin verlangte von seinen Erben die geleisteten Beträge zurück. Sie berief sich auf den Wegfall der Geschäftsgrundlage (§ 313 BGB). Das OLG Dresden hat diese Klage zurückgewiesen. Die Zahlungen seien nicht über das hinausgegangen, was die Gemeinschaft Tag für Tag benötigt hat. Vielmehr sind derartige Beträge von dem Pärchen verbraucht worden. Es hat sich somit um Beiträge der Partnerin für den gemeinsamen Lebensunterhalt gehandelt. Sie konnte auch nicht nachweisen, dass der Betrag von 1.900 EUR nicht für den gemeinsamen Lebensunterhalt, sondern für die Anschaffung eines Wohnmobils (so wie sie es behauptet) zugewandt worden war.

213 Ebenso OLG Naumburg v. 3.9.2009, I W 23/09, NJW-RR 2010, 224.
214 So schon BGH v. 24.3.1980, II ZR 191/79, BGHZ 77, 55, 60 = NJW 1980, 1520, 1521.
215 OLG Naumburg v. 3.9.2009, I W 23/09, NJW-RR 2010, 224; vgl. dazu *Schmitz*, FamFR 2009, 176.
216 OLG Dresden v. 27.8.2019, 4 U 656/19, BeckRS 2019, 23804; dazu *Stein*, NZF 2019, 976.

E. Folgerungen für die Kautelarpraxis

Das Ausgleichsverbot der alten Rechtsprechung für den Trennungsfall wurde den Vorstellungen der Beteiligten häufig nicht gerecht. Die Konsequenzen der Rechtsprechung des BGH zur konkludent begründeten Innengesellschaft waren und sind auch noch nach den Urteilen vom 9.7.2008 im Einzelfall nicht leicht zu prognostizieren. Die hierdurch bedingte Rechtsunsicherheit belegt deutlich den großen Nutzen eindeutiger vertraglicher Vereinbarungen. 64

Wie die Vielzahl einschlägiger Gerichtsentscheidungen belegt, führt das Fehlen eines spezifischen bürgerlich-rechtlichen Regelungsmechanismus für den Fall der Auflösung einer nichtehelichen Lebensgemeinschaft häufig zu Streit und Gerichtsprozessen. Für die Kautelarpraxis eröffnet sich hier ein weites Feld, um dem Bedürfnis nach Rechtsfrieden stiftender Vorsorge zu begegnen. 65

Bereits die alte Rechtsprechung des BGH zum Ausgleich nach gesellschaftsrechtlichen Grundsätzen sah sich vielfach dem Vorwurf ausgesetzt, im Einzelfall schwer prognostizierbare Ergebnisse zu zeitigen. Dies gilt nach der neuen Rechtsprechung wohl in noch stärkerem Maße. Insbesondere die Grundsätze des Wegfalls der Geschäftsgrundlage sind in der Praxis schwer rechtssicher für den Einzelfall anzuwenden. Es tut daher nach wie vor Not, eindeutige vertragliche Vorsorge zu treffen. Vor allem beim gemeinsamen Immobilienerwerb sollten die Beteiligten Regelungen treffen für den Fall, dass die Gemeinschaft durch Trennung oder Tod endet. 66

Zuwendungen innerhalb der nichtehelichen Lebensgemeinschaft sind regelmäßig unentgeltlich und daher schenkungsteuerbar. Dies gilt auch dann, wenn sie als unbenannte Zuwendungen unter der Geschäftsgrundlage erfolgen, dass die Lebensgemeinschaft fortbesteht.[217] Vor dem Hintergrund eines Freibetrages von (nur) 20.000 EUR (§ 16 Abs. 1 Nr. 7 ErbStG) ist die Schenkungsteuer ein praktisch wichtiges Hindernis für Übertragungen unter Lebensgefährten. Indem die Urteile vom 9.7.2008 den Spielraum für Ausgleichsansprüche nach gescheiterter Lebensgemeinschaft erweitern, ist m.E. jedoch wenigstens nach gescheiterter Lebensgemeinschaft u.U. eine nicht schenkungsteuerbare Entflechtung der Vermögenssphären denkbar. Überträgt beispielsweise ein Lebensgefährte dem anderen nach Trennung Anteile an einer gemeinsamen Immobilie, um etwaige Ausgleichsansprüche unter dem Gesichtspunkt des Wegfalls der Geschäftsgrundlage (§ 313 BGB) oder gemäß § 812 Abs. 1 S. 2 Alt. 2 BGB abzugelten, kann es an einem unentgeltlichen, freigiebigen Schenkungsteuertatbestand fehlen.[218] Die Rechtsprechung des BFH zur Schenkungsteuerbarkeit ehebedingter Zuwendungen steht dieser Einschät- 67

217 Vgl. BFH BStBl 1994 II, 366 (ehebedingte Zuwendung). Anders noch BFH BStBl 1985 II, 159; BMF DB 1984, 327.

218 Ebenso *Steer*, notar 2008, 361, 367; zu einer Abfindungsvereinbarung vgl. auch OLG Brandenburg v. 3.5.2012, 10 U 6/11, BeckRS 2012, 10029.

zung nicht entgegen. Der BFH hat nämlich nicht über die Rückabwicklung einer ehebedingten Zuwendung entschieden, sondern die ehebedingte Zuwendung als solche als unentgeltlichen Tatbestand qualifiziert. Diese erfolgt, ohne dass der Geber hierzu verpflichtet ist oder eine sonstige schenkungsteuerlich erhebliche Gegenleistung erwarten kann. Demgegenüber sind Ausgleichsansprüche unter dem Gesichtspunkt des Wegfalls der Geschäftsgrundlage oder gemäß § 812 Abs. 1 S. 2 Alt. 2 BGB gesetzlich begründete Verbindlichkeiten des Empfängers. Erfüllt er sie, leistet er mithin m.E. nicht unentgeltlich.

68 Hingewiesen werden muss allerdings, soweit inländischer Grundbesitz betroffen ist, auf die Grunderwerbsteuer (§ 1 Abs. 1 Nr. 1 GrEStG)[219] und eine mögliche Einkommensteuerpflicht, letzteres insbesondere dann, wenn die Immobilie in Betriebsvermögen gehalten oder innerhalb der 10-Jahresfrist (§§ 22 Nr. 2, 23 Abs. 1 Nr. 1 EStG) veräußert wird.

219 Die in § 3 Nr. 5 bzw. 5a GrEStG angeordnete Steuerbefreiung für Erwerbe vom früheren Ehegatten bzw. Lebenspartner i.S.d. LPartG gilt nicht für den Erwerb vom früheren Lebensgefährten, BFH v. 1.12.2020, II B 53/20, BeckRS 2020, 43621.

§ 3 Partnerschaftsvertrag

A. Allgemeines

Während punktuelle Vereinbarungen zwischen Lebensgefährten anlässlich des gemeinsamen Erwerbs einer Immobilie in der Kautelarpraxis regelmäßig begegnen und nachgefragt werden, kommen umfassende Partnerschaftsverträge in Beurkundungsform, aber auch in privatschriftlicher Form praktisch nur äußerst selten vor.[1] Mit derartigen Vereinbarungen soll das Zusammenleben in wirtschaftlicher, bisweilen – aber mangels Rechtsverbindlichkeit nicht empfehlenswert[2] – auch persönlicher Sicht geordnet werden. Motive können schlechte Erfahrungen mit einer Vorehe und der für die Scheidung obligatorischen Trennungszeit sein. Exotischer sind die Fälle, in denen die bürgerlich-rechtliche Ehe aus weltanschaulichen Gründen abgelehnt wird, sei es, weil das religiös motivierte Verständnis der Ehe als vom Priester gespendetes Sakrament in den weltlichen Bereich übertragen und damit am Rechtszustand vor dem Kulturkampf festgehalten wird, sei es aus einer radikallibertinären Gesinnung heraus. 1

B. Form

Partnerschaftsverträge sind für sich genommen grundsätzlich formfrei möglich, wenn sie keine der notariellen Beurkundungsform unterliegende Verpflichtung oder Verfügung, z.B. über Grundbesitz (§ 311b Abs. 1 BGB) oder GmbH-Geschäftsanteile (§ 15 GmbHG), Schenkungsversprechen (§ 518 Abs. 1 BGB) oder erbvertragliche Vereinbarungen (§ 2376 BGB) enthalten, oder (Privat-)Schriftform – etwa bei Leibrentenverpflichtungen (§ 761 BGB) oder Schuldversprechen oder -anerkenntnis (§§ 780, 781 BGB) – verlangt ist. Insbesondere ist das gemeinschaftliche Testament der nichtehelichen Lebensgemeinschaft verwehrt (§ 2265 BGB). Das in § 1410 BGB aufgestellte notarielle Beurkundungserfordernis für den Vertrag zwischen Ehegatten über güterrechtliche Verhältnisse (Ehevertrag) ist auf den Partnerschaftsvertrag nicht analog anwendbar.[3] Weil die nichteheliche Lebensgemeinschaft als solche keine Vertragsbeziehung mit gesetzlichem Inhalt zwischen den Beteiligten begründet, kann der Partnerschaftsvertrag keine Abweichung von einem gesetzlichen Standardmodell wie der Ehe begründen. 2

Noch ungeklärt ist, ob § 1585c S. 2 BGB analoge Anwendung auf Vereinbarungen über den Unterhalt aus Anlass der Geburt eines nichtehelichen Kindes (§ 1615l BGB) findet. Diese 3

1 Gleiche Einschätzung bei *Sandweg*, BWNotZ 1990, 49, 56; *Strätz*, FamRZ 1980, 301, 305. Dagegen scheinen mündliche punktuelle Vereinbarungen verbreitet zu sein, insbesondere über die Aufgabenverteilung im Haushalt.

2 Vgl. *Sandweg*, BWNotZ 1991, 61 f.

3 Vgl. mit Blick auf die Vereinbarung einer Zahlungspflicht des Mannes für den Trennungsfall OLG Köln v. 22.11.2000, 11 U 84/00, FamRZ 2001, 1608 = MDR 2001, 756.

durch das Unterhaltsrechtsänderungsgesetz[4] eingeführte Vorschrift ordnet die Beurkundungspflicht von Vereinbarungen zwischen Ehegatten über den gesetzlichen nachehelichen Unterhalt ein, die vor Rechtskraft der Ehescheidung getroffen werden. Zweck der Regelung ist, durch Mitwirkung eines Notars die fachkundige und unabhängige Beratung der Vertragspartner sicher zu stellen, um sie vor übereilten Entscheidungen zu bewahren und ihnen die rechtliche Tragweite ihrer Vereinbarung deutlich zu machen.[5] Diese Vorschrift findet nach ihrem Wortlaut nur auf Vereinbarungen über den nachehelichen Unterhalt zwischen Eheleuten Anwendung, nicht dagegen auf solche zwischen Verwandten oder Unverheirateten. Offensichtlich sah der Gesetzgeber für den Bereich des Verwandtenunterhalts (§§ 1601 ff. BGB) und des Unterhaltsanspruchs aus Anlass der Geburt (§ 1615l BGB) keinen Regelungsbedarf, weil hier kraft ausdrücklicher Anordnung (§ 1614 Abs. 1 BGB, für den Unterhaltsanspruch aus Anlass der Geburt i.V.m. § 1615l Abs. 3 S. 1 BGB) für die Zukunft nicht auf Unterhalt verzichtet werden kann.[6] Es ist danach nur zulässig, zu Gunsten, nicht jedoch zu Lasten des Unterhaltsberechtigten von der gesetzlichen Regelung abweichende Vereinbarungen zu treffen. Aus diesem Grund wird die Frage nach der analogen Anwendung des § 1585c S. 2 BGB wenig diskutiert und wenn sie erörtert wird, verneint.[7] Allerdings besteht insofern aus Sicht der Unterhaltsverpflichteten durchaus Beratungs- und Belehrungsbedarf, der eine notarielle Beurkundungspflicht rechtfertigen würde. Die Rechtsprechung des BGH[8] und des BVerfG[9] hat zudem die in § 1615l Abs. 3 S. 1 BGB

4 Art. 1 Nr. 13 des Gesetzes zur Änderung des Unterhaltsrechts, BGBl 2007 I, 3189, 3190, in Kraft getreten zum 1.1.2008.

5 BT-Drucks 16/1830 S. 22; Grüneberg/*von Pückler*, § 1585c Rn 2.

6 Zu Gestaltungsmöglichkeiten beim Trennungsunterhalt eingehend *Huhn*, RNotZ 2007, 177; zu ihren Grenzen BGH v. 30.9.2015, XII ZB 1/15, NJW 2015, 3715.

7 *Bergschneider*, DNotZ 2008, 95, 104; *ders.*, FamRZ 2008, 17, 18; *Born*, NJW 2008, 1, 6.

8 Betreut eine mittellose Studentin ihr mit einem gutsituierten Unternehmer und Einkommensmillionär gemeinsames uneheliches Kind, so vermittelt ihr § 1615l BGB nicht Teilhabe am Lebensstandard des Vaters. Entschließt sich umgekehrt die sehr gut verdienende Topmanagerin, ihr uneheliches Kind selbst zu betreuen, so hätte der Vater ihr bei wortgetreuer Auslegung die entgehenden Einnahmen bis an die Grenze seines Selbstbehalts im Wege des Unterhalts weiter zu leisten; er stünde damit schlechter als gegenüber einer Ehefrau. In Korrektur dieser gesetzlichen Regelung hat der BGH mit Urt. v. 15.12.2004 (XII ZR 121/03, FamRZ 2005, 442) entschieden, dass der unterhaltsberechtigte unverheiratete Elternteil nicht mehr als den ihm bei Anwendung des Halbteilungsgrundsatzes zustehenden Unterhaltsbetrag verlangen darf. Zu den Varianten des an den nachehelichen Betreuungsunterhalt angenäherten verlängerten Unterhalts nach § 1615l Abs. 2 BGB vgl. BGH v. 10.6.2015, XII ZB 251/14, NJW 2015, 2257 m. Anm. *Graba* = NZFam 2015, 661 m. Anm. *Born*.

9 Im Beschl. v. 28.2.2007 (1 BvL 9/04, NJW 2007, 1735 m. zust. Anm. *Caspary*) hat das BVerfG in der unterschiedlichen Dauer des Betreuungsunterhaltsanspruchs des verheirateten Elternteils einerseits, des unverheirateten andererseits, einen Verstoß gegen das Schlechterbehandlungsverbot nichtehelicher Kinder gesehen. Ebenso bereits *Puls*, FamRZ 1998, 865, 868; *Ebert*, JR 2003, 182, 187. A.A. noch BGH v. 5.7.2006, XII ZR 11/04, NJW 2006, 2687 = FamRZ 2006, 1362; *Büttner*, FamRZ 2000, 781, 786; *Wever/Schulz*, FamRZ 2002, 581, 583. In zwei Kammerbeschlüssen v. 4.2.2004 hatte das BVerfG die Frage nach der Vereinbarkeit der zeitlichen Grenze mit Art. 6 Abs. 5 GG noch als „weder einfach noch eindeutig zu entscheidend" bezeichnet; vgl. BVerfG, 1 BvR 1715/02, FamRB 2004, 280, juris KVRE 320770401; 1 BvR 596/03, NJW 2004, 1789 = FamRZ 2004, 1013.

angeordnete Vorbildfunktion des Verwandtenunterhalts wiederholt zugunsten einer Orientierung an dem viel besser passenden nachehelichen Kindesbetreuungsunterhalt (§ 1570 BGB) korrigiert, so dass es nicht ganz zweifelsfrei erscheint, dass die notarielle Beurkundungsformvorschrift des § 1585c S. 2 BGB auf Vereinbarungen zum Unterhalt aus Anlass der Geburt nach § 1615l BGB keine Anwendung findet.

Die bisherige höchstrichterliche Rechtsprechung hat die Eingehung von Zahlungspflichten an den Partner als – meist belohnendes (§ 534 BGB)[10] – Schenkungsversprechen eingestuft, welches der notariellen Form des § 518 BGB unterliegt. Dies gilt insbesondere für freiwillig zugesicherte Unterhaltszahlungen, die regelmäßig als belohnende Schenkung an die Lebensgefährtin eingestuft werden, die den Haushalt führt oder im Betrieb aushilft.[11] Ob an dieser Qualifikation nach den Urteilen vom 9.7.2008[12] noch festzuhalten ist, erscheint mir sehr fraglich. Der BGH qualifiziert unentgeltliche Zuwendungen in der nichtehelichen Lebensgemeinschaft für den Regelfall nicht als Schenkung, sondern als gemeinschaftsbezogene Zuwendung. Ob noch nicht vollzogene Versprechen derartiger Zuwendungen analog § 518 Abs. 1 BGB nur wirksam sind, wenn sie notariell beurkundet worden sind, ist, soweit ersichtlich, höchstrichterlich noch nicht entschieden. Die wohl überwiegende Auffassung geht davon aus, dass eine notarielle Beurkundung des Versprechens nicht erforderlich ist.[13] Weil die Formfrage jedoch bislang nicht geklärt ist, sollte weiterhin die notarielle Beurkundungsform eingehalten werden. Die Beurkundungsform erfasst ohnehin nur die Erklärung des Versprechenden.[14] Ist die notarielle Beurkundungsform nicht eingehalten, so tritt mit Bewirkung der versprochenen Leistung Heilung ein (§ 518 Abs. 2 BGB), d.h., wenn der Geber alles getan hat, was seinerseits für den Leistungsvollzug erforderlich ist, so dass ein bedingter oder befristeter Vollzug genügt und der Leistungserfolg nicht erfor- 4

10 Auch die belohnende Schenkung ist nach stetiger Rechtsprechung seit RG v. 7.2.1919, Rep. VII 329/18, RGZ 94, 322, 324; v. 30.9.1929, IV 800/28, RGZ 125, 380, 383, Schenkung i.S.d. §§ 516 ff. BGB; vgl. auch Grüneberg/*Weidenkaff*, § 518, Rn 1. Die für eine Schenkung erforderliche Einigkeit über die Unentgeltlichkeit setzt voraus, dass die mit der Schenkung belohnten Dienste des Beschenkten nur Beweggrund für die Zuwendung sind, also ein Dankgefühl auslösen, dem durch eine freie Gabe genügt werden soll. Auch eine Zuwendung, die lediglich aus einer sittlichen oder Anstandspflicht erfolgt, ist Schenkung (§ 534 BGB).

11 BGH v. 7.12.1983, IVa ZR 160/82, NJW 1984, 797; BAG v. 23.4.1959, 2 AZR 118/56, NJW 1959, 1511; RG v. 30.9.1929, IV 800/28, RGZ 125, 380, 383; ebenso *Sandweg*, BWNotZ 1990, 45, 55 f.; hiervon abweichend (keine Beurkundungspflicht) für den Fall, dass der vor Einführung des § 1615l BGB freiwillig privatschriftlich übernommenen Unterhaltspflicht des Mannes die Übernahme der Betreuung gemeinsamer Kinder durch die Frau gegenüberstand BGH v. 16.9.1985, II ZR 283/84, NJW 1986, 374, 375; OLG Hamm v. 2.5.2000, 29 U 11/99, NZG 2000, 929.

12 BGH v. 9.7.2008, XII ZR 179/05, DNotZ 2009, 52 m. Anm. *Löhnig* = NJW 2008, 3277 = RNotZ 2008, 611 m. Anm. *v. Proff*; BGH v. 9.7.2008, XII ZR 39/06, NJW 2008, 3282.

13 *Wever*, FamRZ 2008, 1485, 1491 m.w.N. in Fn 78.

14 Grüneberg/*Weidenkaff*, § 518 Rn 2.

derlich ist.[15] Sind Teilleistungen erbracht, tritt insoweit Heilung ein, bei einer freiwillig übernommenen Unterhaltspflicht demnach jeweils für die geleisteten Beträge.[16]

C. Inhaltliche Schranken

5 In inhaltlicher Hinsicht ist ein umfassender Partnerschaftsvertrag grundsätzlich zulässig.

I. Zwingend sanktionsloser höchstpersönlicher Bereich

6 Schranken ergeben sich jedoch aus dem unverbindlichen sowie sanktionslosen Charakter von Vereinbarungen im höchstpersönlichen Bereich.[17] Hierzu zählen die Lebensbereiche, in denen die durch die Grundrechte geschützte Selbstbestimmung des Individuums (Art. 1 Abs. 1 S. 2, Art. 2 Abs. 1 GG) zum Ausdruck kommt.[18] Dies gilt insbesondere für das religiöse Bekenntnis und die religiöse Betätigung, politische Meinungsbildung und -äußerung, Umgang mit Dritten, Brief- und Postgeheimnis und Geschlechtsgemeinschaft.[19] Die vorgenannten Lebensbereiche sind verbindlichen Vereinbarungen nicht zugänglich, was teils mit der Lehre vom rechtsfreien Raum im höchstpersönlichen Bereich,[20] teils mit einer Heranziehung des in § 888 Abs. 3 ZPO und § 1297 BGB[21] enthaltenen Rechtsgedankens begründet wird. Dieses Ergebnis lässt sich nach h.A. auch nicht dadurch umgehen, dass an ein bestimmtes höchstpersönliches Verhalten vertragliche Sanktionen etwa in Gestalt von – selbstständigen oder unselbstständigen – Vertragstrafen oder Schadensersatzpflichten, geknüpft werden; auch sie

15 Grüneberg/*Weidenkaff*, § 518 Rn 9.

16 Hat sich ein Partner durch mündliche Erklärung zur Leistung einer Leibrente verpflichtet (§ 759 BGB), so heilt die Erbringung der jeweiligen einzelnen Leistung nicht nur den Mangel der notariellen Beurkundungsform (§ 518 Abs. 1 BGB), sondern auch den Mangel der Schriftform des § 761 BGB, weil mit dieser keine weiterreichenden Zwecke als mit der Form des § 518 BGB verfolgt sind; vgl. BGH v. 17.3.1978, V ZR 217/75, DNotZ 1978, 539 = NJW 1978, 1577; Staudinger/*Liebrecht*, § 761 Rn 21; Grüneberg/*Sprau*, § 761 Rn 1; MüKo-BGB/*Raude*, § 761 Rn 9.

17 Vgl. BGH v. 17.4.1986, IX ZR 200/85, BGHZ 97, 372, 379: Die Abrede über den Gebrauch von Empfängnisverhütungsmitteln sei „nicht wirksam, weil der von ihr erfasste engste persönliche Freiheitsbereich einer vertraglichen Reglung entzogen ist“; *Sandweg*, BWNotZ 1990, 49, 50 ff.; *ders.*, BWNotZ 1991, 61 f.

18 Vgl. *Hausmann*, Nichteheliche Lebensgemeinschaft und Vermögensausgleich (1989), 78 ff. in Anknüpfung an die insbesondere von *Comes*, Der rechtsfreie Raum – Zur Frage der normativen Grenzen des Rechts (1976), und *Hepting*, Ehevereinbarungen – Die autonome Ausgestaltung der ehelichen Lebensgemeinschaft im Verhältnis zu Erbrecht, Rechtsgeschäftslehre und Schuldrecht (1984), entwickelte Lehre vom rechtsfreien Raum, verstanden als Bereich, in dem zwingend Freiheit sowohl von Fremdbestimmung als auch von Selbstbindung besteht; *Sandweg*, BWNotZ 1991, 61, 62.

19 Vgl. *Hausmann*, Nichteheliche Lebensgemeinschaft und Vermögensausgleich (1989), 86.

20 Wohl Münchener Vertragshandbuch/*Langenfeld*, XI, Anm. 6 (2).

21 *Grziwotz*, Nichteheliche Lebensgemeinschaft, § 10 Rn 15 ff.; *Sandweg*, BWNotZ 1990, 49, 51.

werden vom Verdikt der Unverbindlichkeit erfasst.[22] Von der Aufnahme von Vereinbarungen im höchstpersönlichen Bereich in den Partnerschaftsvertrag wird daher gemeinhin zu Recht abgeraten. Wünschen die Beteiligten sie gleichwohl, so ist ein Belehrungsvermerk über ihre rechtliche Unverbindlichkeit, die auch etwaige Sanktionsmechanismen erfasst, empfehlenswert.

Umstritten ist, ob zum zwingend unverbindlichen Bereich auch die Entscheidung über die Auflösung der Lebensgemeinschaft gehört. Die Streitfrage wird insbesondere bei der Vereinbarung von Zahlungspflichten für den Trennungsfall entscheidungserheblich. Richtigerweise ist mit der h.M. zu differenzieren. Soll der zahlungspflichtige Partner von einer Trennung abgehalten werden, so liegt eine unwirksame Vertragsstrafe vor (§ 138 BGB). Für die nichteheliche Lebensgemeinschaft ist die jederzeitige einseitige grundlose Aufkündbarkeit charakteristisch und von den Beteiligten gerade gewollt und gegenseitig akzeptiert.[23] Wird dagegen mit der Klausel bezweckt, Nachteile des zahlungsberechtigten Partners aus der Lebensgemeinschaft auszugleichen[24] oder im Wege einer pauschalierten Unterhaltsabfindung die Versorgung des Partners für eine Übergangszeit abzusichern,[25] ist sie zu billigen.[26] In der Praxis empfiehlt sich, eine solche Funktion der Abfindung zum Ausdruck zu bringen. Das OLG Hamm hat eine Vereinbarung als sittenwidrig (§ 138 BGB) erachtet, die den Mann verpflichtete, seiner Partnerin eine Vertragsstrafe von 40.000 DM für den Fall zu zahlen, dass er sich von ihr trennt.[27] Ein derartiges indirektes Trennungsverbot missachte die Eheschließungsfreiheit des Mannes mit einer anderen Frau (Art. 6 Abs. 1 GG). Das OLG Köln hat jedoch eine derartige privatschriftlich vereinbarte (einseitige) Zahlungspflicht des Mannes für den Trennungsfall gebilligt.[28] Es handele sich um eine unbenannte Zuwendung und kein Schenkungsversprechen, so dass die Form des § 516 BGB nicht einzuhalten sei. Die Vereinbarung sei auch nicht sittenwidrig (§ 138 BGB), weil sie dem wirtschaft- 7

22 *Hausmann*, Nichteheliche Lebensgemeinschaft und Vermögensausgleich (1989), 93 ff.; Münchener Vertragshandbuch/*Langenfeld*, XI, Anm. 6 (2); *Grziwotz*, Nichteheliche Lebensgemeinschaft, § 10 Rn 19; *Sandweg*, BWNotZ 1990, 49, 52; *Strätz*, FamRZ 1980, 301, 306. Eine Unterhaltspflicht nach § 242 BGB befürwortet *Meier-Scherling*, DRiZ 1979, 296, 300.

23 OLG Hamm v. 24.3.1987, 29 U 196/86, NJW 1988, 2474 (einseitige Zahlungspflicht des Mannes); *Hausmann*, Nichteheliche Lebensgemeinschaft und Vermögensausgleich (1989), 91 f.; zu dieser Entscheidung vgl. eingehend *Sandweg*, BWNotZ 1990, 49, 52. A.A. *Meier-Scherling*, DRiZ 1979, 296, 299, die auf die nichteheliche Lebensgemeinschaft die Vorschriften über die Gesellschaft bürgerlichen Rechts und damit auch das Verbot der Unzeitkündigung (§ 723 Abs. 2 S. 1 BGB) anwenden will.

24 OLG Köln v. 22.11.2000, 11 U 84/00, FamRZ 2001, 1608 = MDR 2001, 756 (Zahlungspflicht des Lebensgefährten, von dem die Trennung ausgeht).

25 *Hausmann*, Nichteheliche Lebensgemeinschaft und Vermögensausgleich (1989), 92 Fn 136.

26 *obiter dicto* auch OLG Bremen v. 4.1.2013, 4 W 5/12, NJW-RR 2013, 197.

27 OLG Hamm v. 24.3.1987, 29 U 196/86, NJW 1988, 2474.

28 OLG Köln v. 22.11.2000, 11 U 84/00, FamRZ 2001, 1608 = MDR 2001, 756. Die Zahlung war offenbar auch für den Fall geschuldet, dass die Trennung von der Frau ausgeht.

lich schwächeren Partner das finanzielle Risiko einer Weiterführung der gemeinsamen Beziehung abnehmen sollte.[29]

8 Auch die Rechtsverbindlichkeit von Vereinbarungen über die Aufgabenverteilung der Partner im Haushalt ist noch nicht geklärt.[30]

II. Wirksamkeitskontrolle wie bei Eheverträgen?

9 Noch ungeklärt ist, ob die Inhalts- und Ausübungskontrolle der neueren höchstrichterlichen Rechtsprechung zu Eheverträgen[31] auf Partnerschaftsvereinbarungen in der nichtehelichen Lebensgemeinschaft übertragbar ist.[32] Zwar enthält das Zivilrecht keine Regelungen zum Innenverhältnis der nichtehelichen Lebensgemeinschaft, so dass insofern ein spezifischer Maßstab (zwingendes oder dispositives Gesetzesrecht) für derartige Verträge fehlt. Indes gelten die allgemeinen Grenzen privatautonomer Vertragsgestaltung, insbesondere das Verbot sittenwidriger Rechtsgeschäfte (§ 138 BGB) und das Gebot von Treu und Glauben (§ 242 BGB), auch für Partnerschaftsvereinbarungen. Über diese Generalklauseln verwirklicht die zu Eheverträgen ergangene Rechtsprechung des BGH den Schutz der benachteiligten Vertragspartei davor, dass sich ihre durch Art. 2 Abs. 1 GG geschützte Privatautonomie in eine Fremdbestimmung verkehrt.[33] Anders als bei Eheverträgen dürfte sich die Thematik in der nichtehelichen Lebensgemeinschaft in der Richtung stellen, dass ein Partner vertraglich Pflichten übernimmt, die ihn zu Lasten anderer Gläubiger überfordern. Die umgekehrte Konstellation, dass ein Lebensgefährte sich von seiner Partnerin von seinen gesetzlichen Unterhaltspflichten ihr gegenüber freizeichnen lässt, fällt bereits unter die Sanktion des § 1615l Abs. 3 S. 1 BGB i.V.m. § 1614 Abs. 1 BGB. Unterhaltspflichten bestehen in der nichtehelichen Lebensgemeinschaft nur aus Anlass der Geburt (§ 1615l BGB). Auf diesen Unterhalt kann kraft ausdrücklicher Anordnung für die Zukunft nicht verzichtet werden.

29 OLG Köln v. 22.11.2000, 11 U 84/00, FamRZ 2001, 1608 = MDR 2001, 756.

30 Für Rechtsverbindlichkeit *Grziwotz*, Nichteheliche Lebensgemeinschaft, § 16 Rn 2; *Krause*, in: Beck'sche Online-Formulare Vertragsrecht, 6.5.1 Partnerschaftsvertrag der nichtehelichen Lebensgemeinschaft mit Formulierungsbeispiel und Anm. 8; a.A. *Hausmann*, Nichteheliche Lebensgemeinschaft und Vermögensausgleich (1989), 90 f., der derartige „Bagatellabreden" in den zwingend rechtsfreien Raum verweist.

31 BVerfG v. 6.2.2001, 1 BvR 12/92, BVerfGE 103, 89 (umfassender ehevertraglicher Unterhaltsverzicht); BGH v. 17.1.2018, XII ZB 20/17, BeckRS 2018, 1591; BGH v. 15.3.2017, XII ZB 109/16, BeckRS 2017, 106979; BGH v. 5.11.2008, XII ZR 157/06, NJW 2009, 842 = FamRZ 209, 198 m. Anm. *Bergschneider*; BGH v. 9.7.2008, XII ZR 6/07, NJW 2008, 3246; BGH v. 17.10.2007, XII ZR 96/05, NJW 2008, 1076; BGH v. 28.3.2007, XII ZR 130/04, NJW 2007, 2851; BGH v. 5.7.2006, XII ZR 25/04, NJW 2006, 3142 m. Anm. *Rakete-Dombek*; BGH v. 17.5.2006, XII ZB 250/03, NJW 2006, 2331; BGH v. 25.5.2005, XII ZR 296/01, NJW 2005, 2386; BGH v. 11.2.2004, XII ZR 265/02, BGHZ 158, 81.

32 *Grziwotz*, Nichteheliche Lebensgemeinschaft, § 9 Rn 9.

33 BGH v. 5.11.2008, XII ZR 157/06, NJW 2009, 842 = FamRZ 209, 198 m. Anm. *Bergschneider*, Tz. 24; BVerfG v. 6.2.2001, 1 BvR 12/92, BVerfGE 103, 89, BVerfGE 103, 89.

Rechtsprechung zu Verträgen, in denen sich ein unverheirateter Partner zu Leistungen verpflichtet, die ihn zu Lasten anderer Gläubiger oder der Sozialträger überfordern, besteht, soweit ersichtlich, nicht. Allerdings hat der BGH mit Urt. v. 5.11.2008[34] zu einer derartigen Vereinbarung unter Eheleuten entschieden. Es spricht m.E. einiges dafür, die Grundgedanken dieser Entscheidung auch auf Partnerschaftsverträge zu übertragen und daher in diesem Bereich in der Kautelarpraxis Vorsicht walten zu lassen. 10

Im Urt. v. 5.11.2008[35] hat der BGH ein Leibrentenversprechen zugunsten der Ehefrau für von Anfang an nichtig wegen Sittenwidrigkeit (§ 138 BGB) erklärt, weil die vom Ehemann eingegangene Zahlungspflicht diesen zu Lasten der Sozialträger überforderte. In einem im November 1999, zwei Jahre nach Eheschließung, geschlossenen Ehevertrag schlossen die Eheleute den nachehelichen Unterhalt gegenseitig völlig aus. Der Ehemann verpflichtete sich „als Abfindung" für den Verzicht der Ehefrau einseitig zu einer wertgesicherten Leibrente von monatlich 1.300 DM ab rechtskräftiger Scheidung. Die Parteien schlossen eine Änderungsklage nach § 323 ZPO und damit Anpassung der Leibrente an veränderte Umstände in der Leistungsfähigkeit des Ehemanns ausdrücklich aus. Sie war bis zum Tod oder dem Eintritt der Ehefrau in Rente befristet und in Zeiten einer Vollerwerbstätigkeit der Ehefrau ausgesetzt. Der Ehemann, türkischer Staatsangehöriger, war in der Türkei lebenden minderjährigen Kindern aus einer Vorehe unterhaltspflichtig. Bei Vertragsschluss erzielte der Mann ein monatliches Nettoeinkommen von etwa 2.220 DM, nach Abzug pauschalierter berufsbedingter Aufwendungen etwa 2.110 DM. Es war nicht damit zu rechnen, dass der Ehemann sein Einkommen wesentlich steigern würde. Die Ehe wurde 2002 geschieden. 11

Der BGH entschied, dass die Vereinbarung über die Leibrente wegen Sittenwidrigkeit nichtig sei (§ 138 BGB). Die Grundsätze der Inhaltskontrolle von Eheverträgen gelten nicht nur zugunsten des Unterhaltsberechtigten, sondern auch zugunsten des Unterhaltspflichtigen.[36] Die Sittenwidrigkeit setzt als objektiven Tatbestand eine einseitige, durch die ehelichen Lebensverhältnisse nicht gerechtfertigte Lastenverteilung voraus. In subjektiver Hinsicht sind die Zwecke und Beweggründe der Parteien entscheidend.[37] Dabei kann sich die Sittenwidrigkeit in subjektiver Hinsicht insbesondere in zwei Fallgruppen ergeben. Die eine ist gekennzeichnet durch eine Drucksituation oder ungleiche Verhandlungssituation, die eine Partei zu einem sie einseitig belastenden unzumutbaren Vertrag veranlasst. In der anderen Fallgruppe handeln die Beteiligten grob fahrlässig oder sogar vorsätzlich zu Lasten der Sozialbehörde, indem einer von ihnen Pflichten zugunsten des 12

34 BGH v. 5.11.2008, XII ZR 157/06, NJW 2009, 842 = FamRZ 209, 198 m. Anm. *Bergschneider*.

35 BGH v. 5.11.2008, XII ZR 157/06, NJW 2009, 842 = FamRZ 209, 198 m. Anm. *Bergschneider*; hierzu auch *Born*, LMK 2009 274744.

36 BGH v. 5.11.2008, XII ZR 157/06, NJW 2009, 842 = FamRZ 209, 198 m. Anm. *Bergschneider*, Tz. 19.

37 BGH v. 5.11.2008, XII ZR 157/06, NJW 2009, 842 = FamRZ 209, 198 m. Anm. *Bergschneider*, Tz. 29.

anderen auf sich nimmt, die ihn schon bei Vertragsschluss eindeutig überfordern und zum Sozialfall werden lassen würden.[38] Die Voraussetzungen der letztgenannten Fallgruppe hat der BGH im Urt. v. 5.11.2008[39] bejaht. Hätte der Ehemann die Leibrente in voller Höhe geleistet, so wären ihm nur 810 DM monatlich verblieben. Das ist zu wenig, um die eigene Existenz zu sichern.[40] Dies ist erheblich weniger als der doppelte Regelsatz der Sozialhilfe von 1.096 DM, der dem Ehemann 1999 zugestanden hätte und nur etwas mehr als die Hälfte des notwendigen Selbstbehalts von 1.500 DM nach der 1999 geltenden Düsseldorfer Tabelle.[41] Unerheblich ist, dass die Beteiligten womöglich gar nicht beabsichtigten, den Sozialträger zu schädigen.[42]

13 In einer Anmerkung zum Urt. v. 5.11.2008 hat *Bergschneider* bemerkt, dass eine zu Lasten des Unterhaltspflichtigen getroffene Unterhaltsvereinbarung auch dann sittenwidrig sein kann, wenn diesem mehr als der notwendige Selbstbehalt verbleibt.[43] Dies könne etwa der Fall sein, wenn sich ein sehr gut verdienender Freiberufler seiner Ehefrau gegenüber zu Unterhaltsleistungen verpflichtet, die weit über deren konkreten Bedarf hinaus gehen, während ihm nur ein Betrag in der Nähe des pfändungsfreien Bereichs verbleibt.[44]

Nach *Bergschneider* kann sich die Sittenwidrigkeit auch daraus ergeben, dass einem vorrangigen Unterhaltsberechtigten mehr Unterhalt zugebilligt wird als ihm gesetzlich zusteht und dies zu Lasten nachrangiger Unterhaltsberechtigter oder der Sozialträger wirkt.[45]

D. Praxisrelevante Regelungsgegenstände

14 In der Literatur sind verschiedentlich Muster für Partnerschaftsverträge nichtehelicher Lebensgemeinschaften vorgestellt worden.[46] Da derartige Verträge, wie oben gezeigt (siehe oben Rdn 2), grundsätzlich nicht der notariellen Beurkundung bedürfen, dürften diese Muster in der Kautelarpraxis eine vernachlässigenswerte Rolle spielen. Gleichwohl spricht vieles dafür, bei Klienten, die in nichtehelicher Lebensgemeinschaft leben, abzu-

38 BGH v. 5.11.2008, XII ZR 157/06, NJW 2009, 842 = FamRZ 209, 198 m. Anm. *Bergschneider*, Tz. 37 = NJW 2009, 842 m. Anm. *Grziwotz*; vgl. schon BGH v. 24.4.1985, IVb ZR 22/84, FamRZ 1985, 788; v. 9.7.1992, XII ZR 57/91, FamRZ 1992, 1403.

39 BGH v. 5.11.2008, XII ZR 157/06, NJW 2009, 842 = FamRZ 209, 198 m. Anm. *Bergschneider*.

40 BGH v. 5.11.2008, XII ZR 157/06, NJW 2009, 842 = FamRZ 209, 198 m. Anm. *Bergschneider*, Tz. 28.

41 BGH v. 5.11.2008, XII ZR 157/06, NJW 2009, 842 = FamRZ 209, 198 m. Anm. *Bergschneider*, Tz. 25, 28.

42 BGH v. 5.11.2008, XII ZR 157/06, NJW 2009, 842 = FamRZ 209, 198 m. Anm. *Bergschneider*, Tz. 36.

43 *Bergschneider*, FamRZ 2009, 203.

44 *Bergschneider*, FamRZ 2009, 203.

45 *Bergschneider*, FamRZ 2009, 203, 204.

46 Insb. *Grziwotz*, Partnerschaftsvertrag; *Krause*, in: Beck'sche Online-Formulare Vertragsrecht, 6.5.1 Partnerschaftsvertrag der nichtehelichen Lebensgemeinschaft; Münchener Vertragshandbuch/*Langenfeld* XI, Muster 1 und 2; *Burhoff/Willemsen*, Handbuch der nichtehelichen Lebensgemeinschaft, Stichwort Partnerschaftsvertrag Rn 960.

fragen, ob ein umfassender Partnerschaftsvertrag gewünscht wird. Auch wenn die praktische Erfahrung zeigt, dass die Beteiligten kaum je ein Bedürfnis hierfür sehen, kann der Hinweis auf das von der Zivilrechtsprechung postulierte Ausgleichsverbot[47] sensibilisierend wirken. Den wenigsten in nichtehelicher Lebensgemeinschaft Lebenden dürfte bewusst sein, dass die Vermögenszuordnung von der Trennung grundsätzlich unberührt bleibt und für Leistungen an den anderen Partner kein Ersatz geschuldet ist. Eine sachgerechte Beratung in diesem Bereich kann bisweilen in einen notariell beglaubigten Partnerschaftsvertrag münden, mit dem die Beteiligten ein Maß an Rechtsfrieden und Rechtssicherheit gewinnen, das angesichts fehlender spezieller gesetzlicher Regelungen kaum überschätzbar ist.[48]

Was den Inhalt von Partnerschaftsverträgen nichtehelicher Lebensgemeinschaften anbelangt, ist eine Konzentration auf wesentliche vermögensrechtliche Fragen sinnvoll. Es bietet sich eine Verzeichnis der wesentlichen Vermögensgegenstände und die Wiedergabe der Eigentumsverhältnisse hieran an.[49] Die Bedeutung eines solchen Vermögensverzeichnisses liegt weniger im Schutz vor Gläubigern der Lebensgefährten.[50] Die lange Zeit umstrittene Frage, ob die zugunsten der Gläubiger eines Ehegatten geltende Vermutung des § 1362 Abs. 1 S. 1 BGB, dass die im Besitz eines oder beider Ehegatten befindlichen beweglichen Sachen dem Schuldner gehören, analoge Anwendung auf in nichtehelicher Lebensgemeinschaft lebende Personen findet, hat der BGH dezidiert verneint.[51] Das Vermögensverzeichnis dient somit hauptsächlich dem Beweis und der Streitvermeidung im Verhältnis der Lebensgefährten untereinander. **15**

Empfehlenswert ist eine klarstellende Regelung, wonach in die Lebensgemeinschaft eingebrachte Gegenstände im jeweiligen Eigentum des Partners verbleiben und für ihre Mitnutzung durch den anderen kein Entgelt geschuldet wird.[52] Generell sollte zur Streitver- **16**

47 BGH v. 24.3.1980, II ZR 191/79, BGHZ 77, 55, 58 = NJW 1980, 1520, 1521; BGH v. 20.1.1983, II ZR 91/82, NJW 1983, 1055 = FamRZ 1983, 349; BGH v. 25.2.1991, II ZR 46/90, DStR 1991, 655, 656 m. Anm. *Goette*; BGH v. 4.11.1991, II ZR 26/91, NJW 1992, 906, 907 = FamRZ 1992, 408; BGH v. 8.7.1996, II ZR 340/95, NJW 1996, 2727; BGH v. 25.9.1997, II ZR 269/96, NJW 1997, 3371= FamRZ 1997, 1533; BGH v. 6.10.2003, II ZR 63/02, NJW 2004, 59, 60 = FamRZ 2004, 94; BGH v. 13.4.2005, XII ZR 296/00, NJW-RR 2005, 1089, 1090 f. = FamRZ 2005, 1151; zust. *Röthel*, Jura 2006, 641, 648.

48 Vgl. Münchener Vertragshandbuch/*Langenfeld*, XI Anm. 6 (1).

49 *Grziwotz*, Nichteheliche Lebensgemeinschaft, § 20 Rn 9.

50 In diesem Punkt unterscheidet sich das Vermögensverzeichnis nichtverheirateter Partner maßgeblich von dem von Eheleuten. Bei diesen steht die Beweissicherung im Verhältnis zu den Gläubigern im Vordergrund. Das Vermögensverzeichnis soll die Vermutung des § 1362 BGB widerlegen.

51 BGH v. 14.12.2006, IX ZR 92/05, FamRZ 2007, 457 m. abl. Anm. *Böttcher* = NJW 2007, 992 = JZ 2007, 528 m. abl. Anm. *Roth*; wie der BGH schon *Strätz*, FamRZ 1980, 301, 304 (allerdings ohne eine Analogie zu erörtern); a.A. *Löhnig/Würdinger*, FamRZ 2007, 1856; *Roth*, JZ 2007, 529; *Harke*, FamRZ 2006, 88, 91; *Burhoff*, FPR 2001, 18, 21 f.; *Thran*, NJW 1995, 1458.

52 Münchener Vertragshandbuch/*Langenfeld*, Bd. 6 (Bürgerliches Recht II), 6. Aufl. 2010, XI, Muster 1 § 4 Abs. 1.

meidung vereinbart werden, dass die Vermögenszuordnung bei Trennung nur aufgrund ausdrücklicher (schriftlicher) Vereinbarungen angetastet werden kann, so dass insbesondere Ansprüche auf Abfindung wegen beendeter Innengesellschaft (ab 1.1.2024: „nicht rechtsfähige Gesellschaft", § 705 Abs. 2 Alt. 2 BGB idF durch das MoPeG[53]), aus Wegfall der Geschäftsgrundlage und nach Bereicherungsrecht ausgeschlossen sind.

17 Vereinbarungen über Haushaltsführung, die Aufgabenverteilung im Haushalt und Erwerbstätigkeit gibt es schon bei Eheleuten kaum. In der nichtehelichen Lebensgemeinschaft dürften sie praktisch nie vorkommen. Sie wären m.E. nicht gerichtlich durchsetzbar.[54]

18 Dagegen sollte jegliche Überfrachtung mit Abreden im Bereich der gemeinsamen Haushaltsführung oder gar des Intimbereichs vermieden werden. Auch wenn die Erfahrung zeigt, dass sich häufig gerade die Haushaltsarbeit als Zankapfel und ihre (angeblich?) einseitige Aufbürdung als Trennungsgrund erweist, ist sie schon nicht typischer Bestandteil von Eheverträgen,[55] so dass ihre Aufnahme in einen Partnerschaftsvertrag für eine informelle Verbindung bei den Beteiligten das Gefühl einer lückenlosen vertraglichen Verrechtlichung bis in den letzten Winkel des Privatlebens hervorrufen mag. Gleiches dürfte für kleinere alltägliche Anschaffungen gelten, von denen regelmäßig nicht angenommen werden kann, dass die Partner Buch führen. In Bezug auf materielle und Arbeitsleistungen im gemeinsamen Haushalt empfiehlt sich eine Vereinbarung, dass diese ohne besonderes Entgelt und ohne Entschädigung durch den anderen Partner im Trennungsfall erbracht werden.

19 Geregelt werden sollte, ob und ggf. in welcher Höhe und nach welchem Maßstab Beiträge zur Finanzierung von Wirtschaftsgütern ausgeglichen bzw. darlehens- und nicht schenkungsweise geleistet sind, die auf den Namen des anderen Partners erworben werden. Hier ist eine Grenzziehung zu Gelegenheitsgeschenken erforderlich, die schon aus Beweisgründen von einer Rückforderung im Trennungsfall ausgenommen werden sollten. Die Grenze kann nur im Einzelfall und insbesondere im Hinblick auf die Vermögensverhältnisse der Partner bestimmt werden.[56] Sinnvoll ist des Weiteren eine Klausel, wonach Zuwendungen und Schenkungen unwiderruflich sind und insbesondere die Trennung keinen groben Undank i.S.d. § 530 BGB darstellt.[57]

20 Im Einzelfall kann die Vereinbarung von Unterhaltspflichten zum Ausgleich durch die Lebensgemeinschaft bedingter Nachteile sachgerecht sein, insbesondere dann, wenn ein Partner im Interesse der Betreuung des anderen oder von dessen Angehörigen auf eigene Erwerbstätigkeit verzichtet oder diese einschränkt. Verpflichtet sich ein Partner freiwillig

53 Gesetz zur Modernisierung des Personengesellschaftsrechts (Personengesellschaftsrechtsmodernisierungsgesetz – MoPeG) v. 10.8.2021, BGBl 2021 I, 3436.

54 So für Eheleute Grüneberg/*Siede*, § 1356 Rn 2.

55 *Sandweg*, BWNotZ 1990, 49, 51 („in Eheverträgen äußerst selten").

56 Ein Formulierungsbeispiel für eine m.E. sehr weit gefasste und nur bei bescheidenen Vermögensverhältnissen angebrachte Darlehensklausel enthält Münchener Vertragshandbuch/*Langenfeld*, XI Muster 1 § 4 Abs. 3.

57 Vgl. Münchener Vertragshandbuch/*Langenfeld*, XI Muster 2 § 7.

zu Unterhaltsleistungen an den anderen Partner, so ist dringend anzuraten, die Dauer der Zahlungspflichten zu bestimmen. Wird diese nicht ausdrücklich auf den Fortbestand der Lebensgemeinschaft befristet – was zulässig wäre –, so geht die Rechtsprechung davon aus, dass sie eine Trennung der Partner überdauert.[58] Soll mit einer pauschalen Abgeltungsklausel gearbeitet werden, ist zu beachten, dass die Rechtsprechung derartige Vereinbarungen nur dann billigt, wenn bezweckt wird, Nachteile des zahlungsberechtigten Partners aus der Lebensgemeinschaft auszugleichen[59] oder im Wege einer pauschalierten Unterhaltsabfindung die Versorgung des Partners für eine Übergangszeit abzusichern.[60] Es empfiehlt sich daher, eine solche Funktion der Abfindung zum Ausdruck zu bringen.

▼ 21

Muster 3.1: Formulierungsbeispiel eines Partnerschaftsvertrages von kinderlosen Lebensgefährten mit Immobilienvermögen

UVZ-Nr. /

Partnerschaftsvertrag

Verhandelt zu am

Vor mir, Notar erschienen

1. Herr X, geboren am , wohnhaft in ,
2. Frau Y, geboren am , wohnhaft wie vor,

dem Notar von Person bekannt.

Der Notar fragte nach einer Vorbefassung i.S.v. § 3 Abs. 1 Nr. 7 BeurkG. Sie wurde von den Erschienenen verneint.

Der Notar überzeugte sich von der erforderlichen Geschäfts- und Testierfähigkeit der Erschienenen.

Ihren vor mir mündlich abgegebenen Erklärungen gemäß beurkunde ich auf Ansuchen, was folgt:

58 BGH v. 16.9.1985, II ZR 283/84, NJW 1986, 374, 375; OLG Hamm v. 2.5.2000, 29 U 11/99, NZG 2000, 929; a.A. *Strätz*, FamRZ 1980, 301, 307.

59 OLG Köln v. 22.11.2000, 11 U 84/00, FamRZ 2001, 1608 (Zahlungspflicht des Lebensgefährten, von dem die Trennung ausgeht).

60 *Hausmann*, Nichteheliche Lebensgemeinschaft und Vermögensausgleich (1989), 92 Fn 136.

§ 1 Vorbemerkungen

1. Die Erschienenen leben in einer nichtehelichen Lebensgemeinschaft. Sie haben weder gemeinsam noch einzeln Kinder noch planen sie solche. Eine Eheschließung ist derzeit nicht beabsichtigt. Sie sind beide voneinander wirtschaftlich unabhängig und wollen auch künftig weiter beide vollschichtig berufstätig bleiben.

2. Ihnen ist bekannt, dass für ihre nichteheliche Lebensgemeinschaft die gesetzlichen Vorschriften über Verlöbnis, Ehe und Ehescheidung nicht gelten. Beiträge im Interesse der Führung der Lebensgemeinschaft, d.h. finanzielle und immaterielle Leistungen im Rahmen der gemeinsamen Haushaltsführung und Beiträge zum alltäglichen Zusammenleben werden nach der Rechtsprechung auch dann nicht ausgeglichen, wenn die Lebensgemeinschaft scheitert. Die Beteiligten billigen dies und wünschen dies auch bei einer künftigen Gesetzes- oder Rechtsprechungsänderung für sie als verbindlich.

3. Der Notar hat die Beteiligten eingehend darüber belehrt, dass gesetzlich weder für die Zeit des Bestehens einer nichtehelichen Lebensgemeinschaft noch danach gegenseitige Ansprüche auf Unterhalt oder Vorsorge fürs Alter bestehen, und die Möglichkeiten abweichender Gestaltungen erörtert. Die Beteiligten wünschen keine vom Gesetz abweichende Regelung.

4. Den Beteiligten ist bekannt, dass Vereinbarungen im höchstpersönlichen Bereich unverbindlich und zwingend sanktionslos sind.

§ 2 Haushalts- und Lebensführung

1. Den Haushalt wollen wir gemeinsam führen.

2. Die Kosten, die für die gemeinsame Haushalts- und Lebensführung entstehen, werden wir entsprechend unserer jeweiligen finanziellen Leistungsfähigkeit bestreiten. Im Falle eines Scheiterns unserer Beziehung sollen gegenüber dem anderen Vertragspartner insoweit keine Ausgleichsansprüche bestehen.

3. Die Kosten seiner persönlichen Lebensführung, wie etwa für Bekleidung etc., trägt jeder Vertragspartner selbst.

§ 3 Vermögenszuordnung

1. Das Vermögen jedes Partners soll von dem des anderen getrennt sein. Dies gilt insbesondere auch für die in den gemeinsamen Haushalt eingebrachten Gegenstände bzw. die an deren Stelle tretenden Ersatzgegenstände (Surrogate) sowie diejenigen Gegenstände, die einem Vertragspartner während des Bestehens unserer nichtehelichen Lebensgemeinschaft von Todes wegen oder durch Dritte zugewendet werden. Wir sind uns darüber einig, dass die Einbringung von Gegenständen in den gemeinsamen Haushalt nur zur Nutzung erfolgt.

2. Den gemeinsamen Erwerb von Gegenständen zu Miteigentum oder Gesamthandseigentum wollen wir nach Möglichkeit vermeiden.

3. Die Vertragspartner haben ein Vermögensverzeichnis erstellt, aus dem sich die Haushaltsgegenstände der Eigentümer ergeben. Diese Anlage wurde vom Notar mitvorgelesen und von den Beteiligten genehmigt und von ihnen und dem Notar unterschrieben. Sie bildet einen Bestandteil dieser Urkunde. Die dadurch dokumentierten Eigentumsverhältnisse sollen in gleicher Weise auch an Ersatzgegenständen (Surrogaten) bestehen, welche an die Stelle der derzeit aufgelisteten Gegenstände treten. Die Vertragspartner verpflichten sich wechselseitig, auf Verlangen des jeweils anderen Vertragspartners diese Listen fortzuschreiben. Auf Verlangen und Kosten eines Beteiligten hat dies in notarieller Form zu erfolgen. Der Notar hat die Erschienenen darauf hingewiesen, dass die zugunsten der Gläubiger eines Ehegatten geltende Vermutung des § 1362 Abs. 1 S. 1 BGB, dass die im Besitz eines oder beider Ehegatten befindlichen beweglichen Sachen dem Schuldner gehören, keine analoge Anwendung auf in nichtehelicher Lebensgemeinschaft lebende Personen findet.

4. Sofern ein Vertragspartner Aufwendungen oder sonstige Dienstleistungen für den anderen Vertragspartner während des Bestehens der nichtehelichen Lebensgemeinschaft erbringt, sind diese grundsätzlich nicht zu erstatten. Etwas anderes gilt nur dann, wenn die Vertragspartner hierüber eine abweichende schriftliche Vereinbarung getroffen haben.

5. Wir sind uns darüber einig, dass Zuwendungen bei Beendigung unserer nichtehelichen Lebensgemeinschaft nicht zu erstatten sind, soweit wir nicht ausdrücklich etwas anderes vereinbaren. Das Gleiche gilt für echte Schenkungen, sofern wir im Einzelfall nicht ausdrücklich ein Rückforderungsrecht vereinbart haben oder ein solches kraft Gesetzes besteht bzw. ein gesetzlicher Widerrufsgrund vorliegt. Über die gesetzlichen Rückforderungs- und Widerrufsrechte wurden wir vom Notar eingehend belehrt. Hierzu stellen wir klar, dass die Beendigung unserer nichtehelichen Lebensgemeinschaft, soweit wir dies nicht ausdrücklich anders vereinbaren, weder die Geschäftsgrundlage von Zuwendungen entfallen lässt noch groben Undank darstellt. Für die Überlassung von Gegenständen zur Nutzung im gemeinsamen Haushalt soll nach Beendigung der nichtehelichen Lebensgemeinschaft ebenfalls keine Entschädigung geschuldet sein.

6. Von den Vereinbarungen dieses § 3 bleiben die Regelungen des § 5 über die gemeinsame Immobilie unberührt.

§ 4 Haftung

Für Schäden, die auf einer Handlung beruhen, die im Rahmen unseres Zusammenlebens erfolgt, haften wir nur für die Sorgfalt, die wir in eigener Angelegenheit anzuwenden pflegen.

§ 5 Ausgleichsregelung über die gemeinsame Immobilie

1. Die Erschienenen haben unter der Urkunde UVZ-Nr. 1234 vom 1.6. dieses Jahres des beurkundenden Notars den dort näher bezeichneten Grundbesitz in , käuflich erworben. Diese Urkunde lag heute in Ausfertigung vor. Der Inhalt der Urkunde ist den Beteiligten nach eigener Erklärung bekannt. Sie verzichten auf das erneute Vorlesen, die erneute Vorlage von Karten, Zeichnungen oder Abbildungen zur Durchsicht und die Beifügung zur heutigen Niederschrift. Der Notar hat die Beteiligten über die Bedeutung des Verweisens belehrt.

2. Die Erschienenen haben den Grundbesitz zu je ½ Miteigentumsanteilen erworben. Es war ursprünglich geplant, diesen in Gesellschaft bürgerlichen Rechts mit beweglichen Anteilsquoten zu erwerben. Damit wäre jeder Beteiligte an dem Grundbesitz unmittelbar dinglich entsprechend seinen Finanzierungsbeiträgen und damit nicht zwangsläufig zu ½ beteiligt worden. Vielmehr hätte derjenige, der mehr zur Finanzierung beisteuert als andere, auch einen größeren Anteil an der Immobilie. Der Finanzierungsgläubiger, die Universalbank weltweit AG in , ließ dies jedoch mit Hinweis auf die erstrebte Wohn-Riester-Förderung nicht zu. Es ist eine Finanzierungsgrundschuld in Höhe von 285.000 EUR zugunsten der Universalbank weltweit AG durch beide Käufer bestellt worden.

3. Der Notar hat die Beteiligten eingehend darauf hingewiesen, inwiefern einer von ihnen von dem anderen nach derzeitiger Rechtsprechung dinglich oder schuldrechtlich Ausgleich, Ersatz oder Anpassung der Miteigentumsquoten verlangen kann, wenn es zur Auflösung der Lebensgemeinschaft insbesondere durch Tod eines Partners oder Trennung kommt und einer von ihnen höhere Finanzierungsbeiträge (Eigenkapital, Tilgung und Zinsleistungen auf Fremdfinanzierungen) geleistet hat als der andere.

4. Wenn die Voraussetzungen für die Aufhebung (insb. Scheidung) einer etwaigen von uns noch einzugehenden Ehe vorliegen und einer von uns die Aufhebung (insb. Scheidung) beantragt oder wenn die zwischen uns bestehende nichteheliche Lebensgemeinschaft durch Trennung endet, soll Folgendes gelten: Auf diesen Zeitpunkt sind die Finanzierungsbeiträge beider Partner festzustellen. Hierzu gehören Eigenkapital, Tilgung und Zinsleistungen auf Fremdfinanzierungen. Eigene Arbeitsleistungen werden dagegen nicht mitgezählt. Stellt sich heraus, dass ein Partner mehr beigetragen hat, als seinem ½-Miteigentumsanteil entspricht, kann er von dem anderen die Übertragung des Anteils verlangen, so dass er dinglich entsprechend seinen Finanzierungsbeiträgen an dem Grundbesitz beteiligt ist. Im Gegenzug ist er in entsprechendem Verhältnis persönlich an den auf dem Grundbesitz lastenden Finanzierungsverbindlichkeiten zu beteiligen. Auf die Vorschrift des GrEStG hat der Notar hingewiesen.

5. Die Beteiligten halten diesbezüglich schon jetzt Folgendes fest: Herr X hat in das Objekt einen Betrag von ca. 100.000 EUR aus dem Verkaufserlös der in seinem Alleineigen-

tum stehenden Eigentumswohnung in eingebracht. Hiervon ist jedoch ein Betrag von 25.000 EUR Frau Y zuzurechnen, die diese in die Wohnung investiert hatte.

6. Zwischen den Beteiligten entsteht hinsichtlich der Immobilie keine konkludent begründete Innengesellschaft (ab 1.1.2024: „nicht rechtsfähige Gesellschaft“, § 705 Abs. 2 Alt. 2 BGB idF durch das MoPeG[61]) nach der BGH-Rechtsprechung. Im Falle der Auflösung der zwischen ihnen bestehenden nichtehelichen Lebensgemeinschaft sollen hinsichtlich der Immobilie auch keine Ansprüche aus Wegfall der Geschäftsgrundlage oder Bereicherungsrecht bestehen. Vielmehr ist die vorstehend getroffene Regelung abschließend.

§ 6 Erbvertrag

Die Erschienenen erklärten sodann:

Wir wollen einen Erbvertrag schließen.

Wir verlangen keine Zuziehung von Zeugen oder eines zweiten Notars. Der Erbvertrag soll unverschlossen in der amtlichen Verwahrung des Notars bleiben.

Wir schließen den nachstehenden

Erbvertrag

I. Vorbemerkung, Sachstand

1. Wir sind beide ausschließlich deutsche Staatsangehörige mit alleinigem Wohnsitz und gewöhnlichen Aufenthalt in Deutschland und weder durch einen Erbvertrag noch durch ein gemeinschaftliches Testament gebunden und können daher frei verfügen. Vermögen im Ausland, insbesondere ausländischen Grundbesitz haben wir nicht. Zu unserem Vermögen gehört kein Hof i.S.d. Höfeordnung und keine Gesellschaftsbeteiligung. Eine Rechtswahl wünschen wir nach eingehender Belehrung über die Vorschriften der EUErbVO und die Gestaltungsmöglichkeiten insbesondere aus Kostengründen nicht.

2. Soweit wir bisher Verfügungen von Todes wegen errichtet haben, widerrufen wir diese hiermit.

3. Wir sind weder miteinander noch anderweitig verheiratet. Kinder (leibliche oder an Kindes Statt angenommene) hat keiner von uns.

4. Über das Pflichtteilsrecht, den Kreis der Pflichtteilsberechtigten, die Auswirkungen des ehelichen Güterrechts und Anfechtungsmöglichkeiten wurden wir aufgeklärt.

61 Gesetz zur Modernisierung des Personengesellschaftsrechts (Personengesellschaftsrechtsmodernisierungsgesetz – MoPeG) v. 10.8.2021, BGBl 2021 I, 3436.

II. Erbeinsetzung

1. Wir setzen uns gegenseitig, der Erstversterbende den Längstlebenden, zum alleinigen und unbeschränkten Erben ein.

2. Jeder von uns beruft sowohl für den Fall, dass er der Längstlebende von uns ist, als auch für den Fall, dass wir gleichzeitig oder kurz hintereinander aus gleichem Anlass versterben, zu seinem alleinigen Erben die gemeinnützige A Stiftung mit Sitz in B, anerkannt durch die Bezirksregierung C am (Az.), eingetragen im Stiftungsregister des Landes unter .

III. Erbvertragliche Bindung

1. Wir nehmen unsere Erklärungen über die gegenseitige Erbeinsetzung mit erbvertraglicher Bindung gegenseitig an. Ein jeder von uns behält sich ein freies Rücktrittsrecht vor. Der Rücktritt erfolgt durch Erklärung gegenüber dem anderen Vertragschließenden. Die Erklärung bedarf der notariellen Beurkundung.

2. Die übrigen Verfügungen sind einseitig getroffen und sollen nur testamentarisch wirken. Sie können von jedem von uns jederzeit, auch nach dem Tod des Erstversterbenden von uns, einseitig widerrufen werden.

IV. Ausschluss Anfechtungsrecht

Nach Hinweis des Notars auf das Anfechtungsrecht wegen Übergehens von Pflichtteilsberechtigten erklären wir, dass sämtliche vorstehenden Verfügungen von Todes wegen ohne Rücksicht darauf getroffen sind, ob, welche und wie viele Pflichtteilsberechtigte zum Zeitpunkt des jeweiligen Erbfalls vorhanden sind.

Auf das Anfechtungsrecht aus § 2079 BGB (evtl. i.V.m. § 2281 BGB) wird daher ausdrücklich verzichtet.

V. Unwirksamkeit bei Eheauflösung oder Trennung

Die in dieser Urkunde getroffenen Erklärungen über die gegenseitige Erbeinsetzung sind unwirksam, wenn die Voraussetzungen für die Aufhebung, insbesondere Scheidung, einer etwaigen von uns noch einzugehenden Ehe vorliegen und einer von uns die Aufhebung beantragt oder wenn die zwischen uns bestehende nichteheliche Lebensgemeinschaft durch Trennung endet. An ihre Stelle treten als einseitige Verfügung von Todes wegen die jeweils eingesetzten Schlusserbanordnungen.

VI. Hinweise des Notars

Der Notar hat uns durch mündliche Erläuterung über Folgendes aufgeklärt:

- die Bestimmungen des Pflichtteilsrechts und den Kreis der Pflichtteilsberechtigten;
- die Änderungsmöglichkeiten dieses Erbvertrages;
- ein Erwerb aufgrund von Verträgen zugunsten Dritter auf den Todesfall, insbesondere aufgrund von Lebensversicherungen, vollzieht sich außerhalb des Erbrechts und wird daher von den vorstehend getroffenen erbrechtlichen Anordnungen nicht erfasst. Daher ist u.U. eine Anpassung dieser Verträge erforderlich. Jedoch sollen etwaige noch nicht angenommene Zuwendungsangebote, die einer von uns oder wir beide an andere Personen gemacht habe, als in diesem Testament bedacht, hiermit widerrufen sein. Der Notar hat empfohlen, den Widerruf umgehend dem Zuwendungsempfänger unmittelbar zu erklären und eingehend darüber belehrt, wie der Zuwendungsvertrag zu Stande kommt.
- Soweit Gesellschaftsanteile zum Nachlass gehören, können die Bestimmungen des Gesellschaftsvertrages den erbrechtlichen Regelungen in dieser Urkunde entgegenstehen und müssten folglich angepasst werden.

VII. Weitere Erklärungen

Alles Vorstehende ist unser wohlüberlegter letzter Wille.

Ein jeder der Erschienenen erklärte sodann folgende

§ 7 Vorsorgevollmacht mit Patientenverfügung und vorsorglicher Betreuungsverfügung

mündlich zu Protokoll:

I. Vorbemerkungen

Die nachstehende Generalvollmacht dient der Vermeidung der Bestellung eines Betreuers nach den §§ 1896 ff. BGB. Sie geht daher einer Betreuung vor und bleibt – sofern möglich – bestehen, auch wenn ein Betreuer bestellt werden sollte.

Die Vollmacht soll weder durch unseren Tod noch durch den Eintritt der Geschäftsunfähigkeit erlöschen.

II. Vollmacht in vermögensrechtlichen Angelegenheiten

Hiermit erteilen wir uns gegenseitig

– nachfolgend ein jeder von uns „Bevollmächtigter“ genannt –

Vollmacht, einen jeden von uns in allen vermögensrechtlichen Angelegenheiten **in jeder rechtlich zulässigen Weise** gerichtlich und außergerichtlich zu vertreten.

Der Bevollmächtigte ist befugt, Rechtsgeschäfte mit sich im eigenen Namen oder als Vertreter eines Dritten vorzunehmen.

Die Vollmacht ist nicht auf Dritte übertragbar. Der Bevollmächtigte ist jedoch berechtigt, für einzelne von ihm zu bestimmende Rechtsgeschäfte Untervollmacht zu erteilen.

Der Bevollmächtigte ist ausdrücklich auch befugt, Schenkungen (auch an sich selbst) vorzunehmen oder Übergabeverträge abzuschließen.

III. Nicht vermögensrechtliche Angelegenheiten

Der jeweils Bevollmächtigte ist weiterhin bevollmächtigt, einen jeden von uns in allen persönlichen Angelegenheiten, soweit dies rechtlich zulässig ist, zu vertreten. Die Vollmacht umfasst insbesondere folgende persönliche Angelegenheiten, die ggf. auch gegen meinen natürlichen Willen (v.a. als ärztliche Zwangsmaßnahmen, § 1832 BGB) angeordnet werden dürfen:

1. Gesundheitsfürsorge

Die Vollmacht berechtigt den Bevollmächtigten zur Wahrnehmung von Angelegenheiten der Gesundheitsfürsorge, insbesondere zur Einwilligung in eine Untersuchung des Gesundheitszustands, eine Heilbehandlung oder einen ärztlichen Eingriff bzw. zur Nichteinwilligung oder zum Widerruf der Einwilligung in eine solche Maßnahme, einschließlich der Entscheidung über ärztliche Zwangsmaßnahmen (§§ 1829 Abs. 1, 2, 1832 BGB). Dies gilt auch dann, wenn die begründete Gefahr besteht, dass ich aufgrund der Maßnahme bzw. des Unterbleibens oder des Abbruchs der Maßnahme sterbe oder einen schweren und länger dauernden gesundheitlichen Schaden erleide, und im Falle der Nichteinwilligung oder der Widerruf der Einwilligung auch dann, wenn die Maßnahme medizinisch angezeigt ist. Die Vollmacht umfasst somit auch die Entscheidung über die Unterlassung oder Beendigung lebensverlängernder Maßnahmen.

2. Aufenthaltsbestimmung/Unterbringung/Freiheitsentziehung

Die Vollmacht berechtigt auch zur Bestimmung meines Aufenthalts. Sie umfasst dabei die Befugnis zu Unterbringungen mit freiheitsentziehender Wirkung i.S.v. § 1831 BGB, zu meiner Unterbringung in einem Heim, einer Anstalt oder einer sonstigen Einrichtung, auch wenn die Unterbringung mit einer Freiheitsentziehung verbunden ist (§ 1831 BGB) sowie über meine Verbringung zu einem stationären Aufenthalt in ein Krankenhaus, v.a. für den Fall, dass eine ärztliche Zwangsmaßnahme in Betracht kommt (§ 1831 BGB).

Die Vollmacht ermächtigt ferner zur Entscheidung über freiheitsentziehende oder freiheitsbeschränkende Maßnahmen, insbesondere durch mechanische Vorrichtungen wie z.B. Bettgitter oder Gurte, Medikamente, oder auf andere Weise, wenn ich mich in einem Krankenhaus, einem Heim oder einer sonstigen Einrichtung aufhalte (§ 1831 BGB).

3. Befreiung von der Schweigepflicht

In allen Angelegenheiten ist der/die Bevollmächtigte befugt, meine/unsere Rechte gegenüber Ärzten, Krankenhäusern, Pflegeheimen usw. wahrzunehmen, Einsicht in meine/unsere Krankenakten zu nehmen und alle nötigen Auskünfte und Informationen zu verlangen. Insoweit entbinde(n) ich/wir die behandelnden Ärzte ausdrücklich von ihrer Schweigepflicht.

4. Hinweis

Der Notar hat darauf hingewiesen, dass bei Wahrnehmung der vorstehenden Angelegenheiten durch den Bevollmächtigten die Einholung einer Genehmigung des Betreuungsgerichts erforderlich werden kann (vgl. §§ 1904, 1906, 1906a BGB).

IV. Patientenverfügung

Für den Fall, dass ich/wir infolge Krankheit oder Unfall nicht mehr in der Lage sein sollte(n), meinen/unseren Willen zu bilden oder verständlich zu äußern, legt ein jeder von uns Folgendes fest:

1. Anwendungsbereich

Die nachfolgende Verfügung gilt in folgenden Situationen:

a) wenn ich mich aller Wahrscheinlichkeit nach unabwendbar im unmittelbaren Sterbeprozess befinde;

b) wenn ich mich im Endstadium einer unheilbaren, tödlich verlaufenden Krankheit befinde, selbst wenn der Todeszeitpunkt noch nicht absehbar ist;

c) wenn infolge einer Gehirnschädigung meine Fähigkeit, Einsichten zu gewinnen, Entscheidungen zu treffen und mit anderen Menschen in Kontakt zu treten, nach Einschätzung zweier erfahrener Ärzte aller Wahrscheinlichkeit nach unwiederbringlich erloschen ist, selbst wenn gelegentlich Reaktionen auf äußere Reize beobachtet werden und der Todeszeitpunkt noch nicht absehbar ist. Dies gilt für eine direkte Gehirnschädigung, z.B. durch Unfall, Schlaganfall, Entzündung, ebenso wie für eine indirekte Gehirnschädigung z.B. nach Wiederbelebung, Schock oder Lungenversagen. Es ist mir bewusst, dass in solchen Situationen die Fähigkeit zu Empfindungen erhalten sein kann, dass eine Besserung dieses Zustands aber äußerst unwahrscheinlich ist;

d) wenn ich infolge eines sehr weit fortgeschrittenen Hirnabbauprozesses (z.B. bei Demenzerkrankung) auch mit ausdauernder Hilfestellung nicht mehr in der Lage bin, Nahrung und Flüssigkeit auf natürliche Weise zu mir zu nehmen.

Vergleichbare, hier nicht ausdrücklich erwähnte Krankheitszustände sollen entsprechend beurteilt werden.

2. In allen unter Punkt 1 beschriebenen Situationen verlange ich:

lindernde pflegerische Maßnahmen, insbesondere Mundpflege zur Vermeidung des Durstgefühls, sowie lindernde ärztliche Maßnahmen, im Speziellen Medikamente zur wirksamen Bekämpfung von Schmerzen, Luftnot, Angst, Unruhe, Erbrechen und anderen Krankheitserscheinungen. Die Möglichkeit einer Verkürzung meiner Lebenszeit durch diese Maßnahmen nehme ich in Kauf.

3. In den unter Punkt 1 beschriebenen Situationen lehne ich Folgendes ab:

a) Maßnahmen, die zum Zweck der Lebenserhaltung bzw. Lebensverlängerung eingesetzt werden und nicht ausschließlich der Linderung von Leiden dienen, wie z.B. maschinelle Beatmung, Dialyse oder Operationen. Bereits eingeleitete Maßnahmen sind zu beenden;

b) Wiederbelebungsmaßnahmen.

4. Untersagung von künstlicher Ernährung und Flüssigkeitsgabe

In den von mir unter Punkt 1 beschriebenen Situationen, insbesondere in den Situationen, in denen der Tod nicht unmittelbar bevorsteht, möchte ich sterben und verlange keine künstliche Ernährung (weder über Sonde durch den Mund, die Nase oder die Bauchdecke noch über die Vene) und keine Flüssigkeitsgabe (außer zur Beschwerdelinderung).

5. Geltungsdauer

Ich habe diese Verfügung nach sorgfältiger Überlegung erstellt. Darum wünsche ich nicht, dass mir in der konkreten Situation der Entscheidungsunfähigkeit eine Änderung meines Willens unterstellt wird, solange ich diesen nicht ausdrücklich (schriftlich oder nachweislich mündlich) widerrufen habe.

6. Variante:

Organspende

Mir ist bewusst, dass Organe nur nach Feststellung des Hirntodes bei aufrechterhaltenem Kreislauf entnommen werden können. Deshalb gestatte ich ausnahmsweise für den Fall, dass eine Organspende medizinisch in Frage kommt, die kurzfristige (Stunden bis höchstens Tage umfassende) Durchführung intensivmedizinischer Maßnahmen zur Bestimmung des Hirntodes nach den Richtlinien der Bundesärztekammer und zur anschließenden Entnahme der Organe. Die von mir erklärte Bereitschaft zur Organspende geht meiner Patientenverfügung insoweit vor.

7. Durchsetzung

Der Bevollmächtigte wird beauftragt und ermächtigt, den vorstehenden Wünschen Geltung zu verschaffen. Auch ein eventuell bestellter Betreuer ist an die vorstehend geäußerten Behandlungswünsche gebunden.

V. Wirksamwerden der Vollmacht

Die Vollmacht wird wirksam, sobald der Bevollmächtigte eine auf seinen Namen lautende Ausfertigung der Vollmacht besitzt.

Eine Wirksamkeitsbeschränkung der Vollmacht dahingehend, dass erst mit Eintritt der Betreuungsbedürftigkeit von der Vollmacht Gebrauch gemacht werden kann, wünschen wir nach Beratung des Notars über die hierzu bestehenden Möglichkeiten ausdrücklich nicht.

VI. Grundverhältnis

Im Innenverhältnis, d.h. ohne Einschränkung der Vertretungsmacht nach außen, gilt Folgendes:

Der Bevollmächtigte wird angewiesen, von der Vollmacht erst dann Gebrauch zu machen, wenn ich/wir durch Krankheit, Unfall oder Alter an der Besorgung der Angelegenheiten gehindert bin/sind oder ihn dazu anweise(n).

Der Bevollmächtigte hat bei Wahrnehmung meiner Angelegenheiten dieselben Pflichten wie ein Betreuer nach § 1901 BGB. Im Übrigen gilt Auftragsrecht.

VII. Weiterer Bevollmächtigter

Einen weiteren Bevollmächtigten wollen wir nicht bestimmen.

VIII. Vorsorgliche Betreuungsverfügung

Sollte trotz der hier erteilten Vollmachten die Bestellung eines Betreuers erforderlich werden, so wünschen wir, dass der Bevollmächtigte zum Betreuer bestellt wird.

IX. Hinweise des Notars, salvatorische Klausel

1. Sind einzelne Bestimmungen dieser Urkunde unwirksam oder undurchführbar, berührt dies die Wirksamkeit der übrigen Bestimmungen nicht. Anstelle der unwirksamen bzw. undurchführbaren Bestimmung gilt diejenige wirksame bzw. durchführbare Bestimmung als von Anfang an getroffen, die dem heutigen Willen (je)des Vollmachtgebers am nächsten kommt. Entsprechendes gilt für Lücken der Vollmacht. Entsprechend dem Sinn dieser Vollmacht, eine Betreuung umfassend zu vermeiden, ist die Vollmacht so auszulegen und etwaige jetzt oder künftig bestehende Lücken so zu füllen, dass sie diesem Zweck im weitest möglichen Umfang gerecht wird. Dies gilt insbesondere, wenn sich beispielsweise durch künftige Gesetzes- oder Rechtsprechungsänderungen ergibt, dass bestimmte Angelegenheiten ausdrücklich von der Vollmacht umfasst sein müssen, die bislang in der Vollmacht nicht ausdrücklich erwähnt sind.

2. Die vorstehenden Vollmachten sind für den Vollmachtgeber jederzeit frei widerruflich.
3. Die vorstehende Urkunde einschließlich der in ihr enthaltenen personenbezogenen Daten soll im Zentralen Vorsorgeregister der BNotK erfasst werden.
4. Die Kosten der Beurkundung trägt der Vollmachtgeber.

X. Schlussbestimmungen

Die vorstehenden Vollmachten sind für den Vollmachtgeber jederzeit frei widerruflich.

Die vorstehenden Erklärungen in § 7 dieser Urkunde einschließlich der in ihr enthaltenen personenbezogenen Daten soll im zentralen Register der Bundesnotarkammer für Vorsorgeurkunden erfasst werden, das der Information der mit Betreuungsverfahren befassten Stellen dient.

§ 8 Hinweise des Notars

Der Notar hat die Beteiligten insbesondere hingewiesen

1. auf den Zeitpunkt des Eigentumsübergangs (Umschreibung im Grundbuch);
2. auf die Notwendigkeit der vollständigen und richtigen Beurkundung aller Vereinbarungen (§ 311b Abs. 1 BGB); hierzu erklären die Vertragsteile, dass Nebenabreden nicht bestehen;
3. auf die kraft Gesetzes bestehende gesamtschuldnerische Haftung aller Beteiligten für die Notariats- und Grundbuchkosten;
4. auf die kraft Gesetzes bestehende Haftung des vertragsgegenständlichen Grundbesitzes für Rückstände an öffentlichen Lasten und Abgaben sowie Versicherungsprämien;
5. auf die einschlägigen Vorschriften des Baugesetzbuchs und/oder Grundstücksverkehrsgesetzes;
6. auf die durch Übertragungen möglicherweise ausgelösten Pflichtteilsergänzungsansprüche;
7. auf § 2287 BGB; hierzu erklären die Beteiligten, dass sie nicht durch Erbvertrag oder gemeinschaftliches Testament gebunden sind;
8. auf die Vorschriften des Erbschaft- und Schenkungsteuergesetzes sowie des Grunderwerbsteuergesetzes;
9. eine steuerliche Beratung wurde durch den Notar nicht vorgenommen. Eine Haftung für steuerliche Erfolge wird somit durch ihn nicht übernommen. Den Beteiligten wurde geraten, sich insoweit bei Angehörigen der steuerberatenden Berufe zu informieren oder eine verbindliche Auskunft des Finanzamtes herbeizuführen.

§ 9 Salvatorische Klausel

Sind einzelne Bestimmungen dieses Vertrages unwirksam oder undurchführbar, so berührt dies die Wirksamkeit der übrigen Bestimmungen nicht. An Stelle der unwirksamen bzw. undurchführbaren Bestimmung gilt diejenige wirksame bzw. durchführbare Bestimmung als von Anfang an vereinbart, die dem Willen der Parteien bei der heutigen Beurkundung am nächsten kommt. Hilfsweise sind die Parteien verpflichtet, eine entsprechende Vereinbarung zu treffen. Entsprechendes gilt für Vertragslücken.

§ 10 Kosten/Ausfertigungen

Die mit dieser Urkunde verbundenen Kosten tragen wir hälftig.

Wir erbitten je eine vollständige Ausfertigung und eine auszugsweise auf den jeweiligen Bevollmächtigten lautende (nur die Vorsorgevollmacht mit Patientenverfügung und vorsorglicher Betreuungsverfügung gemäß § 7 enthaltende) Ausfertigung dieser Urkunde für uns. Bis zum Eingang eines Widerrufs beim Urkundsnotar kann sich jeder Bevollmächtigten jederzeit weitere Ausfertigungen der Vollmachtsurkunde erteilen lassen.

Diese Niederschrift samt Anlage wurde den Erschienenen von dem Notar vorgelesen, von ihnen genehmigt und eigenhändig von ihnen und dem Notar wie folgt unterschrieben:

▲

§ 4 Gemeinsamer Immobilienerwerb

A. Ausgangslage

Auch wenn einschlägige statistische Erhebungen fehlen, wird man davon ausgehen müssen, dass die Trennungsrate bei nichtehelichen Lebensgemeinschaften diejenige bei Eheleuten noch übersteigt und diese Verbindungen instabil sein können. Das Trennungsszenario muss daher stets bedacht werden. Da nur solche Partner zum Kautelarjuristen kommen, die sich auch finanziell eng verbunden sind, ist Augenmerk auch darauf zu richten, dass die Beziehung nicht nur durch Trennung, sondern auch durch Heirat oder Tod enden kann. 1

Die Ausgangslage und der rechtliche Gestaltungsbedarf ist unterschiedlich je nachdem, ob nur ein Partner (unter finanzieller Beteiligung des anderen) oder aber beide erwerben und ob ein bebautes oder ein unbebautes und möglicherweise vom nicht dinglich beteiligten Partner mit zu bebauendes Grundstück erworben wird. 2

Mitunter erwirbt nur ein Partner, während der andere lediglich darlehensweise mit Eigenkapital zur Finanzierung beiträgt. In derartigen, nicht ohne weiteres erkennbaren Fällen kann die Vereinbarung eines bis zur Trennung tilgungs- und zinslosen Darlehens angebracht sein. Das Darlehen ist gesamtfällig innerhalb eines überschaubaren Zeitraums nach Trennung zu vereinbaren und durch nachrangige Sicherungshypothek abzusichern (zu einem Formulierungsvorschlag siehe Rdn 54).[1] Zu beachten ist, dass ein zinsloses oder wesentlich zinsvergünstigtes Darlehen zur Schenkungsteuerpflicht der entgehenden Zinsen führt.[2] 3

Wie Ehegatten im gesetzlichen Güterstand wünschen nichteheliche Partner oft einen Erwerb in Miteigentumsanteilen zu je ½. Dabei wird das Szenario einer Trennung erfahrungsgemäß selten bedacht. Die Beteiligten bedenken dabei zudem häufig nicht, dass sie u.U. in höchst unterschiedlichem Maße zur Finanzierung der Immobilie beitragen. Scheitert die Partnerschaft, so bleibt die dingliche Rechtslage unangetastet. Zwar hat der Lebensgefährte, der in höherem Maße zur Finanzierung der Immobilie beigetragen hat, als es seiner dinglichen Beteiligung (z.B. ½ Miteigentumsanteil oder aber sogar überhaupt keine Beteiligung) entspricht, u.U. auf schuldrechtlicher Ebene Ausgleichsansprüche. Er hat nach der neueren Rechtsprechung des BGH[3] deutlich bessere Aussichten als 4

1 Vgl. *N. Mayer*, ZEV 1999, 384, 385.

2 BFH v. 22.8.2018, II R 51/15, ZEV 2019, 98 m. Anm. *Münch*, Tz. 19; BFH v. 27.11.2013, II R 25/12, DStRE 2014, 222, Tz. 13; BFH v. 12.7.1979, II R 26/78, BStBl 1979 II, 631 (zinsloses Darlehen): Bereicherung in Höhe des Vielfachen des Jahreswertes der Kapitalnutzung, wobei der Jahreswert mit 5,5 % anzusetzen ist (§ 12 Abs. 1 ErbStG i.V.m. § 15 BewG); Troll/Gebel/Jülicher/*Gebel*, § 7 Rn 30 ff.; *Fumi*, EFG 2006, 1264, 1265. Zur Schenkungsteuer bei niedriger Verzinsung vgl. koordinierte Ländererlasse v. 28.2.2018 / 19.3.2018, DB 2018, 606 = BeckVerw 353756.

3 BGH v. 9.7.2008, XII ZR 179/05, DNotZ 2009, 52 m. Anm. *Löhnig* = NJW 2008, 3277 = RNotZ 2008, 611 m. Anm. *v. Proff* = MittBayNot 2009, 137 m. Anm. *Bruch*; BGH v. 9.7.2008, XII ZR 39/06, NJW 2008, 3282; v. 18.2.2009, XII ZR 163/07, BeckRS 2009, 10298; KG v. 8.10.2009, 8 U 196/07, NJW-RR 2010, 295.

nach der alten Rechtsprechung, vom „begünstigten“ Partner Entschädigung zu erlangen (Anpassung an den Vermögensausgleich der gescheiterten Gütertrennungsehe[4]). Nicht selten dürfte es auch dem Willen der Beteiligten entsprechen, dass nach der Trennung ein Ausgleich überobligationsmäßiger Leistungen eines Partners statt zu finden hat. Dies mag dafür sprechen, es beim Ausgleichsmodus nach der (neuen) Rechtsprechung zu belassen und insbesondere keinen umfassenden Verzicht auf jeglichen Ausgleich zu vereinbaren. Die neuere Rechtsprechung des BGH hat jedoch einen Haken. Sie öffnet den Weg zu einer Billigkeitskorrektur, deren Ergebnisse im Einzelfall kaum vorhersehbar sind. Geht es um zu Miteigentum beider Partner erworbene Immobilien, prüft der BGH einen Ausgleichsanspruch nach den Grundsätzen über den Wegfall der Geschäftsgrundlage (§ 313 BGB). Das zugrunde liegende Vertragsverhältnis ist – entsprechend der ehebedingten Zuwendung unter Ehegatten – eine „**gemeinschaftsbezogene Zuwendung**“. Geht es um Arbeitsleistungen (und nicht finanzielle Beiträge), z.B. beim Hausbau, so spricht der BGH von einem „Kooperationsvertrag“.[5] Der BGH verlangt, dass die Zuwendung in der Vorstellung oder Erwartung erfolgt ist, die Lebensgemeinschaft werde Bestand haben. Diese Voraussetzung wird regelmäßig erfüllt sein. Ein Ausgleich der Zuwendung nach den Grundsätzen des Wegfalls der Geschäftsgrundlage (§ 313 BGB) setzt des Weiteren voraus, dass dem leistenden Partner die Beibehaltung der durch seine Leistungen und Beiträge geschaffenen Vermögensverhältnisse nach Treu und Glauben nicht zuzumuten ist.[6] Diese Wertungsfrage lässt sich bei Abschluss des Kaufvertrages (noch) nicht beantworten. Sie ist auch im Zeitpunkt der Trennung schwer zu beurteilen. Hinzu kommt, dass der Ausgleichsanspruch entsprechend der BGH-Rechtsprechung zur Gütertrennungsehe dadurch im Sinne einer umfassenden richterlichen Billigkeitsabwägung begrenzt ist, dass der leistende Partner den betroffenen Gegenstand mitgenutzt haben mag. Praktisch führt dies kaum je dazu, dass die Leistungen voll zurück zu erstatten sind. Vielmehr richten sich Art und Höhe des Ausgleichsanspruchs nach einer Würdigung der Umstände des Einzelfalles. Maßgeblich sind daher die Dauer der Lebensgemeinschaft, das Alter der Parteien, Art und Umfang der erbrachten Leistungen, die Höhe der dadurch bedingten und noch vorhandenen Vermögensmehrung sowie die Einkommens- und Vermögensverhältnisse.[7]

4 Dazu *Bruch*, MittBayNot 2008, 173.

5 BGH v. 9.7.2008 XII ZR 39/06, NJW 2008, 3282, Tz. 30. Vgl. für Ehegatten bereits BGHZ 127, 48 = NJW 1994, 2545; BGHZ 84, 361 = NJW 1982, 2236 („familienrechtlicher Kooperationsvertrag sui generis“).

6 BGH v. 9.7.2008 XII ZR 179/05, DNotZ 2009, 52, Tz. 44; BGH v. 9.7.2008 XII ZR 39/06, NJW 2008, 3282, Tz. 32; BGH v. 19.9.2012, XII ZR 136/10, Tz. 25, NJW 2012, 3374. Eingehende Subsumtion bei KG v. 8.10.2009, 8 U 196/07, NJW-RR 2010, 295 Tz. 57 ff. (verneint für Renovierung und Ausstattung des Kosmetikgeschäfts der Partnerin).

7 BGH v. 6.7.2011, XII ZR 190/08, Tz. 24, BeckRS 2011, 20252 = NZG 2011, 984 mit Verweis auf BGH v. 8.7.1982, IX ZR 99/80, BGHZ 84, 361 = NJW 1982, 2236 (Gütertrennungsehe); v. 19.9.2012, XII ZR 136/10, Tz. 26, NJW 2012, 3374. Vgl. auch *Arens*, FamRZ 2000, 266, 267.

Wegen der vorstehend geschilderten Unwägbarkeiten und etwaiger künftiger heute nicht vorhersehbarer Rechtsprechungsänderungen empfiehlt sich regelmäßig eine autonome Ausgleichsvereinbarung. Wünschen die Beteiligten dagegen, dass (auch) im Falle ihrer Trennung kein Vermögensausgleich stattfindet, so dass etwaige Überleistungen eines Partners zu einer endgültigen Vermögensmehrung beim anderen Teil führen sollen, so ist eine entsprechende umfassende Ausschlussklausel erforderlich. 5

B. Erwerb durch beide Partner

Treten beide Partner auf Käuferseite auf, so stellen sich stets die Fragen, 6

- in welchem Beteiligungsverhältnis sie erwerben und
- welche Regelungen im Innenverhältnis getroffen werden sollen.

Es verbietet sich – wie bei Eheverträgen – jede schematische Regelung, weil stets der individuellen Ausgestaltung der Lebensgemeinschaft Rechnung zu tragen ist, insbesondere der Rollenverteilung in Erwerbstätigkeit und etwaiger Kinderbetreuung und den Eigenkapitalbeiträgen zur Finanzierung des Kaufgegenstandes.

C. Regelungsbedürftige Punkte

I. Beteiligungsverhältnis

Was das Beteiligungsverhältnis betrifft, sind insbesondere folgende Erwerbsformen denkbar: 7

- Miteigentum der Partner zu Bruchteilen (§§ 1008 ff., 741 ff. BGB),
- Erwerb durch eine zwischen den Lebensgefährten bestehende Gesellschaft bürgerlichen Rechts (§§ 705 ff. BGB),
- Erwerb durch eine zwischen den Partnern bestehende offene Handelsgesellschaft (§§ 105 ff. BGB).

Wegen des sachenrechtlichen und des grundbuchrechtlichen Bestimmtheitsgrundsatzes muss das Beteiligungsverhältnis in der Auflassung (§§ 925, 873 BGB) und der Grundbucheintragung (§ 47 GBO) genau angegeben werden. Erwerben die Lebensgefährten in Bruchteilseigentum bedeutet das, dass angegeben werden muss, zu welchem Anteil jeder Partner erwirbt. Häufig finanzieren die Beteiligten aber den Kaufpreis jedenfalls teilweise fremd. Im Zeitpunkt des Kaufs kann dann nicht sicher vorhergesagt werden, zu welchem Anteil sich jeder Partner einmal (rückblickend) an der Gesamtfinanzierung beteiligt haben wird. Wünschen die Beteiligten jedoch, dass sich unterschiedlich hohe Finanzierungsbeiträge (vor allem im Trennungsfall) auch in entsprechenden Beteiligungsquoten niederschlagen, sind sie darauf hinzuweisen, dass dies im Rahmen einer Bruchteils- 8 gemeinschaft mit unmittelbarer dinglicher Wirkung nicht möglich ist. Entsprechende schuldrechtliche treuhandähnliche Vereinbarungen sind natürlich denkbar, haben allerdings ihre Schwächen:

- Der „fleißige" Partner ist gegen eine Insolvenz des „säumigen" nicht ausreichend geschützt (Ausnahme: Schutz durch eingetragene Vormerkung).
- Überträgt der „säumige" Partner dem „fleißigen" seinen Anteil (ganz oder teilweise) in Erfüllung einer entsprechenden Treuhandvereinbarung, kann dies zu einem GrESt-Tatbestand führen.

Die vorgenannten Nachteile können vermieden werden, wenn nicht die Partner, sondern eine von ihnen gegründete GbR oder oHG erwirbt und gesellschaftsvertraglich bewegliche Beteiligungsquoten vereinbart werden (vgl. unten Rdn 25 ff.).

II. Innenverhältnis

9 In Vereinbarungen der genannten Art sind für das Innenverhältnis erfahrungsgemäß insbesondere die folgenden Gesichtspunkte zu thematisieren:

- Beiträge der Partner zur Finanzierung, und zwar in der Form bereits vorhandenen Eigenkapitals und der Verpflichtung zu Beiträgen beim Tilgungs- und Zinsdienst etwaiger Fremdmittel
- Folgen der Geburt und Betreuung eines gemeinsamen Kindes für die Beitragspflicht
- Auseinandersetzung bei Trennung, insbesondere Gewinn- und Verlusttragung und Form der Auseinandersetzung (bei Bruchteilsgemeinschaft ist Zwangsversteigerung nach § 753 BGB abzubedingen und durch freihändigen Verkauf zu ersetzen)
- Erwerbsrecht/-pflicht eines Partners im Trennungsfall
- Folgen einer Eheschließung
- Folgen des Todes eines Partners
- Beim Hausbau in Eigenregie: Bewertung von Arbeitsleistungen der Partner und von deren Angehörigen.

Derartige Regelungen sind insbesondere dann beurkundungsbedürftig, wenn sie eine Verpflichtung zur Übertragung der Immobilie oder eines Bruchteils hieran enthalten – etwa in Form eines Ankaufs- oder Vorkaufsrechts für einen Partner im Trennungsfall (§ 311b Abs. 1 BGB) – oder wenn sie erbvertragliche Verfügungen enthalten (§ 2276 Abs. 1 S. 1 BGB).

D. Erwerb in „starrer" Bruchteilsgemeinschaft

10 Wünschen die Beteiligten, dass (auch) im Falle ihrer Trennung kein Vermögensausgleich stattfindet, so dass etwaige Überleistungen eines Partners zu einer endgültigen Ver-

mögensmehrung beim anderen Teil führen sollen, so ist eine entsprechende umfassende Ausschlussklausel erforderlich. Sie könnte etwa folgendermaßen lauten:[8]

▼

Muster 4.1: Formulierungsvorschlag Ausschlussklausel

Im Hinblick auf die zwischen ihnen bestehende nichteheliche Lebensgemeinschaft und darauf, dass sie den Kaufpreis nicht nur aus eigenen Mitteln, sondern auch im Wege der Fremdfinanzierung erbringen, hat der Notar die Erwerber eingehend darüber belehrt, inwiefern nach geltender Gesetzeslage und Rechtsprechung ein Erwerber vom anderen dinglich oder schuldrechtlich Ausgleich, Ersatz oder Anpassung der Miteigentumsquoten verlangen kann, wenn es zur Auflösung der Lebensgemeinschaft insbesondere durch Tod eines Partners oder Trennung kommt und er höhere Finanzierungsbeiträge (Eigenkapital, Tilgung und Zinsleistungen auf Fremdfinanzierungen) geleistet hat als der andere.

Die Erwerber möchten abweichend hiervon unabhängig von der Höhe der jeweiligen Finanzierungsbeiträge zu gleichen Teilen dinglich und auch wirtschaftlich an dem Grundbesitz beteiligt sein. Die vom Notar vorgeschlagene Alternativgestaltung, in Gesellschaft bürgerlichen Rechts mit beweglichen Beteiligungsquoten entsprechend den jeweiligen Finanzierungsbeiträgen zu erwerben oder ein durch nicht abtretbare Sicherungshypothek gesichertes Darlehen zu vereinbaren, wünschen die Erwerber ausdrücklich nicht. Zwischen den Beteiligten entsteht insbesondere keine konkludent begründete Innengesellschaft (ab 1.1.2024: „nicht rechtsfähige Gesellschaft“, § 705 Abs. 2 Alt. 2 BGB idF durch das MoPeG[9]) nach der BGH-Rechtsprechung. Im Falle der Auflösung der zwischen ihnen bestehenden nichtehelichen Lebensgemeinschaft sollen auch keine Ansprüche aus Wegfall der Geschäftsgrundlage oder Bereicherungsrecht bestehen. Den Erwerbern ist bekannt, dass Zuvielleistungen eines Partners der Schenkungsteuer unterliegen können.

▲

Zur Vermeidung von Missverständnissen: Die vorstehende Klausel kann (Minimallö- **11**
sung), muss aber nicht die alleinige Regelung zum Innenverhältnis der Partner sein. Sie kann selbstverständlich mit weiteren Vereinbarungen zum Innenverhältnis verbunden werden, etwa Erwerbsrechten (ggf. als Option ausgestaltet) oder einer Miteigentümervereinbarung nach § 1010 BGB (Ausschließung des Rechts, die Aufhebung der Bruchteilsgemeinschaft zu verlangen). Zudem kann es sein, dass die Partner eine Erbfolgeregelung wünschen, etwa mit dem Inhalt, dass der Überlebende die Immobilie (ohne Auszahlung etwaiger Pflichtteilsberechtigter) zu Alleineigentum erwirbt.

Der Erwerb in „starrer“ Bruchteilsgemeinschaft, bei der die angeschaffte Immobilie un- **12**
abhängig von der Beteiligung an ihrer Finanzierung und ohne Ausgleich den Partnern zu

8 Vgl. auch den Formulierungsvorschlag von *Langenfeld*, ZEV 2008, 494, 495.

9 Gesetz zur Modernisierung des Personengesellschaftsrechts (Personengesellschaftsrechtsmodernisierungsgesetz – MoPeG) v 10.8.2021, BGBl 2021 I, 3436.

gleichen Teilen gehört, kann je nach Zuschnitt der Partnerschaft durchaus sachgerecht sein, etwa wenn die Beteiligten eine Einverdiener-Partnerschaft führen, in der die Frau im beiderseitigen Einvernehmen gemeinsame Kinder betreut und zu diesem Zweck auf Erwerbstätigkeit verzichtet. Erst recht ist er sachgerecht, wenn die Partner allein mit Eigenkapital finanzieren. Hier stehen die Beiträge schon bei Abschluss des Kaufvertrages unabänderlich fest.

13 Mit dem Erwerb in „starrer" Bruchteilsgemeinschaft können jedoch unangenehme erbschaftsteuerliche Konsequenzen verbunden sein. Überobligationsmäßige Finanzierungsbeiträge eines Partners erfüllen den Schenkungsteuertatbestand des § 7 Abs. 1 Nr. 1 ErbStG, sobald endgültig feststeht, dass sie über den Betrag hinausgehen, der seinem Anteil entspricht.

E. Alternativen?

14 Der Erwerb in „starrer" Bruchteilsgemeinschaft ohne schuldrechtlichen Ausgleichsmechanismus für Zuvielleistungen ist von den Beteiligten häufig zu Recht nicht gewollt. Doppelverdiener-Paare ohne Kinder bestehen erfahrungsgemäß häufig darauf, dass sich unterschiedlich hohe Finanzierungsbeiträge auch in entsprechend unterschiedlich hohen Beteiligungsquoten widerspiegeln. Aber auch in anderen Konstellationen ist eine differenzierende Beteiligungsquotelung gewünscht und sachgerecht. Dies trifft insbesondere in den Fällen zu, in denen ein Partner das alleinige oder wesentlich höhere Eigenkapital einbringt, etwa in Form schenk- oder ausstattungsweise (§ 1624 BGB) von den Eltern zur Verfügung gestellter Geldbeträge.

15 Gestalterisch lässt sich dieses Anliegen insbesondere auf folgenden Wegen bewältigen:

- Bereits auf „dinglicher" Ebene, indem eine GbR oder oHG erwirbt, an der die Partner mit beweglichen Anteilsquoten beteiligt sind;
- Erwerb zu je ½ Miteigentumsanteilen und Ausgleich auf schuldrechtlicher Ebene, wobei Zuvielleistungen eines Partners entweder darlehensweise erfolgen und in Geld auszugleichen oder durch Übertragung entsprechender Miteigentumsanteile abzugelten sind (Treuhand- oder Innengesellschaftsmodell).

I. Bruchteilsgemeinschaft mit Darlehensvereinbarung

16 Bisweilen erwerben die Partner in Bruchteilsgemeinschaft und wünschen, dass Zuvielleistungen eines Partners dem anderen als Darlehen gewährt sind. Hierzu folgendes Formulierungsbeispiel (auszugsweiser Grundstückskaufvertrag, beurkundungspflichtig):

▼

Muster 4.2: Kauf zu je ½ mit Darlehen für Zuvielleistungen

(…)

Grundstückskaufvertrag

(…)

1. Der Verkäufer verkauft den Grundbesitz an den Erwerber zu je ½ Anteil.

2. Im Hinblick auf die zwischen ihnen bestehende nichteheliche Lebensgemeinschaft und darauf, dass sie den Kaufpreis nicht nur aus eigenen Mitteln, sondern auch im Wege der Fremdfinanzierung erbringen, hat der Notar die Erwerber eingehend darüber belehrt, inwiefern nach geltender Gesetzeslage und Rechtsprechung ein Erwerber vom anderen dinglich oder schuldrechtlich Ausgleich, Ersatz oder Anpassung der Miteigentumsquoten verlangen kann, wenn es zur Auflösung der Lebensgemeinschaft insbesondere durch Tod eines Partners oder Trennung kommt und er höhere Finanzierungsbeiträge (Eigenkapital, Tilgung und Zinsleistungen auf Fremdfinanzierungen) geleistet hat als der andere.

   Die Erwerber möchten gleichwohl unabhängig von der Höhe der jeweiligen Finanzierungsbeiträge zu gleichen Teilen dinglich und auch wirtschaftlich an dem Grundbesitz beteiligt sein. Die vom Notar vorgeschlagene Alternativgestaltung, in Gesellschaft bürgerlichen Rechts mit beweglichen Beteiligungsquoten entsprechend den jeweiligen Finanzierungsbeiträgen zu erwerben, wünschen die Erwerber ausdrücklich nicht. Zwischen den Beteiligten entsteht insbesondere keine konkludent begründete Innengesellschaft (ab 1.1.2024: „nicht rechtsfähige Gesellschaft", § 705 Abs. 2 Alt. 2 BGB idF durch das MoPeG[10]) nach der BGH-Rechtsprechung. Im Falle der Auflösung der zwischen ihnen bestehenden nichtehelichen Lebensgemeinschaft sollen auch keine Ansprüche aus Wegfall der Geschäftsgrundlage oder Bereicherungsrecht bestehen.

3. Übersteigen die Finanzierungsbeiträge eines Erwerbers diejenigen des anderen, sollen sie diesem nur darlehensweise gewährt und nicht geschenkt sein. Die Erwerber sind daher untereinander verpflichtet, über etwaige Zuvielleistungen schriftlich Buch zu führen und die Darlehensrückzahlungsansprüche auf Verlangen des Darlehensgebers durch nicht abtretbare Sicherungshypothek zu sichern.

▲

10 Gesetz zur Modernisierung des Personengesellschaftsrechts (Personengesellschaftsrechtsmodernisierungsgesetz – MoPeG) v 10.8.2021, BGBl 2021 I, 3436.

II. Außen-GbR

1. Rechtslage ab 1.1.2024 durch das MoPeG: Voreintragung im Gesellschaftsregister

17 Das MoPeG[11] bringt mit Wirkung ab 1.1.2024 bedeutende Änderungen. Bevor eine GbR als Rechtsinhaberin im Grundbuch eingetragen werden kann, muss sie in das ebenfalls durch das MoPeG eingeführte Gesellschaftsregister (§§ 707 ff. BGB n.F.) eingetragen sein; sie muss den Namenszusatz „eingetragene Gesellschaft bürgerlichen Rechts" oder „eGbR" zu führen (§ 707a Abs. 2 S. 1 BGB nF.). Sichergestellt wird diese Voreintragung durch die ebenfalls durch das MoPeG eingeführte Ordnungsvorschrift des § 47 Abs. 2 GBO nF: „Für eine Gesellschaft bürgerlichen Rechts soll ein Recht nur eingetragen werden, wenn sie im Gesellschaftsregister eingetragen ist."[12]

Mit dieser weitreichenden Neuerung will der Gesetzgeber des MoPeG[13] das bislang bestehende Publizitätsdefizit der GbR (fehlende Subjektregisterpublizität) beseitigen und Transparenz der Gesellschaftsverhältnisse herzustellen. Die bislang geltenden § 899a BGB und § 47 Abs. 2 GBO waren in den Augen des Reformgesetzgebers „eine erwiesenermaßen problematische Behelfslösung",[14] und schützten die Vertragspartner der GbR unvollständig.[15]

2. Rechtslage bis zum 31.12.2023

18 Für die Zeit bis zum Inkrafttreten des MoPeG am 1.1.2024 stellt sich die Rechtslage hingegen folgendermaßen dar:

Spätestens nach dem Beschluss des BGH vom 4.12.2008[16] wurde die GbR als Inhaberin dinglicher Rechte im Grundbuch als Problemfall angesehen.[17] Zum einen aus Sicht der

11 Gesetz zur Modernisierung des Personengesellschaftsrechts (Personengesellschaftsrechtsmodernisierungsgesetz – MoPeG) v. 10.8.2021, BGBl 2021 I, 3436.

12 Die Einzelheiten der Eintragung regelt der ebenfalls durch das MoPeG neu gefasste § 15 Nr. 2 GBV. Danach sind im Grundbuch Namen und Sitz der GbR anzugeben; angegeben werden sollen zudem das Registergericht und das Registerblatt der Eintragung des Berechtigten in das Handels-, Genossenschafts-, Gesellschafts-, Partnerschafts- oder Vereinsregister, wenn sich diese Angaben aus den Eintragungsunterlagen ergeben oder dem Grundbuchamt anderweitig bekannt sind.

13 Gesetz zur Modernisierung des Personengesellschaftsrechts (Personengesellschaftsrechtsmodernisierungsgesetz – MoPeG) v. 10.8.2021, BGBl 2021 I, 3436.

14 RegE, BT-Drucks 19/27635, S. 108.

15 RegE, BT-Drucks 19/27635, S. 101 f.

16 BGH v. 4.12.2008, V ZB 74/08, DNotZ 2009, 115 m. Anm. *Hertel* = RNotZ 2009, 227 m. Anm. *Heil* = MittBayNot 2009, 225 = RPfl 2009, 141 m. Anm. *Bestelmeyer* = BB 2009, 346 m. Anm. *Reymann*. Dazu *Brambring*, NJW-aktuell H. 4/2009, XII; *Hertel*, DNotZ 2009, 121; *Zimmer*, NZM 2009, 187; *Kesseler*, NZM 2009, 190; *Tebben*, NZG 2009, 288; *Ruhwinkel*, MittBayNot 2009, 177; *Drasdo*, NJW-Spezial 2009, 161; *Böhringer*, BWNotZ 2009, 61, 64 f.

17 *Brambring*, NJW-aktuell H. 4/2009, XII; *Hertel*, DNotZ 2009, 121; a.A. *Schubert*, ZNotP 2009, 178.

GbR und ihrer Gesellschafter: wie können Existenz, Identität und Vertretung der GbR dem Grundbuchamt nachgewiesen werden, wenn es um die erstmalige Eintragung oder aber eine spätere Änderung in den Grundbuchverhältnissen geht? Zum anderen aus Sicht der Gläubiger und Vertragspartner der GbR, generell des Rechtsverkehrs: wie kann sichergestellt werden, dass im Namen einer im Grundbuch eingetragenen GbR auftretende Personen wirksam für diese dingliche Rechtsänderungen bewirken können, notfalls im Wege gutgläubigen Erwerbs (§ 892 BGB)?

Der Gesetzgeber hat die Thematik mit dem insoweit bereits am 18.8.2009 in Kraft ge- **19**
tretenen[18] Gesetz zur Einführung des elektronischen Rechtsverkehrs und der elektronischen Akte im Grundbuchverfahren sowie zur Änderung weiterer grundbuch-, register- und kostenrechtlicher Vorschriften v. 11.8.2009 (ERVGBG)[19] zu entschärfen versucht. § 47 Abs. 2 GBO ordnet nunmehr an, bei Eintragung eines Rechts für eine GbR im Grundbuch auch deren Gesellschafter im Grundbuch einzutragen („Gesellschaft bürgerlichen Rechts, bestehend aus A und B“[20]). Natürliche Personen als Gesellschafter sind mit Name (Vorname und Familienname), Wohnort, Beruf und – soweit bekannt – Geburtsdatum (§ 15 Abs. 1 Buchst. a und c GBV), juristische Personen, Handels- und Partnerschaftsgesellschaften mit Namen oder Firma und Sitz zu bezeichnen (§ 15 Abs. 1 Buchst. b und c GBV). Hat die GbR Name und Sitz, können diese zur Bezeichnung der Gesellschaft zusätzlich angegeben werden (§ 15 Abs. 1 Buchst. c Hs. 2 GBV).[21]

Die mit dem Beschluss des BGH vom 4.12.2008[22] aufgeworfenen Zweifel, ob ein Immo- **20**
bilienerwerb von einer eingetragenen GbR überhaupt noch rechtssicher möglich ist, sind mit der vorgenannten gesetzgeberischen Hilfsmaßnahme weitgehend entkräftet. Materiell-rechtlich sind Schutzlücken des Erwerbers großteils geschlossen, weil § 899a BGB den Gutglaubensschutz auf den eingetragenen Gesellschafterkreis erweitert. Ist eine Gesellschaft bürgerlichen Rechts im Grundbuch eingetragen, so wird in Ansehung des eingetragenen Rechts auch vermutet, dass diejenigen Personen Gesellschafter sind, die nach § 47 Abs. 2 S. 1 GBO im Grundbuch eingetragen sind, und dass darüber hinaus keine weiteren Gesellschafter vorhanden sind (§ 899a S. 1 BGB). Die §§ 892 bis 899 BGB gelten bezüglich der Eintragung der Gesellschafter entsprechend (§ 899a S. 2

18 Art. 5 Abs. 2 ERVGBG.

19 BGBl 2009 I, 2713. Dazu *Böhringer*, Rpfleger 2009, 537; *Rebhan*, NotBZ 2009, 445.

20 *Lautner*, DNotZ 2009, 650, 654.

21 Nach *Lautner*, DNotZ 2009, 650, 655 hat das Grundbuchamt diese Angaben einzutragen, wenn dies beantragt wird (Ermessensreduzierung auf Null).

22 BGH v. 4.12.2008, V ZB 74/08, DNotZ 2009, 115 m. Anm. *Hertel* = RNotZ 2009, 227 m. Anm. *Heil* = MittBayNot 2009, 225 = RPfl 2009, 141 m. Anm. *Bestelmeyer* = BB 2009, 346 m. Anm. *Reymann*. Dazu *Brambring*, NJW-aktuell H. 4/2009, XII; *Hertel*, DNotZ 2009, 121; *Zimmer*, NZM 2009, 187; *Kesseler*, NZM 2009, 190; *Tebben*, NZG 2009, 288; *Ruhwinkel*, MittBayNot 2009, 177; *Drasdo*, NJW-Spezial 2009, 161, *Böhringer*, BWNotZ 2009, 61, 64 f.

BGB). Ungeklärt und vom BGH bislang offen gelassen[23] ist, ob der Gutglaubensschutz der §§ 892, 893 i.V.m. § 899a S. 2 BGB sich auch auf das schuldrechtliche Grundgeschäft erstreckt. Hiergegen spricht die systematische Stellung des § 899a BGB im Sachenrecht; für eine schuldrechtliche Wirkung hätte man eine allgemeine Rechtsscheinregelung in §§ 179 ff. BGB oder §§ 705 BGB erwartet; ein allgemeines Register für GbR war aber ausdrücklich nicht gewollt.[24] Außerdem verweist § 899a S. 2 BGB auf §§ 892 ff. BGB, die für schuldrechtliche Geschäfte nur eingeschränkt Geltung beanspruchen. Letzteres ergibt sich aus § 893 BGB. Diese Vorschrift erstreckt die Gutglaubenswirkung der Grundbucheintragung nur auf folgende Sachverhalte

- an denjenigen, für welchen ein Recht im Grundbuch eingetragen ist, wird aufgrund dieses Rechts eine Leistung bewirkt – dies ermöglicht die gutgläubige Tilgung der Kaufpreisschuld[25] – oder
- zwischen ihm und einem anderen wird in Ansehung dieses Rechts ein nicht unter die Vorschrift des § 892 fallendes Rechtsgeschäft vorgenommen, das eine Verfügung über das Recht enthält.

21 Für eine darüber hinaus gehende Erstreckung auf das schuldrechtliche Grundgeschäft spricht jedoch, dass der Gesetzgeber mit der Eintragung der GbR-Gesellschafter eine partielle Registerpublizität schaffen wollte. Zudem wird mit einer Ausweitung auf das schuldrechtliche Grundgeschäft der mit § 899a BGB verfolgte Verkehrsschutz erreicht.[26]

22 Sollen insoweit bestehende Risiken für den Erwerber von der GbR minimiert werden, können die Gründungsgesellschafter im Gesellschaftsvertrag namens der GbR (nicht in eigenem Namen) allen Gesellschaftern gemeinschaftlich Gesamtvertretungsmacht – besser sogar jedem Gesellschafter einzeln und befreit von § 181 BGB – zu allen Erklärungen und Rechtsgeschäften mit Bezug zu dem betreffenden Grundbesitz (insbesondere schuldrechtlichen und dinglichen Rechtsgeschäften) erteilen, die ausdrücklich davon unabhängig ist, ob der jeweilige Bevollmächtigte noch Gesellschafter ist (sog. „Geburtsvollmachten").[27] Dabei sind die Bevollmächtigten namentlich zu bezeichnen.[28]

23 BGH v. 20.5.2016, V ZB 142/15, ZIP 2016, 1965 Tz. 13.

24 Vgl. BT-Drucks 16/13437, S. 24, 26.

25 Vgl. BT-Drucks 16/13437, S. 27.

26 *Lautner*, DNotZ 2011, 643, 648 ff.; *Lautner*, DNotZ 2009, 650, 671 f.; *Böttcher*, NJW 2010, 1647, 1655; *Heßeler/Kleinhenz*, WM 2010, 446, 449; *Miras*, DStR 2010, 604, 607; *Heinze*, RNotZ 2010, 289, 297 f.; *Albers*, ZfIR 2010, 705; *Wertenbruch*, ZIP 2010, 1884. A.A. Grüneberg/*Herrler*, § 899a Rn 6; *Krüger*, NZG 2010, 801, 805; *Kuckein/Jenn*, NZG 2009, 848, 851; MüKo-BGB/*H. Schäfer*, § 899a Rn 17.

27 *Schubert*, ZNotP 2009, 178, 181 f.; *Zimmer*, NZM 2009, 187; *ders.*, MDR 2009, 237; Gutachten DNotI-Report 2010, 189, 191.

28 Vgl. *Heil*, RNotZ 2009, 231, 235, der eine nicht namentliche, sondern abstrakte (organschaftliche) Vertretungsregelung im Gesellschaftsvertrag m.E. überzeugend für untauglich hält.

Die Bevollmächtigten sind mit der Befugnis auszustatten, Untervollmacht zu erteilen. Die Vollmacht ist als widerruflich auszugestalten. Widerrufsgrund könnte u.a. der Verlust der Gesellschafterstellung sein. Dieser darf jedoch eben nicht als auflösende Bedingung formuliert sein. Anderenfalls wird die Grundbuchtauglichkeit der Vollmacht wegen § 29 GBO beeinträchtigt. Klar zu stellen wäre wohl wegen des Grundsatzes der Selbstorganschaft, dass von dieser rechtsgeschäftlichen (Vollmacht i.S.d. § 166 Abs. 2 BGB) die organschaftliche Vertretungsmacht der jeweiligen (allein oder gemeinschaftlich vertretungsberechtigten) Gesellschafter unberührt bleibt. Dem Einwand, die Vollmacht beweise nicht rechtssicher den Bezug zu der jeweiligen GbR,[29] entgeht man, wenn die Vollmacht in die Urkunde aufgenommen wird, mit der die GbR den Grundbesitz erwirbt. Hier steht eindeutig fest, dass die Eigentümerin mit der Vollmachtgeberin identisch ist. Sicherlich wird man die rechtsgeschäftliche Verfügungsvollmacht nicht für jeden Typ von GbR empfehlen können, weil ihre vorbeschriebenen Stärken zugleich unübersehbare Gefahren für die (künftigen) Gesellschafter bergen. Ist beispielsweise der Gründungsgesellschafter A anlässlich der Gründung der GbR und des damit zeitlich zusammenfallenden Erwerbs von Grundbesitz zu Verfügungen aller Art über den der Gesellschaft gehörenden Grundbesitz bevollmächtigt worden, und veräußert er seine Beteiligung an den ihm und der GbR fremden X, so bleibt seine Vollmacht hiervon unberührt. Die Gesellschafter können die Vollmacht zwar widerrufen. In der Zwischenzeit könnte A jedoch wirksam die Immobilie verkaufen oder belasten. Für GbR, die unter einander fremden Personen zu Stande kommen oder bei denen Anteilsveräußerungen (nicht: Veräußerung der Immobilie selbst) an fremde Dritte zu erwarten sind, ist eher von einer Vollmachtslösung abzuraten.[30] Sie kommt wohl nur für GbR mit einem überschaubaren Kreis von Gesellschaftern in Betracht, die einander nahe stehen. Für Familienangehörige in einem sog. Familienpool oder nichteheliche Partner sehe ich keine Bedenken dagegen, dass sie sich als Gründungsgesellschafter gemeinschaftlich bevollmächtigen.

Der **Zuerwerb von Grundbesitz durch eine bestehende GbR** erwies sich zwi- 23
schen dem Beschluss des BGH vom 4.12.2008[31] und dem Beschluss des BGH vom 28.4.2011[32] in der Grundbuchpraxis als äußerst problembehaftet.[33] Das OLG München

29 *Heil*, RNotZ 2009, 231, 235.

30 Ebenso *Schubert*, ZNotP 2009, 178, 182.

31 BGH v. 4.12.2008, V ZB 74/08, DNotZ 2009, 115 m. Anm. *Hertel* = RNotZ 2009, 227 m. Anm. *Heil* = MittBayNot 2009, 225 = RPfl 2009, 141 m. Anm. *Bestelmeyer* = BB 2009, 346 m. Anm. *Reymann*. Dazu *Brambring*, NJW-aktuell H. 4/2009, XII; *Hertel*, DNotZ 2009, 121; *Zimmer*, NZM 2009, 187; *Kesseler*, NZM 2009, 190; *Tebben*, NZG 2009, 288; *Ruhwinkel*, MittBayNot 2009, 177; *Drasdo*, NJW-Spezial 2009, 161, *Böhringer*, BWNotZ 2009, 61, 64 f.

32 BGH v. 28.4.2011, V ZB 194/10, DNotZ 2011, 711; dazu *Lautner*, DNotZ 2011, 643.

33 Überblick über den Meinungsstand DNotI-Report 2010, 149.

hatte mit Beschluss v. 17.8.2010[34] und v. 20.7.2010[35] entschieden, dass das Eigentum an Grundstücken auf eine bei Erklärung der Auflassung bereits bestehende GbR nicht umgeschrieben werden kann. Mit seinem Beschluss v. 28.4.2011[36] hat der BGH diese Rechtsprechung verworfen. Danach reicht es für die Umschreibung auf eine bereits bei Beurkundung des Grundstückskaufvertrages bestehende GbR aus, wenn die GbR und ihre Gesellschafter benannt sind und die für die GbR Auftretenden erklären, dass sie alleinige Gesellschafter sind.

24 Erwirbt eine bereits vor Beurkundung bestehende GbR Grundbesitz oder Rechte an Grundbesitz, empfiehlt sich die Angabe konkretisierender Merkmale wie Gründungsort. Gründungszeitpunkt, Name oder Sitz.[37]

F. Erwerb in Gesellschaft bürgerlichen Rechts mit beweglicher Beteiligungsquote

25 Einen knappen, in den Immobilienkaufvertrag integrierten Vertrag über eine Gesellschaft bürgerlichen Rechts enthält das folgende Formulierungsbeispiel:

▼

Muster 4.3: Kauf in GbR mit beweglichen Quoten

1. Der Verkäufer verkauft den Kaufgegenstand an die von den Käufern hiermit gegründete Gesellschaft bürgerlichen Rechts. Die Gesellschaft führt die Bezeichnung „ “ und hat ihren Sitz in .

34 OLG München v. 17.8.2010, 34 W 98/10, DNotI-Homepage.

35 OLG München v. 20.7.2010, 34 Wx 063/10, BeckRS 2010, 18328 = LNR 2010, 19942 = ZIP 2010, 1496; OLG Saarbrücken v. 26.2.2010, 5 W 371/09, DNotZ 2010, 301 m. Anm. *Ruhwinkel* = ZfIR 2010, 329 m. Anm. *Zimmer*; OLG München v. 18.8.2009, 34 Wx 047/09, MittBayNot 2009, 466; OLG München v. 26.8.2009, 34 Wx 054/09, MittBayNot 2010, 126 m. Anm. *Ruhwinkel*; OLG München v. 5.2.2010, 34 Wx 116/09, DNotZ 2010, 299 m. Anm. *Ruhwinkel* = RNotZ 2010, 328 m. Anm. *Rezori*; OLG Nürnberg v. 8.4.2010, 10 W 277/10, BeckRS 2010, 17017 = ZIP 2010, 1344, rechtskräftig; KG v. 23.3.2010, 1 W 88 + 116–127/10, nicht veröffentlicht; *Miras*, DStR 2010, 604; *Böttcher*, ZNotP 2010, 173; *Bestelmeyer*, RPfl 2010, 169; *Lautner*, MittBayNot 2010, 286; *Weimer*, NotBZ 2010, 31. In seinem Beschluss v. 5.2.2010, 34 Wx 116/09, DNotZ 2010, 299 m. Anm. *Ruhwinkel* = RNotZ 2010, 328 m. Anm. *Rezori* hatte das OLG München die Eintragung einer bereits vor der Beurkundung der Erwerbsurkunde gegründeten GbR als Eigentümerin im Grundbuch noch an die Angabe von konkretisierenden Merkmalen wie Gründungsort. Gründungszeitpunkt, Name oder Sitz verlangt. Die Angabe, dass an eine zwischen den Erschienenen bereits bestehende GbR aufgelassen wird, deren Unternehmensgegenstand das Halten und Verwalten von Grundbesitz ist, genüge nicht. Zu Recht krit. hierzu *Rezori*, RNotZ 2010, 330: die bloß abstrakten Zweifel an der Identität berechtigen das Grundbuchamt nicht zur Zurückweisung des Umschreibungsantrag. Vielmehr ordnet § 47 Abs. 2 GBO an, bei Eintragung eines Rechts für eine GbR im Grundbuch lediglich deren Gesellschafter im Grundbuch mit einzutragen. Weitere Erfordernisse werden nicht gemacht.

36 BGH v. 28.4.2011, V ZB 194/10, DNotZ 2011, 711; dazu *Lautner*, DNotZ 2011, 643.

37 Vgl. OLG München v. 5.2.2010, 34 Wx 116/09, DNotZ 2010, 299 m. Anm. *Ruhwinkel* = RNotZ 2010, 328 m. Anm. *Rezori*; *Heinze*, RNotZ 2010, 289, 302; *Lautner*, DNotZ 2011, 643, 645 f.

2. Die Käufer erklären mit Hinblick auf die zwischen ihnen bestehende Gesellschaft bürgerlichen Rechts, dass alle Finanzierungsbeiträge (Eigenkapitalleistungen auf den Kaufpreis und Tilgungsleistungen auf Finanzierungsdarlehen, nicht jedoch Zinsleistungen) von ihnen auf die Gesamtfinanzierungsdauer gesehen zu gleichen Teilen erbracht werden sollen. Sie stellen jedoch klar, dass anfänglich nur Frau X Eigenkapital einbringt, und zwar in Höhe von EUR.
3. Die für die Verteilung insbesondere eines Liquidationserlöses und eines etwaigen laufenden Gewinns sowie für die Höhe der Abfindung eines Gesellschafters maßgebliche Höhe der Beteiligung an der Gesellschaft entspricht dem Anteil des Gesellschafters an den bis dahin geleisteten Finanzierungsbeiträgen. Die Einlageverpflichtung gemäß vorstehender Ziffer 2 bleibt unberührt.
4. Beim Tod eines Gesellschafters wird die Gesellschaft mit den Erben des verstorbenen Gesellschafters fortgesetzt.
5. Für die Gesellschaft bürgerlichen Rechts der Käufer gelten im Übrigen die gesetzlichen Bestimmungen der §§ 705 ff. BGB.

▲

Die vorgestellte Lösung mit beweglicher Beteiligungsquote entspricht oftmals dem Willen der Beteiligten, die „einander nichts schenken möchten". Kehrseite ist jedoch, dass Marktchance und -risiko den Partnern nicht gleichmäßig, sondern überwiegend dem Partner zugewiesen sind, der die höheren Finanzierungsbeiträge geleistet hat.[38] Dies wird besonders dann spürbar, wenn nur ein Partner mit hohem anfänglichen Eigenkapital ausgestattet ist und die Trennung verhältnismäßig kurze Zeit nach dem Erwerb erfolgt. Ein dann bei der Veräußerung realisierter Wertverlust – erfahrungsgemäß häufig bei Weiterveräußerung einer als neu angeschafften Eigentumswohnung in den ersten Jahren nach Erwerb – konzentriert sich dann überwiegend in der Person dieses Partners. Denkbar ist, in derartigen Fällen Risiko und Chance unterschiedlich zu verteilen, etwa das Verlustrisiko entsprechend den geschuldeten Quoten und die Gewinnchance entsprechend den tatsächlichen Finanzierungsbeiträgen. Hierdurch entsteht ein Anreiz, den gesellschaftsvertraglichen Einlagepflichten nachzukommen.

26 Das Formulierungsbeispiel geht davon aus, dass bei der Bemessung der Beteiligungsquoten Eigenkapitalbeiträge und Tilgungsleistungen auf Finanzierungsdarlehen berücksichtigt werden, nicht dagegen Zinsen. Dies entspricht häufig der Vorstellung der Beteiligten, dass Zinsen Mietäquivalent sind und nicht zum Vermögensaufbau beitragen. Abweichende Vereinbarungen sind selbstverständlich möglich. So hat etwa eine Einbeziehung der Zinsen in die Bemessungsgrundlage den Vorteil, dass sich eine u.U. aufwändige Sonderung von Tilgungs- und Zinsleistungen erübrigt.

38 *N. Mayer*, ZEV 2003, 453.

27 Die Lösung über bewegliche Beteiligungsquoten verlangt den Beteiligten eine Buchführung über die von jedem einzelnen Partner geleisteten Beiträge ab. Hierzu bietet sich eine getrennte Kontoführung an, damit bei Auseinandersetzung festgestellt werden kann, in welcher Höhe jeder Lebensgefährte zur Finanzierung beigetragen hat.

28 Der Lösung über bewegliche Beteiligungsquoten spiegelt die beiderseitigen Beiträge für das Zusammenleben insgesamt nur dann angemessen wieder, wenn die Partner auch ihre Leistungen außerhalb der Immobilienfinanzierung, insbesondere im Interesse der gemeinsamen Haushaltsführung und der gemeinsamen Freizeitgestaltung (annähernd) zu gleichen Quoten wie die Immobilienfinanzierung tragen. Wie oben dargestellt (siehe oben § 2 Rdn 30), gewährt die stetige Rechtsprechung keinen Ausgleich von Beiträgen zur gemeinsamen Lebens- und Haushaltsführung; insoweit überobligationsmäßig erbrachte Beiträge eines Partners sind somit im Trennungsfall verlorene Zuschüsse.[39] Demgegenüber fließen der gemeinsam erworbenen Immobilie zu Gute kommende Finanzierungsbeiträge in die Auseinandersetzungsquote ein. Im Extremfall kann diese unterschiedliche Behandlung von Immobilienfinanzierungsleistungen einerseits und Lebenskostentragung andererseits dazu führen, dass ein Partner bei der Trennung leer ausgeht, weil von seinem Konto „nur" die Kosten der allgemeinen Lebensführung bestritten worden sind.[40] Im Hinblick auf diese Thematik empfiehlt sich ein Hinweis darauf, dass Beiträge, die nicht der gemeinsam angeschafften Immobilie, sondern der allgemeinen Lebensführung (z.B. Wohnnebenkosten, Haushaltskosten, Freizeitgestaltung) zu Gute kommen, bei der Bemessung der Beteiligungsquoten keine Berücksichtigung finden. Zur gerechten und angemessen Quotenfindung kann daher ein Dreikontenmodell angebracht sein. Jeder Partner führt ein Konto, von dem aus er die Immobilie finanziert. Zusätzlich wird ein gemeinsames Haushaltskonto geführt, das beide Partner zu dotieren haben.

I. Grunderwerbsteuer

29 In grunderwerbsteuerlicher Hinsicht ist die Gesellschaft bürgerlichen Rechts mit beweglichen Beteiligungsquoten wie folgt zu behandeln: Der Erwerb in Gesellschaft bürgerlichen Rechts ist Erwerb durch die Gesellschaft bürgerlichen Rechts, welche Steuerschuldner nach § 13 Nr. 1 GrEStG ist. Eine Änderung der Beteiligungsquoten der Partner, die insbesondere bei fremdfinanziertem Erwerb laufend infolge von unterschiedlich hohen

39 Vgl. BGH v. 1.4.1965, II ZR 182/62, WM 1965, 793, 794; BAG v. 23.4.1959, 2 AZR 118/56, NJW 1959, 1511; OLG Düsseldorf v. 31.1.1997, 7 U 59/96, FamRZ 1997, 1110, 1111; OLG Köln v. 22.11.1996, 11 U 107/96, FamRZ 1997, 1113; *Schulz*, FamRZ 2007, 593, 594 m.w.N.

40 Der BGH hat (vgl. BGH v. 31.10.2007, XII ZR 261/04, NJW 2008, 443 m. Anm. *v. Proff* = FamRZ 2008, 247 m. Anm. *Grziwotz*) seine stetige Rechtsprechung zum Ausgleichsverbot mit dem Bestreben gerechtfertigt, zu vermeiden, dass der Partner, der finanzielle Beiträge erbracht hat, besser gestellt wird, als derjenige, der sich mit im Nachhinein kaum bewert- und bezifferbaren Eigenleistungen insbesondere im Haushalt eingebracht hat.

Finanzierungsbeiträgen erfolgen kann, unterliegt m.E. bis zur Grenze der Anwachsung (§ 1 Abs. 1 Nr. 3 S. 1 GrEStG) nicht der Grunderwerbsteuer. Insbesondere kann sie schon allein deshalb nicht den Grunderwerbsteuertatbestand des Anteilseignerwechsels (Übergang vom mindestens 90 % der Anteile auf neue Gesellschafter innerhalb eines Zehnjahreszeitraums) nach § 1 Abs. 2a S. 1 GrEStG erfüllen, weil die Partner nicht „neue Gesellschafter" im Sinne dieser Vorschrift, sondern Gründungs- und damit Altgesellschafter sind.[41] Selbst wenn sich die Beteiligungsquote eines Gesellschafters infolge stark divergierender Beiträge der Partner auf 90 % oder mehr erhöht, ist der Grunderwerbsteuertatbestand der Anteilsvereinigung in einer Hand nach § 1 Abs. 3 Nr. 1 oder 2 GrEStG nicht erfüllt. Im Kontext des § 1 Abs. 3 GrEStG wird für die Vereinigung von mindestens 90 % der Anteile bei Personengesellschaften – anders als bei Kapitalgesellschaften – die Beteiligung jedes Gesellschafters nicht – wie bei § 1 Abs. 2a GrEStG – nach der vermögensmäßigen Beteiligung gewogen, sondern nur gezählt.[42] D.h.: jeder Partner hält i.S.d § 1 Abs. 3 GrEStG 50 % der Anteile unabhängig von der Höhe seiner vermögensmäßigen Beteiligung. M.E. erfasst auch der durch Art. 26 Nr. 1 des Amtshilferichtlinie-Umsetzungsgesetzes vom 26.6.2013[43] geschaffene Fiktionstatbestand des § 1 Abs. 3a GrEStG[44] nicht den Fall, dass sich die Beteiligungsquoten der Partner infolge von unterschiedlich hohen Finanzierungsbeiträgen ändern. Zwar erfasst diese Vorschrift, durch die Erwerbsvorgänge mit sog. Real Estate Transfer Tax Blocker-Strukturen (RETT-Blocker) der Besteuerung unterworfen werden sollen,[45] auch solche Rechtsvorgänge, aufgrund deren ein Rechtsträger unmittelbar oder mittelbar oder teils unmittelbar, teils mittelbar eine wirtschaftliche Beteiligung in Höhe von mindestens (seit 1.7.2021) 90 vom Hundert an einer Gesellschaft, zu deren Vermögen ein inländisches Grundstück gehört, innehat (vgl. § 1 Abs. 3a S. 1 GrEStG); damit hindert – anders als bei § 1 Abs. 2a S. 1 – GrEStG die Eigenschaft als Alt-

41 Vgl. gleichlautender Ländererlass betr. Anwendung des § 1 Abs. 2a GrEStG v. 18.2.2014, BStBl I, 561 Tz. 2.1.; Boruttau/*Meßbacher-Hönsch*, § 1 Rn 838; zur Abgrenzung zu neuen Gesellschaftern vgl. BFH v. 17.5.2017, II R 35/15, DStR 2017, 1593 m. Anm. *Schmid* (Aufstockung einer Beteiligung eines nach Gründung eingetretenen Gesellschafters innerhalb von fünf Jahren nach Eintritt als steuerbarer Erwerbsvorgang nach § 1 Abs. 2a GrEStG).

42 Vgl. BFH v. 12.3.2014, II R 51/12, BFHE 245, 381 = BStBl 2016 II, 36 = DStR 2014, 1389 Tz. 17; v. 8.8.2001, II R 66/98, BFHE 195, 427 = BStBl II 2002, 156 = DStR 2001, 1793 unter II.2.b) der Gründe; v. 19.10.1995, II R 63/92, BFH/NV 1996, 433; v. 26.7.1995, II R 68/92, BStBl 1995 II, 736 = DB 1995, 1946; v. 26.7.1995, II R 67/92, BeckRS 1995, 11331; ebenso mittlerweile die Finanzverwaltung, vgl. koordinierten Ländererlass v. 26.2.2003, BStBl 2003 I, 271 Tz. 7.1.2.; koordinierter Erlass des FM Baden-Württemberg v. 28.4.2005, DStR 2005 S. 1012; gleichlautende Erlasse der Länder v. 12.10.2007 betr. Erwerbsvorgänge i.S.d. § 1 Abs. 3 GrEStG im Zusammenhang mit Treuhandgeschäften und Auftragserwerben bzw. Geschäftsbesorgungen, DStR 2008, 256 Tz. 4.1; *v. Proff*, DB 2007, 2616, 2619; *Strahl*, RNotZ 2021, 61, 75.

43 BGBl 2003 I, 1809.

44 Dazu Gleichlautender Erlass der Oberste Finanzbehörden der Länder v. 9.10.2013 betr. Anwendung des § 1 Abs. 3a GrEStG, BStBl 2013 I, 1364; *Gottwald*, MittBayNot 2015, 1, 3 ff.

45 Gleichlautender Erlass der Oberste Finanzbehörden der Länder v. 9.10.2013 betr. Anwendung des § 1 Abs. 3a GrEStG, BStBl 2013 I, 1364, Tz. 1.

gesellschafter nicht die Besteuerung und kommt es – anders als bei § 1 Abs. 3 GrEStG – auf die vermögensmäßige Beteiligung an (d.h., dass die Beteiligung an einer Personengesellschaft gewogen wird). Jedoch ist mit einer naturgemäß vorübergehenden Verschiebung von Beteiligungsquoten keine Anteilsvereinigung verbunden. Eine solche ist jedoch m.E. in § 1 Abs. 3a GrEStG vorausgesetzt, weil dieser tatbestandlich an § 1 Abs. 3 GrEStG anknüpft, welcher an den Übergang oder Untergang von Beteiligungen anknüpft.

Seit kurzem ist m.E. fraglich geworden, ob der BFH noch an seiner bisherigen Linie festhält. In einem Urt. v. 27.9.2017 hat der BFH entschieden, dass eine Anteilsvereinigung i.S.d. § 1 Abs. 3 Nr. 1 und Nr. 2 GrEStG bei einer Personengesellschaft schon dann gegeben ist, wenn der Erwerber 95 % (seit 1.7.2021 Absenkung auf 90 % durch das Gesetz zur Änderung des Grunderwerbsteuergesetzes[46] zu beachten) der Anteile am Gesellschaftskapital auf sich vereinigt.[47] Damit werden also anders als bisher die Anteile doch nach der vermögensmäßigen Beteiligung gewogen und nicht gezählt. Es ging um eine GmbH & Co. KG, bei der – wie typisch – die einzige Kommanditistin zu 100 % am Vermögen beteiligt war und die einzige Komplementärin zu 0 %; die Komplementärin befand sich in anderen Händen als die Kommanditistin. Anders als bisher sieht der BFH die Kommanditistin hier im grunderwerbsteuerlichen Sinne als nicht zu 50 % (wie bisher), sondern als zu 100 % beteiligt. Der BFH begründet seine Auffassung damit, dass die wirtschaftliche Beteiligung am Stammkapital zu mindestens 95 % dem betreffenden Gesellschafter erlaubt, seinen Willen durchzusetzen.[48] Zudem wird so ein Gleichlauf mit Kapitalgesellschaften erreicht, bei denen der BFH schon immer allein auf die Beteiligung an Kapital abgestellt hat (also gewogen und nicht gezählt hat).[49] Freilich ist dieses Urteil des BFH zu dem Fall ergangen, dass die GmbH & Co. KG nicht selbst unmittelbar Grundbesitz hielt, sondern als sogenannte „zwischengeschaltete Personengesellschaft" an anderen Gesellschaften unmittelbar bzw. mittelbar (über weitere zwischengeschaltete Gesellschaften) an grundbesitzhaltenden Gesellschaften beteiligt war und sich der Anteilseignerwechsel auf Ebene der Großmuttergesellschaft der GmbH & Co. KG abspielte. Die Erkenntnis des BFH, der eine eingehende und allgemein gefasste Begründung vorangestellt ist, lässt sich m.E. auf Anteilserwerbe unmittelbar an einer selbst grundbesitzhaltenden Personengesellschaft ohne Weiteres übertragen. Allerdings hat der BFH erst 2014 seine alte Rechtsprechung bestätigt.[50] Er hat ausdrücklich entschieden, dass bei der unmittelbaren Beteiligung an der Personengesellschaft als Gesellschafter die Anteile gezählt und nicht gewogen werden, und bei zwischengeschalteten Personengesellschaften

46 BGBl 2021 I, 986.

47 BFH v. 27.9.2017, II R 41/15, BFHE 260, 94 = DStR 2018, 189.

48 BFH v. 27.9.2017, II R 41/15, BFHE 260, 94 = DStR 2018, 189 Tz. 16; v. 18.9.2013, II R 21/12, BFHE 243, 393 = BStBl II 2014, 326 Tz. 13.

49 BFH v. 27.9.2017, II R 41/15, BFHE 260, 94 = DStR 2018, 189 Tz. 25 f.

50 BFH v. 12.3.2014, II R 51/12, BFHE 245, 381 = BStBl 2016 II, 36 = DStR 2014, 1389.

die Anteile gewogen und nicht gezählt werden.[51] Überdies ist gerade bei Personengesellschaften mit persönlicher Vollhaftung aller Gesellschafter, also der GbR und der OHG, für die Stimmrechte der Gesellschafter regelmäßig nicht die vermögensmäßige Beteiligungsquote maßgeblich, sondern gilt insofern wegen der gleichen Risiken Parität. Somit hat regelmäßig kein Gesellschafter die alleinige Durchsetzungsmöglichkeit und kann die anderen nicht majorisieren. Die BFH-Rechtsprechung hatte ausschließlich Konzerngestaltungen zum Gegenstand, bei denen vor allem mit GmbH & Co. KG's gearbeitet wird. Dagegen ging es nicht um GbR's, mit denen Eheleute oder nichteheliche Partner eine Immobilie erworben haben, die sie auch in Bruchteilgemeinschaft hätten kaufen können. Auch die Finanzverwaltung zählt bei unmittelbaren Beteiligungen an grundbesitzhaltenden Personengesellschaften und wiegt nicht.[52] Einstweilen scheint somit für die hier interessierenden Fälle der zwischen nichtehelichen Partnern bestehenden unmittelbar immobilienhaltenden GbR bis auf Weiteres davon auszugehen zu sein, dass im Kontext des § 1 Abs. 3 GrEStG für die Vereinigung von mindestens (seit 1.7.2021) 90 % der Anteile bei Personengesellschaften die Beteiligung jedes Gesellschafters nicht nach der vermögensmäßigen Beteiligung gewogen, sondern nur gezählt wird.

II. Berücksichtigung von Schwangerschaft und Kinderbetreuung

Regelmäßig wünschen Beteiligte jüngeren Alters, dass die Geburt eines gemeinsamen Kin- **30**
des berücksichtigt werden soll. Die Partnerin, die durch eine Schwangerschaft und Betreuung eines gemeinsamen Kindes an der Erwerbstätigkeit gehindert ist, soll hierdurch nicht in Rückstand mit ihren Einlagepflichten geraten und ihre Beteiligungsquote unberührt bleiben.

▼

Muster 4.4: Berücksichtigung von Schwangerschaft und Betreuung

Für die Zeit, in der ein Partner schwangerschaftsbedingt, infolge der Geburt oder wegen einvernehmlicher Betreuung eines gemeinsamen Kindes an einer Erwerbstätigkeit gehindert oder hierin eingeschränkt ist, gelten die von ihm zu leistenden Finanzierungsbeiträge unabhängig von ihrer tatsächlich erbrachten Höhe als geleistet. 4.4

▲

Zu beachten ist, dass eine derartige Regelung zur Schenkungsteuerbarkeit der übernom- **31**
menen und tatsächlich geleisteten Finanzierungsbeiträge führt.[53]

51 BFH v. 12.3.2014, II R 51/12, BFHE 245, 381 = BStBl 2016 II, 36 = DStR 2014, 1389 Tz. 20.

52 Oberste Finanzbehörden der Länder, Gleichlautender Erlass v. 19.9.2018, IV C 7 – S 4501/18/10001: 002, DStR 2018, 2207: „Bei unmittelbaren Beteiligungen an grundbesitzenden Personengesellschaften ist die sachenrechtliche Beteiligung am Gesamthandsvermögen und bei unmittelbaren Beteiligungen an grundbesitzenden Kapitalgesellschaften die Beteiligung am Gesellschaftskapital maßgebend".

53 *Schlünder/Geißler*, ZEV 2007, 64; hinsichtlich der Zinsen a.A. *Weimer*, ZEV 2007, 316, der insofern § 13 Nr. 12 ErbStG für anwendbar hält.

III. Eigenleistungen und Mitarbeit dritter Personen

32 Eigenleistungen der Partner beim Bau des Grundstücks können im Trennungsfall zu Streit führen. Paradefall ist das Urteil des BGH vom 9.7.2008.[54] Dort erwarben die Lebensgefährten im Jahr 1995 in Bruchteilsgemeinschaft zu je ½ ein Baugrundstück. Die Frau trug in weit höherem Umfang als der Mann zur Bebauung bei, indem sie, von Beruf Architektin, umfangreiche Bauplanungsleistungen erbrachte. Der BGH sah dem Grunde nach Raum für Ansprüche nach §§ 313, 346 ff. BGB (Wegfall der Geschäftsgrundlage).

33 Erwerben die Partner ein Baugrundstück, um es in Eigenregie zu bebauen, helfen außerdem häufig die Familienangehörigen eines oder beider Partner(s) mit. Mit ihren Hilfeleistungen möchten diese typischerweise nur den eigenen Angehörigen entlasten, nicht dagegen den anderen Partner.

34 Unentgeltliche Dienst- und Arbeitsleistungen sind nach der Rechtsprechung zwar keine Schenkungen i.S.d. § 516 BGB. Sie können jedoch als unbenannte Zuwendungen (sog. Kooperationsvertrag) zu qualifizieren sein. Dies dürfte z.B. für erhebliche Arbeitsleistungen der „Schwieger"-Eltern gelten, die dem Haus des „Schwieger"-Kindes gewidmet sind. Wenn sie erheblichen Umfang erreichen und über Gefälligkeiten hinausgehen, dürften bei Scheitern der Partnerschaft Ersatzansprüche bestehen, höchstens in Höhe der ersparten Kosten einer fremden Arbeitskraft.[55]

35 Wie die vielen einschlägigen Gerichtsentscheidungen zeigen, hat die Trennung oder der Tod eines Partners nicht selten Versuche der ehemaligen Lebensgefährten bzw. von deren Angehörigen zur Folge, klageweise Vergütung oder Wertersatz für angeblich erbrachte Dienst- oder Arbeitsleistungen zu verlangen. Dabei werden mitunter unzählige Arbeitsstunden großzügig zu Handwerkerpreisniveau bewertet, und damit erhebliche Summen in Ansatz gebracht. Um solchen Streit zu vermeiden, kann es ratsam sein, dass die Partner gegenseitig auf etwaige Vergütung oder sonstigen Ausgleich für die jeweiligen eigenen Arbeitsleistungen verzichten und sich jeder Partner dem anderen gegenüber zur Freistellung von allen Ansprüchen seiner Familienangehörigen verpflichtet, die auf vermögensmäßige Beiträge oder Dienst- und Arbeitsleistungen der Familienangehörigen im Hinblick auf den gemeinsamen Grundbesitz und dessen Bebauung geltend gemacht werden.[56] Es empfiehlt sich ein Hinweis darauf, dass die Freistellungsverpflichtung durch eine unmittelbare Vereinbarung mit den jeweiligen „Schwiegereltern in spe" flankiert wird, wonach diese Leistungen im Interesse des gemeinsamen Grundbesitzes allein ihrem Angehörigen zuwenden und gegen den anderen Partner bei Trennung oder Tod eines Partners keinerlei Ansprüche haben.

54 BGH v. 9.7.2008, XII ZR 39/06, NJW 2008, 3282. Vorinstanzen: LG Frankfurt am Main v. 8.3.2004, 2 – 30 O 237/02 (nicht veröffentlicht); OLG Frankfurt am Main v. 20.1.2006, 8 U 75/04 (nicht veröffentlicht).

55 Vgl. für Arbeitsleistungen der Schwiegereltern an das (mit deren Kind verheiratete) Schwiegerkind BGH v. 3.2.2010, XII ZR 189/06, FamRZ 2010, 958 = NJW 2010, 2202 Tz. 52 ff., 61.

56 Vgl. *N. Mayer*, ZEV 2003, 453, 456.

▼ 36

Muster 4.5: Freistellung von Ansprüchen der Schwiegerfamilie

„(...) Vertrag über eine Gesellschaft bürgerlichen Rechts"

(...) Die miteinander in nichtehelicher Lebensgemeinschaft lebenden Gründungsgesellschafter erklären, dass sie das unbebaute Grundstück in Eigenregie und unter Mithilfe von Familienangehörigen mit ihrem künftigen Familienwohnheim bebauen werden. Jeder der Partner verpflichtet sich dem anderen gegenüber zur Freistellung von allen Ansprüchen seiner eigenen Familienangehörigen, die auf vermögensmäßige Beiträge oder Dienst- und Arbeitsleistungen der Familienangehörigen im Hinblick auf den gemeinsamen Grundbesitz und dessen Bebauung geltend gemacht werden. Die Partner bemühen sich, umgehend mit ihren jeweiligen Familienangehörigen klarstellend schriftlich zu vereinbaren, dass diese Leistungen im Interesse des gemeinsamen Grundbesitzes allein ihrem Angehörigen zuwenden und gegen den anderen Partner bei Trennung oder Tod eines Partners keinerlei Ansprüche haben.

▲

Umgekehrt kann es bisweilen, etwa um einen Anreiz zur Mitarbeit zu schaffen, auch gewollt sein, dass den helfenden Angehörigen gegen einen oder beide Partner – zumeist aufschiebend bedingt auf den Trennungsfall oder den Tod eines Partners – Vergütungs- oder Ersatzansprüche zustehen sollen. Dann sollten sich die Beteiligten zur späteren Streitvermeidung auf eine Buchführung der geleisteten Beiträge und einen Bewertungsmaßstab für Dienst- und Arbeitsleistungen einigen. 37

▼

Muster 4.6: Vergütung mithelfender Familienangehöriger

„(...) Vertrag über eine Gesellschaft bürgerlichen Rechts"

(...) Die miteinander in nichtehelicher Lebensgemeinschaft lebenden Gründungsgesellschafter erklären, dass sie das unbebaute Grundstück in Eigenregie und unter Mithilfe von Familienangehörigen mit ihrem künftigen Familienwohnheim bebauen werden. Die Familienangehörigen sollen gegen die Gründungsgesellschafter als Gesamtschuldner aufschiebend bedingt auf den Zeitpunkt der Auflösung der zwischen diesen bestehenden nichtehelichen Lebensgemeinschaft durch Trennungsfall oder Tod – nicht dagegen durch Heirat – Vergütung der von diesen geleisteten Arbeits- oder Dienstleistungen und Erstattung der von diesen getragenen Materialkosten verlangen können. Voraussetzung ist, dass diese Arbeits- oder Dienstleistungen durch zeitnah von beiden Partnern unterschriebene Stundenaufstellung und die Materialkosten durch Originalrechnung nachgewiesen sind. Bei den Arbeits- oder Dienstleistungen ist ein Stundenlohn von ___ EUR anzusetzen. Durch die vorstehende Vereinbarung soll den Familienangehörigen unmittelbar ein nur mit deren Zustimmung entziehbarer Anspruch entstehen (echter Vertrag zugunsten Dritter, § 328 BGB). (...)

▲

Gleiches ist selbstverständlich auch für die eigenen Arbeitsleistungen der Partner selbst denkbar.

IV. Dauer der Gesellschaft

38 Die Dauer der Gesellschaft sollte geregelt werden. Um Streitigkeiten über einen wichtigen Kündigungsgrund zu vermeiden, dürfte regelmäßig sachgerecht sein, die Gesellschaft auf unbestimmte Zeitdauer zu schließen. Der Vertrag sollte sich zudem dazu äußern, ob die Gesellschaft durch Tod, Trennung, Eheschließung und Scheidung aufgelöst wird, etwa wie im Folgenden

▼

Muster 4.7: Dauer der Gesellschaft

Die Gesellschaft wird auf unbestimmte Dauer eingegangen. Sie wird durch Tod eines oder beider Gesellschafter, Trennung, Eheschließung oder Scheidung der Gründungsgesellschafter nicht aufgelöst.

Die Kündigung der Gesellschaft kann nur mit einer Frist von   Monaten zum Ende eines Monats erfolgen.

▲

V. Zweck der Gesellschaft

39 Sofern ein Gesellschaftszweck angegeben wird – was wegen § 729 Abs. 2 BGB idF durch das MoPeG[57] (bis 1.1.2024 § 726 BGB) sinnvoll ist –, ist klarzustellen, ob dieser allgemein im Erwerb und Halten von Grundbesitz bestehen soll oder ob er auf das Halten des zu erwerbenden bzw. schon erworbenen Grundstücks beschränkt sein soll. Die Führung der nichtehelichen Lebensgemeinschaft kann dagegen nicht als Gesellschaftszweck definiert werden.[58] Auch das gemeinsame Wohnen und Wirtschaften ist kein tauglicher Gesellschaftszweck.[59]

40 Halten die Partner bereits Immobilienvermögen in Gesellschaft bürgerlichen Rechts, so kann die Angabe, dass der hinzuerworbene Grundbesitz in einer neuen Gesellschaft bürgerlichen Rechts erworben wird, in steuerlicher Hinsicht vorzugswürdig sein gegenüber dem Erwerb in der „alten" Gesellschaft. Dies gilt insbesondere dann, wenn mit der Verwendung der neuen Gesellschaft eine Infektion durch die gewerbliche Tätigkeit einer Schwestergesellschaft und damit eine Ertragsteuerverstrickung stiller Reserven (§ 15 Abs. 3 Nr. 1 EStG) vermieden werden kann.[60]

57 Gesetz zur Modernisierung des Personengesellschaftsrechts (Personengesellschaftsrechtsmodernisierungsgesetz – MoPeG) v. 10.8.2021, BGBl 2021 I, 3436.

58 Vgl. OLG Bremen v. 4.1.2013, 4 W 5/12, NJW-RR 2013, 197.

59 *Schulz*, FamRZ 2007, 593, 594; *Sandweg*, BWNotZ 1990, 49, 53 (zwingende Unverbindlichkeit von Vereinbarungen im höchstpersönlichen Bereich); OLG Frankfurt am Main v. 23.10.1981, 17 W 29/81, FamRZ 1982, 265 m. Anm. *Bosch*.

60 Vgl. *Rupp*, EStB 2006, 461.

Im wohl äußerst seltenen Fall, dass die Partner sukzessive in GbR ideelle Miteigentumsanteile an ein und demselben Grundstück erwerben, kann allerdings der Erwerb in der „alten Gesellschaft" aus grunderwerbsteuerlichen Gründen dann vorteilhaft sein, wenn im Trennungsfall quotale Realteilung bzw. Aufteilung des gesamten von der Gesellschaft gehaltenen Grundbesitzes in Wohnungs- oder Teileigentum geplant ist. Die *flächenmäßige* Teilung eines Grundstücks, unter die auch die Aufteilung in Wohnungs- oder Teileigentum nach § 3 oder § 8 WEG fällt, ist bei Erwerb der Teilflächen bzw. Wohnungs- oder Teileigentumsanteile durch die Gesellschafter entsprechend ihrer Auseinandersetzungsquote vollumfänglich von der Grunderwerbsteuer befreit (§ 7 GrEStG).[61] 41

Dieser grunderwerbsteuerliche Vorteil des Erwerbs in der „alten Gesellschaft" besteht dagegen nicht, wenn die Partner beispielsweise bei gleich hoher vermögensmäßiger Beteiligung zwei gleichwertige Grundstücke in (einer einheitlichen) Gesellschaft bürgerlichen Rechts erworben haben und im Zuge der trennungsbedingten Auseinandersetzung je ein Grundstück auf jeden Partner übertragen wird. Die (nach § 1 Abs. 1 Nr. 1 GrEStG steuerbaren) Übertragungen sind nicht vollumfänglich nach § 6 Abs. 2 S. 1 GrEStG von der Grunderwerbsteuer befreit. Befreit ist vielmehr nur der Erwerb in Höhe des vermögensmäßigen Anteils, den der jeweilige Erwerber bereits am einzelnen Grundstück hielt, d.h. jeweils bei gleich hohen Beteiligungsquoten der Partner zur Hälfte, weil insoweit für Zwecke der Grunderwerbsteuer auf das einzelne Grundstück und nicht auf den sonstigen Vermögensbestand der grundbesitzhaltenden Personengesellschaft abzustellen ist.[62] Es macht insoweit keinen Unterschied, ob beide Grundstücke in einer oder zwei Gesellschaften gehalten worden sind. 42

VI. Auseinandersetzung, Erwerbsrechte

Es sollte geregelt werden, ob bei Scheitern der Lebensgemeinschaft die Gesellschaft durch Versilberung des Gesellschaftsvermögens auseinandergesetzt wird oder ob ein Lebensgefährte das Recht oder die Pflicht hat, den Gesellschaftsanteil des anderen zu erwerben, ohne dass Versilberung erfolgen muss.[63] Nicht selten wird im Hinblick auf den Trennungsfall ein Vorkaufs- oder Erwerbsrecht gewünscht. Im Fall des Erwerbsrechts erscheint eine Verkehrswertklausel interessengerecht, die im Streitfall eine Bewertung durch einen Sachverständigen vorsieht.[64] 43

61 BFH v. 22.6.2012, II B 45/11, BeckRS 2012, 96071; v. 22.6.2012, II B 48/11, BeckRS 2012, 96279; v. 12.10.1988, II R 6/86, BStBl II 1989, 54.

62 Boruttau/*Viskorf*, § 6 Rn 6 m.w.N.

63 Vgl. dazu BGH v. 25.2.1991, II ZR 46/90, DStR 1991, 655 m. Anm. *Goette*.

64 Vgl. *N. Mayer*, ZEV 2003, 453, 454.

VII. Vererblichstellung, Anwachsungsklausel

44 Soll die Gesellschaft nicht durch den Tod eines Lebensgefährten aufgelöst werden (§ 727 BGB in der bis 31.12.2023 geltenden Fassung) bzw. soll die durch das MoPeG[65] ab 1.1.2024 eingeführte dispositive Ausscheidensfolge (§ 723 Abs. 1 Nr. 1 BGB idF des MoPeG) vermieden werden, müssen die Gesellschaftsanteile durch ausdrückliche Regelung im Gesellschaftsvertrag vererblich gestellt werden.

▼

Muster 4.8: Vererblichstellung

Die Gesellschaftsanteile sind vererblich.

▲

45 Wie allgemein bei Personengesellschaften, kann eine Fortsetzungsklausel, eine Nachfolgeklausel oder ein Eintrittsrecht gewählt werden. Eine Fortsetzungsklausel – bzw. wegen der Zweigliedrigkeit besser Anwachsungsklausel – unter Ausschluss der Abfindung („Bei Tod eines Gesellschafters wird die Gesellschaft unter Ausschluss der Abfindung unter den verbleibenden Gesellschaftern fortgesetzt" bzw. – bei zweigliedriger Gesellschaft besser „Bei Tod eines Gesellschafters wächst das Gesellschaftsvermögen dem verbliebenen Gesellschafter unter Ausschluss einer Abfindung der Erben an") wird von der h.M. nicht als unentgeltliche Vereinbarung eingestuft, wenn sie alle Gesellschafter gleichermaßen betrifft.[66]

▼

Muster 4.9: Anwachsung ohne Abfindung

Bei Tod eines Gesellschafters wird die Gesellschaft unter Ausschluss der Abfindung unter den verbleibenden Gesellschaftern fortgesetzt. Verbleibt nur ein Gesellschafter, so wächst das Gesellschaftsvermögen diesem verbliebenen Gesellschafter unter Ausschluss einer Abfindung der Erben an.

▲

46 Diese Qualifikation hat zur Folge, dass die Vereinbarung nicht wegen § 2301 BGB i.V.m. § 2276 BGB der notariellen Beurkundung bedarf.[67] Der Gesellschaftsanteil des verstorbenen Partners fließt nach dieser Auffassung nicht in die Bemessungsgrundlage etwaiger Pflichtteilsergänzungsansprüche (§ 2325 BGB) ein. Die h.M. begründet den Entgeltcharakter mit der aleatorischen Natur der Vereinbarung sowie damit, dass sich die Gesellschafter typischerweise im Interessengegensatz befinden und im Inte-

65 Gesetz zur Modernisierung des Personengesellschaftsrechts (Personengesellschaftsrechtsmodernisierungsgesetz – MoPeG) v. 10.8.2021, BGBl 2021 I, 3436.

66 Vgl. BGH v. 22.11.1956, II ZR 222/55, BGHZ 22, 186, 194; BGH v. 20.12.1965, II ZR 145/64, DNotZ 1966, 620; BGH v. 14.5.1986, IVa ZR 155/84, BGHZ 98, 48, 56; *obiter* bestätigt in BGH v. 2.6.1997, II ZR 81/96, BGHZ 135, 387, 390; MüKo-BGB/*Koch*, § 516 Rn 99; *Schlögel*, MittBayNot 2009, 100, 103 f.

67 *Boujong*, in Festschrift für Ulmer zum 70. Geburtstag (2003), 41, 43 f.; *Winkler*, ZEV 2005, 89, 93.

resse des Fortbestandes der Gesellschaft handeln. Das Gesellschaftsrecht gehe insoweit dem Erbrecht vor.[68] Allerdings ist zu beachten, dass die vorgenannte Auffassung zu unternehmerisch tätigen Gesellschaften entwickelt worden ist. Ob der BGH in Fällen wie dem vorliegenden, in dem eine Immobilie zu privaten eigenen Wohnzwecken erworben wird, in gleicher Weise entscheiden würde, war schon seit jeher nicht sicher.[69] Im Fall einer vermögensverwaltenden (Ehegatten-) GbR hat der BGH im Jahr 2020 entschieden, dass diese Gestaltung (für den Fall des Todes eines Gesellschafters vereinbarte Anwachsung seines Gesellschaftsanteils beim überlebenden Gesellschafter unter Ausschluss eines Abfindungsanspruchs) eine Schenkung i.S.d. § 2325 Abs. 1 BGB sein kann.[70] Dort ging es um jeweils eine Wohnung, die selbstgenutzt bzw. zu nicht marktgerechtem Mietzins an einen Angehörigen vermietet war.[71] Diese gehörte einer GbR aus in zweiter Ehe Verheirateten. Die Eheleute vereinbarten für den Fall des Todes eines von ihnen, dass sein Gesellschaftsanteil beim Überlebenden ohne Abfindung anwächst. Der Ehemann verstarb und hinterließ ein Testament zugunsten seiner Witwe – sowie ein Kind aus erster Ehe, das seinen (Ergänzungs-) Pflichtteil forderte. Der BGH gab ihm Recht. Die Witwe sei beschenkt. Sie habe hierfür keine Gegenleistung in Form von Arbeitsleistungen oder der Übernahme eines Haftungsrisikos erbringen müssen.[72] Die Eheleute hätten die Gestaltung nicht getroffen, um unter Übernahme des Risikos eines abfindungsfreien Verlusts der eigenen Gesellschaftsanteile als Gegenleistung eine Chance auf den Erwerb der Anteile ihres Mitgesellschafters zu erwerben.[73] Vielmehr hätte der Ehemann (und spätere Erblasser) es gerade gewollt und nicht als Risiko empfunden, dass seine Ehefrau seinen Anteil im Todesfall abfindungsfrei erwirbt. Ein Risiko, dass ein fremder Dritter ihm in die GbR abfindungsfrei folgte, bestand nicht.[74]

Schon vor diesem BGH-Urteil aus 2020 wollten Teile der Literatur keinen wesentlichen **47**
Unterschied zu einem Erbvertrag mit gegenseitiger Erbeinsetzung zu erkennen. Sie hielten und halten Klauseln der genannten Art für unentgeltliche Geschäfte. § 2301 BGB finde Anwendung. Die Vereinbarung bedürfe als Erbvertrag notarieller Beurkundung (§ 2276 BGB). Der ausgeschlossene Abfindungsanspruch sei pflichtteilsrelevant.[75] Im genannten Urteil aus 2020 hat sich der BGH auch zur Formfrage geäußert.[76] Er hält die Vereinbarung für formwirksam. Die Schenkung war bereits durch Abschluss

68 Staudinger/*Chiusi*, BGB, § 516 Rn 177.
69 Ebenso *Schlögel*, MittBayNot 2009, 100, 104.
70 BGH v. 3.6.2020, IV ZR 16/19, ZEV 2020, 420 m. Anm. *Hölscher* = BeckRS 2020, 12564.
71 BGH v. 3.6.2020, IV ZR 16/19, ZEV 2020, 420 m. Anm. *Hölscher* = BeckRS 2020, 12564 Rn 21.
72 BGH v. 3.6.2020, IV ZR 16/19, ZEV 2020, 420 m. Anm. *Hölscher* = BeckRS 2020, 12564 Rn 22.
73 BGH v. 3.6.2020, IV ZR 16/19, ZEV 2020, 420 m. Anm. *Hölscher* = BeckRS 2020, 12564 Rn 23 ff.
74 BGH v. 3.6.2020, IV ZR 16/19, ZEV 2020, 420 m. Anm. *Hölscher* = BeckRS 2020, 12564 Rn 25.
75 Vgl. Staudinger/*Habermeier*, BGB, § 727 Rn 22.
76 Vgl. BGH v. 3.6.2020, IV ZR 16/19, ZEV 2020, 420 m. Anm. *Hölscher* = BeckRS 2020, 12564 Rn 27.

der gesellschaftsrechtlichen Vereinbarung i.S.d. § 2301 Abs. 2 BGB vollzogen und der Formmangel nach § 518 Abs. 2 BGB geheilt.[77]

48 Es empfiehlt sich mit Rücksicht auf die charakteristische Instabilität nichtehelicher Lebensgemeinschaften, derartige Klauseln mit einem jederzeitigen Rücktrittsrecht ohne Begründungserfordernis zu versehen. Hält man sie für beurkundungspflichtig, so sollte man auch das Rücktrittsrecht an die notarielle Beurkundungsform knüpfen und Zugang der Rücktrittserklärung in Ausfertigung verlangen.[78]

49 Das Erbschaftsteuerrecht folgt der zivilrechtlichen Qualifikation der Anwachsungsklausel unter Ausschluss der Abfindung als entgeltlichen Rechtsvorgang nicht. In erbschaft- und schenkungsteuerlicher Hinsicht gilt diese Vereinbarung nach der Rechtsprechung des BFH vielmehr beim Tod eines Gesellschafters als Schenkung auf den Todesfall und damit als Erwerb von Todes wegen (§ 3 Abs. 1 Nr. 2 S. 2 ErbStG). Diesem Erwerbstatbestand ist ein subjektives Merkmal des Bewusstseins der Unentgeltlichkeit fremd.[79] Die von Todes wegen erfolgende Anwachsung (§ 1 Abs. 1 Nr. 3 S. 1 GrEStG) ist nach § 3 Nr. 2 GrEStG von der Grunderwerbsteuer befreit.

50 Eine in der Literatur vertretene Auffassung schlägt als erbschaftsteueroptimierte Gestaltungsalternative vor, dass die Lebensgefährten die Immobilie in Bruchteilseigentum erwerben; jeder Partner wendet dem anderen seinen Miteigentumsanteil durch Rechtsgeschäft unter Lebenden zu, welches schuldrechtlich aufschiebend befristet auf den Tod und unter doppelter aufschiebender Bedingung abgeschlossen wird, dass die nichteheliche Lebensgemeinschaft der Beteiligten beim Tod noch fortbesteht und dass der andere Partner überlebt.[80] Dieses Rechtsgeschäft sei sowohl zivilrechtlich[81] als auch erbschaftsteuerlich[82] als gegenseitiger entgeltlicher Vertrag unter Lebenden zu qualifizieren. Soweit ersichtlich, ist höchstrichterliche Rechtsprechung zu dieser Thematik noch nicht ergangen. Das OLG Düsseldorf hat derartige Gestaltungen in zivilrechtlicher

77 BGH v. 3.6.2020, IV ZR 16/19, ZEV 2020, 420 m. Anm. *Hölscher* = BeckRS 2020, 12564 Rn 27. Ein Geschäft unter Lebenden ist vollzogen, wenn der Erblasser zu Lebzeiten alles getan hat, was von seiner Seite zum Rechtserfolg erforderlich ist.

78 § 2296 Abs. 2 BGB, dessen Anwendbarkeit jedoch von der h.M. verneint wird.

79 BFH v. 1.7.1992, II R 20/90, BStBl 1992 II, 912; BFH v. 1.7.1992, II R 12/90, BStBl 1992 II, 925, 927 (für § 7 Abs. 7 ErbStG); Troll/Gebel/Jülicher/*Gebel*, ErbStG, § 3 Rn 270.

80 *Egerland*, NotBZ 2002, 233.

81 Es handele sich zivilrechtlich um einen dem Abfindungsausschluss vergleichbaren Fall. Für eine Anwendung des § 2301 BGB sei daher kein Raum. Vgl. *Baumann*, RNotZ 1999, 299 f.; *Wegmann*, ZEV 1998, 135, 136; *Egerland*, NotBZ 2002, 233. Vgl. auch *obiter* LG Konstanz v. 30.8.2016, 4 O 453/15, ZEV 2016, 705 = ZErb 2017 für den Fall, dass sich die Lebensgefährten entweder durch „synallagmatische Verknüpfung" oder unwiderrufliche Bezugsberechtigung wechselseitig durch Risikolebensversicherungen absichern. A.A. OLG Düsseldorf v. 15.5.2020, I-3 Wx 64/20, RNotZ 2020, 382 Tz. 19 zu gegenseitigen Schenkungsversprechen über Immobilien-Miteigentumsanteile unter Überlebensbedingung und Rücktrittsvorbehalt.

82 *Egerland*, NotBZ 2002, 233.

Hinsicht als Schenkungsversprechen i.S.d. § 2301 Abs. 1 BGB qualifiziert und eine Einstufung als entgeltlichen Vorgang abgelehnt.[83] M.E. ist die Entgeltlichkeit auch in erbschaftsteuerlicher Hinsicht zweifelhaft.[84] Die Annahme einer Schenkung auf den Todesfall (§ 3 Abs. 1 Nr. 2 S. 1 ErbStG) ist nicht ausgeschlossen.[85] Dafür, dass die gegenseitige Zuwendung von Miteigentumsanteilen unter Überlebensbedingung ein unentgeltlicher Vorgang ist, spricht m.E. ein Vergleich mit der erbschaft- und schenkungsteuerlichen Behandlung der Auszahlung einer Lebensversicherung an einen von mehreren Versicherungsnehmern.[86] Schließen Ehegatten als Versicherungsnehmer gemeinsam eine Kapitallebensversicherung ab, besteht zwischen ihnen im Hinblick auf ihre Ansprüche aus der Versicherung eine Gemeinschaft i.S.d. §§ 741 ff. BGB und sie haften der Versicherung gegenüber auf die Zahlung der Versicherungsprämien als Gesamtschuldner (§ 427 BGB). Im Innenverhältnis der Ehegatten ist im Zweifel von einer hälftigen Prämienzahlungspflicht auszugehen.[87] Fällt die Versicherungsleistung im Erlebensfall oder im Todesfall ausschließlich einem Ehegatten zu, so geht die Finanzverwaltung in Höhe der hälftigen, auf die Prämienzahlungen des anderen Ehegatten zurückgehenden Versicherungsleistung von einer schenkungsteuerbaren freigebigen Zuwendung i.S.d § 7 Abs. 1 Nr. 1 ErbStG (Erlebensfall) bzw. von einem Erwerb von Todes wegen i.S.d. § 3 Abs. 1 Nr. 4 ErbStG (Todesfall) aus.[88] Die Finanzverwaltung wendet die vorstehenden Grundsätze ausdrücklich auch auf die Fälle aleatorischer Bezugsberechtigung an, in denen die Versicherungssumme zur Gänze demjenigen Ehegatten auszuzahlen ist, der den anderen überlebt.[89] M.a.W.: Der Wagnischarakter derartiger Lebensversicherungsverträge hindert nicht die Annahme einer freigebigen Zuwendung, durch die der Empfänger auf Kosten des Zuwendenden bereichert wird. Die Finanzverwaltung stellt somit auf die objektive Lage im Todeszeitpunkt des erstverster-

83 OLG Düsseldorf v. 15.5.2020, I-3 Wx 64/20, RNotZ 2020, 382 Tz. 19; vgl. dazu *Stein*, DNotZ 2023, 247, 249; sowie Anm. *Bochmann/Leclerc*, EWiR 2021, 402. Das Gericht lehnt eine Sicherung der Übertragungsansprüche durch Vormerkung ab. Eine solche sei nicht eintragungsfähig.

84 Dies gilt unabhängig davon, ob man der Einschätzung als unentgeltliches Rechtsgeschäft im zivilrechtlichen Sinne folgt. In erbschaftsteuerlicher Hinsicht wird die Schenkung auf den Todesfall nach der Rspr des BFH und der Finanzverwaltung selbstständig und unabhängig von der zivilrechtlichen Einordnung definiert; vgl. BFH v. 5.12.1990, II R 109/86, BStBl 1991 II, 181. Zum Auseinanderfallen von zivilrechtlichem und erbschaftsteuerlichem Schenkungsbegriff vgl. auch in Troll/Gebel/Jülicher/*Gebel*, ErbStG, § 7 Rn 2.

85 Vgl. BFH v. 5.12.1990, II R 109/86, BStBl 1991 II, 181. Anders noch BFH v. 22.2.1961, II 278/58 S, BStBl 1961 III, 234; RFH v. 19.6.1935, III e A 73/33, RFHE 38, 81, 87.

86 Siehe dazu Abschn. R E 3.6 ErbStR.

87 Abschn. R E 3.6 Abs. 2 S. 9, Abs. 3 ErbStR.

88 Abschn. R E 3.6 Abs. 2 S. 7 ErbStR.

89 Abschn. R E 3.6 Abs. 2 S. 6 ErbStR: „Erfolgt die Leistung ausschließlich an einen (überlebenden) Versicherungsnehmer, erhält dieser die Leistung nur anteilig – entsprechend seinem Anteil an der Gemeinschaft – in seiner Eigenschaft als Versicherungsnehmer und insoweit nicht als unter das ErbStG fallenden Erwerb."

benden Ehegatten ab.[90] Gerade auf diese kommt es aber nach Auffassung der Finanzverwaltung auch im Kontext des Grundtatbestandes der Schenkung auf den Todesfall gemäß § 3 Abs. 1 Nr. 2 S. 1 ErbStG an.

51 Hinzu kommt, dass fraglich ist, ob die gegenläufige Übertragungspflicht schenkungsteuerlich als Gegenleistung berücksichtigt werden kann. Das Modell der gegenseitigen Zuwendung von Miteigentumsanteilen auf den Tod unter Überlebensbedingung zeichnet sich dadurch aus, dass im Ergebnis nur ein Partner, nämlich der Erstversterbende seine Übertragungspflicht erfüllt. Im Todeszeitpunkt des erstversterbenden Partners, in dem die Erbschaftsteuer entsteht (§ 9 Abs. 1 Nr. 1 ErbStG),[91] erlischt die Übertragungspflicht des überlebenden Partners. Es steht nun fest, dass ihn der andere Partner nicht mehr überleben kann.[92] Nach § 4 BewG werden jedoch Wirtschaftsgüter, deren Erwerb vom Eintritt einer aufschiebenden Bedingung abhängt, erst berücksichtigt, wenn die Bedingung eingetreten ist. Zwar ist § 4 BewG eine Bewertungsvorschrift, die erbschaftsteuersystematisch erst dann zur Anwendung kommt, wenn feststeht, dass eine steuerpflichtige freigebige Zuwendung vorliegt.[93] Der BFH entnimmt dieser Vorschrift jedoch einen allgemeinen steuerrechtlichen Grundsatz, der schon bei der Ermittlung der objektiven Bereicherung im Rahmen des § 7 ErbStG zu beachten ist.[94]

VIII. Übertragung des Gesellschaftsanteils auf den Partner

52 Der Gesellschaftsvertrag kann vorsehen, dass ein Partner seinen Gesellschaftsanteil bei Trennung auf den anderen übertragen muss. Eine Übertragung auf den einzigen verbleibenden Mitgesellschafter ist zulässig. Mit Wirksamkeit der Abtretung wächst das Gesellschaftsvermögen dem verbliebenen Gesellschafter an. Die Gesellschaft wird liquidationslos beendet, ohne dass ein Auflösungsbeschluss getroffen werden müsste. Die Anwachsung erfolgt im Wege der Gesamtrechtsnachfolge kraft Gesetzes gemäß (ab

90 Ebenso der Gesetzgeber anlässlich der Einführung des § 3 Abs. 1 Nr. 2 S. 2 ErbStG, BT-Drucks VI 3418 S. 62 (zu § 3 ErbStG). § 3 Abs. 1 Nr. 2 S. 2 ErbStG ist ein spätes Nichtanwendungsgesetz zum BFH-Urt. v. 15.5.1953, III 65/51 S, BStBl 1953 III, 199. Dort hat der BFH eine allseitige Anwachsungsklausel unter Abfindungsverzicht im Gesellschaftsvertrag einer Personengesellschaft als entgeltlich qualifiziert. Mit der Übernahme eines Wagnisses sei die Annahme eines Willens zur Unentgeltlichkeit unvereinbar. Ebenso schon RFH v. 8.10.1928, V eA 339/27, RFHE 24, 142, 144 f.; v. 17.11.1938, III e 47/38, RStBl. 1939, 495. A.A. RFH v. 19.6.1935, III e A 73/33, RFHE 38, 81.

91 Troll/Gebel/Jülicher/*Gebel*, ErbStG, § 9 Rn 7.

92 Vgl. auch aus zivilrechtlicher Sicht OLG Düsseldorf v. 15.5.2020, I-3 Wx 64/20, RNotZ 2020, 382 Tz. 19.

93 Troll/Gebel/Jülicher/*Jülicher*, ErbStG, § 12 Rn 25.

94 BFH v. 17.10.2007, II R 53/05, DStR 2008, 348, 349; krit. zu dieser Entsch. *Geck*, DNotZ 2008, 347, 354 ff. Dieses Argument findet sich noch nicht in den BFH-Urteilen v. 25.1.2001, II R 22/92, BStBl 2001 II, 456, BFH v. 24.8.2005, II R 28/02, DStR 2006, 252 = ZEV 2006, 41 m. Anm. *Münch* und BFH v. 28.6.2007, II R 12/06, DStRE 2007, 1516 = ZEV 2007, 500 m. Anm. *Münch*.

1.1.2024) § 712a BGB idF durch das MoPeG[95] (vorher analog § 738 BGB), ohne dass eine Verfügung über die einzelnen Vermögensgegenstände stattfindet. Zum Gesellschaftsvermögen gehörender Grundbesitz muss nicht aufgelassen werden. Die Abtretung bedarf nicht notarieller Beurkundung. Es empfiehlt sich jedoch dringend notarielle Beglaubigung der Unterschriften über den Abtretungsvertrag, weil der Erwerber im Wege der Grundbuchberichtigung in das Grundbuch einzutragen ist. Die „Ein-Mann-Personengesellschaft" besteht nach teilweise vertretener Ansicht mit unterschiedlichen Anteilen fort, wenn nur ein Anteil belastet ist – beispielsweise mit einem Nießbrauch oder Pfandrecht – oder der Testamentsvollstreckung unterliegt.[96]

G. Mitfinanzierung der Immobilie des Partners

Im vorangegangenen Abschnitt ging es darum, dass eine Immobilie auf den Namen beider 53
Partner erworben wird. Gestaltungsbedarf besteht jedoch auch, wenn ein Partner die Immobilie nur deshalb allein erwirbt, weil der andere Partner den Zugriff seiner Kinder aus (geschiedener) Vorehe verhindern möchte, sich jedoch bei der Finanzierung mit engagiert, beispielsweise, indem er das Kaufdarlehen mit unterschreibt und sich ggf. der sofortigen persönlichen Zwangsvollstreckung unterwirft. Dieser Partner, der nur Pflichten übernimmt, jedoch keine dingliche Beteiligung erwirbt, hat ein gesteigertes Sicherungsbedürfnis. Er sollte ein dinglich abzusicherndes Mitbenutzungsrecht (§ 1090 BGB) an der von dem Partner erworbenen Immobilie und eine Absicherung für alle überobligationsmäßigen finanziellen Beiträge erhalten. Die Darlehensansprüche sind durch ggf. nachrangige Sicherungshypothek abzusichern. Hiergegen lässt sich nicht einwenden, dass er die Immobilie auch ggf. unentgeltlich nutzt und er daher Miete spart. Denn der andere Lebensgefährte nutzt die Immobilie ebenfalls unentgeltlich, erwirbt jedoch im Laufe der Zeit auch wirtschaftlich durch Tilgung des Darlehens – die auch mit Mitteln des anderen Lebensgefährten erfolgt – das Eigentum (Alleineigentum) an der Immobilie.

▼ 54

Muster 4.10: Darlehen, Hypothek, Mitbenutzungsrecht

UVZ-Nr. /20 4.10

Darlehensvertrag, Sicherungshypothek, Mitbenutzungsrecht

Verhandelt zu am

95 Gesetz zur Modernisierung des Personengesellschaftsrechts (Personengesellschaftsrechtsmodernisierungsgesetz – MoPeG) v. 10.8.2021, BGBl 2021 I, 3436.

96 *Kanzleiter*, in: Freundesgabe für Willi Weichler (1997), 39; *ders.*, DNotZ 1999, 443 m.w.N.; LG Hamburg v. 13.6.2005, 321 T 30/04, RPfleger 2005, 663; BGH v. 14.5.1986, IVa ZR 155/84, BGHZ 98, 48, 57 f.; a.A. OLG Düsseldorf v. 14.9.1998, 3 Wx 209/98, DNotZ 1999, 440.

Vor mir, Notar erschienen

§ 1 Vorbemerkung, Grundbuchstand

1. Die Erschienene zu 2. wird aufgrund des Kaufvertrages vom 1. April dieses Jahres des Notars in – UVZ-Nr. 455 – Eigentümerin des im Grundbuch von des Amtsgerichts eingetragenen Grundbesitzes Blatt 1234

   Gemarkung Flur 1

   Flurstück 234, Gebäude- und Freifläche, 1, groß 523 m^2,

2. Dieser Grundbesitz wird aufgrund der Grundschuldbestellung vom 1. April dieses Jahres des Notars in – UVZ-Nr. 456 – mit einer Grundschuld in Höhe von 125.000 EUR – zugunsten der Stadtsparkasse belastet. Der Erschienene zu 1. hat sich in der vorgenannten Urkunde ebenfalls der persönlichen Zwangsvollstreckung unterworfen.

§ 2 Darlehensabrede und Zwangsvollstreckungsunterwerfung

1. Die Erschienenen zu 1. und 2. sind sich einig darüber, dass der zur Finanzierung aufgenommene Darlehensbetrag in Höhe von 125.000 EUR von ihnen beiden zu gleichen Teilen abgetragen wird (Zins- und Tilgungsdienst). Da der Erschienene zu 1. nicht dinglich beteiligt ist, gewährt er auch im Innenverhältnis zu der Erschienenen zu 2. dieser seine Finanzierungsbeiträge nur als Darlehen.

2. Der Darlehensbetrag in Höhe von 62.500 EUR ist bis zu einer etwaigen Beendigung der zwischen den Beteiligten bestehenden, nichtehelichen Lebensgemeinschaft – sei es durch Tod oder sei es durch Trennung – nicht jedoch im Heiratsfalle – zins- und tilgungsfrei. Der vorgenannte Betrag ist abzusichern durch Bestellung einer nachrangigen Sicherungshypothek auf dem vorgenannten Kaufobjekt.

3. Wegen der Zahlung des vorgenannten, schon jetzt bestimmten Darlehensbetrages von 62.500 EUR unterwirft sich hiermit der Darlehensnehmer der sofortigen Zwangsvollstreckung aus dieser Urkunde in sein gesamtes Vermögen. Dem Darlehensgeber kann jederzeit vollstreckbare Ausfertigung erteilt werden, ohne dass es eines besonderen Nachweises bedarf.

4. Die Abtretung der Darlehensforderungen bedarf der Zustimmung des jeweiligen Eigentümers des nachstehend belasteten Grundbesitzes.

§ 3 Sicherungshypothek

1. Zur Sicherung aller Ansprüche des Darlehensgebers aus den vorgenannten Darlehen bewilligt der Darlehensnehmer und beantragen die Beteiligten die Eintragung einer Sicherungshypothek mit den Zahlungsbestimmungen gemäß § 2 dieser Urkunde zum Höchstbetrag von

   EUR 62.500 (in Worten: EUR zweiundsechzigtausendfünfhundert)

   und dem Vermerk der Abtretungsbeschränkung gemäß § 2 Absatz 5 dieser Urkunde zu Lasten des vorgenannten Grundbesitzes in das Grundbuch. Die Eintragung soll im Rang nach der am 1. April dieses Jahres durch den Notar in – UVZ-Nr. 456 – beurkundeten Grundschuld in Höhe von 125.000 EUR zugunsten der Stadtsparkasse, im Übrigen an rangbereiter Stelle erfolgen.

2. Der Notar ist berechtigt, Anträge aus dieser Urkunde getrennt und eingeschränkt zu stellen und sie wieder zurückzunehmen.

§ 4 Mitbenutzungsrecht

1. Des Weiteren erlaubt die Erschienene zu 2. dem Erschienenen zu 1. auf dessen Lebenszeit die Mitbenutzung der erworbenen Immobilie. Dieses Recht ist dinglich abzusichern durch eine beschränkt persönliche Dienstbarkeit auf dem vorgenannten Kaufobjekt.

   Schuldrechtlich ist vereinbart, dass das vorstehende Recht unentgeltlich ist. Der Berechtigte hat jedoch die verbrauchsabhängigen Kosten, also insbesondere die Kosten für Strom, Heizung, Gas und Wasser sowie für anfallende Schönheitsreparaturen zu gleichen Anteilen wie die Grundstückseigentümerin zu tragen.

2. Das Mitbenutzungsrecht erlischt nicht durch den Tod der Erschienenen zu 2. oder durch Trennung. Allerdings ist die Erschienene zu 2. berechtigt, das Mitbenutzungsverhältnis mit einer dreimonatigen Kündigungsfrist zu kündigen, und der Erschienene zu 1. ist in diesem Falle zur Abgabe der Löschungsbewilligung für das Mitbenutzungsrecht verpflichtet, wenn dieser seiner Pflicht zur hälftigen Mittragung der Zins- und Tilgungslasten über einen Zeitraum von mindestens drei Monaten nicht nachkommt. In diesem Fall ist die Erschienene zu 2. verpflichtet, ihm Zug um Zug gegen Erteilung der Löschungsbewilligung alle bisher geleisteten Tilgungs-, jedoch nicht Zinsbeiträge zurückzuerstatten.

3. Die Beteiligten bewilligen und beantragen die Eintragung einer beschränkt persönlichen Dienstbarkeit (Mitbenutzungsrecht) zugunsten des Erschienenen zu 1. zu Lasten des vorgenannten Kaufobjektes.

(Durchführungsvollmacht, Belehrungen, Schlussbestimmungen)

▲

55 ▼

Muster 4.11: Darlehen, Hypothek – Formulierungsbeispiel ohne Mitbenutzungsrecht (beurkundungspflichtig):

UVZ-Nr. /20

Darlehensvertrag und Sicherungshypothek mit Unterwerfung unter die sofortige dingliche und persönliche Zwangsvollstreckung

Verhandelt zu am

Vor mir, Notar erschienen

Die Erschienenen erklärten:

A. Vorbemerkung

Mit Kaufvertrag vom hat Frau Y den derzeit im Grundbuch des Amtsgerichts Blatt 1592, lfd. Nr. 1 des Bestandsverzeichnisses verzeichneten 57/1000 Miteigentumsanteil an dem Grundbesitz Gemarkung Flur 14 Flurstück 753, Gebäude- und Freifläche, -Straße Nr. , verbunden mit dem Sondereigentum an der Wohnung im 1. Obergeschoß rechts (nachstehend auch „**Vertragsgegenstand**") erworben. Die vertragsgemäße Eigentumsumschreibung auf den Schuldner ist erfolgt. Den Kaufpreis hat sie in Höhe von 20.000 EUR mithilfe eines Darlehens erbracht, das ihr Herr X gewährt hat. Der Gläubiger hat den Darlehensbetrag in Absprache mit dem Schuldner unmittelbar an den Verkäufer zur Erfüllung der Kaufpreisschuld des Schuldners gezahlt.

B. Darlehensvertrag

Die Beteiligten waren und sind sich einig, dass Herr X (nachfolgend auch „**Gläubiger**" genannt) Frau Y (nachfolgend auch „**Schuldner**" genannt) diesen Betrag nicht schenkweise zur Verfügung gestellt hat, sondern im Wege eines Darlehens zu folgenden Bedingungen:

1. Das Darlehen wird

(Alternative 1) zinslos

(Alternative 2) zu einem Jahreszinssatz von 5 %

gewährt.

2. Das Darlehen wird auf zeitlich unbestimmte Dauer gewährt.
3. Es ist beiderseitig jederzeit ordentlich mit einer Kündigungsfrist von drei Monaten kündbar.

4. Unberührt bleibt das gesetzliche Recht zur außerordentlichen Kündigung. Ein solches Recht zur außerordentlichen Kündigung steht dem Gläubiger insbesondere in folgenden Fällen zu:

   a) der Schuldner verstirbt,

   b) der Schuldner verfügt über den Vertragsgegenstand, insbesondere durch Veräußerung oder Belastung, oder verpflichtet sich dazu,

   c) über das Vermögen des Schuldners wird das Insolvenzverfahren eröffnet oder der Antrag auf Eröffnung des Insolvenzverfahrens wird mangels Masse abgewiesen,

   d) der Vertragsgegenstand ist von Zwangsvollstreckungsmaßnahmen betroffen.

C. Sicherungshypothek

Der Schuldner bewilligt und die Erschienenen beantragen, für den Gläubiger zur Befriedigung wegen seiner vorstehenden Darlehensforderung an dem Vertragsgegenstand eine nicht abtretbare Sicherungshypothek in Höhe von

EUR 20.000 (in Worten: EURO zwanzigtausend)

(Alternative 1) zinslos

(Alternative 2) nebst 5 % Jahreszinsen

einzutragen.

D. Unterwerfung unter die sofortige dingliche und persönliche Zwangsvollstreckung

1. Der Schuldner unterwirft sich dem Gläubiger gegenüber wegen des Darlehensbetrages und in Ansehung der Hypothek in Höhe von

   EUR 20.000 (in Worten: EURO zwanzigtausend)

   (nur in Alternative 2) nebst 5 % Jahreszinsen ab dem heutigen Tage

   der sofortigen Zwangsvollstreckung wegen der persönlichen Schuld in sein gesamtes Vermögen und in Ansehung der Hypothek in den Vertragsgegenstand.

2. Der Notar darf dem Gläubiger vollstreckbare Ausfertigung erteilen, wenn ihm dieser die Fälligkeit des Darlehens zur Rückzahlung in geeigneter Weise, z.B. durch Originalbeleg (z.B. Kündigungsschreiben samt Zugangsnachweis, Sterbeurkunde, Beschluss über die Eröffnung bzw. Einstellung des Insolvenzverfahrens oder der Zwangsvollstreckung) nachweist; weitere Nachweise sind dem Notar gegenüber nicht zu führen. Diese Voraussetzung für die Erteilung einer vollstreckbaren Ausfer-

tigung muss den Vollstreckungsorganen gegenüber nicht nachgewiesen werden. Unberührt bleibt die Beweislast des Gläubigers im Verfahren der Vollstreckungsgegenklage.

3. Der Schuldner bewilligt und die Erschienenen beantragen, die Unterwerfung unter die sofortige dingliche Zwangsvollstreckung in das Grundbuch einzutragen.

E. Durchführungsvollmacht, Sonstiges

(...).

▲

§ 5 Weiterbenutzung/Mitbenutzung der Wohnung

A. Allgemeines

Bewohnen die Partner eine Immobilie, die im Alleineigentum nur eines von ihnen steht, 1
wünscht der andere bisweilen, dahingehend abgesichert zu werden, dass er die Wohnung dauerhaft mitbewohnen darf. Aber auch der Partner, der die gemeinsam bewohnte Immobilie als Miteigentümer mitbesitzt, kann Interesse daran haben, diese nach dem Tod der Lebensgefährtin weiter allein, insbesondere ungestört von etwaigen Pflichtteilsberechtigten der Partnerin, benutzen zu können. Mir erscheint sinnvoll, nach der Eventualität zu unterscheiden, gegen welche der Mitbewohner abgesichert werden soll.

B. Weiterbenutzung der gemeinsamen Wohnung nach dem Tod des Partners

Soll er nach dem Tod des Allein-Eigentümers die Wohnung alleine weiter bewohnen kön- 2
nen, bietet sich ein aufschiebend auf den Tod des Eigentümers befristetes Wohnrecht an, welches schon zu Lebzeiten durch Eintragung im Grundbuch nach § 1093 BGB abgesichert wird, wenn nicht schon eine Erb- oder Vermächtniseinsetzung erfolgt.

Erwerben die Partner eine Immobilie in Bruchteilsgemeinschaft oder Gesellschaft bür- 3
gerlichen Rechts, um diese gemeinsam zu bewohnen, wünschen sie nicht selten, dass der Überlebende die Immobilie, wenn er sie schon nicht als Erbe oder Vermächtnisnehmer zu Alleineigentum erwirbt, bis an sein Lebensende bewohnen darf. Dem ist bei Erwerb in Gesellschaft bürgerlichen Rechts durch eine entsprechende gesellschaftsvertragliche Vereinbarung Rechnung zu tragen. Bei Erwerb in Bruchteilsgemeinschaft kommt die Vereinbarung einer Nutzungsregelung gemäß § 745 BGB in Betracht, die als Belastung des entsprechenden Miteigentumsanteils in das Grundbuch einzutragen ist, um sie einem Sondernachfolger entgegen halten zu können (§ 1010 Abs. 1 BGB).

Stets ist darauf zu achten, dass das Wohnrecht bzw. die Mitbenutzungsvereinbarung unter 4
der auflösenden Bedingung erfolgt, dass das Paar auch beim Tod der Eigentümerin noch ein Paar ist, d.h. die nichteheliche Lebensgemeinschaft zu diesem Zeitpunkt nicht schon durch Trennung beendet ist.

▼

Muster 5.1: Nutzungsvereinbarung nach § 1010 BGB

Herr X und Frau Y vereinbaren, dass beim Tod des Erstversterbenden der Überlebende 5.1
das Recht hat, (Alternative 1) den gesamten Grundbesitz (Alternative 2) die Räume im Erdgeschoss, auf Lebenszeit unentgeltlich zu eigenen Wohnzwecken zu nutzen. Die vorstehende Nutzungsvereinbarung wird aufschiebend befristet auf den

Tod des Erstversterbenden und aufschiebend bedingt dadurch getroffen, dass Herr X und Frau Y zu diesem Zeitpunkt noch in nichtehelicher Lebensgemeinschaft den Grundbesitz bewohnen. Für die Nutzungsvereinbarung gelten im Übrigen die Vorschriften über die Leihe (§§ 598 ff. BGB).

Die Beteiligten beantragen und bewilligen die Eintragung der aufschiebend bedingten Nutzungsvereinbarung nach § 1010 BGB in das Grundbuch bei beiden Miteigentumsanteilen.

▲

Anmerkung zum Muster.[1]

5 Steht die gemeinsam bewohnte Immobilie im Alleineigentum eines Partners, so sind Alternativgestaltungen die Bestellung eines auf den Tod des Eigentümers aufschiebend befristeten, durch das Überleben des anderen Partners und den Fortbestand der Lebensgemeinschaft bis zu diesem Zeitpunkt aufschiebend bedingten Wohnrechts oder die Einräumung eines schuldrechtlichen Anspruchs auf ein entsprechendes Wohnrecht, ggf. durch Vormerkung abgesichert. Im Hinblick auf Pflichtteilsergänzungsansprüche (§ 2325 BGB) und Ansprüche des Vertragserben (§ 2287 BGB) ist die höchstvorsorgliche Vereinbarung einer Leihe ratsam, die nach der Rechtsprechung jedenfalls gegenüber Ansprüchen aus § 2287 BGB immun sein soll (siehe § 11 Rdn 9). Die Vereinbarung eines Dauerwohn- bzw. Dauernutzungsrechts bei Wohnungs- bzw. Teileigentum (§§ 31 ff. WEG) wird wegen dessen Vererblichkeit, Veräußerlichkeit und Bedingungsfeindlichkeit (§ 33 Abs. 1 WEG) regelmäßig nicht dem Willen der Beteiligten entsprechen.[2]

6 ▼

Muster 5.2: Wohnrechtszuwendung, Leihe Formulierungsbeispiel (beurkundungspflichtig):

A. Wohnungsrecht

1. Herr X räumt der dies annehmenden Frau Y, aufschiebend befristet auf seinen Tod an dem gesamten im Grundbuch des Amtsgerichts Blatt 123 Gemarkung , Flur 12, Flurstück 3456, , verzeichneten Grundbesitz das lebenslängliche Recht ein, dieses unter Ausschluss des Eigentümers als Wohnung zu benutzen (Wohnungsrecht, § 1093 BGB). Die Einräumung des Wohnungsrechts steht unter der auflösenden Bedingung, dass Frau Y und Herr X beim Tode des Herrn X nicht mit einer übereinstimmenden Wohnung gemeldet sind. Dabei ist unerheblich, ob es sich im melderechtlichen Sinn um die Haupt- oder Nebenwohnung handelt, so dass es für die Einräumung des Wohnungsrechts genügt, dass Frau Y und Herr X beim Tode des Herrn X mit übereinstimmender Nebenwohnung gemeldet sind. Auf die tatsächlichen Verhältnisse soll es nicht

1 Vgl. *Grziwotz*, Nichteheliche Lebensgemeinschaft, § 15 Rn 101.
2 Vgl. *Grziwotz*, Nichteheliche Lebensgemeinschaft, § 15 Rn 114.

ankommen. Der (Nicht-)Eintritt der vorstehenden auflösenden Bedingung ist durch entsprechende erweiterte Melderegisterauskunft unwiderleglich geführt, aus der sich die übereinstimmende Wohnung von Frau Y und Herr X beim Tode des Herrn X ergibt.

2. Die Berechtigte ist befugt, ihre Familie sowie die zur standesmäßigen Bedienung und zur Pflege erforderlichen Personen in die Wohnung aufzunehmen. Im Übrigen kann die Ausübung des Wohnungsrechts einem Dritten nicht überlassen werden.

3. Die Beteiligten vereinbaren mit schuldrechter Wirkung:

Die Ausübung des Wohnungsrechts ist unentgeltlich.

Die Berechtigte hat die verbrauchsabhängigen Kosten für die Ausübung selbst zu tragen, insbesondere für Strom, Heizung, Gas, Wasser und anfallende Schönheitsreparaturen.

Die Berechtigte ist verpflichtet, die Wohnung im bewohnbaren Zustand zu erhalten.

4. Die Beteiligten bewilligen und beantragen die Eintragung des aufschiebend befristeten und auflösend bedingten Wohnungsrechts in das Grundbuch mit dem Vermerk, dass zur Löschung des Rechts der Nachweis des Todes der Berechtigten genügen soll.

Der Wert des Wohnungsrechts wird zum Zwecke der Kostenberechnung mit ca. EUR jährlich angegeben.

B. Leihe

Höchstvorsorglich vereinbaren die Beteiligten bereits heute eine Leihe über den in Abschnitt A Ziff. 1 bezeichneten Grundbesitz, aufschiebend befristet auf den Tod des Herrn X, auflösend bedingt dadurch, dass Frau Y und Herr X beim Tode des Herrn X nicht mit einer übereinstimmenden Wohnung im Sinne vorstehenden Abschnitts A Ziff. 1 gemeldet sind. Die Leihe ist zudem auflösend befristet durch den Tod der Frau Y (Zweckbefristung). Das gesetzliche Kündigungsrecht wird im weitestmöglichen Umfang ausgeschlossen. Die Leihe erfolgt ohne Entgelt.

C. Hinweise, Kosten

1. Der Notar hat die Beteiligten eingehend insbesondere über das gesetzliche Pflichtteils(ergänzungs)recht und über die Auswirkungen bindend gewordener wechselbezüglicher Verfügungen auf den bindend Bedachten beeinträchtigende Zuwendungen sowie über die dem Bedachten zustehenden Rechte belehrt.

2. Die Kosten dieser Urkunde trägt .

▲

C. Absicherung schon zu Lebzeiten beider Partner

7 Wie ein Urteil des BGH vom 30.4.2008[3] lehrt, besteht erheblicher Gestaltungsbedarf auch für den Fall, dass der Alleineigentümer der gemeinsam bewohnten Immobilie wegen gesundheitlichen Verfalls in ein Pflegeheim eingewiesen und unter Betreuung durch eine dritte Person gestellt wird.

8 Dem vorgenannten BGH-Urteil lag folgender Sachverhalt zu Grunde: Ein Mann und eine Frau lebten seit spätestens 1987 in nichtehelicher Lebensgemeinschaft in einer Immobilie, die im Alleineigentum der Frau stand. Er führte Renovierungsarbeiten an dem Haus durch. Die Frau erkrankte an Demenz und lebte seit Februar 2001 in einem Pflegeheim. Der Mann lebte seitdem allein in dem Haus seiner Lebensgefährtin. Er zahlte weder eine Miete noch beteiligte er sich an den laufenden Kosten der Wohnung. Für die Frau wurde eine Betreuerin mit den Aufgabenbereichen Vermögensangelegenheiten, Gesundheitsfürsorge, Wohnungsangelegenheiten und Aufenthaltsbestimmung bestellt. Außerdem wurde ein Einwilligungsvorbehalt nach § 1903 BGB angeordnet, so dass die Frau wie eine beschränkt Geschäftsfähige zu behandeln war. Die Betreuerin verlangte von dem Mann die Räumung der Immobilie sowie eine Nutzungsentschädigung ab Herausgabeverlangen. Der Mann wandte ein, seine Partnerin habe ihm ein die Mitbenutzung der Wohnung auf seine Lebenszeit formlos gestattet.

9 Der BGH gab der Klage sowohl im Hinblick auf das Räumungsbegehren als auch hinsichtlich der Nutzungsentschädigung statt.

10 Was das Räumungsbegehren betrifft, erscheint es zweifelhaft, ob es sich hierbei nicht um eine höchstpersönliche Angelegenheit der unter Betreuung stehenden Frau handelte. Höchstpersönliche Angelegenheiten sind aus der Betreuung ausgenommen, d.h. der Betreuer kann sie nicht vornehmen. Der BGH verneint vorliegend die Höchstpersönlichkeit. Der BGH argumentiert ergebnisorientiert. Die Befugnis der dementen Frau, die nichteheliche Lebensgemeinschaft aufzulösen, könne nicht höchstpersönlich sein, weil anderenfalls der Mann das Haus seiner Partnerin dauerhaft kostenfrei bewohnen kann – es ist nicht zu erwarten, dass die demente Frau von ihm Kostenbeteiligung oder Miete verlangt. Ich halte diese Auffassung nicht für zweifelsfrei. Immerhin zwingt die Betreuerin den Mann, die Wohnung, in der er mit seiner Partnerin die nichteheliche Lebensgemeinschaft geführt hat, zu räumen. Damit werden vollendete Tatsachen geschaffen. Kehrt die Frau geheilt aus dem Pflegeheim in ihre Wohnung zurück, so wird die „Zusammenführung" mit ihrem Partner erschwert. M.E. ist hier der höchstpersönliche Bereich der dementen Partnerin berührt. Jedenfalls endet die nichteheliche Lebensgemeinschaft nicht dadurch, dass die Frau

3 BGH v. 30.4.2008, XII ZR 110/06, BGHZ 176, 262 = FamRZ 2008, 1404 = NJW 2008, 2333. Hierzu kritisch *Grziwotz*, FPR 2010, 369, 372.

demenzbedingt geschäftsunfähig geworden sein mag,[4] weil die nichteheliche Lebensgemeinschaft ein tatsächlicher Vorgang ist.

Den Räumungsanspruch leitet der BGH aus § 985 BGB her: die demente Frau war Eigentümerin, ihr Partner jedenfalls Mitbesitzer. Problematischer war die nach § 986 BGB weitere Voraussetzung, dass der Lebensgefährte kein Recht zum Besitz hatte. Ein solches ergibt sich zwar, wie der BGH feststellt, nicht schon daraus, dass die Beteiligten ihre nichteheliche Lebensgemeinschaft in der streitgegenständlichen Immobilie führten. Dieses rein tatsächliche Verhältnis kann – anders als eine Ehe (§ 1353 BGB)[5] – kein Besitzrecht vermitteln. Im Raum stand jedoch die formlose Leihe der Wohnung auf Lebenszeit. Der XII. BGH zweifelt daran, ob eine derartige mündliche Abrede formwirksam ist, lässt aber offen, ob die notarielle Beurkundungsform des § 518 Abs. 1 BGB gilt.[6] Hätte der XII. Senat vorliegend die notarielle Form verlangt, wäre er von der Rechtsprechung des V.[7] und des IV.[8] Senats abgewichen und hätte die Rechtsfrage dem Großen Senat vorlegen müssen. Auf diese Rechtsfrage komme es aber, so der Senat, vorliegend nicht an, weil nicht ersichtlich ist, dass die Lebensgefährten einen Leihvertrag geschlossen haben.[9] Auch für ein schuldrechtliches Wohnrecht, das dem Partner aufschiebend befristet auf den Tod oder die Einlieferung der Frau ins Pflegeheim zugewendet ist, sieht der BGH keine Anhaltspunkte.[10] 11

Was die Zahlung eines Nutzungsentgelts anbelangt, bejaht der BGH zu Recht, dass dieser Anspruch nicht nur vom dementen Partner selbst, sondern auch von ihrem Betreuer ausgeübt werden kann. Anspruchsgrundlage ist § 987 i.V.m. § 990 Abs. 1 S. 2 BGB. Danach hat der zur Herausgabe an den Eigentümer verpflichtete Besitzer dem Eigentümer die Nutzungen herauszugeben, die er zieht, nachdem er erfahren hat, dass er kein Recht zum Besitz hat. 12

Wie kann dafür Vorsorge getroffen werden, dass dergleichen (Räumungsklage der Wohnung durch Betreuer eines Partners) nicht geschieht? Vorsorgemaßnahmen sind die Erteilung gegenseitiger General- und Vorsorgevollmacht[11] sowie die Einräumung eines Mitwohnrechts, welches im Grundbuch als beschränkt persönliche Dienstbarkeit (§ 1090 BGB) eingetragen wird. Die isolierte General- und Vorsorgevollmacht ohne (Mit-) 13

4 Ob die Frau geschäftsunfähig ist, ist zwischen den Parteien streitig.

5 Vgl. zu Eheleuten BGH v. 28.9.2016, XII ZB 487/15 BeckRS 2016, 19363: in der Trennungszeit ist der auf § 985 BGB gestützte Antrag eines Ehegatten gegen den anderen auf Herausgabe der Ehewohnung unzulässig.

6 BGH v. 30.4.2008, XII ZR 110/06, BGHZ 176, 262 = FamRZ 2008, 1404 = NJW 2008, 2333.

7 BGH v. 11.12.1981, V ZR 247/80, BGHZ 82, 354.

8 BGH v. 11.7.2007, IV ZR 218/06, ZEV 2008, 192 m. Anm. *J. Mayer*.

9 BGH v. 30.4.2008, XII ZR 110/06, BGHZ 176, 262 = FamRZ 2008, 1404 = NJW 2008, 2333, Tz. 18.

10 BGH v. 30.4.2008, XII ZR 110/06, BGHZ 176, 262 = FamRZ 2008, 1404 = NJW 2008, 2333, Tz. 20.

11 Zu den Auskunftspflichten des Bevollmächtigten gegenüber den Erben des Vollmachtgebers vgl. OLG Brandenburg v. 7.12.2011, 3 U 94/11, BeckRS 2012, 20726.

Wohnrecht schützt den kostenfrei mitwohnenden Partner allenfalls vor der Bestellung eines fremden Betreuers. Allerdings kann das Betreuungsgericht mit Rücksicht auf die vom Bevollmächtigten genutzte Wohnung der Vollmachtgeberin wegen des bestehenden Interessenkonflikts einen Überwachungsbetreuer nach § 1896 Abs. 3 BGB bestellen, der zur Aufgabe hat, die Rechte der Vollmachtgeberin gegenüber ihrem Partner wahrzunehmen. Aus verschiedenen Gründen (etwa ein Rest Misstrauen der Eigentümerin gegenüber ihrem Lebensgefährten oder zur Vermeidung von Pflichtteilsergänzungsansprüchen der Pflichtteilsberechtigten nach der Eigentümerin) kann es sich im Einzelfall anbieten, dem Partner anstelle eines dinglich abgesicherten Mitwohnrechts (§ 1090 BGB) nur die deutlich schwächere Stellung eines Entleihers (§ 598 BGB) zu gewähren (Leihe auf Lebenszeit des Entleihers) (zur Leihe siehe unten § 11 Rdn 8 ff.). Aus dem Urteil des XII. Senat des BGH vom 30.4.2008[12] sollte die Praxis bei dieser Gestaltung die Konsequenz ziehen, den Leihvertrag (§ 598 BGB), d.h. sowohl die Erklärung des Verleihers als auch die des Entleihers notariell zu beurkunden. Der BGH hat ausdrücklich dahinstehen lassen, ob ein unentgeltliches Nutzungsrecht wirksam durch mündliche Abrede getroffen werden kann oder ob notarielle Beurkundung nach §§ 518, 2301 BGB Wirksamkeitserfordernis ist.[13] Vor diesem Hintergrund erscheint es nicht ausgeschlossen, dass der XII. Senat des BGH, der für nichteheliche Lebensgemeinschaften zuständig ist, demnächst die notarielle Beurkundung ausdrücklich verlangt.

14 Mir erscheint es riskant, das lebzeitige Wohn- oder Mitbenutzungsrecht unter der aufschiebenden Bedingung zu gewähren, dass der Eigentümer in ein Pflegeheim eingeliefert wird. Hier wird gezielt zu Lasten des Sozialhilfeträgers gehandelt. Besser sollte das lebzeitige Wohn- oder Mitbenutzungsrecht ohne jede aufschiebende Bedingung bewilligt werden. Als auflösende Bedingung kommt in Betracht, dass die Partner sich trennen.

D. Räumung nach Trennung

15 Nimmt ein Partner den anderen in die in seinem Alleineigentum stehende Wohnung auf, wird der andere dadurch regelmäßig Mitbesitzer (§ 866 BGB) und nicht (nur) Besitzdiener (§ 855 BGB).[14]

16 Ein possessorischer Räumungsanspruch des Eigentümers gegen den mitbesitzenden Partner besteht nach richtiger Ansicht des OLG Hamm[15] zwar nicht. Ein Räumungsanspruch folgt mithin nicht aus § 861 Abs. 1 BGB. Der andere Partner ist mit Einverständnis des

12 BGH v. 30.4.2008, XII ZR 110/06, BGHZ 176, 262 = FamRZ 2008, 1404 = NJW 2008, 2333.

13 BGH v. 30.4.2008, XII ZR 110/06, BGHZ 176, 262 = FamRZ 2008, 1404 = NJW 2008, 2333, Tz. 20.

14 OLG Frankfurt v. 15.5.1985, 17 U 53/84, NJW-RR 1986, 470; OLG Hamm v. 29.8.1985, 5 U 238/84, NJW 1986, 728; Grüneberg/*Herrler*, § 855 Rn 7; *Schuschke*, NJW 2008, 1960, 1961.

15 OLG Hamm v. 29.8.1985, 5 U 238/84, NJW 1986, 728.

Eigentümers eingezogen. Er will mithin lediglich den ihm einmal eingeräumten Mitbesitz fortsetzen. Dies ist keine verbotene Eigenmacht i.S.d. § 858 BGB. Zudem findet zwischen Mitbesitzern in ihrem Verhältnis zueinander ein Besitzschutz nicht statt, als es sich um die Grenzen des dem einzelnen zustehenden Gebrauchs handelt (§ 866 BGB).[16]

Der Räumungsanspruch ergibt sich jedoch aus § 985 BGB. Der Eigentümer kann vom Be- **17**
sitzer die Herausgabe verlangen, es sei denn dieser hat ein Recht zum Besitz (§ 986 BGB). Ein solches Besitzrecht könnte sich allenfalls aus einem Untermietvertrag oder Leihvertrag ergeben. Die (mit Trennung ohnehin endende) nichteheliche Lebensgemeinschaft verleiht als rein tatsächliches Verhältnis – anders als eine Ehe (§ 1353 BGB) – kein Recht zum Besitz.[17] Ein Mietvertrag oder ein Leihverhältnis bedarf einer entsprechenden Vereinbarung zwischen den Beteiligten. Hierfür genügt die bloße nichteheliche Lebensgemeinschaft als rein tatsächlicher Vorgang nicht.[18] Besteht kein derartiges Recht zum Besitz, so kann der Eigentümer mithin vom anderen Partner die Herausgabe der Wohnung, d.h. Räumung, verlangen. Nach der in der Rechtsprechung[19] und der Literatur[20] überwiegend vertretenen Auffassung kann der aus der Wohnung geklagte Partner etwaige Gegenansprüche z.B. wegen Innengesellschaft (ab 1.1.2024: „nicht rechtsfähige Gesellschaft", § 705 Abs. 2 Alt. 2 BGB idF durch das MoPeG[21]), Wegfall der Geschäftsgrundlage oder Bereicherungsrecht nicht als Zurückbehaltungsrecht (§ 273 Abs. 1 BGB) und hieraus mithin kein Recht zum Besitz herleiten. Anderenfalls – so das OLG Hamm – käme „dies einer Verurteilung zur Fortführung einer nichtehelichen Lebensgemeinschaft – jedenfalls in tatsächlicher Hinsicht – gleich".[22] Diese Auffassung überzeugt nicht. Die genannten Gegenansprüche sind häufig wegen Verwendungen auf die Immobilie begründet. Sie begründen damit ein Zurückbehaltungsvorschrift nach § 1000 BGB bzw. der Spezialvorschrift des § 273 Abs. 2 BGB. Sie kennt einen Ausschluss des Zurückbehaltungsrechts nur in dem vorliegend naturgemäß nicht einschlägigen Fall, dass der zur Herausgabe Verpflichtete den Besitz durch eine vorsätzlich begangene unerlaubte Handlung erlangt hat. Die mietrechtliche Vorschrift des § 570 BGB, die dem Mieter ausdrücklich

16 OLG Hamm v. 29.8.1985, 5 U 238/84, NJW 1986, 728.

17 BGH v. 30.4.2008, XII ZR 110/06, BGHZ 176, 262 = FamRZ 2008, 1404 = NJW 2008, 2333; OLG München v. 4.7.2013, 23 U 3950/12, NJW 2013, 3525.

18 Vgl. BGH v. 9.7.2008, XII ZR 179/05, DNotZ 2009, 52 m. Anm. *Löhnig* = NJW 2008, 3277 = RNotZ 2008, 611 m. Anm. *v. Proff*, Tz. 22; BGH v. 9.7.2008, XII ZR 39/06, NJW 2008, 3282, Tz. 14; BGH v. 6.7.2011, XII ZR 190/08, Tz. 16, BeckRS 2011, 20252 = NZG 2011, 984; OLG Hamm v. 29.8.1985, 5 U 238/84, NJW 1986, 728; FAKomm-FamR/*Weinreich*, NELG Rn 68. Zur einzuhaltenden Form offen BGH v. 30.4.2008, XII ZR 110/06, BGHZ 176, 262 = FamRZ 2008, 1404 = NJW 2008, 2333.

19 OLG Brandenburg v. 22.8.1996, 9 U 2/96, OLG-NL 1997, 14 = FamRZ 1997, 1153; OLG Hamm v. 29.8.1985, 5 U 238/84, NJW 1986, 728.

20 Grüneberg/*Grüneberg*, § 273 Rn 16; FAKomm-FamR/*Weinreich*, NELG Rn 68.

21 Gesetz zur Modernisierung des Personengesellschaftsrechts (Personengesellschaftsrechtsmodernisierungsgesetz – MoPeG) v 10.8.2021, BGBl 2021 I, 3436.

22 OLG Hamm v. 29.8.1985, 5 U 238/84, NJW 1986, 728.

Zurückbehaltungsrechte gegen den vertraglichen Rückgabeanspruch des Vermieters (§ 546 Abs. 1 BGB) verweigert, kann nicht analog angewandt werden. Auch Zurückbehaltungsrechte nach der allgemeinen Vorschrift des § 273 Abs. 1 BGB sind m.E. i.d.R. nicht deshalb ausgeschlossen, weil sich dies „aus dem Schuldverhältnis ergibt". Vielmehr liegen den Gegenansprüchen des anderen Partners regelmäßig Zweckabreden zu Grunde, die auf die beiderseits gebilligte dauerhafte gemeinsame Nutzung gerichtet waren.

§ 6 Mietwohnung

A. Beide Partner Mieter

1 Mieten beide Partner eine Wohnung an, sind sie im Zweifel Gesamtschuldner (§ 421 BGB).[1] Der Vermieter hat eine Kündigung an beide Partner auszusprechen.[2] Im Innenverhältnis sind die Partner untereinander zu gleichen Teilen verpflichtet (§ 426 Abs. 1 S. 1 BGB), vor allem zur Zahlung der Miete, „soweit nicht ein anderes bestimmt ist".[3] Zwar kann sich auch „aus der Natur der Sache" etwas anderes ergeben. Alleine, dass nur ein Partner einer Liebesbeziehung in der gemieteten Wohnung lebte, genügt aber dann nicht, wenn regelmäßige Zahlungen geleistet wurden und regelmäßige Treffen ausschließlich in der angemieteten Wohnung stattgefunden haben.[4]

2 Sind beide Partner Mieter und möchte ein Partner aus dem Mietverhältnis entlassen werden, bedarf er hierzu zwar einer vertraglichen Vereinbarung mit dem Vermieter (Aufhebungsvertrag). Der Zustimmung des anderen Partners, der in der Wohnung bleiben will, bedarf er dann nicht; jedenfalls ist dieser verpflichtet, sie zu erteilen.[5] In derartigen Fällen ist es dem verbleibenden Partner nach Treu und Glauben (§ 242 BGB) verwehrt, sich auf seine etwa verweigerte Zustimmung zur Entlassung seines früheren Lebensgefährten aus dem Mietverhältnis zu berufen (*venire contra factum proprium*).[6]

3 Haben nichteheliche Lebensgefährten gemeinsam eine Wohnung gemietet und zieht einer der Mieter aus, so hat dieser einen Anspruch gegen den anderen Mieter, an der für eine Beendigung des Mitverhältnisses grundsätzlich erforderlichen gemeinsamen Kündigung mitzuwirken, sofern nicht berechtigte Interessen des anderen Mieters dem entgegenstehen.[7] Dem Mieter, der die Wohnung nicht kündigen, sondern allein weiter nutzen will, bleibt es unbenommen, dies mit dem Vermieter zu vereinbaren.[8]

1 OLG Brandenburg v. 23.6.2021, 13 UF 83/19: BeckRS 2021, 17301.
2 BGH v. 16.3.2005, VIII ZR 14/04, NJW 2005, 1715; v. 26.11.1957, VIII ZR 92/57, BGHZ 26, 102 = NJW 1958, 421.
3 OLG Brandenburg v. 23.6.2021, 13 UF 83/19: BeckRS 2021, 17301.
4 OLG Brandenburg v. 23.6.2021, 13 UF 83/19: BeckRS 2021, 17301 Rn 43 ff. (die Frau stellte erst nach Ende der Beziehung fest, dass ihr Partner die ganze Zeit mit einer anderen Frau verheiratet war, von der er ihr vorgespiegelt hatte, geschieden zu sein).
5 BGH v. 16.3.2005, VIII ZR 14/04, NJW 2005, 1715.
6 BGH v. 16.3.2005, VIII ZR 14/04, NJW 2005, 1715; vgl. BGH v. 3.3.2004, VIII ZR 124/03, NJW 2004, 1797.
7 BGH v. 16.3.2005, VIII ZR 14/04, NJW 2005, 1715; OLG Köln v. 21.6.1999, 16 W 16/99, BeckRS 1999, 30063774 = NZM 1999, 998.
8 BGH v. 16.3.2005, VIII ZR 14/04, NJW 2005, 1715; OLG Köln v. 21.6.1999, 16 W 16/99, BeckRS 1999, 30063774 = NZM 1999, 998.

B. Nur ein Partner Mieter

4 Möchte ein Mieter seinen nicht am Mietverhältnis beteiligten Partner auf Dauer in die Wohnung aufnehmen, bedarf er hierfür der Erlaubnis des Vermieters (§ 540 Abs. 1 S. 1 BGB).[9] Die Aufnahme des Lebensgefährten ist auf Dauer angelegt und daher „Überlassung“ der Wohnung und nicht nur unselbstständiger, erlaubnisfreier Mitgebrauch z.B. eines Besuchers.[10] Der nichteheliche Partner ist nach ganz h.M. „Dritter“ und nicht Familienmitglied, dessen Aufnahme auch ohne Erlaubnis des Vermieters zulässig ist.[11] Auf die Erlaubnis des Vermieters hat der Mieter i.d.R. Anspruch, weil er sein allgemeines Persönlichkeitsrecht entfaltet (Art. 2 Abs. 1 GG).[12] Ist die Aufnahme dem Vermieter z.B. im Hinblick auf die erhöhte Abnutzung nur bei angemessener Mieterhöhung zumutbar, kann er die Erlaubnis hiervon abhängig machen (§ 553 Abs. 2 BGB). Der Vermieter kann zudem die Angabe der Personalien (Name, Geburtsdatum, letzte Anschrift) und des Berufs des Partners verlangen, um prüfen zu können, ob ihm ein Erlaubnisverweigerungsrecht zusteht.[13] Eine Klausel im Wohnungsmietvertrag, die eine Aufnahme des nichtehelichen Lebensgefährten verbietet, ist unwirksam (vgl. § 553 Abs. 3 BGB).

5 Nimmt ein Partner den anderen in die nur von ihm gemietete Wohnung auf, wird der andere dadurch regelmäßig Mitbesitzer (§ 866 BGB) und nicht (nur) Besitzdiener (§ 855 BGB).[14] Der BGH hat hierzu mit Beschl. v. 19.3.2008 in einem Räumungsverfahren des Vermieters gegen den Lebensgefährten seiner Mieterin allerdings entschieden, dass – anders als bei Ehepaaren – bei einem nichtehelichen Lebensgefährten allein aus der Aufnahme in die Wohnung nicht auf einen Mitbesitz (§ 866 BGB) geschlossen werden könne.[15] Es komme vielmehr auf die tatsächlichen Umstände des jeweiligen Falls an. Als Anhaltspunkte für die Einräumung des Mitbesitzes (§ 866 BGB) und nicht nur der Rolle als Besitzdiener (§ 855 BGB) hat der BGH die Anzeige des Mieters an den Vermieter von der beabsichtigten oder erfolgten Aufnahme des nichtehelichen Lebensgefährten oder seine Anmeldung in der Wohnung nach den jeweiligen landesrechtlichen Meldegesetzen genannt.[16] Der BGH-Beschl. v. 19.3.2008 dürfte freilich den vollstreckungsrechtlichen Besonderheiten geschuldet sein. Dort muss sich der Gerichtsvollzieher im formalisierten Verfahren ohne materiell-rechtliche Prüfung aufgrund nach außen erkennbarer

9 Grüneberg/*Weidenkaff*, § 540 Rn 5.
10 BGH v. 5.11.2003, VIII ZR 371/02, BGHZ 157, 1 = NJW 2004, 56; Grüneberg/*Weidenkaff*, § 540 Rn 5;
11 BGH v. 5.11.2003, VIII ZR 371/02, BGHZ 157, 1 = NJW 2004, 56 mit Nachweisen zur Gegenansicht; Grüneberg/*Weidenkaff*, § 540 Rn 5.
12 BGH v. 5.11.2003, VIII ZR 371/02, BGHZ 157, 1 = NJW 2004, 56; Grüneberg/*Weidenkaff*, § 540 Rn 5.
13 Vgl. Grüneberg/*Weidenkaff*, § 540 Rn 8.
14 OLG Frankfurt v. 15.5.1985, 17 U 53/84, NJW-RR 1986, 470; OLG Hamm v. 29.8.1985, 5 U 238/84, NJW 1986, 728; Grüneberg/*Herrler*, § 855 Rn 7; *Schuschke*, NJW 2008, 1960, 1961.
15 BGH v. 19.3.2008, I ZB 56/07, NJW 2008, 1959 = FamRZ 2008, 1174.
16 BGH v. 19.3.2008, I ZB 56/07, NJW 2008, 1959 = FamRZ 2008, 1174.

Anhaltspunkte von den Besitzverhältnissen überzeugen können. Materiell-rechtlich dürfte dessen ungeachtet davon auszugehen sein, dass der von seinem Partner in die Wohnung aufgenommene Lebensgefährte regelmäßig Mitbesitzer (§ 866 BGB) und nicht (nur) Besitzdiener (§ 855 BGB) wird. Mit dem Mitbesitz sind nicht unerhebliche Konsequenzen verbunden. Dies gilt sowohl im Außenverhältnis zu einem etwaigen Vermieter als auch im Innenverhältnis der Partner. Im Außenverhältnis zu einem etwaigen Vermieter des die Wohnung mietenden Lebensgefährten ist der nicht als Mietvertragspartei beteiligte Partner bei einer etwaigen vom Vermieter betriebenen Räumung selbst Beteiligter. Zur Durchsetzung der Räumung gegen ihn ist ein Räumungstitel notwendig.[17] Der Mitbesitz an der Wohnung muss nicht vom Vermieter abgeleitet sein. Insbesondere ist für ihn keine Anzeige des Mieters an den Vermieter von der Aufnahme des nichtehelichen Lebensgefährten in die Wohnung notwendig.[18]

Im Innenverhältnis zwischen den Lebensgefährten stellt sich die Frage, ob der Partner, der Mieter ist, den anderen, nicht am Mietvertrag beteiligten Lebensgefährten nach der Trennung aus dem Mitbesitz setzen kann. Ein possessorischer Anspruch besteht nach richtiger Ansicht des OLG Hamm[19] nicht. Ein Räumungsanspruch folgt mithin nicht aus § 861 Abs. 1 BGB. Der andere Partner ist mit Einverständnis des Mieters eingezogen. Er will mithin lediglich den ihm einmal eingeräumten Mitbesitz fortsetzen. Dies ist keine verbotene Eigenmacht i.S.d. § 858 BGB. Zudem findet zwischen Mitbesitzern in ihrem Verhältnis zueinander ein Besitzschutz nicht statt, als es sich um die Grenzen des dem einzelnen zustehenden Gebrauchs handelt (§ 866 BGB).[20] Die Räumungspflicht ergibt sich jedoch auf deliktischer Grundlage. Der Besitz ist – auch gegenüber dem Mitbesitzer[21] – als sonstiges Recht nach § 823 Abs. 1 BGB geschützt. Ohne Recht zum Besitz wohnt der andere Partner widerrechtlich und ist nach dem Grundsatz der Naturalrestitution (§ 249 Abs. 1 BGB) zur Besitzaufgabe verpflichtet. Ist nur ein Partner Mieter, hat der andere ihm gegenüber kein Besitzrecht, wenn nicht z.B. ein Untermietvertrag oder Leihvertrag besteht. Die (mit Trennung ohnehin endende) nichteheliche Lebensgemeinschaft verleiht als rein tatsächliches Verhältnis – anders als eine Ehe (§ 1353 BGB) – kein Recht zum Besitz.[22] Ein Untermietvertrag oder ein Leihverhältnis bedarf einer entsprechenden Vereinbarung zwischen den Beteiligten. Hierfür genügt die bloße nichtehelicheLebens- 6

17 BGH v. 19.3.2008, I ZB 56/07, NJW 2008, 1959 = FamRZ 2008, 1174; KG v. 26.10.1993, 1 W 6068/93, NJW-RR 1994, 713; OLG Köln v. 5.9.1996, 2 W 101/96, JurBüro 1997, 550 = MDR 1997, 782; OLG Düsseldorf v. 27.5.1998, 3 W 192/98, NZM 1998, 880; Zöller/*Stöber*, ZPO, § 885 Rn 10; MüKo-ZPO/*Gruber*, § 885 Rn 19.

18 BGH v. 19.3.2008, I ZB 56/07, NJW 2008, 1959 = FamRZ 2008, 1174.

19 OLG Hamm v. 29.8.1985, 5 U 238/84, NJW 1986, 728.

20 OLG Hamm v. 29.8.1985, 5 U 238/84, NJW 1986, 728.

21 Vgl. BGH v. 26.3.1974, VI ZR 103/72, NJW 1974, 1189 = BGHZ 62, 243.

22 BGH v. 30.4.2008, XII ZR 110/06, BGHZ 176, 262 = FamRZ 2008, 1404 = NJW 2008, 2333.

gemeinschaft als rein tatsächlicher Vorgang nicht.[23] Besteht kein derartiges Recht zum Besitz, so kann der Mieter vom anderen Partner die Herausgabe der Wohnung, d.h. Räumung, verlangen. Nach der in der Rechtsprechung[24] und der Literatur[25] überwiegend vertretenen Auffassung kann der aus der Wohnung geklagte Partner etwaige Gegenansprüche z.B. wegen Innengesellschaft (ab 1.1.2024: „nicht rechtsfähige Gesellschaft", § 705 Abs. 2 Alt. 2 BGB idF durch das MoPeG[26]), Wegfall der Geschäftsgrundlage oder Bereicherungsrecht nicht als Zurückbehaltungsrecht (§ 273 Abs. 1 BGB) und hieraus mithin kein Recht zum Besitz herleiten. Anderenfalls – so das OLG Hamm – käme „dies einer Verurteilung zur Fortführung einer nichtehelichen Lebensgemeinschaft – jedenfalls in tatsächlicher Hinsicht – gleich".[27]

C. Gewaltschutzgesetz

7 § 2 des Gewaltschutzgesetzes soll u.a. Misshandlungen in der Partnerschaft verhindern. Hat der eine Lebensgefährte den anderen vorsätzlich am Körper, der Gesundheit oder der Freiheit widerrechtlich verletzt, kann das Opfer verlangen, dass ihm die gemeinsam genutzte Wohnung zur alleinigen Benutzung überlassen wird (§ 2 Abs. 1 i.V.m. § 1 Abs. 1 S. 1 oder Abs. 3 GewSchG). Gleiches gilt, wenn ein Partner dem anderen derartige Misshandlungen androht und die Überlassung der gemeinsam genutzten Wohnung erforderlich ist, um eine unbillige Härte zu vermeiden (§ 2 Abs. 6 S. 1 GewSchG). Der Anspruch auf Überlassung der Wohnung ist ausgeschlossen, wenn weitere Verletzungen nicht zu besorgen sind, es sei denn, dass der verletzten Person das weitere Zusammenleben mit dem Täter wegen der Schwere der Tat nicht zuzumuten ist, wenn die verletzte Person nicht innerhalb von drei Monaten nach der Tat die Überlassung der Wohnung schriftlich vom Täter verlangt, oder soweit der Überlassung der Wohnung an die verletzte Person besonders schwerwiegende Belange des Täters entgegenstehen (§ 2 Abs. 3 GewSchG). Die Überlassung ist auch dann anzuordnen, wenn der Täter (Allein- oder Mit-) Eigentümer der Wohnung ist oder diese allein gemietet hat (§ 2 Abs. 2 S. 2 GewSchG). Allerdings ist in diesem Fall die Überlassung der Wohnung auf sechs

23 Vgl. BGH v. 9.7.2008, XII ZR 179/05, DNotZ 2009, 52 m. Anm. *Löhnig* = NJW 2008, 3277 = RNotZ 2008, 611 m. Anm. *v. Proff*, Tz. 22; BGH v. 9.7.2008, XII ZR 39/06, NJW 2008, 3282, Tz. 14; BGH v. 6.7.2011, XII ZR 190/08, Tz. 16, BeckRS 2011, 20252 = NZG 2011, 984; OLG Hamm v. 29.8.1985, 5 U 238/84, NJW 1986, 728; FAKomm-FamR/*Weinreich*, NELG Rn 68. Zur einzuhaltenden Form offen BGH v. 30.4.2008, XII ZR 110/06, BGHZ 176, 262 = FamRZ 2008, 1404 = NJW 2008, 2333.

24 OLG Brandenburg v. 22.8.1996, 9 U 2/96, OLG-NL 1997, 14 = FamRZ 1997, 1153; OLG Hamm v. 29.8.1985, 5 U 238/84, NJW 1986, 728.

25 Grüneberg/*Grüneberg*, § 273 Rn 16; FAKomm-FamR/*Weinreich*, NELG Rn 68.

26 Gesetz zur Modernisierung des Personengesellschaftsrechts (Personengesellschaftsrechtsmodernisierungsgesetz – MoPeG) v. 10.8.2021, BGBl 2021 I, 3436.

27 OLG Hamm v. 29.8.1985, 5 U 238/84, NJW 1986, 728.

Monate zu befristen mit Verlängerungsmöglichkeit um höchstens weitere sechs Monate. Der Täter kann von der verletzten Person eine Vergütung für die Nutzung verlangen, soweit dies der Billigkeit entspricht (§ 2 Abs. 5 GewSchG). Gewaltschutzsachen (§ 210 FamFG) sind Familiensachen (§ 111 Nr. 6 FamFG) und daher den Familiengerichten zugewiesen (§§ 23a Abs. 1 Nr. 1, 23b Abs. 1 GVG). Auf Antrag kann das Gericht durch einstweilige Anordnung eine vorläufige Regelung treffen (§ 214 FamFG).

D. Tod des Mieters

Sind beide Partner Mieter und stirbt einer von ihnen, so wird das Mietverhältnis mit dem überlebenden Partner fortgesetzt (§ 563a Abs. 1 BGB). Dieser kann das Mietverhältnis innerhalb eines Monats, nachdem er vom Tod des Mieters Kenntnis erlangt hat, außerordentlich mit der gesetzlichen Frist kündigen (§ 563a Abs. 2 BGB). 8

Ist nur ein Lebensgefährte Mieter und stirbt dieser, tritt der überlebende Partner in das Mietverhältnis ein (§ 563 Abs. 1, Abs. 2 S. 4 BGB). Die im Zuge der Mietrechtsreform von 2001[28] geänderte Norm bezweckt, den Personen, die dem verstorbenen Mieter in besonderer Weise verbunden waren, die Wohnung als Mittelpunkt der bisherigen Lebens- und Wirtschaftsführung zu erhalten. Der nichteheliche Lebensgefährte ist gehört zum Kreis der in § 563 Abs. 2 S. 4 BGB genannten „Personen, die mit dem Mieter einen auf Dauer angelegten gemeinsamen Haushalt führen."[29] Er kann innerhalb eines Monats, nachdem er vom Tod des Mieters Kenntnis erlangt hat, dem Vermieter erklären, dass er das Mietverhältnis nicht fortsetzen will (§ 563 Abs. 3 S. 1 BGB). Dann gilt der Eintritt als nicht erfolgt (§ 563 Abs. 3 S. 1 BGB). Der Vermieter kann das Mietverhältnis innerhalb eines Monats, nachdem er von dem endgültigen Eintritt in das Mietverhältnis Kenntnis erlangt hat, außerordentlich mit der gesetzlichen Frist kündigen, wenn in der Person des Eingetretenen ein wichtiger Grund vorliegt (§ 563 Abs. 4 BGB). 9

28 Neufassung der §§ 535 bis 580 a BGB zum 1.9.2001 durch das MietRRG v. 19.6.2001 (BGBl I 2001, 1149). Die §§ 569, 569 a BGB wurden schon zum 1.8.2001 geändert, vgl. Art. 2 Nr. 3 Gesetz zur Beendigung der Diskriminierung gleichgeschlechtlicher Gemeinschaften: Lebenspartnerschaften v. 16.2.2001 (BGBl I 2001, 266/269 f.).

29 Vgl. BT-Drucks 14/4553, 38; BR-Drucks 439/00 92 f.

§ 7 Kontoinhaberschaft und Kontovollmacht

A. Allgemeines

Insbesondere bei Beendigung der nichtehelichen Lebensgemeinschaft durch Tod oder Trennung kommt es häufig zu Meinungsverschiedenheiten über die Berechtigung an Guthaben gemeinsam geführter Konten. Treten in nichtehelicher Lebensgemeinschaft lebende Personen als Verkäufer von Grundbesitz auf, etwa als Miteigentümer in Bruchteilsgemeinschaft oder in Gesellschaft bürgerlichen Rechts, ist besonderes Augenmerk darauf zu richten, welchem Partner der Kaufpreis zufließt. Die Zuordnung des Kontoguthabens ist nicht nur in zivilrechtlicher Hinsicht von Bedeutung, sondern kann auch schenkungsteuerliche Konsequenzen haben. 1

B. Zivilrechtliche Zuordnung

Nach der bisher wohl h.M. steht das Guthaben auf einem Konto bei einer späteren Trennung dem Lebensgefährten zu, der im Außenverhältnis zum kontoverwaltenden Kreditinstitut Kontoinhaber ist, es sei denn, die Beteiligten haben eine abweichende Vereinbarung getroffen.[1] Dem alleinigen Kontoinhaber steht somit das Guthaben im Zweifel im Innenverhältnis ausschließlich zu. Solange die Lebensgemeinschaft jedoch besteht, kann der andere Lebensgefährte im Zweifel in Ausübung einer etwaigen Kontovollmacht Beträge für seinen Eigenbedarf abheben oder überweisen, ohne dem anderen zum Ausgleich verpflichtet zu sein. 2

Guthaben auf einem Oderkonto, d.h. einem Gemeinschaftskonto mit Gesamtgläubigerschaft im Außenverhältnis zum Kreditinstitut (§ 428 BGB),[2] stehen beiden Partnern nach der Zweifelsregel des § 430 BGB im Innenverhältnis regelmäßig zu gleichen Teilen zu.[3] Die Praxis der Instanzgerichte geht dahin, die Zweifelsregel des § 430 BGB zur Anwendung zu bringen, weil der Beweis einer abweichenden Innenbeteiligung, etwa aufgrund eines Treuhandverhältnisses, regelmäßig nicht gelingt.[4] Entgegen der unter juristischen Laien weit verbreiteten Ansicht ist unerheblich, in welchem Umfang jeder Lebensgefährte zu dem Guthaben beigetragen hat, so dass eine Beteiligung zu gleichen 3

1 OLG Frankfurt v. 23.10.1981, 17 W 29/81, NJW 1982, 1885; *Schulz*, FamRZ 2007, 593, 603.

2 BGH v. 20.3.2018, XI ZR 30/16, BeckRS 2018, 14928 Rn 16; v. 25.6.2002, XI ZR 218/01, WM 2002, 1683, 1685; v. 30.10.1990, XI ZR 352/89, WM 1990, 2067, 2068; BGH v. 8.7.1985, II ZR 16/85, BGHZ 95, 185, 187 (für Ehegatten); OLG Düsseldorf v. 27.1.1999, 11 U 67/98, FamRZ 1999, 1504 (für Ehegatten); OLG Celle v. 22.10.1981, 12 U 9/81, FamRZ 1982, 63. A.A. für das Erbschaftsteuerrecht Hess. FG v. 25.4.1991, 10 K 10197/85, EFG 1992, 142, wonach das auf dem Konto befindliche Guthaben demjenigen zuzurechnen ist, aus dessen Einkünften es entstanden ist; ebenso FG Münster v. 3.12.1992, 3 K 2366/89 Erb, EFG 1993, 589.

3 BGH v. 17.6.1992, IV ZR 88/91, NJW 1992, 2630, 2631.

4 Die nichteheliche Lebensgemeinschaft als solche genügt nicht, um eine abweichenden Beteiligungsmaßstab anzunehmen; vgl. OLG Celle v. 22.10.1981, 12 U 9/81, FamRZ 1982, 63.

Teilen auch dann angenommen wird, wenn ein Lebensgefährte das Konto allein als Privatkonto mit Guthaben aus seinem Geschäftsbetrieb und Vermögenseinkünften ausstattet.[5] Während der intakten Lebensgemeinschaft kann allerdings im Zweifel jeder Lebensgefährte Beträge – und zwar auch über seine Beteiligungsquote im Innenverhältnis hinaus – von dem Konto abheben, ohne dem anderen zum Ausgleich verpflichtet zu sein.[6] Die im Zweifel hälftige Zuordnung im Innenverhältnis hat nach h.M. jedoch mit Auflösung der Lebensgemeinschaft durch Trennung oder Tod eines Partners zur Folge, dass der im Trennungszeitpunkt maßgebliche Kontosaldo in dem Sinne „festgefroren" wird, als beide Lebensgefährten an dem Saldo zu gleichen Teilen beteiligt sind und Abhebungen nach diesem Zeitpunkt auszugleichen sind, sofern der Partner mit ihnen nicht einverstanden ist.[7]

C. Schenkungsteuer

4 Die Beteiligten sind sich bei der Einrichtung von Oderkonten häufig der erbschaft- und schenkungsteuerlichen Konsequenzen nicht bewusst. Anknüpfend an die vorstehend skizzierte Zivilrechtsprechung kann nach der stetigen Rechtsprechung des Finanzgerichtszweigs der Schenkungsteuertatbestand der freigebigen Zuwendung nach § 7 Abs. 1 Nr. 1 ErbStG erfüllt sein, wenn ein Lebensgefährte ein von ihm dotiertes Konto auf den Namen des anderen eröffnet oder ein Oderkonto einrichtet. Schenkungsteuerbar kann es auch sein, wenn ein Partner sein Kontoguthaben auf das Konto des anderen Partners überträgt.[8] Allerdings fehlt es in den genannten Fällen nach der Rechtsprechung des BFH an der für eine freigebige Zuwendung i.S.d. § 7 Abs. 1 Nr. 1 ErbStG erforderlichen freien Verfügungsmöglichkeit des Empfängers, wenn der Empfänger dem Zuwendenden im Innenverhältnis als bloßer Treuhänder nach § 667 BGB zur Rückgewähr verpflichtet ist.[9] Ob ein derartiges Treuhandverhältnis besteht, beurteilt sich nach m.E. zutreffender Ansicht[10] des BFH allein nach dem Zivilrecht und nicht nach den restriktiven ertragsteu-

5 BGH v. 29.11.1989, IVb ZR 4/89, FamRZ 1990, 370 (für Ehegatten); OLG Düsseldorf v. 27.1.1999, 11 U 67/98, FamRZ 1999, 1504 (für Ehegatten); *Schulz*, FamRZ 2007, 593, 603.

6 MüKo-BGB/*Heinemeyer*, § 430 Rn 5 (für Ehegatten); BGH v. 29.11.1989, IVb ZR 4/89, FamRZ 1990, 370, 371 (für Ehegatten). Etwas anderes gilt jedoch bei Missbrauch, z.B. wenn der Ehemann noch vor Trennung einen Betrag von 140.000 DM abhebt und das Konto damit praktisch abschöpft, „um seinen Zugewinnausgleichsanspruch zu sichern"; vgl. OLG Düsseldorf v. 27.1.1999, 11 U 67/98, FamRZ 1999, 1504, 1505 (für Ehegatten).

7 BGH v. 29.11.1989, IVb ZR 4/89, FamRZ 1990, 370, 371 f. (für Ehegatten); OLG Celle v. 22.10.1981, 12 U 9/81, FamRZ 1982, 63 (Tod des Lebensgefährten); *Schulz*, FamRZ 2007, 593, 603.

8 BFH v. 29.6.2016 – II R 41/14, DStR 2016, 2041 = BFHE 254, 64.

9 BFH v. 29.6.2016 – II R 41/14, DStR 2016, 2041 = BFHE 254, 64 Rn 13; BFH v. 23.11.2011, II R 33/10, DStR 2012, 796; BFH v. 25.1.2001, II R 39/98, ZEV 2001, 326. Dazu *Geck/Messner*, ZEV 2001, 307, 308 f.; *Wälzholz*, FR 2007, 638, 641.

10 Das Erbschaftsteuerrecht knüpft im Hinblick auf die für den Schenkungsteuertatbestand des § 7 Abs. 1 Nr. 1 ErbStG erforderliche Möglichkeit des Zuwendungsempfängers, tatsächlich und rechtlich über den zugewendeten Gegenstand zu verfügen, an die Zivilrechtslage an.

erlichen Gesichtspunkten wirtschaftlichen Eigentums i.S.d. § 39 AO. Die objektive Feststellungslast für das Treuhandverhältnis liegt grds. bei den Lebensgefährten, wenn das Treuhandverhältnis für diese steuerlich günstig ist und sie sich darauf berufen.[11] Die freie Verfügungsmöglichkeit fehlt des Weiteren, soweit die Partner das Guthaben durch eine von der Zweifelsregelung des § 430 BGB abweichende Vereinbarung dem das Konto einrichtenden Teil allein zugeordnet haben.[12] Dementsprechend ist kein Schenkungsteuertatbestand erfüllt, wenn ein Partner eine Geldsumme auf das Festgeldkonto des anderen lediglich zu dem Zweck überweist, bessere Zinskonditionen zu erlangen, ohne dass die Valuta oder die Zinsen im Innenverhältnis dem Kontoinhaber zustehen sollen.[13]

Lässt sich ein Treuhandverhältnis oder eine abweichende Zuordnungsvereinbarung nicht 5
feststellen, so gilt nach der Rechtsprechung Folgendes: Ein allein auf den Namen des anderen Lebensgefährten eröffnetes Konto ist diesem in Höhe des bei Einrichtung und ggf. in Höhe weiterer Dotierungen bestehenden Guthabens schenkungsteuerpflichtig zugewandt nach § 7 Abs. 1 Nr. 1 ErbStG. Richtet ein Partner ein auf beide Lebensgefährten lautendes Oderkonto ein, hält die Rechtsprechung mit Kontoeröffnung den Tatbestand der freigebigen Zuwendung in Höhe des hälftigen Guthabens für erfüllt, weil das Guthaben den Partnern nach der Zweifelsregel des § 430 BGB im Innenverhältnis zu gleichen Teilen zusteht und jeder Partner tatsächlich und rechtlich frei über das Guthaben verfügen kann.[14] Da der intakten Lebensgemeinschaft im Grundsatz Ausgleichsansprüche für Abhebungen oder Überweisungen im Innenverhältnis fremd sind,[15] wird die Zivilrechtsprechung wird damit konsequent steuerlich umgesetzt.

D. Gestaltungsempfehlung

Verkaufen nichteheliche Partner eine gemeinsame Immobilie, so sollten sie den Kauf- 6
preis so auf die Lebensgefährten verteilen, wie es ihrem Berechtigungsverhältnis an

11 BFH v. 29.6.2016 – II R 41/14, DStR 2016, 2041 = BFHE 254, 64 Rn 11 ff.; BFH v. 23.11.2011, II R 33/10, DStR 2012, 796; BFH v. 25.1.2001, II R 39/98, ZEV 2001, 326, 327.

12 *Neu*, EFG 2002, 34, 35; *Schwedhelm/Olbing*, BB 1995, 1717, 1720. FG Münster v. 3.12.1992, 3 K 2366/89 Erb, EFG 1993, 589, 590 nimmt dies in einem Fall an, in dem ein bislang allein auf den Ehemann lautendes Konto bloß aus Gründen der Verwaltungsvereinfachung in ein Ehegatten-Oderkonto umgestellt wird.

13 BFH v. 7.10.1998, II R 30/97, BFH/NV 1999, 618.

14 BFH v. 29.6.2016 – II R 41/14, DStR 2016, 2041 = BFHE 254, 64 Rn 22; Hess. FG v. 26.7.2001, 1 K 2651/00, EFG 2002, 34 m. Anm. *Neu*; FG Düsseldorf v. 19.7.1995, 4 K 7813/91 Erb, EFG 1996, 242, 244, wonach es nicht darauf ankommt, ob von der Verfügungsbefugnis Gebrauch gemacht worden ist; FG Rheinland-Pfalz v. 7.7.1994, 4 K 2118/93, UVR 1994, 280. A.A. Hess. FG v. 25.4.1991, 10 K 10197/85, EFG 1992, 142, wonach das auf dem Konto befindliche Guthaben demjenigen zuzurechnen ist, aus dessen Einkünften es entstanden ist; FG Münster v. 3.12.1992, 3 K 2366/89 Erb, EFG 1993, 589.

15 MüKo-BGB/*Heinemeyer*, § 430 Rn 5 (für Ehegatten); BGH v. 29.11.1989, IVb ZR 4/89, FamRZ 1990, 370, 371 (für Ehegatten).

der Immobilie im Innenverhältnis entspricht. Nicht notwendig maßgeblich dürfte das grundbuchlich verlautbarte Berechtigungsverhältnis sein: zwischen den Beteiligten könnte nach den Grundsätzen der BGH-Rechtsprechung in Bezug auf die veräußerte Immobilie eine Innengesellschaft (ab 1.1.2024: „nicht rechtsfähige Gesellschaft", § 705 Abs. 2 Alt. 2 BGB idF durch das MoPeG[16]) oder Ausgleichsansprüche nach Bereicherungsrecht oder Wegfall der Geschäftsgrundlage bestehen, etwa dann, wenn die Immobilie dinglich im Alleineigentum eines Partners steht, jedoch mit Mitteln beider Partner angeschafft worden ist.

16 Gesetz zur Modernisierung des Personengesellschaftsrechts (Personengesellschaftsrechtsmodernisierungsgesetz – MoPeG) v. 10.8.2021, BGBl 2021 I, 3436.

§ 8 Gesetzliches Erbrecht

Endet eine nichteheliche Lebensgemeinschaft durch Tod eines Lebensgefährten, so hat der überlebende Partner kein gesetzliches Erbrecht. Die Anordnung des gesetzlichen Erbrechts des überlebenden Ehegatten durch § 1931 BGB findet auf in nichtehelicher Lebensgemeinschaft lebende Personen weder unmittelbare noch analoge Anwendung.[1] Gleiches gilt für die Regelung über den Voraus des überlebenden Ehegatten in § 1932 BGB.[2] Dagegen ist der nichteheliche Lebensgefährte nach h.M. „Familienangehöriger" i.S.d. § 1969 Abs. 1 S. 1 BGB.[3] Hat er von seinem verstorbenen Partner Unterhalt bezogen, kann er daher von den Erben in den ersten 30 Tagen nach dem Erbfall Unterhalt in der bisher gezahlten Höhe und die Benutzung der Wohnung und Haushaltsgegenstände verlangen. 1

1 MüKo-BGB/*Leipold*, § 1931 Rn 8.
2 MüKo-BGB/*Leipold*, § 1932 Rn 3.
3 Grüneberg/*Weidlich*, § 1969 Rn 1; *Strätz*, FamRZ 1980, 301, 308; OLG Düsseldorf v. 14.12.1982, 21 U 120/82, NJW 1983, 1566; a.M. *Steinert*, NJW 1986, 683, 686.

§ 9 Zuwendungen an den Lebensgefährten im Erbschaft- und Schenkungsteuerrecht

A. Steuerklasse, Freibeträge, Befreiungstatbestände

Der Lebensgefährte unterfällt der Steuerklasse III (§ 15 Abs. 1 ErbStG).[1] Er unterliegt 1
daher einem Erbschaftsteuersatz von 30 %, bei Erwerben über 13.000.000 EUR von 50 % (§ 19 Abs. 1 ErbStG). Ihm steht nicht der höhere Freibetrag des Ehegatten in Höhe von 500.000 EUR nach § 16 Abs. 1 Nr. 1 ErbStG, sondern nur in Höhe von 20.000 EUR nach § 16 Abs. 1 Nr. 7 ErbStG zu.[2] Auch der besondere Versorgungsfreibetrag (§ 17 ErbStG) steht dem Lebensgefährten nicht zu.[3] Die Steuerbegünstigung des Mehrfacherwerbs nach § 27 ErbStG ist auf Erwerbe durch Personen der Steuerklasse I beschränkt und erfasst daher nicht den Erwerb durch den Lebensgefährten.[4] Die Steuerfreiheit des Zugewinnausgleichs ist in der nichtehelichen Lebensgemeinschaft (§ 5 ErbStG) nicht analog anwendbar.

Lebzeitige Zuwendungen unter Lebensgefährten sind grundsätzlich als Schenkung unter 2
Lebenden nach § 7 Abs. 1 Nr. 1 ErbStG schenkungsteuerbar.[5] Einer Schenkungsteuerpflicht können allerdings insbesondere die Befreiungstatbestände des § 13 Abs. 1 Nr. 12 und Nr. 14 ErbStG entgegenstehen. Nach § 13 Abs. 1 Nr. 12 ErbStG sind Zuwendungen unter Lebenden zum Zwecke des angemessenen Unterhalts oder zur Ausbildung des Bedachten von der Erbschaftsteuer befreit. Die Befreiungsvorschrift erfasst freiwillige laufende Unterhaltszahlungen an den Lebensgefährten, soweit diese das im Lebenskreis des Bedachten Übliche nicht übersteigen.[6] Grundsätzlich nicht befreit sind einmalige Zahlungen.[7] Die Erbschaftsteuerbefreiung üblicher Gelegenheitsgeschenke nach § 13 Abs. 1 Nr. 14 ErbStG greift nicht ein, wenn mit einer Zuwendung über eine Aufmerksamkeit hi-

1 BFH v. 30.8.2016, II B 100/15, BeckRS 2016, 95634; v. 27.10.1982, II B 77/81, BStBl 1983 II, 114; die hiergegen erhobene Verfassungsbeschwerde ist vom BVerfG mit Beschl. v. 1.6.1983, 1 BvR 107/83, BStBl 1984 II, 172, nicht zur Entscheidung angenommen worden, weil sie keine hinreichende Aussicht auf Erfolg hatte.

2 BFH v. 30.8.2016, II B 100/15, BeckRS 2016, 95634; v. 27.10.1982, II B 77/81, BStBl 1983 II, 114; zur Verfassungsmäßigkeit des Freibetrags vgl. BFH v. 22.8.2017, II B 93/16, BeckRS 2017, 130075 Rn 16 ff (betr. § 16 Abs. 1 Nr. 5 ErbStG).

3 BFH v. 30.8.2016, II B 100/15, BeckRS 2016, 95634; v. 27.10.1982, II B 77/81, BStBl 1983 II, 114; bestätigt durch BVerfG 1.6.1983, 1 BvR 107/83, BStBl 1984 II, 172; BVerfG v. 15.5.1990, 2 BvR 592/90, BStBl 1990 II, 764; a.A. FG Hamburg v. 2.11.1981, II 287/81, EFG 1982, 253.

4 *Meincke/Hannes/Holtz*, ErbStG, § 27 Rn 3; zur Verfassungsmäßigkeit des § 27 ErbStG vgl. BFH v. 22.8.2017, II B 93/16, BeckRS 2017, 130075 Rn 4 ff.

5 BFH v. 1.7.1964, II 180/62, HFR 1965, 164, 166; RFH v. 10.4.1929, V e A 804/28, *Mrozek/Kartei*, ErbStG 1925, § 3 Abs. 1 Nr. 1 R. 1.

6 BFH v. 1.7.1964, II 180/62, HFR 1965, 164, 166; RFH v. 10.4.1929, V e A 804/28, *Mrozek/Kartei*, ErbStG 1925, § 3 Abs. 1 Nr. 1 R. 1; Troll/Gebel/Jülicher/*Jülicher*, ErbStG, § 13 Rn 140.

7 Troll/Gebel/Jülicher/*Jülicher*, ErbStG, § 13 Rn 136.

naus gehende besondere Ziele verfolgt werden, etwa eine Änderung der Vermögensverteilung oder die Sicherung des Unterhalts des Empfängers.[8] Im Einzelfall kann sich eine Steuerbefreiung aus § 13 Abs. 1 Nr. 5 ErbStG ergeben, wenn der Erblasser dem Lebensgefährten eine Schuld erlässt, die aus vom Erblasser gewährten Mitteln zum Zweck des angemessenen (vgl. § 13 Abs. 2 ErbStG) Unterhalts oder zur Ausbildung des Lebensgefährten begründet worden ist oder wenn der Erblasser den Erlass mit Rücksicht auf die Notlage des Schuldners angeordnet hat. § 13 Abs. 1 Nr. 9 ErbStG enthält einen zusätzlichen Freibetrag von 20.000 EUR für den überlebenden Lebensgefährten, wenn er dem Erblasser unentgeltlich oder gegen unzureichendes Entgelt Pflege oder Unterhalt gewährt hat, soweit das Zugewendete als angemessenes Entgelt anzusehen ist.

3 **Erbschaftsteueroptimierung** ist unter nichtehelichen Partnern möglich, wenn es um Betriebsvermögen geht. Die Übertragung von Betriebsvermögen ist nach den neugefassten §§ 13a, 13b ErbStG privilegiert und unter bestimmten Voraussetzungen sogar gänzlich befreit. Die Neufassung geht auf das Gesetz zur Anpassung des Erbschaftsteuer- und Schenkungsteuergesetzes an die Rechtsprechung des Bundesverfassungsgerichts vom 4.11.2016[9] zurück. Das BVerfG hatte nämlich mit Urt. v. 17.12.2014[10] entschieden, dass §§ 13a und 13b ErbStG i.V.m. § 19 Abs. 1 ErbStG mit Art. 3 Abs. 1 GG unvereinbar sind und den Gesetzgeber verpflichtet, eine Neuregelung spätestens bis zum 30.6.2016 zu treffen. Bei der **Grunderwerbsteuer** sind der Erwerb von Todes wegen oder durch Schenkung befreit (§ 3 Nr. 2 S. 1 GrEStG), nicht jedoch entgeltliche Geschäfte.[11] Im Zusammenhang mit der unentgeltlichen Übertragung von Anteilen an gewerblich geprägten GmbH & Co. KG, die unter die Betriebsvermögensprivilegierung der §§ 13a, 13b ErbStG fielen, dürfte durch die jüngste BFH-Rechtsprechung die GrESt-Befreiung auch dann gesichert sein, wenn zwischen der Grundstückseinbringung in die KG und der Übertragung der KG-Anteile an die Partnerin weniger als fünf Jahre (§ 5 Abs. 3 GrEStG) liegen.[12]

B. Lebzeitige Substanzzuwendungen als Schenkungsteuertatbestand

4 Ungeachtet der zugrunde liegenden besonderen lebensgemeinschaftsbezogenen Motive – Ausgleich für Mitarbeit oder Beteiligung an den Früchten des nichtehelichen Zusammenwirkens – und unabhängig von der Art des zugewendeten Vermögensgegenstandes und

8 *Meincke*, ErbStG, § 13 Rn 65.
9 BGBl 2016 I, 2464.
10 BVerfG v. 17.12.2014, 1 BvL 21/12, BStBl 2015 II, 50 = NJW 2015, 303.
11 Die Steuerbefreiungen in § 3 Nr. 4 und 5 GrEStG gelten nur für Ehegatten.
12 Vgl. BFH v. 7.10.2009, II R 58/08, BStBl II 2010, 302 = DStR 2009, 2534; dazu *Hannes/Onderka/v Oertzen*, ZEV 2010, 137, 139.

der Angemessenheit der Zuwendung sind lebzeitige Zuwendungen an den Lebensgefährten entsprechend dem schenkungsteuerlichen Regime ehebedingter Zuwendungen[13] als objektiv unentgeltlich zu qualifizieren.[14] Sie sind danach grundsätzlich als freigebige Zuwendungen unter Lebenden einzustufen, durch die der Erwerber auf Kosten des Veräußerers bereichert wird (§ 7 Abs. 1 ErbStG). An einer objektiv unentgeltlichen, d.h. freigebigen Zuwendung, fehlt es nur dann, wenn der Erwerber auf die Zuwendung einen (nicht selbst wiederum freiwillig begründeten) Rechtsanspruch hat oder wenn die Zuwendung synallagmatisch, konditional oder kausal mit einer Gegenleistung verknüpft ist.[15] Häufig finanziert ein Partner dem anderen den Erwerb der gemeinsam genutzten Wohnimmobilie, in der Erwartung, ein Wohnrecht zu erhalten. Hier bezweckt ein Partner mit der Zuwendung an den anderen im beiderseitigen Einverständnis, diesen zu einem bestimmten Verhalten zu bewegen. Regelmäßig werden die Partner hierüber eine Rechtsgrundabrede i.S.d. § 812 Abs. 1 S. 2 Alt. 2 BGB (*causa*) getroffen haben. Man könnte geneigt sein, hierin eine kausale Gegenleistung zu sehen. Dennoch ist davon auszugehen, dass der spendable Partner den Schenkungsteuertatbestand des § 7 Abs. 1 Nr. 1 ErbStG verwirklicht. Das Wohnrecht, das ihm (möglicherweise) eingeräumt wird, mindert allenfalls die Bereicherung des anderen Partners. M.E. ist kein Grund ersichtlich, derartige Fälle anders zu behandeln als unbenannte Zuwendungen, welche definitionsgemäß zur Geschäftsgrundlage haben, dass die Lebensgemeinschaft fortbesteht.[16]

13 BFH v. 2.3.1994, II R 59/92, BStBl 1994 II, 366 unter Aufgabe der noch im Urt. v. 28.11.1984, II R 133/83, BStBl 1985 II, 159 vertretenen Rechtsauffassung, wonach eine Zuwendung an den Ehegatten entgeltlich sein konnte, wenn sie bezweckte, den Beschenkten in angemessener Weise an den Früchten des ehelichen Zusammenwirkens zu beteiligen; BFH v. 10.11.2004, II R 44/02, BStBl 2005 II, 188, 190; BFH v. 7.11.2007, II R 28/06, BStBl 2008 II, 258 unter II.5.d der Gründe; Abschn. R E 7.2 ErbStR; gleichlautende Ländererlasse v. 26.4.1994, BStBl 1994 I, 297 unter Aufgabe der noch in den gleichlautenden Ländererlassen v. 10.11.1988, BStBl 1988 I, 513 vertretenen Auffassung; Troll/Gebel/Jülicher/*Gebel*, ErbStG, § 7 Rn 171; *Moench/Weinmann*, ErbStG, § 7 Rn 131; *Wälzholz*, FR 2007, 638, 639; a.A. *Meincke*, ErbStG, § 7 Rn 94; Viskorf/Glier/Hübner/Knobel/Schuck/*Schuck*, ErbStG, BewG, § 7 ErbStG Rn 31; kritisch auch *Kapp/Ebeling/Geck*, ErbStG, § 7 Rn 22.3.
Vgl. auch § 7 Abs. 4 ErbStG, wonach die Schenkungsteuerpflicht einer Schenkung nicht dadurch ausgeschlossen wird, dass sie zur Belohnung gemacht wird.

14 BFH v. 27.11.2013, II R 25/12, DStRE 2014, 222, Tz. 19; Troll/Gebel/Jülicher/*Gebel*, ErbStG, § 7 Rn 172; *Schlünder/Geißler*, ZEV 2007, 64, 65; FG München v. 3.2.2006, 4 V 2881/05, EFG 2006, 686 m. zust. Anm. *Loose; Schmidt,* ErbR 2017, 72.

15 BFH v. 27.11.2013, II R 25/12, DStRE 2014, 222, Tz. 9; BFH v. 2.3.1994, II R 59/92, BStBl 1994 II, 366. In einem Urt. v. 19.7.2018, IX ZR 307/16, BeckRS 2018, 17542 = ZInsO 2018, 1641 = ZIP 2018, 1601, hat der BGH aus Sicht der Insolvenzanfechtung bestätigt, dass „unentgeltlich“ im Sinne des § 134 Abs. 1 InsO nicht nur eine Schenkung ist und auch keine „besondere Einigung über die Unentgeltlichkeit der Zuwendung erforderlich“ ist. Es genügen vielmehr konditionale oder kausale Verknüpfungen, beispielsweise im Sinne einer Zweckvereinbarung oder Geschäftsgrundlage.

16 Vgl. zu letzterem BFH v. 7.11.2007, II R 28/06, BStBl 2008 II, 258 unter II.5.d der Gründe.

5 Für den subjektiven Tatbestand genügt der (einseitige) Wille des Veräußerers zur Unentgeltlichkeit. Er liegt nach der Rechtsprechung vor, wenn der Veräußerer sich bewusst ist, dass er seine Leistung ohne dahingehende Verpflichtung und ohne rechtlichen Zusammenhang mit einer synallagmatischen, konditionalen oder kausalen Gegenleistung erbringt. Nicht erforderlich ist, dass der Veräußerer den Erwerber bereichern will.[17]

6 Eine vereinzelt in der Rechtsprechung der Finanzgerichte und im Schrifttum vertretene Auffassung hält demgegenüber „unbenannte Zuwendungen geringer Höhe" in nichtehelicher Lebensgemeinschaft, die laufend im Rahmen der gemeinsamen Haushaltsführung erfolgen, für nicht schenkungsteuerbar.[18] Nach einem im einstweiligen Rechtsschutzverfahren ergangenen Beschluss des FG München vom 3.2.2006[19] ist der Schenkungsteuertatbestand der freigebigen Zuwendung nicht erfüllt, wenn der Partner während eines siebeneinhalbjährigen Zeitraums Zins- und Tilgungsleistungen in Höhe von ca. 35.000 EUR für den ½-Miteigentumsanteil seiner Lebensgefährtin an der gemeinsam Wohnimmobilie trägt. Es sei lebensfremd, dem Partner einen Willen zur Unentgeltlichkeit zu unterstellen. Das gemeinsame Wohnen sei eng mit der Lebensgemeinschaft verbunden, zu der beide Partner ihren jeweiligen Beitrag im Rahmen der gemeinsamen Haushaltsführung leisten. Hinzu komme, dass dem Partner Ansprüche aus Gesamtschuldnerausgleich zuständen; solange er auf diese nicht verzichtet habe, liege keine freigebige Zuwendung vor.[20] Diese Auffassung kommt zwar den Bedürfnissen der Praxis entgegen, weil sie zur Kenntnis nimmt, dass derartige Leistungen innerhalb enger persönlicher Verhältnisse in der Rechtspraxis in den allerwenigsten Fällen der Schenkungsteuerstelle zur Kenntnis gebracht werden. Es sind deshalb schon Stimmen laut geworden, die aus diesem Grund ein mit dem allgemeinen Gleichheitssatz (Art. 3 Abs. 1 GG) in seiner Ausprägung als Gebot tatsächlich gleichmäßiger Besteuerung nicht mehr vereinbares, im Gesetz angelegtes und daher zur Verfassungswidrigkeit der Steuernorm selbst (und nicht nur der in ihrer Ausführung ergangenen Steuerbescheide) führendes strukturelles Vollzugsdefizit erken-

17 BFH v. 2.3.1994, II R 59/92, BStBl 1994 II, 366, 369 m.w.N. Ein Subsumtionsirrtum des Steuerpflichtigen dergestalt, dass der Steuerpflichtige alle Tatsachen, die den Schenkungsteuertatbestand des § 7 Abs. 1 Nr. 1 ErbStG erfüllen, zwar kennt, jedoch unrichtig als entgeltlichen Vorgang einordnet, ist unbeachtlich. Beachtlich und die freigebige Zuwendung nach § 7 Abs. 1 Nr. 1 ErbStG ausschließend wirkt nur ein Tatsachenirrtum, d.h. der Fall, dass der Steuerpflichtige irrtümlich von Tatsachen ausgeht, die, würden sie vorliegen, einen entgeltlichen Vorgang begründeten; vgl. *Schwedhelm/Olbing*, BB 1995, 1717, 1718.

18 FG München v. 3.2.2006, 4 V 2881/05, EFG 2006, 686; *Loose*, EFG 2006, 687, der allerdings auch darauf hinweist, dass die Abgrenzung zu steuerbaren unbenannten Zuwendungen praktisch nur schwierig handhabbar ist; *Kapp/Ebeling/Geck*, ErbStG, § 7 Rn 27.

19 FG München v. 3.2.2006, 4 V 2881/05, EFG 2006, 686. Im Hauptsacheverfahren war wegen übereinstimmender Erledigungserklärungen nur noch über die Kosten zu entscheiden; vgl. FG München v. 10.1.2007, 4 K 2811/05 (nicht veröffentlicht).

20 FG München v. 3.2.2006, 4 V 2881/05, EFG 2006, 686, 687. A.A. *Schlünder/Geißler*, ZEV 2007, 64, 65, die einen Schenkungsteuertatbestand erkennen.

nen wollen.[21] Gleichwohl ist die vom FG München vertretene Auffassung nach geltender Gesetzeslage abzulehnen. Sie steht in eklatantem Widerspruch zu der vom BFH[22] vorgegebenen Auslegung des Schenkungsteuertatbestandes der freigebigen Zuwendung nach § 7 Abs. 1 Nr. 1 ErbStG.[23] Sie ist auch nicht mit den Grundwertungen des zivilrechtlichen Ausgleichs der nichtehelichen Lebensgemeinschaft vereinbar, denn nach stetiger Rechtsprechung sind vergleichbare Beiträge zur Haushaltsführung für denjenigen, der sie leistet, verlorene Zuschüsse. Die vom Partner übernommenen Zins- und Tilgungsleistungen kommen auch nicht in den Genuss der Steuerbefreiung des § 13 Nr. 12 ErbStG.[24]

Das BMF hatte in einem Erlass vom 3.1.1984[25] unter dem Eindruck des von der stetigen 7
BGH-Rechtsprechung aufgestellten Ausgleichsverbotes nach aufgelöster nichtehelicher Lebensgemeinschaft die großzügige Auffassung vertreten, dass Leistungen an den Lebensgefährten schenkungsteuerlich nur dann von Bedeutung seien, soweit sie sich nicht ausgleichen. Der Schenkungsteuertatbestand des § 7 Abs. 1 Nr. 1 ErbStG sei daher nur dann erfüllt, wenn ein Partner dem anderen gegenüber eine überhöhte Leistung erbringe, ihn dadurch auf seine Kosten bereichere und diese Bereicherung auch ermöglichen will.[26]

21 FG Hamburg v. 12.6.2018, 3 K 77/17, BeckRS 2018, 14291 Rn 63 ff.; FG Hamburg v. 17.4.2007, 3 K 64/06, DStRE 2008, 306; *Wälzholz*, FR 2007, 638, 640; a.A. mit – nicht überzeugendem – Hinweis auf bestehende Anzeigepflichten BFH v. 24.8.2005, II R 28/02, DStR 2006, 252 = ZEV 2006, 41 m. Anm. *Münch*. Zum strukturellen Vollzugsdefizit im *Einkommen*steuerrecht in der Rechtsprechung des BVerfG vgl. grundlegend BVerfG v. 27.6.1991, 2 BvR 1493/89, BVerfGE 84, 239 (Zinssteuer); BVerfG v. 9.3.2004, 2 BvL 17/02, BStBl 2005 II, 56 (Verfassungswidrigkeit der Wertpapier-Spekulationssteuer nach §§ 22 Nr. 2, 23 Abs. 1 Nr. 2 EStG in den Veranlagungszeiträumen 1997 und 1998); vgl. zur Wertpapier-Spekulationssteuer auch BFH v. 29.11.2005, IX R 49/04, BStBl 2006 II, 178 = DStR 2006, 79 m. Anm. *BT* (kein strukturelles Vollzugsdefizit bei der Wertpapier-Spekulationssteuer in den Veranlagungszeiträumen 1999 und 2000); die gegen das vorgenannte BFH-Urt. v. 29.11.2005 eingelegte Verfassungsbeschwerde hat das BVerfG mit Beschl. v. 10.1.2008, 2 BvR 294/06, DStR 2008, 198, nicht zur Entscheidung angenommen, weil sie in der Sache keine hinreichende Aussicht auf Erfolg habe, mithin ein strukturelles Vollzugsdefizit bei der Besteuerung privater Wertpapiergeschäfte im Veranlagungszeitraum 1999 insbesondere wegen des zum 1.4.2005 eingeführten anonymen Kontenabrufes nicht bestand; BFH v. 19.12.2007, IX B 219/97, DStR 2008, 142 m. Anm. *BT* (Verfassungsmäßigkeit des § 23 Abs. 1 S. 1 Nr. 2 EStG i.d.F. ab 1999 nicht zweifelhaft); a.A. Hessisches FG v. 5.7.2007, 1 V 1282/07, DStRE 2008, 20. Soweit es um Zuwendungen geht, die weder über ein dem anonymen Kontenabruf unterliegendes Bankkonto abgewickelt werden (insbesondere Bar- und Sachzuwendungen) noch der Anzeigepflicht der Gerichte, Behörden, Notare oder Versicherungen unterliegen, spricht m.E. vieles für ein strukturelles Vollzugsdefizit. Die geltende Gesetzeslage des *Erbschaft*steuerrechts weist insoweit deutliche Parallelen zu derjenigen bei Kapitaleinkünften im *Einkommen*steuerrecht auf, die BVerfG v. 27.6.1991, 2 BvR 1493/89, BVerfGE 84, 239, für verfassungswidrig erklärt hat: Nur Veräußerer und Erwerber sind anzeige- bzw. erklärungspflichtig und der Fiskus ist auf ihre Steuerehrlichkeit angewiesen, weil er über keine Kontrollmöglichkeiten verfügt.

22 BFH v. 2.3.1994, II R 59/92, BStBl 1994 II, 366.

23 Ebenso *Schlünder/Geißler*, ZEV 2007, 64, 65.

24 Dazu eingehend *Schlünder/Geißler*, ZEV 2007, 64, 66 f.; hinsichtlich der Zinsen a.A. *Weimer*, ZEV 2007, 316, der insofern § 13 Nr. 12 ErbStG für anwendbar hält.

25 BMF v. 3.1.1984, IV C 3 – S 3806 – 14/83, DB 1984, 327.

26 BMF v. 3.1.1984, IV C 3 – S 3806 – 14/83, DB 1984, 327. Dieser Auffassung folgend *Kapp/Ebeling/Geck*, ErbStG, § 7, Rn 403.6.

Dieser, soweit ersichtlich, formell nicht aufgehobene Erlass des BMF dürfte überholt sein und entspricht nicht mehr der Verwaltungspraxis, seit der BFH mit Urt. v. 2.3.1994[27] festgestellt hat, dass ehebedingte Zuwendungen schenkungsteuerbar sind.

8 Etwas anderes muss jedoch m.E. für Vermögensübertragungen erfolgen, die in Erfüllung von Erstattungsansprüchen nach Trennung erfolgen. Die BGH-Urteile vom 9.7.2008 eröffnen den Raum für Ausgleichsansprüche nach einer Trennung der Partner. Überträgt beispielsweise ein Lebensgefährte dem anderen nach Trennung Anteile an einer gemeinsamen Immobilie, um etwaige Ausgleichsansprüche gemäß § 313 BGB (Wegfalls der Geschäftsgrundlage) oder § 812 Abs. 1 S. 2, 2. Alt. BGB (Nichterreichung des mit der Leistung verfolgten Zwecks) abzugelten, kann es m.E. an einem unentgeltlichen, freigiebigen Schenkungsteuertatbestand fehlen.[28] Nicht erforderlich ist insofern, dass der Ausgleichsberechtigte seine Rechte bereits gerichtlich geltend gemacht hat. Empfehlenswert ist, den Sachverhalt in der Urkunde wiederzugeben und die Ansprüche zu beziffern. Erfolgt die Vermögensübertragung in Erfüllung von Ausgleichsansprüchen gemäß § 313 BGB (Wegfalls der Geschäftsgrundlage) oder § 812 Abs. 1 S. 2 Alt. 2 BGB, so stellt dies m.E. eine Rückforderung der ursprünglichen („gemeinschaftsbedingten") Zuwendung i.S.d. § 29 Abs. 1 Nr. 1 ErbStG dar.[29] Damit entfällt m.E. die ursprünglich festgesetzte Erbschaftsteuer rückwirkend.

C. Gebrauchs- und Nutzungsüberlassungen

9 Soweit ersichtlich noch nicht höchstrichterlich geklärt ist die Behandlung von Wohnrechtszuwendungen und schuldrechtlichen Wohnungsüberlassungen an den Partner unter Lebenden. Jüngst hat der BFH den Verzicht auf ein dingliches Wohnrecht für einen schenkungsteuerbaren Tatbestand (§ 7 Abs. 1 Nr. 1 ErbStG) gehalten.[30] Das Gericht stellt auf die mit dem dinglichen Wohnrecht verbundene Einschränkung der Eigentümerrechte ab.[31] Dies spricht dafür, dass auch die Einräumung des Wohnrechts steuerbar ist.

27 BFH v. 2.3.1994, II R 59/92, BStBl 1994 II, 366.

28 Ebenso *Steer*, notar 2008, 361, 367.

29 Vgl. Troll/Gebel/Jülicher/*Gebel*, § 7 Rn 180.

30 BFH v. 23.6.2010, II B 32/10, BeckRS 2010, 25016491. Zur zivilrechtlichen Lage, insbesondere bei (übergeleiteter) Rückforderung des Verzichts wegen Verarmung des Schenkenden vgl. BGH v. 17.4.2018, X ZR 65/17, BeckRS 2018, 19103; zur Qualifikation des unentgeltlichen Verzichts auf einen Nießbrauch als Schenkung i.S.d. § 1804 BGB vgl. OLG Frankfurt v. 15.5.2018, BeckRS 2018, 16584.

31 In einem Urt. v. 19.7.2018, IX ZR 307/16, BeckRS 2018, 17542 = ZInsO 2018, 1641 = ZIP 2018, 1601, hat der BGH aus Sicht der Insolvenzanfechtung zu unentgeltlichen Nutzungsüberlassungen Stellung genommen. Überlässt der (Insolvenz-) Schuldner die Nutzung eines Grundstücks einem Dritten unentgeltlich, kann dies als unentgeltliche Leistung im Sinne des § 134 Abs. 1 InsO die Insolvenzanfechtung begründen, wenn er darauf verzichtet, eine Gegenleistung zu verlangen, obwohl dies nach den Umständen möglich und üblich wäre.

Das FG Rheinland-Pfalz[32] hatte über ein Mitbenutzungsrecht zu entscheiden, das zugunsten der Lebensgefährtin bestellt worden war. Das Gericht verneinte eine freigebige Zuwendung nach § 7 Abs. 1 Nr. 1 ErbStG, weil das Mitbenutzungsrecht auflösend bedingt durch die Auflösung der nichtehelichen Lebensgemeinschaft und zudem an den gemeinsam bewohnten Räumen eingeräumt wurde. Das FG München hat diese Ansicht in einem Fall bestätigt, in dem die Eigentümerin eines mit einem Zweifamilienhaus bebauten und von ihr und ihrem Lebensgefährten bewohnten Grundstücks diesem ein lebenslängliches unentgeltliches Mitbenutzungsrecht einräumte.[33] Das Mitbenutzungsrecht wurde durch eine beschränkt persönliche Dienstbarkeit gesichert und war nicht durch eine etwaige Trennung der Partner auflösend bedingt.[34] Der Lebensgefährte war nicht verpflichtet, sich an den Kosten des Hauses zu beteiligen.[35] **10**

Gebel teilt diese Ansicht.[36] Gebrauchs- und Nutzungsüberlassungen können unabhängig davon, ob sie auf Dauer oder nur vorübergehend erfolgen, und ohne Rücksicht darauf, ob sie auf dinglicher Ebene (z.B. Nießbrauch, Wohnungsrecht, beschränkt persönliche Mitbenutzungsdienstbarkeit) oder bloß schuldrechtlich (z.B. Leihe oder verbilligte Miete[37]) stattfinden, der Erbschaftsteuer unterliegen.[38] Ein Schenkungsteuertatbestand ist jedoch zu verneinen, wenn der Eigentümer die Räume – die Einräumung der Mitbenutzung hinweggedacht – nicht zur entgeltlichen Fremdnutzung oder zur ausschließlichen Eigennutzung gebraucht hätte, weil es dann an einer Entreicherung fehlt.[39] Ein Vermögensverlust kann für den Überlassenden nur insoweit eintreten, als er von seinem Nutzungsrecht Gebrauch gemacht hat oder künftig machen wollte. Wer ein Gebäude leer stehen lässt und auch künftig weder vermieten noch selbst bewohnen will, erleidet dadurch, dass er es zeitweilig einem Dritten zu Wohnzwecken überlasst, keine Vermögenseinbuße.[40] **11**

32 FG Rheinland-Pfalz v. 18.4.2002, 4 K 1869/01, DStRE 2002, 1078.

33 FG München v. 22.3.2006, 4 K 1631/04, rkr., EFG 2006, 1263 m. Anm. *Fumi*.

34 FG München v. 22.3.2006, 4 K 1631/04, rkr., EFG 2006, 1263 m. Anm. *Fumi*.

35 FG München v. 22.3.2006, 4 K 1631/04, rkr., EFG 2006, 1263 m. Anm. *Fumi*.

36 Troll/Gebel/Jülicher/*Gebel*, ErbStG, § 7 Rn 28; ebenso *Fumi*, EFG 2006, 1264, 1265.

37 Vgl. FG München v. 24.1.2007, 4 K 816/05, rkr., EFG 2007, 779: Der Eigentümer räumte seiner Lebensgefährtin *vermächtnisweise* das Recht zur verbilligten Miete auf die Dauer von zehn Jahren ein. Das FG München sah hierin einen steuerbaren Erwerb von Todes wegen (§ 3 Abs. 1 Nr. 1 ErbStG).

38 Troll/Gebel/Jülicher/*Gebel*, ErbStG, § 7 Rn 28 f. Vgl. BFH v. 12.7.1979, II R 26/78, BStBl 1979 II, 631 (zinsloses Darlehen). Anders im Einkommensteuerrecht (Besteuerung des Nutzungswerts der Wohnung im eigenen Haus nach § 21 Abs. 2 EStG a.F.) BFH v. 29.11.1983, VIII R 184/83, BStBl 1984 II, 371: die unentgeltliche Gebrauchsüberlassung sei keine Schenkung, sondern Leihe. Die Aussagen des vorgenannten BFH-Urt. v. 29.11.1983 dürften sich jedoch mit Auslaufen des letztmalig im Veranlagungszeitraum 1986 anzuwendenden Sondertatbestandes der §§ 21 Abs. 2 und 21a a.F. EStG erledigt haben und auf das Erbschaftsteuerrecht nicht übertragbar sein; a.A. jüngst *obiter* BFH v. 23.6.2010, II B 32/10, BeckRS 2010, 25016491; *Fumi*, EFG 2006, 1264, 1265.

39 *Gebel*, DStZ 1992, 577, 579 f.; Troll/Gebel/Jülicher/*Gebel*, ErbStG, § 7 Rn 28.

40 *Gebel*, DStZ 1992, 577, 580.

12 Ein aufschiebend befristet durch das Vorversterben des Eigentümers und aufschiebend auf den Fortbestand der Partnerschaft bedingt bestelltes Mitbenutzungsrecht bzw. Nießbrauchsrecht qualifizierten das FG Rheinland-Pfalz und das FG München in ihren vorgenannten Entscheidungen dagegen als steuerbare Schenkung auf den Todesfall gemäß § 3 Abs. 1 Nr. 2 S. 1 ErbStG.[41]

41 FG Rheinland-Pfalz v. 18.4.2002, 4 K 1869/01, DStRE 2002, 1078, 1079; FG München v. 22.3.2006, 4 K 1631/04, rkr., EFG 2006, 1263; ebenso *Fumi*, EFG 2006, 1264.

§ 10 Gewillkürte Erbfolge

A. Allgemeines

Aus den vorstehenden Ausführungen wird deutlich, dass eine Absicherung des überlebenden Lebensgefährten über den Tod des Erstversterbenden hinaus mangels gesetzlichen Erbrechts nur rechtsgeschäftlich erfolgen kann, sei es durch Verfügung von Todes wegen, sei es durch Rechtsgeschäft unter Lebenden (z.B. Einräumung eines Wohnrechts, Vertrag zugunsten Dritter, insbesondere Benennung als Bezugsberechtigten einer Lebensversicherung). Dabei steht das Ziel einer möglichst umfassenden Absicherung in Konflikt mit der Erbschaftsteuerbelastung, die den Partner angesichts eines niedrigen Freibetrags von 20.000 EUR unabgemildert und unausweichlich trifft. Ein weiterer, angesichts des fehlenden eigenen gesetzlichen Erb- und Pflichtteilsrechts empfindlicher Liquiditätsentzug kann sich beim bedachten Lebensgefährten durch die Belastung mit Pflichtteilsansprüchen ergeben, die mangels eigener Pflichtteilsberechtigung des Partners den halben Nachlasswert erreichen, wenn Pflichtteilsberechtigte vorhanden sind. Unter erbschaftsteuerlichen und pflichtteilsrechtlichen Gesichtspunkten erscheint die Eheschließung daher als ein wichtiges Gestaltungsmittel. Ob die Adoption des Lebensgefährten eine Gestaltungsalternative ist, erscheint mir zweifelhaft (vgl. hierzu unten § 12 Rdn 9 ff.). 1

Als Testierformen stehen die einseitige Verfügung von Todes wegen (Testament, § 1937 BGB) und der Erbvertrag (§ 1941 BGB) zur Verfügung. Der Erbvertrag kommt aber nicht in Betracht, wenn ausländisches Sachrecht zur Anwendung kommt, das ein inhaltliches Verbot des Erbvertrages enthält und nicht bloß als Formvorschrift zu qualifizieren ist.[1] 2

B. Verfügung zugunsten des Lebensgefährten und § 138 BGB

Die Berücksichtigung der Lebensgefährtin in einer Verfügung von Todes wegen kann in Ausnahmefällen wegen Sittenwidrigkeit nichtig sein.[2] 3

Eine langjährige Rechtsprechung des BGH war der Auffassung, dass die letztwillige Verfügung sittenwidrig ist, wenn der Erblasser eine Frau, zu der er außereheliche, insbesondere ehebrecherische, Beziehungen unterhalten hat, für sexuelle Dienste entlohnen will

1 Eingehend hierzu *Fetsch*, RNotZ 2006, 1, 36 ff. Vgl. als Beispiel für eine bloße Formvorschrift das niederländische Recht, KG v. 11.4.2000, 1 W 8565/98, ZEV 2000, 512. Ein inhaltliches Verbot gilt dagegen im italienischen Recht; vgl. *Wiedemann/Pertot/Ballerini*, Erbrecht in Italien, in: Süß, Erbrecht in Europa, Rn 1754.

2 Vgl. dazu *Paal*, JZ 2005, 436, 437.

oder sie zu sexuellen Diensten bestimmen will („Geliebtentestament").[3] Maßgebend war danach, dass der Entgeltcharakter einziger Grund für die Zuwendung war, was im Zweifel vermutet wurde.[4] Selbst bei langjährigen Beziehungen – gleichgültig ob aus ihnen Kinder hervorgegangen waren[5] oder nicht[6] – kam der BGH zur (partiellen) Sittenwidrigkeit, obwohl er in derartigen Fällen die allein sexuelle Motivation und damit die Sittenwidrigkeit im Allgemeinen für fraglich hielt.[7] Wegen der *favor testamenti*-Regel (§ 2085 BGB)[8] war der BGH der Ansicht, dass die Sittenwidrigkeit die Zuwendung an die Lebensgefährtin nicht notwendig vollumfänglich erfasst. In einem Beschl. v. 31.3.1970 erhielt er die (Allein-) Erbeinsetzung der Lebensgefährtin dementsprechend als Miterbeinsetzung zu einer Quote von ¼ aufrecht.[9]

4 Die Problematik des Geliebtentestaments hat sich nach einer Rechtsprechungsänderung 1970 nach allgemeiner Einschätzung weitgehend entschärft. Seitdem obliegt es nicht mehr der bedachten Lebensgefährtin, eine Vermutung für die allein sexuelle Motivation

3 BGH v. 17.3.1969, III ZR 188/65, BGHZ 52, 17, 20; v. 31.3.1970, III ZR 23/68, BGHZ 53, 369, 376 m.w.N.; zur BGH-Rechtsprechung vgl. *Leipold*, Testierfreiheit und Sittenwidrigkeit in der Rechtsprechung des BGH, in: 50 Jahre BGH, Festgabe aus der Wissenschaft (2000), Bd. 1, S. 1011. Vgl. bereits RG v. 4.11.1909, 1/09 IV; JW 1910, 6 (Übergabe eines erst nach dem Tode zu öffnenden Briefes, der ein Geldvermächtnis für die Geliebte enthielt und die Empfängerin zur weiteren Gewährung des ehebrecherischen Geschlechtsverkehrs motivieren sollte); RG v. 3.11.1910, 70/10 IV, JW 1911, 29; RG v. 16.5.1941, VII 143/40, RGZ 166, 395, 397.

4 Anders noch RG v. 16.5.1941, VII 143/40, RGZ 166, 395, 399, wonach es für die Sittenwidrigkeit genüge, dass das Verhältnis jedenfalls mitbestimmend war.

5 So bei BGH v. 17.3.1969, III ZR 188/65, BGHZ 52, 17. Der Erblasser setzte seine jahrzehntelange Lebensgefährtin, mit der er vier Kinder hatte, zur Alleinerbin ein und setzte seine getrennt lebende Ehefrau sowie die aus der Ehe hervorgegangenen sieben Kinder auf den Pflichtteil. Der Nachlass bestand im Wesentlichen aus einem ½-Miteigentumsanteil am von der Ehefrau bewohnten Familienheim. Der BGH entschied, dass die Enterbung der Ehefrau und der ehelichen Kinder (§ 2304 BGB) in Höhe des hälftigen Nachlasses sittenwidrig sei, die Lebensgefährtin jedoch in Höhe von ½ Miterbin sei (eine Art Noterbrecht im Wege richterlicher Rechtsfortbildung, ebenso *Bosch*, FamRZ 1963, 290). Die Enterbung sei für die Ehefrau und die ehelichen Kinder „peinlich und demütigend", weil diese gezwungen seien, „sich wegen ihrer Ansprüche an dem Nachlass des Ehemannes und Vaters an die Beklagte, dessen Geliebte, wenden zu müssen." (S. 22 f.).

6 So bei BGH v. 31.3.1970, III ZR 23/68, BGHZ 53, 369.

7 BGH v. 31.3.1970, III ZR 23/68, BGHZ 53, 369, 380 f.: Der in kinderloser Ehe verheiratete, jedoch seit 1941 getrennt lebende Erblasser lebte seit 1942 mit einer ebenfalls (anderweitig) verheirateten Frau zusammen. 1948 setzte er sie, „die mir in schweren Stunden eine Stütze war", durch privatschriftliches Testament zur Alleinerbin ein und enterbte seine Frau. Er starb 1965.

8 BGH v. 17.3.1969, III ZR 188/65, BGHZ 52, 17, 25, lässt offen, ob § 139 oder § 2085 BGB zur Anwendung kommt, weil beide Vorschriften die bloß teilweise Sittenwidrigkeit unter teilweiser Aufrechterhaltung der Zuwendung an den Lebensgefährten zuließen.

9 BGH v. 31.3.1970, III ZR 23/68, BGHZ 53, 369 = NJW 1970, 1273 = FamRZ 1970, 368. Infolge der teilweisen Sittenwidrigkeit war die vom Erblasser getrennt lebende Ehefrau zu ¾ Erbin. Der Erblasser hinterließ keine Abkömmlinge. Die Enterbung seiner Geschwister hielt der BGH für wirksam, weil diese gegenüber dem Erblasser keine schutzwürdige Erberwartung hegen durften, insbesondere diesen nicht gepflegt hatten. Vgl. bereits BGH v. 15.6.1955, IV ZR 80/55, FamRZ 1963, 287 m. Anm. *Bosch*, wo der Erblasser geschieden war; der BGH hielt die Alleinerbeinsetzung der Lebensgefährtin für teilweise sittenwidrig und erklärte sie und die beiden Töchter des Erblassers zu Erbinnen zu je ⅓; BGH v. 17.3.1969, III ZR 188/65, BGHZ 52, 17.

zu widerlegen. Vielmehr trägt hierfür die Beweislast, wer sich auf Sittenwidrigkeit beruft.[10] Motive des Erblassers, insbesondere ausdrücklich in seiner letztwilligen Verfügung angegebene, spielen hier eine zentrale Rolle.[11] Schon aus diesem Grund sollte in der Kautelarpraxis mit Motivangaben sparsam umgegangen werden.

Der für das Sittenwidrigkeitsverdikt zu führende Beweis der ausschließlich sexuellen Motiva- 5
tion dürfte kaum je zu führen sein.[12] Überdies ist der in § 1 des Prostitutionsgesetzes[13] angeordneten, auf die Vornahme der vereinbarten sexuellen Handlungen aufschiebend bedingten Rechtswirksamkeit des zwischen einer Prostituierten und ihrem Freier geschlossenen Vertrages[14] nunmehr die Wertung zu entnehmen, dass selbst die ausschließlich sexuelle Motivation kein Sittenwidrigkeitsverdikt mehr rechtfertigen kann.[15] Im Übrigen gewährleistet das Pflichtteilsrecht den nächsten Angehörigen den sittlich gebotenen Mindestanteil am Nachlass.

Der BGH hat in der Folge entschieden, dass Zuwendungen in einer nichtehelichen Le- 6
bensgemeinschaft, die auf Dauer angelegt und von innerer Bindung getragen ist, auch dann nicht sittenwidrig sind, wenn ein Partner oder beide verheiratet ist bzw. sind.[16] Dies gilt ausdrücklich auch für Zuwendungen unter Lebenden.[17]

Lange Zeit war die Rechtsprechung der Ansicht, dass für das Sittenwidrigkeitsurteil so- 7
wohl im Hinblick auf die tatsächlichen Umstände als auch im Hinblick auf die maßgeblichen Wertanschauungen der Zeitpunkt der Errichtung der Verfügung maßgeblich sei (Inhaltskontrolle).[18] Allerdings konnte die Berufung auf die letztwillige Verfügung als unzulässige Rechtsausübung unwirksam sein, wenn die letztwillige Verfügung zwar nach den Verhältnissen bei Errichtung sittlich unbedenklich war, jedoch infolge nachfolgender Entwicklungen zu unsittlichen Auswirkungen führte (Ausübungskontrolle).[19]

10 BGH v. 31.3.1970, III ZR 23/68, BGHZ 53, 369, 382 unter ausdrücklicher Aufgabe der noch im Urt. v. 26.2.1968, III ZR 38/65, NJW 1968, 932, vertretenen Rechtsauffassung; BGH v. 27.5.1971, III ZR 53/69, FamRZ 1971, 638, 639.

11 OLG Düsseldorf v. 20.6.1997, 7 U 152/96, FamRZ 1997, 1506, 1507.

12 Gleiche Einschätzung bei Grüneberg/*Ellenberger*, § 138 Rn 50 („kaum vorstellbar"); *Leipold*, Testierfreiheit und Sittenwidrigkeit in der Rechtsprechung des BGH, in: 50 Jahre BGH, Festgabe aus der Wissenschaft (2000), Bd. 1, S. 1011, 1033.

13 Gesetz zur Regelung der Rechtsverhältnisse der Prostituierten (Prostitutionsgesetz – ProstG) v. 20.12.2001, BGBl I S. 3983).

14 Vgl. Grüneberg/*Ellenberger*, Anh. zu § 138 Rn 2; *Armbrüster,* NJW 2002, 2763, 2765.

15 Grüneberg/*Ellenberger*, § 138 Rn 50; *Paal*, JZ 2005, 436, 437.

16 BGH v. 28.9.1990, V ZR 109/89, BGHZ 112, 259, 262 m.w.N.; OLG Düsseldorf v. 22.8.2008, I-3 Wx 100/08, BeckRS 2008, 19390 = ZErb 2009, 32 (Leitsatz) (der Erblasser lernte die bedachte Geliebte in ihrem früheren Beruf als Prostituierte kennen).

17 BGH v. 24.3.1980, II ZR 191/79, BGHZ 77, 55 = NJW 1980, 1520, 1521.

18 Vgl. BGH v. 15.2.1956, IV ZR 294/55, BGHZ 20, 71; BayObLG v. 3.9.1996, 1Z BR 41/95, FamRZ 1997, 705, 709 = ZEV 1997, 119, 120. Krit. *Leipold*, Testierfreiheit und Sittenwidrigkeit in der Rechtsprechung des BGH, in: 50 Jahre BGH, Festgabe aus der Wissenschaft (2000), Bd. 1, S. 1011, 1028 f.

19 Vgl. BGH v. 15.2.1956, IV ZR 294/55, BGHZ 20, 71, 75; BayObLG v. 3.9.1996, 1Z BR 41/95, FamRZ 1997, 705, 710.

Nach der „Hohenzollern-Entscheidung" des BVerfG vom 22.3.2004[20] dürfte sowohl im Hinblick auf die tatsächlichen Umstände als auch hinsichtlich der Wertanschauungen auf die Verhältnisse im Zeitpunkt des Erbfalls abzustellen sein.[21]

8 Man wird als heute gefestigte Rechtsprechung des BGH die sowohl für Rechtsgeschäfte unter Lebenden als auch für Verfügungen von Todes wegen gültige Aussage bezeichnen können, dass Zuwendungen in einer nichtehelichen Lebensgemeinschaft, die auf Dauer angelegt und von inneren Bindungen getragen sind, nicht sittenwidrig sind, wenn nicht besondere Umstände hinzutreten.[22] Solche besonderen Umstände, die im Einzelfall doch zur Sittenwidrigkeit führen können, können vor allem in der Vernachlässigung von Unterhaltspflichten gegenüber Familienangehörigen bestehen. Die Sittenwidrigkeit kann sich nach einem Urteil des OLG Schleswig vom 16.12.1994[23] auch daraus ergeben, dass die Regeln der vermögensrechtlichen Auseinandersetzung und der Hausratsverordnung umgangen werden. Ein in Scheidung lebender Mann übertrug seiner Lebensgefährtin seinen Hälfteanteil an dem nach seinem Auszug allein von seiner Frau bewohnten Familienheim. Die Partnerin beantragte entsprechend einem mit dem Mann vorgefassten Plan die Teilungsversteigerung des Grundstücks, das der Ehefrau zu hälftigem Miteigentum gehörte. Das OLG Schleswig hielt die Veräußerung sowohl in schuldrechtlicher als auch in dinglicher Hinsicht für nichtig wegen Sittenwidrigkeit (§ 138 BGB), weil die einkommens- und im Übrigen vermögenslose Ehefrau infolge ihres Alters, Gesundheitszustandes und ihrer fehlender Berufsausbildung wirtschaftlich von ihren Mann abhängig und nicht in der Lage war, die Immobilie zu ersteigern.[24] Der BGH hat sich in einem Urt. v. 26.4.2022 zur Sittenwidrigkeit einer Grundstücksübertragung geäußert, die ein 90 Jahre alter Mann im Krankenhaus zugunsten ei-

20 BVerfG v. 22.3.2004, 1 BvR 2248/01, DNotZ 2004, 798 = NJW 2004, 2008. Der Beschluss betraf einen Erbvertrag, den der ehemalige deutsche und preußische Kronprinz Wilhelm mit seinem Vater, dem ehemaligen deutschen Kaiser und König von Preußen Wilhelm II, und seinem Sohn, Prinz Louis Ferdinand von Preußen, im Jahr 1938 schloss. Darin wurde Louis Ferdinand zum Vorerben eingesetzt. In einer Kette von Vor- und Nacherbschaften wurde der jeweils älteste Sohn bedacht, soweit er nicht erbunfähig war, weil er entweder nicht aus einer hausgesetzmäßigen Ehe stammte oder selbst in nicht hausgesetzmäßiger Ehe lebte. Hausgesetzmäßig waren Ehen mit im Sinne „der alten Hausverfassung des Brandenburg-Preußischen Hauses" ebenbürtigen Frauen oder mit Zustimmung des Chefs des Hauses eingegangene Ehen. Kritisch zu diesem Beschluss *Isensee*, DNotZ 2004, 754; *Gutmann*, NJW 2004, 2347; Grüneberg/*Ellenberger*, § 138 Rn 49; abweichend vom BVerfG auch *Schmoeckel*, JZ 1999, 517; *Muscheler*, ZEV 1999, 151. Zustimmend dagegen *Paal*, JZ 2005, 436, 441.

21 Ebenso *Paal*, JZ 2005, 436, 443 f.; krit. *Otte*, ZErb 2009, 2, 3. Offenlassend noch BGH v. 2.12.1998, IV ZR 19/97, BGHZ 140, 118, 128 = NJW 1999, 566, 568 (Haus Preußen-Hohenzollern).

22 Vgl. *Sandweg*, BWNotZ 1990, 49 f.; *DNotI*, Gutachten v. 19.12.1997, Dokumentnummer 1227.

23 OLG Schleswig v. 16.12.1994, 14 U 138/94, NJW-RR 1995, 900.

24 OLG Schleswig v. 16.12.1994, 14 U 138/94, NJW-RR 1995, 900, 901. Angesichts der güterrechtlichen Schutzmechanismen, insbesondere der Hinzurechnung unentgeltlicher Zuwendungen zum Endvermögen (§ 1375 Abs. 2 Nr. 1 BGB), ist dieses Urteil m.E. in der Sache nicht überzeugend.

ner 37 Jahre alten Frau beurkunden ließ.[25] Der Mann befand sich zu diesem Zeitpunkt infolge einer Lungenentzündung bereits über drei Wochen im Krankenhaus, zeitweilig auf der Intensivstation.[26] Drei Tage bevor er der Frau „im Wege der vorweggenommenen Erbfolge unter Anrechnung auf etwaige Pflichtteilsansprüche" zwei Grundstücke übertrug, hatte er zu notarieller Urkunde ihre Adoption beantragt und ihr umfassende Vollmachten erteilt.[27] Später bereute der Mann die Übertragung und verlangte die Grundstücke zurück. Dabei machte er nicht nur Geschäftsunfähigkeit, sondern auch Sittenwidrigkeit geltend. Der BGH führt aus, dass die Sittenwidrigkeit eines unentgeltlichen Geschäfts gemäß § 138 Abs. 1 BGB sich nicht nur aus Motiven des Schenkers, sondern auch und sogar in erster Linie aus den Motiven des Beschenkten ergeben kann.[28] So etwa dann, wenn sich der Schenker in Bedrängnis befindet, sich den Wünschen des Beschenkten aufgrund seiner Persönlichkeitsstruktur nicht entziehen kann, und der Beschenkte dies ausnutzt.[29]

Für den Bereich letztwilliger Verfügungen hat der BGH die Grundsätze der Sittenwidrigkeit wie folgt konkretisiert. Wesentlich ist eine Gesamtwürdigung von Inhalt und Auswirkungen der Verfügung. „Ausschlaggebend ist, ob in der letztwilligen Verfügung selbst eine unredliche (also verwerfliche) Gesinnung des Erblassers zum Ausdruck kommt und eine Verwirklichung erstrebt."[30] Hierbei spielen einerseits die Beziehungen des Erblassers zur bedachten Partnerin, die Gründe und Art und Weise der Zuwendung, insbesondere Dauer und Intensität der Beziehungen, und Opfer, die die Bedachte für den Erblasser erbracht hat, eine Rolle.[31] Andererseits ist zu berücksichtigen, in welcher verwandtschaftlichen und emotionalen Nähe die zugunsten der bedachten Lebensgefährtin zurückgesetzte Person zum Erblasser stand.[32] Prüfstein für das Sittenwidrigkeitsverdikt ist, ob dem Zurückgesetzten die Zuwendung zugemutet werden kann. Ist er pflichtteilsberechtigt, insbesondere als Ehegatte oder Kind, ist eine Zuwendung weniger zuzumuten als entfernteren Verwandten; dies kann anders sein, wenn sich die Pflichtteilsberechtigten und der Erblasser entfremdet haben. Auch entfernt Verwandte oder bloß Bekannte können unzumutbar zurückgesetzt sein, wenn sie den Erblasser lange Zeit aufopfernd gepflegt ha- 9

25 BGH v. 26.4.2022, X ZR 3/20, BeckRS 2022, 17784 = ZInsO 2022, 1674.
26 BGH v. 26.4.2022, X ZR 3/20, BeckRS 2022, 17784 = ZInsO 2022, 1674 Rn 3.
27 BGH v. 26.4.2022, X ZR 3/20, BeckRS 2022, 17784 = ZInsO 2022, 1674 Rn 3.
28 BGH v. 26.4.2022, X ZR 3/20, BeckRS 2022, 17784 = ZInsO 2022, 1674 Rn 33.
29 BGH v. 26.4.2022, X ZR 3/20, BeckRS 2022, 17784 = ZInsO 2022, 1674 Rn 33.
30 BGH v. 10.11.1982, IVa ZR 83/81, NJW 1983, 674, 675 = FamRZ 1983, 53, 54.
31 BGH v. 31.3.1970, III ZR 23/68, BGHZ 53, 369, 377 ff.; BGH v. 10.11.1982, IVa ZR 83/81, NJW 1983, 674, 675; OLG Düsseldorf v. 20.6.1997, 7 U 152/96, FamRZ 1997, 1506, 1507.
32 BGH v. 31.3.1970, III ZR 23/68, BGHZ 53, 369, 377 ff.; BGH v. 10.11.1982, IVa ZR 83/81, NJW 1983, 674, 675; OLG Düsseldorf v. 20.6.1997, 7 U 152/96, FamRZ 1997, 1506, 1507.

ben oder sonstige erhebliche Opfer für ihn erbracht haben.[33] Auch kann eine Rolle spielen, woher der Nachlass stammt, insbesondere dann, wenn er vom vorverstorbenen Ehegatten stammt und der Erblasser die ehelichen Kinder enterbt.[34]

10 Die vorstehend geschilderten Rechtsprechungsgrundsätze werden m.E. nicht ohne Recht kritisiert.[35] Sie kommen einer mit der Testierfreiheit kollidierenden Inhaltskontrolle[36] nahe. *Otte* möchte mit beachtlichen Argumenten im Wesentlichen nur die Fälle in den sittenwidrigen Bereich ziehen, in denen die Angehörigen darauf angewiesen sind, in einem dem Erblasser allein oder anteilig gehörenden Hause zu wohnen oder in dem Unternehmen des Erblassers mit seiner Geliebten eng zusammenzuarbeiten, sowie die Fälle, in denen der Erblasser vom Ehegatten ererbtes Vermögen seiner Lebensgefährtin zuwendet oder für die Angehörigen kränkende oder im höchstpersönlichen Bereich einengende Verfügungen trifft, etwa die Ehefrau unter die Verwaltungstestamentsvollstreckung der Geliebten stellt.[37]

11 Die vorstehend skizzierten Grundsätze der BGH-Rechtsprechung suggerieren eine Gesamtabwägung im Rahmen einer umfassenden Inhalts- und Umstandskontrolle, die auf den Kautelarjuristen einen beklemmenden Eindruck macht. Es drängt sich die Frage auf, wie der Notar bei aller Sachverhaltsermittlung in der Lage sein soll, vom Erblasser eine objektive Gesamtskizze aller wesentlichen Umstände zu erfragen, diese anschließend selbst anhand des offenen Katalogs zu bewerten – von Subsumtion kann bei einem Typus,[38] wie ihn der BGH offensichtlich zur Anwendung bringt, keine Rede sein – und schließlich rechtssicher in die Testamentsform zu gießen. Dankenswerterweise hat der BGH in einem Urt. v. 10.11.1982[39] teilweise Entwarnung gegeben. Bei der Beurteilung, ob sich der Erblasser von einer familienfeindlichen Gesinnung habe leiten lassen, dürfe

33 BGH v. 31.3.1970, III ZR 23/68, BGHZ 53, 369, 377 ff.; BGH v. 10.11.1982, IVa ZR 83/81, NJW 1983, 674, 675; OLG Düsseldorf v. 20.6.1997, 7 U 152/96, FamRZ 1997, 1506, 1507. M.E. liegt in Fällen der vorgenannten Art die Annahme von Bereicherungsansprüchen nach § 812 Abs. 1 S. 2 Alt. 2 BGB (Nichteintritt des mit einer Leistung nach dem Inhalt des Rechtsgeschäfts bezweckten Erfolges – testamentarische Begünstigung) nahe (Rechtsprechung zur sog. enttäuschten Vergütungserwartung); vgl. dazu zuletzt BGH v. 22.3.2013, V ZR 28/12, BeckRS 2013, 08297. Eines Rückgriffs auf § 138 BGB bedarf es nicht.

34 BGH v. 31.3.1970, III ZR 23/68, BGHZ 53, 369, 377 ff.; BGH v. 10.11.1982, IVa ZR 83/81, NJW 1983, 674, 675; OLG Düsseldorf v. 20.6.1997, 7 U 152/96, FamRZ 1997, 1506, 1507.

35 Kritisch z.B. *Grziwotz*, Nichteheliche Lebensgemeinschaft, § 30 Rn 39.

36 Von „Inhaltskontrolle" spricht ausdrücklich und sich in der Sache vom BGH distanzierend BayObLG v. 3.9.1996, 1Z BR 41/95, FamRZ 1997, 705, 709 = ZEV 1997, 119, 120, welches die 1925 in einem Erbvertrag von Angehörigen des Fürstenhauses Leiningen getroffene Erbfolgeregelung nicht beanstandete. Ähnlich dem „Hohenzollern-Testament" ging es um eine Kette von Vor- und Nacherbfolgeregelungen zugunsten des jeweiligen erstgeborenen Sohnes unter der Voraussetzung, dass dieser protestantischer Konfession ist, in hausgesetzmäßiger Ehe geboren und auch selbst in hausgesetzmäßiger Ehe lebt.

37 *Otte*, ZErb 2009, 2, 5 ff.

38 Zur Typuskonzeption vgl. eingehend *Larenz/Canaris*, Methodenlehre, S. 290; *Leenen*, Typus und Rechtsfindung (1971); *Bydlinski*, Juristische Methodenlehre und Rechtsbegriff, S. 543 f.

39 BGH v. 10.11.1982, IVa ZR 83/81, NJW 1983, 674.

nicht außer Acht gelassen werden, dass sich aus einer langjährigen nichtehelichen Lebensgemeinschaft auch „eine moralische Pflicht" ergeben könne, für den Unterhalt des Partners zu sorgen und dessen wirtschaftliche Existenz nach dem eigenen Tode in angemessener Weise zu sichern. Eine letztwillige Verfügung zugunsten der langjährigen Lebensgefährtin „wird nur in ganz besonders krass gelagerten Ausnahmefällen als sittenwidrig angesehen werden können."[40] M.E. dürften derartige Fälle kaum denkbar sein. Selbst in den „ganz besonders krass gelagerten Ausnahmefällen" wird ein übergangener Pflichtteilsberechtigter oder sonstiger Angehöriger durch die Rechtsprechungsgrundsätze zur enttäuschten Vergütungserwartung (§ 812 Abs. 1 S. 2 Alt. 2 BGB) ausreichend geschützt sein. Auch eine Alleinerbeinsetzung des Lebensgefährten unter Enterbung der Pflichtteilsangehörigen ist m.E. nicht sittenwidrig. Die Problematik wird zudem dadurch entschärft, dass die Sittenwidrigkeit wegen § 2085 BGB allenfalls zur Teilnichtigkeit der letztwilligen Verfügung führt.[41]

M.E. zu Recht hat das BayObLG formuliert: „Der Erblasser soll durch die Testierfreiheit auch davor geschützt werden, seine Vermögensnachfolge nach allgemeinen gesellschaftlichen Überzeugungen oder nach den Anschauungen der Mehrheit ausrichten zu müssen."[42] Auch der BGH orientiert sich bei der Frage der Sittenwidrigkeit letztwilliger Verfügungen an der Wertordnung des Grundgesetzes, insbesondere der Grundrechte.[43] Er hebt in seiner jüngeren Rechtsprechung den hohen, verfassungsrechtlich durch die in Art. 14 Abs. 1 GG gleichrangig mit dem Eigentumsgrundrecht niedergelegte Erbrechtsgarantie verankerten Rang der Testierfreiheit ausdrücklich hervor.[44] Die Testierfreiheit sei dem der gesetzlichen Erbfolge zugrunde liegenden „sittliche(n) Prinzip (…) übergeordnet". Die Schranken der Testierfreiheit werden zunächst und insbesondere durch das Pflichtteilsrecht gezogen.[45] § 138 BGB berechtigt den Richter nicht, die Auswirkungen einer vom Erblasser getroffenen Verfügung von Todes wegen an seinen eigenen Gerechtigkeitsvorstellungen zu messen und den Willen des Erblassers danach zu korrigieren. 12

40 BGH v. 10.11.1982, IVa ZR 83/81, NJW 1983, 674, 676.

41 BGH v. 17.3.1969, III ZR 188/65, BGHZ 52, 17, 25; v. 31.3.1970, III ZR 23/68, BGHZ 53, 369; vgl. zu einer Wiederverheiratungsklausel jüngst OLG Saarbrücken v. 15.10.2014, 5 U 19/13, DNotZ 2015, 691.

42 BayObLG v. 3.9.1996, 1Z BR 41/95, FamRZ 1997, 705, 709. Kritisch zur Inhaltskontrolle auch *Isensee*, DNotZ 2004, 754, insbesondere S. 758: „Der Erblasser kann sich aufgrund seiner Freiheit selbst durch Erbvertrag binden, doch er ist nicht von Verfassung wegen gehalten, bestimmte Personen als Erben einzusetzen. Niemand hat Anspruch darauf, testamentarisch bedacht zu werden."

43 BGH v. 2.12.1998, IV ZR 19/97, BGHZ 140, 118, 128.

44 BGH v. 21.3.1990, IV ZR 169/89, BGHZ 111, 36, 39 (Behindertentestament I); v. 20.10.1993, IV ZR 231/92, BGHZ 123, 368, 371 (Behindertentestament II); BGH v. 2.12.1998, IV ZR 19/97, BGHZ 140, 118, 128.

45 BGH v. 10.11.1982, IVa ZR 83/81, NJW 1983, 674, 675.

C. Letztwillige Zuwendung unter auflösender Bedingung fortbestehender Lebensgemeinschaft

13 Nichteheliche Lebensgemeinschaften enden erfahrungsgemäß öfter durch Trennung als durch Tod. In letztwilligen Verfügungen, durch die der Lebensgefährte bedacht wird, sollte daher stets der Trennungsfall berücksichtigt werden. Hier empfiehlt sich regelmäßig die Aufnahme einer auflösenden Bedingung des Inhalts, dass alle zugunsten des Partners getroffenen Verfügungen ihre Gültigkeit verlieren, wenn die Lebensgemeinschaft beim Tode des Erblassers wegen räumlicher Trennung nicht mehr besteht. Wichtig ist, die auflösende Bedingung auf den Trennungsfall zu beschränken. Sie sollte nicht auf die „Beendigung der nichtehelichen Lebensgemeinschaft“ bezogen werden. Die nichteheliche Lebensgemeinschaft wird nämlich auch dadurch beendet, dass die Lebensgefährten heiraten. Gerade in diesem Fall soll eine zugunsten des Partners getroffene Verfügung von Todes wegen, insbesondere eine Alleinerbeinsetzung, nach dem Willen der Beteiligten regelmäßig fortbestehen. Etwas anderes mag dann gelten, wenn infolge der Klausel die gesetzliche Erbfolge zum Zuge kommt und die letztwillige Zuwendung hinter dem gesetzlichen Ehegattenerbteil zurückbleibt.

14 Was die Formulierung der auflösenden Bedingung betrifft, so kommt insbesondere die Anknüpfung an die räumliche Trennung oder an die melderechtliche Registrierung in Betracht. Wird auf die räumliche Trennung, d.h. den Auszug eines Partners aus der gemeinsam bewohnten Wohnung infolge nunmehr weggefallener emotionaler Verbundenheit abgestellt, so hat dies jedenfalls in der Theorie den Vorteil, dass der Willen der Beteiligten damit regelmäßig zur Geltung kommt. Allerdings ist eine derartige Regelung praktisch äußerst streitanfällig, weil sie gesetzliche Erben und Pflichtteilsberechtigte des erstverstorbenen Partners dazu animieren kann, eine Trennung zu behaupten. Auch kann diese Lösung bei einer Versöhnung der Partner nach Trennung versagen. Der Nachweis einer Trennung kann zudem praktisch schwer zu führen sein, insbesondere wenn der Erbfall länger zurück liegt.

15 Demgegenüber hat eine an der übereinstimmenden Wohnung im melderechtlichen Sinn (§ 17 BMG) anknüpfende Formulierung zwar den Vorteil der eindeutigen Nachweisbarkeit. Sie ist jedoch missbrauchsanfällig. Man denke an die Ex-Partnerin, die sich angesichts des nahen Todes ihres Verflossenen eingedenk dessen Testaments wieder bei ihm anmeldet. Zudem ist sie nicht zuverlässig, weil sie die gesetzlichen Erben des säumigen Erblassers benachteiligt, der sich nach dem Auszug von seiner Ehemaligen nicht abgemeldet hat.

16 Ist nach dem Erbfall eines Partners das Grundbuch zu berichtigen, so gilt im Hinblick auf die dem Grundbuchamt gegenüber zu führenden Nachweise Folgendes: Ist der Partner aufgrund einer in öffentlicher Urkunde getroffenen letztwilligen Verfügung Erbe geworden,[46] so darf das Grundbuchamt grds. nicht nach § 35 Abs. 1 S. 2 Hs. 2 GBO einen Erbschein verlangen; auch eine eidesstattliche Versicherung des Inhalts, dass die auflösende Bedingung nicht eingetreten ist, darf es m.E. grds. nicht fordern. M.E. darf das Grundbuchamt nur dann den Nachweis (durch eidesstattliche Versicherung) dafür verlangen, dass die auflösende Bedingung eingetreten ist, wenn es hierfür konkrete Anhaltspunkte geltend macht. Hierfür spricht, dass die Trennung als auflösende Bedingung im Nichtehelichentestament der nach § 2077 BGB jedem Ehegattentestament im Zweifel inhärenten auflösenden Bedingung nachgebildet ist, dass die Ehe aufgelöst bzw. ihre Auflösung aus gegebenem Grund beantragt wird.[47] M.E. kann auf die BGH-Rechtsprechung zurückgegriffen werden, die zu Scheidungsklauseln ergangen ist.[48] Hiergegen kann m.E. nicht erfolgreich eingewandt werden, dass § 2077 BGB für Unverheiratete überhaupt nicht gilt. Denn der BGH hat ausgeführt, dass auch Scheidungsklauseln, die von § 2077 BGB abweichen, das Grundbuchamt nicht dazu berechtigen, einen Nachweis dafür zu verlangen, dass die Voraussetzungen der Klauseln nicht eingetreten sind.[49] Vielmehr verlangt § 35 Abs. 1. S. 2 Hs. 2 GBO nicht aufklärbare Zweifel an dem Nachweis der Erbfolge,[50] die bei einer eindeutig formulierten auflösenden Bedingung per se nicht bestehen. Die notariell beurkundete letztwillige Verfügung genügt nur dann nicht, wenn konkrete Anhaltspunkte dafür sprechen, dass die auflösende Bedingung eingetreten ist. Lediglich abstrakte oder theoretische Möglichkeiten ihres Eintritts genügen dagegen ebenso wenig wie die statistische Häufigkeit von Ehescheidungen bzw. Trennungen von nichtehelichen Partnerschaften.[51]

17 Auch der BGH-Beschluss v. 2.6.2016 zu Verwirkungsklauseln[52] steht m.E. der hier vertretenen Auffassung nicht entgegen. Enthält eine notariell beurkundete letztwillige Verfügung eine allgemein gehaltene Verwirkungsklausel oder eine spezielle Verwirkungsklausel mit nicht eindeutigen Verhaltensanforderungen, so gilt nach dem genannten Be-

46 Dies ist der Fall, wenn die an die Zuwendung geknüpfte auflösende Bedingung, dass sich die Partner nicht getrennt haben bzw. keiner von ihnen seinen Wohnsitz umgemeldet hat, endgültig nicht eingetreten ist.

47 Zu Scheidungsklauseln im Ehegattenerbvertrag vgl. BGH v. 17.2.2022, V ZB 14/21, BeckRS 2022, 7977; einem Nachweis der Erbfolge des überlebenden Ehegatten gemäß § 35 Abs. 1 S. 2 GBO steht nicht entgegen, dass die letztwillige Verfügung eine Scheidungsklausel enthält, sofern nicht konkrete Anhaltspunkte dafür bestehen, dass deren Voraussetzungen erfüllt sind.

48 BGH v. 17.2.2022, V ZB 14/21, BeckRS 2022, 7977.

49 BGH v. 17.2.2022, V ZB 14/21, BeckRS 2022, 7977 Rn 11.

50 Vgl. BGH v. 17.2.2022, V ZB 14/21, BeckRS 2022, 7977 Rn 6.

51 Zur Irrelevanz der Scheidungshäufigkeit vgl. BGH v. 17.2.2022, V ZB 14/21, BeckRS 2022, 7977 Rn 11.

52 BGH v. 2.6.2016, V ZB 3/14, ZEV 2016, 635.

schluss des BGH, dass ein Erbschein für die Grundbuchberichtigung unentbehrlich ist.[53] Dies liegt aber daran, dass die Verwirkungsklausel in besonderem Maße auslegungsbedürftig ist. Einen Erbschein darf das Grundbuchamt indes nur verlangen, wenn konkrete Zweifel an der Erbfolge bestehen, die nur durch weitere Ermittlungen über den Willen des Erblassers oder tatsächliche Verhältnisse geklärt werden können. Auf die hier vorgeschlagene unzweideutige Gestaltung einer an die räumliche Trennung oder an die melderechtliche Registrierung anknüpfenden auflösenden Bedingung sind diese Ausführungen des BGH m.E. nicht übertragbar.[54]

18 Sollte das Grundbuchamt gleichwohl im Einzelfall den Nachweis verlangen, dass die nichtehelichen Partner beim Tod des ersten nicht getrennt waren, bedarf es hierfür aber keines Erbscheins.[55] Vielmehr genügt die Vorlage der Verfügung und der Niederschrift über ihre Eröffnung (§ 35 Abs. 1 S. 2 Hs. 1 GBO). Der Nichteintritt einer auflösenden Bedingung ist eine negative Tatsache. Bezweifelt das Grundbuchamt den Nichteintritt der auflösenden Bedingung, so kann dieser durch eidesstattliche Versicherung nachgewiesen werden.[56] Die Beweismittelbeschränkung des § 29 GBO auf öffentliche oder öffentlich beglaubigte Urkunden gilt insofern nicht.[57] Ist der Partner dagegen nicht Erbe geworden, weil die an seine Erbeinsetzung geknüpfte auflösende Bedingung eingetreten ist, so haben die an seine Stelle tretenden Erben stets den Bedingungseintritt eidesstattlich zu versichern. Sind sie in öffentlicher Urkunde als Erben benannt, so ist ein Erbschein darüber hinaus gehend nicht erforderlich. Abstrakte Zweifel oder Vermutungen allgemeiner Art berechtigen das Grundbuchamt dagegen nicht, einen Erbschein zu verlangen.[58]

53 BGH v. 2.6.2016, V ZB 3/14, ZEV 2016, 635, 636 Rn 9 ff. zu folgender Verwirkungsklausel: „Derjenige, der mit diesen Testamentsbestimmungen nicht einverstanden ist, erhält nur den Pflichtteil unter Anrechnung dessen, was er bereits zu Lebzeiten von uns bekommen hat, wozu auch die Kosten einer Ausbildung, Ausstattung oder sonstige Zuwendungen gehören."

54 Der BGH betont übrigens, dass bei Pflichtteilsstrafklauseln eine eidesstattliche Versicherung genügt und kein Erbschein nötig ist, vgl. BGH v. 2.6.2016, V ZB 3/14, ZEV 2016, 635, 636 Rn 8; *Litzenburger*, FD-ErbR 2016, 382719.

55 Eingehend zum Erbnachweis bei Ehegattentestamenten BGH v. 17.2.2022, V ZB 14/21, BeckRS 2022, 7977; DNotI-Report 2006, 181.

56 Vgl. *Schöner/Stöber*, Rn 790 m.w.N.; BGH v. 2.6.2016, V ZB 3/14, ZEV 2016, 635, 636 Rn 8; KG v. 7.6.2010, 1 W 140/09, DNotI-Homepage (Erbfolgenachweis für KG-Anteil im Handelsregisterverfahren); OLG Düsseldorf v. 4.1.2010, 3 Wx 217/09, RNotZ 2010, 260 m. Anm. *L. Böttcher* (Kreis der in einem öffentlichem Testament eingesetzten Ersatzerben). Für eine im Berliner Testament enthaltene Verwirkungsklausel offen lassend OLG Köln v. 14.12.2009, 2 Wx 59/09, RNotZ 2010, 263 m. Anm. *L. Böttcher*.

57 *Schöner/Stöber*, Rn 159.

58 OLG Düsseldorf v. 4.1.2010, 3 Wx 217/09, RNotZ 2010, 260 m. Anm. *L. Böttcher*.

▼ 19

Muster 10.1: Auflösend durch Trennung bedingte Erbeinsetzung – Formulierungsbeispiel (Einzeltestament):

Die Erbeinsetzung von X (Partnerin des Erblassers) steht unter der auflösenden Bedingung, dass X und ich bei meinem Tode wegen Trennung nicht mehr in nichtehelicher Lebensgemeinschaft zusammenleben.

▲

D. Freies Rücktrittsrecht im Erbvertrag der nichtehelichen Lebensgemeinschaft

Schließen in nichtehelicher Lebensgemeinschaft lebende Personen einen Erbvertrag,[59] so 20
entspricht die Aufnahme eines freien, nicht an einen Grund gebundenen Rücktrittsrechts regelmäßig dem Willen der Beteiligten.[60] Von einem an die Trennung der nichtehelichen Lebensgemeinschaft gebundenen Rücktrittsrecht ist abzuraten, weil damit im Rücktrittsfall Streit über das Vorliegen der Rücktrittsvoraussetzungen vorprogrammiert ist.

Auch wenn ein freies Rücktrittsrecht vereinbart wird, sollte stets flankierend eine auf- 21
lösende Bedingung des Inhalts in die Urkunde aufgenommen werden, dass alle zugunsten des Partners oder zugunsten allein dem Partner nahestehender – möglichst namentlich aufzuführender – Personen getroffenen Verfügungen ihre Gültigkeit verlieren, wenn die Lebensgemeinschaft beim Tode des Erstversterbenden wegen räumlicher Trennung nicht mehr besteht (zur Formulierung siehe oben Rdn 19). Das (freie) Rücktrittsrecht allein wird dem Willen der Beteiligten regelmäßig nicht gerecht. Dieser geht praktisch ausnahmslos dahin, dass die Trennung automatisch die letztwillige Zuwendung entfallen lassen soll. Überdies nehmen die Beteiligten auch im Fall der bloßen Vereinbarung eines Rücktrittsrechts (ohne auflösende Bedingung) nicht selten irrtümlich an, dass die Zuwendung sich mit Trennung erledigt habe. Zudem ist denkbar, dass ein Lebensgefährte nach Errichtung des Erbvertrages geschäftsunfähig wird. Ein Rücktritt des Geschäftsunfähigen ist damit ausgeschlossen (§ 2296 Abs. 1 S. 1 BGB).[61] Ein Rücktritt des anderen Partners ist nur gegenüber dem gesetzlichen Vertreter des Geschäftsunfähigen möglich (§ 131 BGB).

59 Zur Auslegung eines Erbvertrages von nichtehelichen Lebensgefährten OLG München v. 3.11.2014, 31 Wx 280/14, ZEV 2014, 690 (Bindung des überlebenden Vertragspartners an die Schlusserbeinsetzung eines eigenen einseitigen Kindes, das dem vorverstorbenen Vertragspartner besonders nahe gestanden hat).

60 Ein freies Rücktrittsrecht empfiehlt auch *Sandweg*, BWNotZ 1990, 49, 56. Zur Grundbuchberichtigung nach dem Tod des Erblassers kann auf die obigen Ausführungen (Rn 16) verwiesen werden; vgl. dazu auch OLG München v. 28.10.2015, 34 Wx 92/14, ZEV 2015, 705.

61 Staudinger/*Raff*, BGB, § 2296 Rn 6.

22 Die Trennung, sei es durch den Geschäftsunfähigen oder durch den anderen Partner, ist keine Willenserklärung und keine geschäftsähnliche Handlung. Sie ist auch nicht empfangsbedürftig. Daher kann sie als natürliche Willensäußerung auch von und gegenüber einem bloß natürlich Einsichtsfähigen vorgenommen werden.

▼

10.2 **Muster 10.2: Formulierungsbeispiel eines Erbvertrages von Lebensgefährten mit einseitigen Kindern**

UVZ-Nr. /20

Erbvertrag

Verhandelt zu am

Vor mir, Notar erschienen

Frau ,

deren Lebensgefährte, Herr ,

dem Notar ausgewiesen durch die Vorlage ihrer Bundespersonalausweise.

Die Erschienenen erklärten:

Wir wollen einen Erbvertrag schließen und sind durch frühere Verfügungen von Todes wegen hieran nicht gehindert.

Wir sind beide ausschließlich deutsche Staatsangehörige mit alleinigem Wohnsitz und gewöhnlichen Aufenthalt in Deutschland. Wir sind weder durch einen Erbvertrag noch durch ein gemeinschaftliches Testament gebunden und können daher frei verfügen. Vermögen im Ausland, insbesondere ausländischen Grundbesitz, haben wir nicht. Zu unserem Vermögen gehört kein Hof im Sinne der Höfeordnung und keine Gesellschaftsbeteiligung. Eine Rechtswahl wünschen wir auch nach eingehender Belehrung über die Vorschriften der EUErbVO und die Gestaltungsmöglichkeiten insbesondere aus Kostengründen nicht.

Zur Registrierung der Urkunde machen wir folgende Ergänzungsangaben:

a) Frau ist geboren in als Tochter der Eheleute

Standesamt Reg.Nr.

und

b) Herr … ist geboren in … als Sohn der Eheleute

…

Standesamt … Reg.Nr. … .

Wir verlangen keine Zuziehung von Zeugen oder eines zweiten Notars. Der Erbvertrag soll unverschlossen in der amtlichen Verwahrung des Notars bleiben.

Der Notar überzeugte sich von der erforderlichen Geschäfts- und Testierfähigkeit der Erblasser.

Die Erschienenen erklärten dem Notar mündlich wie folgt:

Wir schließen den nachstehenden

Erbvertrag

§ 1 Widerruf

Alle Verfügungen von Todes wegen, die wir gemeinsam oder einzeln bisher errichtet haben, widerrufen wir hiermit.

§ 2 Erbfolge nach dem Erstversterbenden

I. Gegenseitige Erbeinsetzung nach dem Erstversterbenden

Wir setzen uns gegenseitig, der Erstversterbende den Längstlebenden, zum alleinigen und unbeschränkten Erben ein.

II. Herausgabevermächtnisse nach Frau … als Erstversterbender

Frau … belastet ihren Erben mit folgendem betagtem Herausgabevermächtnis:

1. Der Erbe hat alles, was aus dem Nachlass der Erblasserin beim Tod des Erben noch vorhanden ist, an die Tochter der Erblasserin Frau …, Frau … (Vermächtnisnehmer) herauszugeben. Der Anspruch des Vermächtnisnehmers auf Nutzungsherausgabe gemäß § 2184 BGB ist ausgeschlossen. Der Vermächtnisnehmer ist lediglich auf den Überrest eingesetzt. Der Verwendungsersatzanspruch des Erben gemäß §§ 2185, 994 ff. BGB ist auf die noch vorhandenen Werterhöhungen beschränkt. Die fortbestehenden Nachlassverbindlichkeiten übernimmt der Erbe.

2. Anfall, Fälligkeit:

Das Vermächtnis fällt mit dem Erbfall an, wird aber erst mit dem Tod des Erben fällig (betagtes Vermächtnis).

3. Erfassung von Ersatzgegenständen (Surrogate):

§ 2111 BGB gilt entsprechend. Als Vermächtnisgegenstand herauszugeben ist daher v.a. auch, was der Erbe aufgrund eines zur Erbschaft gehörenden Rechts oder als Ersatz für die Zerstörung, Beschädigung oder Entziehung eines Erbschaftsgegenstands oder durch Rechtsgeschäft mit Mitteln der Erbschaft erwirbt, sofern nicht der Erwerb ihm als Nutzung gebührt.

4. Unvererblichkeit, Unübertragbarkeit:

Die Anwartschaft und Rechte des Vermächtnisnehmers zwischen Erbfall und Fälligkeit des Vermächtnisses sind nicht vererblich oder übertragbar.

5. Soweit Grundbesitz zum Nachlass gehört, hat der Bedachte keinen Anspruch darauf, dass seine Anwartschaft durch Eintragung einer Vormerkung gesichert wird.

III. Herausgabevermächtnisse nach Herrn als Erstversterbendem

Herr belastet seinen Erben mit folgendem betagtem Herausgabevermächtnis:

1. Der Erbe hat alles, was aus dem Nachlass des Erblassers beim Tod des Erben noch vorhanden ist, an die Töchter des Erblassers Herrn , nämlich

a) Frau und

b) Frau

(Vermächtnisnehmer) herauszugeben. Der Anspruch des Vermächtnisnehmers auf Nutzungsherausgabe gemäß § 2184 BGB ist ausgeschlossen. Der Vermächtnisnehmer ist lediglich auf den Überrest eingesetzt. Der Verwendungsersatzanspruch des Erben gemäß §§ 2185, 994 ff. BGB ist auf die noch vorhandenen Werterhöhungen beschränkt. Die fortbestehenden Nachlassverbindlichkeiten übernimmt der Erbe.

2. Anfall, Fälligkeit:

Das Vermächtnis fällt mit dem Erbfall an, wird aber erst mit dem Tod des Erben fällig (betagtes Vermächtnis).

3. Erfassung von Ersatzgegenständen (Surrogate):

§ 2111 BGB gilt entsprechend. Als Vermächtnisgegenstand herauszugeben ist daher v.a. auch, was der Erbe aufgrund eines zur Erbschaft gehörenden Rechts oder als Ersatz für die Zerstörung, Beschädigung oder Entziehung eines Erbschaftsgegenstands oder durch Rechtsgeschäft mit Mitteln der Erbschaft erwirbt, sofern nicht der Erwerb ihm als Nutzung gebührt.

4. Unvererblichkeit, Unübertragbarkeit:

Die Anwartschaft und Rechte des Vermächtnisnehmers zwischen Erbfall und Fälligkeit des Vermächtnisses sind nicht vererblich oder übertragbar.

5. Soweit Grundbesitz zum Nachlass gehört, hat der Bedachte keinen Anspruch darauf, dass seine Anwartschaft durch Eintragung einer Vormerkung gesichert wird.

§ 3 Schlusserbfolge nach Frau

Sofern Frau die Längstlebende ist, setzt sie als einseitige Verfügung, zu ihren Erben ein:

ihre Tochter, Frau allein.

Sollte die eingesetzte Erbin vor dem Erbfall versterben oder aus einem sonstigen Grunde nicht Erbe werden, so treten ihre Abkömmlinge entsprechend den Regeln über die gesetzliche Erbfolge an ihre Stelle.

§ 4 Schlusserbfolge nach Herrn

Sofern Herr der Längstlebende ist, setzt er als einseitige Verfügung, zu seinen Erben ein seine Töchter, nämlich

a) Frau und

b) Frau .

zu je ½ Anteilen.

Sollte ein eingesetzter Erbe vor dem Erbfall versterben oder aus einem sonstigen Grunde nicht Erbe werden, so treten seine Abkömmlinge entsprechend den Regeln über die gesetzliche Erbfolge an seine Stelle.

Sind solche nicht vorhanden, wächst der Erbteil des Weggefallenen dem oder den anderen eingesetzten Erben im Verhältnis ihrer Erbteile an.

§ 5 Erbvertragliche Bindung

1. Wir nehmen unsere Erklärungen in § 2 über die gegenseitige Erbeinsetzung mit erbvertraglicher Bindung gegenseitig an.

2. Ein jeder von uns behält sich ein freies Rücktrittsrecht vor. Der Rücktritt erfolgt durch Erklärung gegenüber dem anderen Vertragschließenden. Die Erklärung bedarf der notariellen Beurkundung.

3. Die übrigen Verfügungen sind einseitig getroffen und sollen nur testamentarisch wirken. Sie können von jedem von uns jederzeit, auch nach dem Tod des Erstversterbenden von uns, einseitig widerrufen werden.

§ 6 Ausschluss Anfechtungsrecht, Unwirksamkeit bei Eheauflösung oder Trennung

1. Nach Hinweis des Notars auf das Anfechtungsrecht wegen Übergehens von Pflichtteilsberechtigten erklären wir, dass sämtliche vorstehenden Verfügungen von Todes wegen ohne Rücksicht darauf getroffen sind, ob, welche und wie viele Pflichtteilsberechtigte zum Zeitpunkt des jeweiligen Erbfalls vorhanden sind.

Auf das Anfechtungsrecht aus § 2079 BGB (evtl. i.V.m. § 2281 BGB) wird daher ausdrücklich verzichtet.

2. Die in § 2 dieser Urkunde getroffenen Erklärungen über die gegenseitige Erbeinsetzung sind unwirksam, wenn die Voraussetzungen für die Aufhebung, insbesondere Scheidung, einer etwaigen von uns noch einzugehenden Ehe vorliegen und einer von uns die Aufhebung beantragt oder wenn die zwischen uns bestehende nichteheliche Lebensgemeinschaft durch Trennung endet. An die Stelle der unwirksamen Erklärungen treten als einseitige Verfügung von Todes wegen die jeweils eingesetzten Schlusserben.

§ 7 Weitere Erklärungen

Alles Vorstehende ist unser wohlüberlegter letzter Wille.

Weitere Bestimmungen wünschen wir zurzeit nicht zu treffen.

Die mit dieser Urkunde verbundenen Kosten tragen wir.

Wir erbitten je eine begl. Abschrift dieser Urkunde für uns wie für die Urkundensammlung des Notars, diese kann dort unverschlossen verwahrt werden. Auch bei nachträglicher Hinterlegung soll der Notar keine Ausfertigung, sondern nur eine beglaubigte Abschrift verwahren, die auf Nachweis der Rücknahme aus der amtlichen Hinterlegung zu vernichten, jedenfalls Dritten nicht mehr zugänglich zu machen ist.

Vorgelesen vom Notar, von den Erschienenen genehmigt und eigenhändig, wie folgt, unterschrieben:

▲

23 Das vorstehende Formulierungsbeispiel ist für den Fall gedacht, dass die Lebensgefährten jeweils einseitige Kinder haben, sich primär gegenseitig absichern wollen, die eigenen Kinder erst nach beider Tod zur Nachfolge gelangen lassen und sie dabei auf dasjenige einsetzen wollen, was beim Tod beider Lebensgefährten noch von ihrem jeweiligen Elternteil her stammend übrig ist. Die Position der eigenen, hier lediglich vermächtnisweise auf den Überrest eingesetzten Kinder ist schwächer ausgeprägt als sie es wäre, wenn der erstversterbende Lebensgefährte den Überlebenden nur zum Vorerben und die eigenen Kinder zu Nacherben einsetzte. Mit dem Tod des zuerstversterbenden Lebensgefährten hat der Überlebende die Erbschaft als der Erbschaftsteuer unterliegenden Erwerb von Todes wegen (§ 1 Abs. 1 Nr. 1 ErbStG) zu versteuern. Dabei kann das vom Erblasser in § 2 Abschn. II. bzw. § 2 Abschn. III. des Formulierungsbeispiels zugunsten seiner Kinder ausgesetzte Herausgabevermächtnis auf den Überrest nicht nach § 10 Abs. 5 ErbStG als Nachlassverbindlichkeit vom Erwerb abgezogen werden, weil es erst mit dem Tod des überlebenden Lebensgefährten fällig wird, ihn also wirtschaftlich zu Lebzeiten nicht belastet.[62] Die Kinder des zuerstverstorbenen Lebensgefährten haben ihren Erwerb mit dem Tod des zuletztverstorbenen Lebensgefährten als in diesem Zeitpunkt entstehend (§ 9 Abs. 1 Nr. 1 Buchst a ErbStG) zu versteuern. Erbschaftsteuerlich wird das Herausgabevermächtnis auf den Überrest wie eine angefallene Nacherbschaft behandelt (vgl. § 6 Abs. 4 ErbStG). Die Vermächtnisnehmer können beantragen, der Versteuerung ihr Verhältnis zum erstverstorbenen Erblasser, also ihrem Elternteil, zugrunde zu legen (§ 6 Abs. 2 S. 2 ErbStG), was sich i.d.R. wegen der höheren Freibeträge anbietet. Andernfalls haben sie den Erwerb als vom letztverstorbenen Erblasser stammend zu versteuern (§ 6 Abs. 2 S. 1 ErbStG). Wollen die Beteiligten abweichend vom Formulierungsvorschlag, dass die Kinder des erstverstorbenen Partners schon vor dem Tod des letztverstorbenen am Nachlass beteiligt werden, kann zu ihren Gunsten z.B. ein Vermächtnis ausgesetzt werden. Um die mit dem Vermächtnis verbundene und u.U. nicht gewünschte (Liquiditäts-)Belastung des überlebenden Partners abzumildern, könnte das Vermächtnis so gestaltet werden, dass es zwar mit dem Tod des erstverstorbenen Erblassers entsteht, jedoch erst eine bestimmte Zeit (z.B. fünf Jahre) später geleistet werden muss.[63] In diesem Fall ist das Vermächtnis – abgezinst[64] – schon beim Tod des erstverstorbenen Erblassers für den Erben nach § 10 Abs. 5 ErbStG als Nachlassverbindlichkeit abzugsfähig und muss vom Vermächtnisnehmer – ebenfalls abgezinst[65] – versteuert werden.

E. Verfügung zugunsten des „Lebensgefährten“ und Trennung

Mitunter fehlt, insbesondere in privatschriftlichen Verfügungen, eine ausdrückliche Regelung über die Rechtsfolgen der Trennung, weil sich die Beteiligten bei der Abfassung keine Gedanken über die Trennung gemacht haben. Das Fehlen einer ausdrücklichen Regelung deutet weder bei privatschriftlichen noch bei notariellen Verfügungen zwingend 24

62 Vgl. Troll/Gebel/Jülicher/*Gebel*, § 10 Rn 178.
63 Zur Gestaltung von Freibetragsvermächtnissen vgl. *Everts*, NJW 2008, 557.
64 Vgl. Troll/Gebel/Jülicher/*Gottschalk*, § 3 Rn 188.
65 Vgl. BFH v. 7.10.2009, II R 27/07, BFH/NV 2010, 891; BFH v. 27.8.2003, II R 58/01, BStBl II 2003, 921 = BFHE 203, 279; Troll/Gebel/Jülicher/*Gottschalk*, § 3 Rn 188.

darauf hin, dass die Erbeinsetzung auch eine Trennung überdauern soll. Es kann sich im Wege der ergänzenden Testamentsauslegung ergeben, dass mit einer Trennung die Zuwendung an den Lebensgefährten entfallen soll.[66] Ein solcher mutmaßlicher Wille des Erblassers kann sich m.E. in einer den Anforderungen der Andeutungstheorie genügenden Weise darin manifestieren, dass er „meine Lebensgefährtin" bedacht hat. Allerdings kommt es stets auf die näheren Einzelumstände an. Das BayObLG hat hierin in einem Sonderfall nur eine Motivangabe und keine Bedingung gesehen. Die Trennung der Partner habe die gegenseitige Erbeinsetzung daher nicht hinfällig gemacht.[67] Die Rechtsprechung lehnt regelmäßig eine Bedingung ab.[68]

25 Lässt sich der letztwilligen Verfügung keine entsprechende Andeutung des Erblasserwillens entnehmen, so wird die Streitfrage virulent, ob § 2077 BGB analoge Anwendung auf die nichteheliche Lebensgemeinschaft findet mit der Folge, dass letztwillige Zuwendungen an den Lebensgefährten mit einer Trennung der Partner gegenstandslos werden. Die h.M. verneint eine Analogie.[69] Diese Ansicht verdient Zustimmung. § 2077 BGB knüpft an die Auflösung, den Scheidungs- oder Aufhebungsantrag der Ehe und damit an formalisierte und leicht nachprüfbare Beendigungstatbestände an. Der Auszug eines Partners aus der Wohnung lässt sich hiermit nicht vergleichen. Die h.M. bürdet die Beweislast mithin demjenigen auf, der sich auf die Unwirksamkeit der Zuwendung beruft. Dieser Streit um die Beweislast kann erhebliche praktische Folgen haben.[70] Folgt man der h.M., so

66 Zur Problematik vgl. auch *DNotI*, Gutachten v. 14.9.2001, Dokumentnummer 1251; *DNotI* v. 12.5.2005, Dokumentnummer 59069 (Erbvertrag unter Verlobten/Lebensgefährten, anschließend Eheschließung, später Scheidung); allgemein zur ergänzenden Testamentsauslegung BGH v. 12.7.2017, IV ZB 15/16, BeckRS 2017, 119417 Tz. 13 ff.

67 BayObLG v. 6.9.1983, BReg. 1 Z 53/83, FamRZ 1983, 1226: Ein Mann und eine Frau lebten wie Eheleute zusammen. Eine Heirat unterblieb jedoch mit Rücksicht auf die Witwenpensionsansprüche der Frau. Um ihrer Verbindung gleichwohl einen kirchlichen Segen zu geben, „verlobten" sich die Beteiligten in einem vom Bezirks-Evangelisten der Neuapostolischen Kirche zelebrierten Verlobungsgottesdienst, ohne Heiratsabsichten zu hegen. Jeder Partner setzte „als Universalerben meine(n) Verlobte(n), die (der) mich bis zum Lebensende begleitete und für mich sorgte, (…) ein." Vgl. auch OLG Köln v. 14.9.2022, 2 Wx 190/22, BeckRS 2022, 24275 Tz. 12, wonach die Angabe „mein Sohn" im Testament „nicht als Bedingung für seine Einsetzung verstanden werden kann."

68 Vgl. OLG Oldenburg v. 26.9.2022, 3 W 55/22, MittBayNot 2023, 59, 60 Tz. 2 = BeckRS 2022, 27735; OLG Köln v. 14.9.2022, 2 Wx 190/22, BeckRS 2022, 24275 Tz. 12.

69 BGH v. 10.7.2019, IV ZB 22/18, NJW 2019, 3449 Tz. 14 ff.; OLG Schleswig v. 30.1.2023, 3 Wx 37/22, BeckRS 2023, 3231 Tz 39; OLG Frankfurt am Main v. 16.2.2016, 20 W 322/14, ErbR 2016, 276 = BeckRS 2016, 9184; OLG Celle v. 23.6.2003, 6 W 45/03, ZEV 2003, 328; BayObLG v. 31.5.2001, 1Z BR 3/01, ZEV 2001, 438; BayObLG v. 6.9.1983, BReg. 1 Z 53/83, FamRZ 1983, 1226; MüKo-BGB/*Leipold*, § 2077 Rn 14; RG v. 17.6.1926, 52/26 IV, JW 1927, 1202 („eheähnliches Verhältnis"); DNotI, Gutachten v. 14.9.2001, Dokumentnummer 1251; a.A. MüKo-BGB/*Wellenhofer*, nach § 1302 Rn 89; *Meier-Scherling*, DRiZ 1979, 296, 299.

70 Exemplarisch OLG Celle v. 23.6.2003, 6 W 45/03, ZEV 2003, 328 m. Anm. *Leipold*. Das Gericht hält nicht für erwiesen, dass die Erblasserin davon ausging, die Lebensgemeinschaft mit ihrem früheren Partner wiederherzustellen.

kommt aus Sicht der Übergangenen nur eine Anfechtung der letztwilligen Verfügung wegen Motivirrtums (§ 2078 Abs. 2 BGB) in Betracht.[71] Dabei ist insbesondere die einjährige Anfechtungsfrist zu beachten, die mit dem Zeitpunkt in Gang gesetzt wird, in dem der Anfechtungsberechtigte vom Anfechtungsgrund Kenntnis erlangt hat. Dies ist regelmäßig der Moment, in dem der Anfechtungsberechtigte vom Scheitern der Partnerschaft sichere Kenntnis hat.[72] Es kann jedoch im Einzelfall dem hypothetischen Willen eines Erblassers entsprechen, dass, wenn er bei bestehender nichtehelicher Lebensgemeinschaft an Demenz erkrankt, nicht mehr ansprechbar wird und stationär untergebracht werden muss, sodass die gelebte Partnerschaft in der bisherigen Form faktisch nicht mehr fortgeführt werden kann, er weiterhin den Lebensgefährten mit seinem hälftigen Erbe auch für den Fall bedenken will, dass dieser sich nach Ausbruch der Demenzerkrankung einem neuen Lebensgefährten zuwendet und diesen heiratet.[73] Dann ist für eine Motivanfechtung kein Raum.

Häufig wünschen die testierenden Beteiligten, dass eine Anfechtung wegen Motivirrtums 26
ausgeschlossen wird. Dies kann sachgerecht sein, weil auf diese Weise verhindert wird, dass der Anfechtungsberechtigte einen Anfechtungsgrund schafft, etwa durch Wiederheirat. In diesem Fall empfiehlt es sich, in den Erbvertrag einen ausdrücklichen Verzicht auf das Anfechtungsrecht nach §§ 2078, 2079 BGB aufzunehmen, der sich auch auf solche Umstände erstrecken soll, mit denen die Erblasser bei Errichtung des Erbvertrages nicht rechnen und die sie in diesem Zeitpunkt auch nicht voraussehen können.

Soweit ersichtlich noch nicht höchstrichterlich entschieden ist der Fall, dass der Lebens- 27
gefährte durch letztwillige Verfügung bedacht wird, man anschließend heiratet und später geschieden wird.[74] Ist der Bedachte bei Errichtung der letztwilligen Verfügung mit dem Testator verlobt, so findet § 2077 BGB nach heute h.M. Anwendung, nicht dagegen wenn er „nur“ Lebensgefährte ohne gegenseitiges Eheversprechen ist.[75]

71 Der Fortbestand der nichtehelichen Lebensgemeinschaft kann Gegenstand einer so genannten unbewussten Vorstellung sein, die zur Anfechtung berechtigt, *Sandweg*, BWNotZ 1990, 49, 56; *DNotI*, Gutachten v. 14.9.2001, Dokumentnummer 1251.

72 OLG Koblenz v. 29.1.2015, 3 U 813/14, RNotZ 2015, 365.

73 Vgl. OLG Oldenburg v. 26.9.2022, 3 W 55/22, MittBayNot 2023, 59 = BeckRS 2022, 27735.

74 Die lapidar in BGH v. 3.5.1961, V ZR 154/59, BeckRS 1961, 31348711 unter II. 1. geäußerte Ansicht („Eine Verfügung von Todes wegen, durch die der Erblasser seinen Ehegatten bedacht hat, ist grundsätzlich unwirksam, wenn die Ehe danach geschieden worden ist (§§ 2077 Abs. 1 S. 1, 2279 Abs. 1 BGB i.V.m. § 41 Ehegesetz); das gilt auch dann, wenn Erblasser und Bedachter zur Zeit der Verfügung noch nicht miteinander verheiratet waren (BGB RGRK 11. Aufl. Anm. 3 zu § 2077).“) betraf einen besonderen Sachverhalt: Der Erblasser schloss im Jahr 1921 wenige Wochen vor seiner Scheidung mit seiner ersten (Noch-) Ehefrau einen Erbvertrag, in dem er u.a. seine künftige zweite Ehefrau, die er wenige Wochen später geheiratet hat, bedacht hat. Sie wurden später aus rassischen Gründen 1939 einvernehmlich geschieden (der jüdische Ehemann emigrierte, seine zweite Ehefrau blieb in Essen); die Ehe wurde nach dem Krieg anerkannt.

75 OLG Rostock v. 13.7.2021, 3 W 80/20, BeckRS 2021, 25585; DNotI, Gutachten v. 12.5.2005, Dokumentnummer 59069.

F. Der untaugliche Versuch des gemeinschaftlichen Testaments

28 In nichtehelicher Lebensgemeinschaft lebende Personen oder Verlobte können ein gemeinschaftliches Testament nicht errichten, da dieses kraft ausdrücklicher Anordnung Ehegatten und in eingetragener Lebensgemeinschaft lebenden Personen vorbehalten ist (§§ 2265 BGB, 10 Abs. 4 LPartG).[76] Eine analoge Anwendung der Vorschriften über das gemeinschaftliche Testament auf diesen Personenkreis scheidet m.E. ebenfalls aus.[77] Zwar mag man, soweit es um nichteheliche Lebensgemeinschaften geht, eine nachträgliche Gesetzeslücke erkennen, weil erst gegen Ende der siebziger Jahre das Auftreten dieser Lebensform, einhergehend mit weitgehender gesellschaftlicher Akzeptanz, zu einem sozialen Phänomen geworden ist, das der ältere Gesetzgeber nicht vorhersehen konnte.[78] Es fehlt jedoch die wertungsmäßige Vergleichbarkeit. Im Zuge der Beratungen des BGB einigte sich die II. Kommission, das gemeinschaftliche Testament auf Ehegatten zu beschränken und Verlobte von dieser Testierform auszuschließen, obwohl sie auch bei diesen in vielen Teilen Deutschlands verbreitet und in Bayern üblich war.[79] Begründet wurde dies mit dem Wesen der Ehe, insbesondere der Verpflichtung zur ehelichen Lebensgemeinschaft.[80] Eine entsprechende Verpflichtung zwischen Verlobten oder nichtehelichen Lebensgefährten besteht nicht, so dass für eine Analogie kein Raum ist.

76 Einhellige Meinung; statt aller Grüneberg/*Weidlich*, § 2265 Rn 2; *Grziwotz*, ZEV 1999, 299; Soergel/*Wolf*, vor § 2265 Rn 12. Allerdings hat *Wacke*, FamRZ 2001, 457, entgegen der ganz h.M. die Auffassung vertreten, dass die anfängliche Nichtigkeit des gemeinschaftlichen Testaments von Verlobten mit deren Heirat geheilt werde. Der Ausschluss Verlobter und nichtehelicher Lebensgefährten von der Testierform des gemeinschaftlichen Testaments ist mit dem Grundgesetz vereinbar; vgl. BVerfG v. 26.4.1989, 1 BvR 512/89, NJW 1989, 1986.

77 Vgl. allgemein zur Analogiefindung im Zusammenhang mit nichtehelichen Lebensgemeinschaften *Hausmann*, Nichteheliche Lebensgemeinschaft und Vermögensausgleich (1989), S. 27 ff.; *v. Proff*, Die eheähnliche Gemeinschaft im Einkommensteuerrecht (2007), S. 31 ff.

78 Vgl. BVerfG v. 3.4.1990, 1 BvR 1186/89, BVerfGE 82, 6, 13; Staudinger/*Raff*, BGB, § 2265 Rn 1.

79 Prot. V S. 7338 f. (*Mugdan*, Die gesammten Materialien zum Bürgerlichen Gesetzbuch für das Deutsche Reich (1899), Bd. 5, S. 719).

80 Denkschrift zum fünften Buche (1896), S. 281 (*Mugdan*, Die gesammten Materialien zum Bürgerlichen Gesetzbuch für das Deutsche Reich (1899), Bd. 5, S. 871): „Erfahrungsmäßig sind gemeinschaftliche Testamente die Quelle häufiger Rechtsstreitigkeiten; ihre Zulassung ist daher nur insoweit gerechtfertigt, als sie durch ein unabweisbares Bedürfnis gefordert wird. Ein solches Bedürfnis besteht, wie namentlich die Entwicklung in den Gebieten des gemeinen Rechts zeigt, für Ehegatten. In der Tat entspricht es der deutschen Auffassung vom Wesen der Ehe, wenn die Ehegatten nicht nur während der Dauer derselben alle wichtigen Angelegenheiten derselben im beiderseitigen Einverständnis erledigen, sondern auch für den Todesfall ihre Verhältnisse durch gemeinschaftliche Verfügung regeln. Daher liegt kein Anlass vor, auch anderen Person die Möglichkeiten der Errichtung gemeinschaftlicher Testamente zu eröffnen; insbes. werden im Fall des Verlöbnisses die erbrechtlichen Verhältnisse der künftigen Ehegatten schon jetzt meist durch Ehe- und Erbvertrag geordnet." Die „Denkschrift" zum Bürgerlichen Gesetzbuch wurde 1896 im Reichs-Justizamt ausgearbeitet und den Mitgliedern des Justizausschusses im Entwurf zugeleitet; vgl. *Schubert*, Materialien zur Entstehungsgeschichte des BGB (1978) (Jakobs/Schubert, Die Beratung des Bürgerlichen Gesetzbuchs), 373.

Da ein notarielles gemeinschaftliches Testament von Nichtehegatten in einen Erbvertrag umzudeuten und damit zu heilen ist (§ 2084 BGB),[81] konzentrieren sich die nachfolgenden Ausführungen auf den Versuch des privatschriftlichen gemeinschaftlichen Testaments. 29

I. Vorliegen eines gemeinschaftlichen Testaments

1. Objektive Theorie

Das Reichsgericht war der Ansicht, das Wesen des gemeinschaftlichen Testaments bestünde darin, dass die letztwilligen Verfügungen mehrerer Personen in *einer einzigen* Urkunde errichtet werden.[82] „Es kommt auch nicht wesentlich auf den Inhalt der Verfügungen, auf die Einheitlichkeit oder Gemeinschaftlichkeit des Errichtungsaktes oder auf die Absicht der Verfügenden an."[83] Das Reichsgericht verlangte somit einen (einzigen) zusammenhängend geschriebenen Text (objektive Theorie).[84] 30

2. Subjektive Theorie

Dieser formalen, mit der Annahme eines gemeinschaftlichen Testaments sehr zurückhaltenden Sicht, stellte sich eine in der Rechtsprechung nach dem Zweiten Weltkrieg aufkommende rein subjektive Theorie entgegen, die allein auf die gemeinschaftliche Willenserklärung der testierenden Ehegatten abstellt und damit vergleichsweise schnell zur Annahme gemeinschaftlichen Testierens gelangt.[85] Danach ist eine ausdrückliche Bezugnahme auf die Verfügung des anderen Ehegatten nicht erforderlich. Begründet wird dies mit der im Gesetz über die Errichtung von Testamenten und Erbverträgen vom 31.7.1938[86] und den darin eingeführten Formerleichterungen zum Ausdruck kom- 31

81 Vgl. Staudinger/*Raff*, Vorbem. zu §§ 2265 ff. Rn 52; Soergel/*Wolf*, § 2265 Rn 5; BayObLG v. 14.3.1919, OLGZ 40, 146 für eine von zwei Geschwistern errichtete notarielle „letztwillige Verfügung".

82 RG v. 18.11.1909, Rep. IV 265/08, RGZ 72, 204; zuvor bereits beiläufig in einer Stempelsteuersache RG v. 14.1.1902, Rep. VII. 406/01, RGZ 50, 308, 309: „Das erklärt und rechtfertigt sich daraus, (...) dass zwei „Testamente", den Ausdruck im Sinne von letztwilliger Verfügung genommen, in einem „Testament", nämlich in einer Testamentsurkunde, errichtet werden."

83 RG v. 18.11.1909, Rep. IV 265/08, RGZ 72, 204, 205 ff.

84 Die vom Reichsgericht im Hinblick auf § 2231 Nr. 2 BGB a.F. geforderte ausdrückliche Beitrittserklärung des anderen Ehegatten ist heute nicht mehr erforderlich, vielmehr genügt Mitunterzeichnung (§ 2267 BGB als Nachfolgevorschrift zu § 28 Abs. 2 TestG v. 31.7.1938, RGBl I 973). Eingehend zur Rechtsentwicklung Staudinger/*Raff*, Vorbem. zu §§ 2265 ff. Rn 5 ff.

85 OLG Freiburg v. 20.12.1947, W 26/47, NJW 1948, 80 (nur Leitsatz) = DRZ 1948, 179: gegenseitige Erbeinsetzung durch Ehegatten in zwei räumlich verbundenen, aber nicht ausdrücklich aufeinander Bezug nehmenden eigenhändigen letztwilligen Verfügungen; OGH v. 4.11.1948, II ZS 23/48 (ZS 104/48), NJW 1949, 304.

86 RGBl I, S. 973.

menden Zielsetzung, übersteigerten Formalismus zu vermeiden, soweit eine zuverlässige Wiedergabe des Willens des Erblassers sichergestellt ist, sowie den Auslegungsregeln der §§ 2084, 133 BGB.[87]

3. Kombination aus subjektiver Theorie und Andeutungstheorie (h.M.)

32 Die objektive Theorie des Reichsgerichts wird heute m.E. zu Recht kritisiert, weil sie in der Gefahr steht, den Willen des Erblassers zu missachten.[88] Die heute ganz h.M. folgt daher der subjektiven Theorie, kombiniert diese jedoch mit der Andeutungstheorie.[89] Ehegatten können bei der Errichtung eines gemeinschaftlichen Testaments die Formerleichterung des § 2267 BGB wählen, bei der in einer Urkunde einer der Eheleute das Testament eigenhändig verfasst und beide unterschreiben.[90] Die heute ganz h.M. hält – abweichend von der objektiven Theorie des Reichsgerichts – ein gemeinschaftliches Testament jedoch auch in Form zweier separater Urkunden für möglich.[91] In diesem Fall ist jedoch nach der Rechtsprechung nur dann von einem gemeinschaftlichen Testament – und nicht von zwei Einzeltestamenten – auszugehen, wenn sich der Wille der Ehegatten zum gemeinschaftlichen Testieren aus beiden Urkunden zumindest andeutungsweise ergibt, mag sich der volle Beweis auch erst durch Umstände außerhalb der Urkunde ergeben.[92]

87 OGH v. 4.11.1948, II ZS 23/48 (ZS 104/48), NJW 1949, 304, 305.

88 Soergel/*Wolf*, vor § 2265 Rn 6; *Lutter*, FamRZ 1959, 273, 274.

89 BGH v. 9.3.1977, IV ZR 114/75, NJW 1977, 1728; BGH v. 12.3.1953, IV ZR 131/52, BGHZ 9, 113 = NJW 1953, 698 noch offengelassen.

90 Eine nur von einem Ehegatten unterschriebene Verfügung kann kein gemeinschaftliches Testament sein, sondern entweder der Entwurf eines gemeinschaftlichen Testaments oder ein einseitiges Testament; vgl. BGH v. 16.6.1987, IVa ZR 74/86, NJW-RR 1987, 1410; BayObLG v. 29.10.1991, BReg. 1 Z 2/91, NJW-RR 1992, 332; BayObLG v. 29.6.2000, 1Z BR 40/00, FamRZ 2001, 518.

91 OLG Brandenburg v. 17.1.2023, 3 W 133/22, BeckRS 2023, 1627 Rn 14; OLG Schleswig v. 28.5.2018, 3 Wx 70/17, BeckRS 2018, 27677 Rn 22; BayObLG v. 11.2.1991, 1 a Z 66/90, FamRZ 1991, 1485; v. 21.7.1992, 1Z 62/91, FamRZ 1993, 240; OLG Zweibrücken v. 17.7.2002, 3 W 82/02, ZEV 2002, 414; OLG Braunschweig v. 13.3.2006, 2 W 121/05, ZEV 2007, 178 m. Anm. *Sticherling*; *Wacke*, FamRZ 2001, 457, 460; a.A. noch RG v. 18.11.1909, Rep. IV 265/08, RGZ 72, 204; RG v. 14.1.1902, Rep. VII. 406/01, RGZ 50, 308, 309.

92 OLG Celle v. 10.9.1968, 10 Wx 6/68, OLGZ 1969, 84, 87; OLG Frankfurt v. 10.12.1977, 20 Q 663/77, OLGZ 1978, 267; OLG Hamm v. 18.12.1978, 15 W 246/78, OLGZ 1979, 262; OLG Zweibrücken v. 21.8.2000, 3 W 144/00, FamRZ 2001, 518; BayObLG v. 27.3.2001, 1Z BR 130/00, FamRZ 2001, 1563; OLG München v. 23.7.2008, 31 Wx 34/08, MittBayNot 2009, 55; MüKo-BGB/*Musielak*, vor § 2265 Rn 9 ff.; Soergel/*Wolf*, vor § 2265 Rn 7. A.A. Staudinger/*Raff*, Vorbem. zu §§ 2265 ff. Rn 26 ff.: der Wille, gemeinschaftlich zu testieren, sei nicht auf die Rechtswirkungen der Gemeinschaftlichkeit, insbesondere im Hinblick auf wechselbezügliche Verfügungen, sondern auf eine bloße Tatsache – gemeinschaftliche Errichtung – gerichtet und müsse als rechtsgeschäftsähnliche Willensäußerung nicht in der Testamentsurkunde angedeutet sein; *Sticherling*, ZEV 2007, 179.

Die herrschende mit der Andeutungstheorie kombinierte subjektive Theorie ist über- 33
zeugend und ihr gebührt m.E. aus praktischen Gründen der Vorzug vor einer rein subjektiven Theorie,[93] die für den Willen zum gemeinschaftlichen Testieren keine Andeutung im Testament verlangt. Die h.M. ermöglicht eine rechtssichere Willensfeststellung und minimiert Manipulationsrisiken.[94] Welchen praktischen Schwierigkeiten ein rein subjektives Verständnis ausgesetzt ist, wird an dem Sachverhalt deutlich, der dem Urteil des BGH vom 12.3.1953 zugrunde lag.[95] Der Erblasser hatte durch privatschriftliches Testament seine Ehefrau zur Alleinerbin eingesetzt. In einem späteren Testament vermachte er seiner Schwester sein in Deutschland belegenes Vermögen. Nach seinem Tod bezweifelte die Witwe des Erblassers die Gültigkeit des Widerrufstestaments. Ihre Erbeinsetzung durch die frühere Verfügung sei Teil eines gemeinschaftlichen Testaments. Die Witwe legte[96] ein Schriftstück vor, mit dem sie am selben Tag ihren Mann auf einem separaten Schriftstück als Alleinerben eingesetzt habe. Nur auf dem Boden der Andeutungstheorie konnte der BGH dieses Vorbringen mühelos beiseiteschieben, denn die Verfügung des Erblassers ließ einen Willen zur gemeinschaftlichen Errichtung nicht einmal ansatzweise erkennen.

Der Andeutungstheorie ist im Hinblick auf den Willen zum gemeinschaftlichen Testieren 34
insbesondere dann genügt, wenn jeder der testierenden Erblasser in einer mit derjenigen des anderen Erblasser wörtlich übereinstimmenden Erklärung die Worte „wir“ und „unser“ verwendet, den anderen Erblasser zum Alleinerben einsetzt und für den Tod des Letztversterbenden Bestimmungen über den „beiderseitigen“ Nachlass trifft, selbst wenn die jeweilige Urkunde mit „mein letzter Wille“ überschrieben ist.[97] Dagegen genügt es nicht für die Annahme eines gemeinschaftlichen Testaments, wenn die Erblasser ihre jeweilige Urkunde unter Verwendung der Worte „ich“ und „mein“ am selben Tag und am selben Ort errichtet

93 Staudinger/*Raff*, Vorbem. zu §§ 2265 ff. Rn 26 ff.; *Sticherling*, ZEV 2007, 179.

94 Soergel/*Wolf*, vor § 2265 Rn 7.

95 BGH v. 12.3.1953, IV ZR 131/52, BGHZ 9, 113 = NJW 1953, 698.

96 Dies geschah erst in der Berufungsinstanz (!).

97 OLG Schleswig v. 28.5.2018, 3 Wx 70/17, BeckRS 2018, 27677 Rn 30; BayObLG v. 3.2.1995, 1Z BR 68/94, FamRZ 1995, 1447 für den Fall folgender gleichlautender Verfügungen: „Mein letzter Wille. Wir setzen uns hiermit gegenseitig als Alleinerben ein. Nach dem Tode des Letztlebenden von uns soll der beiderseitige Nachlass an unsere Kinder zu gleichen Teilen fallen. Demgemäß ist der Überlebende von uns alleiniger Erbe des Erstversterbenden, während unsere Kinder für den gesamten Nachlass als Erben des zuletzt versterbenden Elternteiles eingesetzt sind (…).“ Zur Abgrenzung (kein gemeinschaftliches Testament) BayObLG v. 11.2.1991, 1 a Z 66/90, FamRZ 1991, 1485 für den Fall folgender gleichlautender Verfügungen: „Testament! Hiermit bestätige ich, dass nach meinem Tod mein Mann (bzw. meine Frau) alleiniger Erbe (bzw. alleinige Erbin) von unserem gesamten Hab und Gut, Hausbesitz, Inventar und Bargeld ist.“ Das BayObLG begründet dies damit, dass Eheleute häufig ihr Vermögen als gemeinsames betrachten, so dass der Hinweis „unser Hab und Gut“ sich nicht notwendig auf gemeinsames Testieren beziehen musste, sondern im Hinblick auf gemeinschaftliches Vermögen enthalten sein kann.

haben und sich die Urkunden inhaltlich gleichen.[98] Dies gilt auch dann, wenn die Erblasser in getrennten Urkunden testiert haben, weil ausländisches materielles Erbrecht zur Anwendung kam, welches gemeinschaftliche Verfügungen verbietet, dieses Verbot jedoch nur eine bloße Formvorschrift darstellt. Auch in diesem Fall sind die strengen Anforderungen an die Gemeinschaftlichkeit anwendbar, welche in der Urkunde selbst angedeutet sein muss.[99]

II. Geltung der vorstehenden Grundsätze für das gemeinschaftliche Testament von Nichtehegatten

1. Generelle Wirksamkeit als Einzeltestament (Allheiltheorie, Mindermeinung)

35 Eine vom Kammergericht in einem Beschl. v. 15.8.1972[100] und in der Literatur von *Goßrau* vertretene Allheiltheorie sieht den (untauglichen) Versuch eines gemeinschaftlichen Testaments durch Nichteheleute niemals als (unwirksames, aber möglicherweise durch Umdeutung „heilbares") gemeinschaftliche(s), sondern stets als Einzeltestament(e) an.[101] Nach dieser Auffassung sind die Verfügungen, die in einer von Nichteheleuten mit dem Willen, gemeinschaftlich zu testieren, errichteten Erklärung enthalten sind, stets in wirksame einseitige Verfügungen umzuqualifizieren.

36 Für die Allheiltheorie werden im Wesentlichen zwei Argumente vorgetragen. *Goßrau*[102] hat folgenden „Gegenschluss" aus § 2265 BGB („Ein gemeinschaftliches Testament kann nur von Ehegatten errichtet werden") gezogen: nur eine von Eheleuten errichtete letztwillige Verfügung könne begrifflich ein gemeinschaftliches Testament sein. Eine von Nichteheleuten errichtete Verfügung sei daher ausnahmslos Einzeltestament.[103] Das Kam-

98 BGH v. 12.3.1953, IV ZR 131/52, BGHZ 9, 113, 116 = NJW 1953, 698; OLG Köln v. 22.4.1968, 2 Wx 29/68, OLGZ 1968, 321 (kein gemeinschaftliches Testament trotz inhaltsgleicher, am gleichen Tag und selben Ort errichteter Testamente, die in einem verschlossenen, versiegelten Umschlag mit der von beiden Ehegatten unterschriebenen Aufschrift „Unsere Testamente" verwahrt wurden; a.A. BayObLG v. 11.2.1991, 1 a Z 66/90, FamRZ 1991, 1485; BayObLG v. 21.7.1992, 1Z 62/91, FamRZ 1993, 240; BayObLG v. 3.2.1995, 1Z BR 68/94, FamRZ 1995, 1447; KG v. 11.4.2000, 1 W 8565/98, ZEV 2000, 512; OLG Zweibrücken v. 17.7.2002, 3 W 82/02, ZEV 2002, 414; OLG Braunschweig v. 13.3.2006, 2 W 121/05, ZEV 2007, 178; OLG Hamm v. 6.5.2021, 10 W 9/21, ErbR 2021, 1048, 1050; a.A. Staudinger/*Raff*, Vorbem. zu §§ 2265 ff. Rn 26 ff.; *Sticherling*, ZEV 2007, 179 m.w.N. zur Gegenansicht.

99 KG v. 11.4.2000, 1 W 8565/98, ZEV 2000, 512 (niederländisches Recht).

100 KG v. 15.8.1972, 1 W 2500/71, DNotZ 1973, 158: zwei Schwestern hatten sich in einer privatschriftlichen, allein von der Letztverstorbenen verfassten und von beiden unterzeichneten Erklärung gegenseitig zu Erben eingesetzt und einen Schlusserben bestimmt. Eingehend zu diesem Beschluss *Kanzleiter*, DNotZ 1973, 133.

101 *Goßrau*, NJW 1947/48, 365, 367; ablehnend *Lutter*, FamRZ 1959, 273, 274; LG Bonn v. 5.12.2002, 18 O 301/02, NJW-RR 2004, 10.

102 *Goßrau*, NJW 1947/48, 365.

103 *Goßrau*, NJW 1947/48, 365, 367.

mergericht stellt demgegenüber weniger auf einen in § 2265 BGB angeblich[104] in persönlicher Hinsicht eingeschränkten Anwendungsbereich des gemeinschaftlichen Testaments als vielmehr auf den typischen (jedoch nicht begriffsnotwendigen) Inhalt des gemeinschaftlichen Testaments, die Wechselbezüglichkeit darin enthaltener Verfügungen der Erblasser ab. Das Wesen der Wechselbezüglichkeit bestehe, so das Kammergericht, lediglich in einem Zusammenhang des Motivs.[105] Die in einem intendierten gemeinschaftlichen Testament enthaltenen Verfügungen behielten ihre Eigenständigkeit als einzeltestamentarische Anordnungen. Der untaugliche Versuch, sie als wechselbezüglich zu gestalten, bliebe auf die Anordnungen ohne Auswirkung, es scheitere nur der Versuch, sie zu umklammern.[106]

Nach der Allheiltheorie kann der materiellen Wirksamkeit einer für sich genommen formwirksamen, d.h. im privatschriftlichen Testament vom Testator und nicht vom Partner, eigenhändig geschriebenen und unterschriebenen Verfügung, ein etwaiger gemeinschaftlicher Testierwillen niemals entgegenstehen, er ist unbeachtlich. 37

Die Allheiltheorie sieht sich dem Vorwurf ausgesetzt, dass sie den Erblasserwillen zu missachten droht, der im Einzelfall durchaus darauf gerichtet sein kann, entweder mit für den Überlebenden bindender Wirkung zu testieren oder aber gar nicht. Sie hat sich daher zu Recht nicht durchgesetzt.[107] 38

2. Generelle Unwirksamkeit (Mindermeinung)

Die extreme Gegenposition zur Allheiltheorie wird durch das heute mit Blick auf den allein maßgeblichen Erblasserwillen zu Recht nicht mehr vertretene, vom Reichsgericht aufgestellte absolute Umdeutungsverbot markiert.[108] Nach dieser Auffassung ist die vom Erblasser eigenhändig verfasste und von ihm und seiner Lebensgefährtin unterschriebene Erbeinsetzung der Partnerin selbst dann ein rechtliches Nullum, wenn der Erblasser sie bei Kenntnis des untauglichen Versuchs als einseitige letztwillige Verfügung aufrechterhalten wissen wollte.[109] 39

104 So *Goßrau*, NJW 1947/48, 365, 367.

105 KG v. 15.8.1972, 1 W 2500/71, DNotZ 1973, 158, 160.

106 KG v. 15.8.1972, 1 W 2500/71, DNotZ 1973, 158, 162.

107 Eingehend gegen diese Auffassung *Kanzleiter*, DNotZ 1973, 133, 135 ff. Sympathie mit der Ansicht von *Goßrau* jedoch bei *Lange/Kuchinke*, Erbrecht, § 24 I 4 b.

108 RG v. 20.5.1915, Rep. IV. 699/14, RGZ 87, 33, das eine Konversion mit Hinweis auf „Unzuträglichkeiten, die sich aus der Verbindung letztwilliger Verfügungen mehrerer Personen in einer Urkunde ergeben", strikt ablehnte; ihm folgend OLG Neustadt v. 25.7.1958, 3 W 82/58, NJW 1958, 1785 (gleichlautende als gemeinschaftlich anzusehende Verlobtentestamente). A.A. bereits BayObLG v. 14.3.1919, OLGZ 40, 146 für den Fall der Umdeutung eines notariellen gemeinschaftlichen Testaments von Geschwistern in einen Erbvertrag.

109 Dagegen hätte die vom RG aufgestellte Lehre wohl keine Bedenken gegen eine unter Gebrauch der Worte „wir" und „unser Nachlass" o.Ä. in inhaltlich übereinstimmenden, von beiden Partnern eigenhändig geschriebenen und unterschriebenen Erklärungen angeordnete wechselseitige Erbeinsetzung und Schlusserbeneinsetzung.

3. Orientierung am angedeuteten Erblasserwillen (subjektive Andeutungstheorie, h.M.)

40 Zu Recht wird der von *Goßrau* vorgeschlagene „Gegenschluss" aus § 2265 BGB von der h.M. nicht gezogen. Indem diese Vorschrift das gemeinschaftliche Testament Ehegatten vorbehält, erlaubt sie nicht die Schlussfolgerung, dass eine von Nichtehegatten errichtete letztwillige Verfügung stets ein Einzeltestament sei. § 2265 BGB enthält vielmehr ein Formverbot des gemeinschaftlichen Testaments für Nichtehegatten. Er enthält – anders als vom Reichsgericht angenommen – jedoch nicht darüberhinausgehend ein Umdeutungsverbot für derartige gemeinschaftliche Testamente von Nichtehegatten.

41 Die überwiegende Meinung fragt entsprechend den oben dargestellten Grundsätzen der Kombination aus subjektiver Theorie und Andeutungstheorie zunächst, ob die Nichtehegatten sich als Urheber eines (untauglich) versuchten gemeinschaftlichen Testaments betätigt haben, mithin in der bzw. den Urkunde(n) den Willen gemeinschaftlichen Testierens verfolgt haben. Wird in der Form des § 2267 BGB testiert (nur ein Erblasser verfasst die Erklärung) oder verwenden beide Partner in wörtlich übereinstimmenden Erklärungen die Worte „wir" und „unser", ist damit der Wille gemeinschaftlichen Testierens nachgewiesen.[110] Die Beteiligten beweisen damit hinreichend, dass ihnen die Rechtslage, wonach das gemeinschaftliche Testament Ehegatten vorbehalten ist, nicht bekannt ist.

42 Das BayObLG hatte über ein vom Erblasser unter der Überschrift „Mein letzter Wille" handschriftlich verfasstes und von ihm und seiner Lebensgefährtin unterschriebenes Testament zu entscheiden.[111] Darin bestimmte der Erblasser zunächst, „dass meine Lebensgefährtin M Alleinerbin meines ganzen Nachlasses ist bei meinem Ableben." Weiter hieß es: „Sollte uns beiden ein Unglück mit tödlichem Ausgang zustoßen, so setzen wir die Tochter W ein". W war einseitiges Kind der Lebensgefährtin des Erblassers.[112] Das BayObLG hielt in Übereinstimmung mit der h.M. die Auslegung des Schriftstücks als Einzeltestament des Erblassers durch die Vorinstanzen mit Hinblick auf die Überschrift und die im Eingangssatz getroffene einseitige Erbeinsetzung der Lebensgefährtin für vertretbar.[113] Die Unwirksamkeit der Verfügung seiner Lebensgefährtin – Erbeinsetzung ihrer Tochter – sei daher ohne Einfluss auf die Wirksamkeit der Erbeinsetzung der Lebensgefährtin durch den Erblasser, so dass es auf die Frage nach Umdeutung und einer ihr möglicherweise entgegenstehenden Wechselbezüglichkeit nicht ankam.[114]

110 LG Bonn v. 5.12.2002, 18 O 301/02, NJW-RR 2004, 10; BayObLG v. 27.3.2001, 1Z BR 130/00, FamRZ 2001, 1563; BGH v. 16.6.1987, IVa ZR 74/86, NJW-RR 1987, 1410.

111 BayObLG v. 27.3.2001, 1Z BR 130/00, FamRZ 2001, 1563.

112 BayObLG v. 27.3.2001, 1Z BR 130/00, FamRZ 2001, 1563.

113 BayObLG v. 27.3.2001, 1Z BR 130/00, FamRZ 2001, 1563.

114 BayObLG v. 27.3.2001, 1Z BR 130/00, FamRZ 2001, 1563.

Eine zwar als gemeinschaftlich intendierte, jedoch *nur von einem nichtehelichen Partner ge- und unterschriebene* letztwillige Verfügung ist nach Ansicht des BGH kein gemeinschaftliches Testament.[115] In diesem Fall kann die vom Testator errichtete letztwillige Verfügung auch dann als Einzeltestament wirksam sein, wenn sie nicht von der Lebensgefährtin unterschrieben worden ist, obwohl der Testator sie hierzu im Hinblick auf eine darin enthaltene gegenseitige Erbeinsetzung und Schlusserbeinsetzung aufgefordert hat.[116] Der Willen des Testators ist dahingehend zu ermitteln, ob die Erklärung ein mangels Unterschrift der Lebensgefährtin unbeachtlicher Entwurf eines gemeinschaftlichen Testaments sein sollte,[117] oder ob sie auch als einseitige Verfügung von Todes wegen gewollt war.[118] Eine derartige mit „Gemeinsames Testament der Partner der Lebensgemeinschaft (…)“ überschriebene Erklärung beschäftigte den BGH in einer Entscheidung vom 16.6.1987. Die Lebensgefährten setzten sich darin gegenseitig zu „Universalerben“ ein, enterbten die Tochter des Testators und bestimmten für den nach dem Tode des Längstlebenden noch vorhandenen Nachlass den Sohn des Testators und den Sohn der Lebensgefährtin zu den Erben. Die Lebensgefährtin unterschrieb die Erklärung trotz wiederholter Aufforderungen des Erblassers nicht. Der BGH kam zum Ergebnis, dass der Erblasser seine Lebensgefährtin auch in einem Einzeltestament zur 43

115 BGH v. 16.6.1987, IVa ZR 74/86, NJW-RR 1987, 1410.

116 BGH v. 16.6.1987, IVa ZR 74/86, NJW-RR 1987, 1410; BayObLG v. 29.6.2000, 1Z BR 40/00, FamRZ 2001, 518.

117 Vgl. *Kanzleiter*, DNotZ 1973, 133, 138.

118 BGH v. 16.6.1987, IVa ZR 74/86, NJW-RR 1987, 1410; ebenso OLG München v. 23.4.2014, 31 Wx 22/14, MittBayNot 2015, 243; OLG Frankfurt v. 20.3.1998, 20 W 489/95, FamRZ 1995, 1394 für den Fall, dass das nur einseitig von der erstverstorbenen Ehefrau unterschriebene als gemeinschaftlich intendierte Testament eine gegenseitige Vor-Erbeinsetzung der Eheleute und eine mit einer Teilungsanordnung versehene Nacherbfolge der Söhne anordnet; BayObLG v. 24.1.2003, 1Z BR 14/02, NJW-RR 2003, 659, 660 = FamRZ 2004, 224, für den Fall einer bloßen Änderung der Schlusserbeneinsetzung durch intendiertes, aber nur einseitig unterschriebenes privatschriftliches gemeinschaftliches Testament; BayObLG v. 20.7.1990, BReg. 1 a Z 34/90, FamRZ 1991, 111 für den Fall der Anordnung einer Testamentsvollstreckung für die Schlusserben; *Kanzleiter*, DNotZ 1973, 133, 148 f. Nur für einen Entwurf hielt dagegen BayObLG v. 29.6.2000, 1Z BR 40/00, FamRZ 2001, 518, ein nur vom (erstversterbenden) Ehemann verfasstes und unterschriebenes, jedoch als gemeinschaftlich konzipiertes Testament, in dem sich die Eheleute gegenseitig zu Alleinerben und die gemeinsamen Töchter als Schlusserben einsetzten. In derartigen Fällen intendierter wechselbezüglicher Verfügungen spreche die Lebenserfahrung gegen die isolierte Aufrechterhaltung als Einzelverfügung. Über die Frage, ob die Einsetzung der Ehefrau zur Vollerbin in eine Vor- und Nacherbschaft umgedeutet und die Verfügungen des erstversterbenden Ehemannes auf diese Weise aufrechterhalten werden können, war nicht zu entscheiden, weil Verfahrensgegenstand die Erteilung eines Erbscheins der Ehefrau war, der diese als Vollerbin auswies. Auch BayObLG v. 29.10.1991, BReg. 1 Z 2/91, NJW-RR 1992, 332, nahm den bloßen Entwurf eines gemeinschaftlichen Testaments in einem Fall an, in dem die letztversterbende Erblasserin mit nur von ihr, nicht aber von ihrem Ehemann unterzeichnetem als gemeinschaftlich intendiertem Testament gegenseitige Erbeinsetzung und Schlusserbeneinsetzung ihrer Nichten anordnete.

Alleinerbein einsetzen wollte, weil er ihr in der Erklärung für ihre Fürsorge und Pflege dankte und sie schon zuvor in einem Einzeltestament als Alleinerbin bedacht hatte.[119]

III. Umdeutung in Einzeltestament(e)?

44 Führt die Anwendung der vorstehend geschilderten Kriterien zum Ergebnis, dass ein gemeinschaftliches Testament vorliegt, so haben die darin enthaltenen Erklärungen u.U. als einseitige einzeltestamentarische Verfügungen Bestand.[120] Entscheidend ist, ob die als gemeinschaftlich gewollten Erklärungen in einzeltestamentarische Verfügungen umgedeutet werden können. Die Bezeichnung der von den Erblassern unterzeichneten Erklärung als „Erbvertrag" oder „gemeinschaftliches Testament" steht einer Umdeutung nicht entgegen.[121] Eine in einem (unwirksamen) gemeinschaftlichen Testament enthaltene Verfügung ist in eine (wirksame) einzeltestamentarische Verfügung umzudeuten, wenn sie die Formerfordernisse eines Einzeltestaments erfüllt und wenn anzunehmen ist, dass der Erblasser bei Kenntnis der Unwirksamkeit seine Verfügung als einseitige errichtet haben würde (§ 140 BGB).[122]

1. Einhaltung der Formvorschriften des Einzeltestaments

45 Unabdingbare Umdeutungsvoraussetzung ist zunächst, dass die gesetzlichen Formvorschriften eines Einzeltestaments eingehalten sind.[123]

Wie oben ausgeführt, ist ein untaugliches gemeinschaftliches Nichtehegatten-Testament in der Form des § 2267 S. 1 BGB oder aber in der Weise denkbar, dass beide Partner wörtlich übereinstimmende Erklärungen unter Verwendung der Worte „wir" und „unser" abgeben. Hat ein Beteiligter das vom anderen verfasste Testament nur mitunterschrieben (untauglicher Versuch der Form des § 2267 S. 1 BGB), so hat er nicht wirksam testiert. Für eine Umdeutung ist dann kein Raum. Auch eine nachfolgende Heirat

119 BGH v. 16.6.1987, IVa ZR 74/86, NJW-RR 1987, 1410.

120 Heute allgemeine Meinung; vgl. BayObLG v. 27.4.1993, 1Z BR 120/92, FamRZ 1993, 1370; Grüneberg/*Weidlich*, § 2265 Rn 3 m.w.N.; Staudinger/*Raff*, BGB, § 2265 Rn 13 ff.; *Kanzleiter*, DNotZ 1973, 133, 139 f.; *ders.*, ZEV 1996, 306.
Zu beachten ist, dass bestimmte ausländische Rechtsordnungen, die das gemeinschaftliche Testament seinem Inhalt nach verbieten, auch eine Umdeutung in Einzeltestamente ausschließen; vgl. etwa für das italienische Recht *Wiedemann/Pertot/Ballerini*, Erbrecht in Italien, in: Süß, Erbrecht in Europa, Rn 175.

121 Allg. Meinung; vgl. nur OLG Hamm v. 25.4.1996, 15 W 379/95, ZEV 1996, 304 m. Anm. *Kanzleiter*.

122 Grüneberg/*Ellenberger*, § 140 Rn 10; *Kanzleiter*, DNotZ 1973, 133, 140; *ders.*, ZEV 1996, 306, 307.

123 Allgemeine Meinung; vgl. nur Grüneberg/*Weidlich*, § 2265 Rn 3; *Kanzleiter*, DNotZ 1973, 133, 140. Auch aus Billigkeitsgründen kann nicht von der gesetzlichen Form des Einzeltestaments (§ 2247 BGB) abgesehen werden; vgl. KG v. 5.12.1968, 1 W 4146/68, NJW 1969, 798; OLG Düsseldorf v. 26.7.1996, 3 Wx 278/96, FamRZ 1997, 518.

heilt den Formfehler nicht.[124] Dagegen ist die Erklärung des anderen Teils einer Umdeutung zugänglich, weil § 2265 BGB kein Umdeutungsverbot enthält.[125] Gleiches gilt selbstverständlich dann, wenn beide Testatoren (übereinstimmend) privatschriftliche letztwillige Verfügungen eigenhändig verfasst haben.

2. Hypothetischer Wille zur Errichtung als einseitige Verfügung

Eine Umdeutung setzt des Weiteren voraus, dass der Erblasser seine Verfügung als einseitige errichtet haben würde, wenn er deren Unwirksamkeit erkannt hätte (§ 140 BGB). Abzustellen ist auf den wirklichen Willen, soweit er ermittelt werden kann, sonst auf den hypothetischen Willen des Erblassers, der nach den Grundsätzen der ergänzenden Auslegung von Rechtsgeschäften zu ermitteln ist.[126] Eine von diesen Grundsätzen zu Unrecht abweichende vereinzelte Rechtsprechung lässt allerdings eine Ermittlung des Erblasserwillens vermissen und verneint eine Umdeutung mit Verweis darauf, dass die betreffende letztwillige Verfügung im Verhältnis der Wechselbezüglichkeit zu einer Verfügung des anderen Testators stünde.[127] Es ist zwar richtig, dass auch Verfügungen in **46**

124 Ganz h.M.; Grüneberg/*Weidlich*, § 2265 Rn 2; Soergel/*Wolf*, § 2265 Rn 5; *Lange/Kuchinke*, Erbrecht, § 24 I 4. a); *Kanzleiter*, FamRZ 2001, 1198; OLG Hamm v. 25.4.1996, 15 W 379/95, ZEV 1996, 304 m. Anm. *Kanzleiter*, allerdings ohne Erörterung der Thematik (die Lebensgefährten, die ein Testament in der Form des § 2267 S. 1 BGB errichteten, heirateten später); a.A. *Wacke*, FamRZ 2001, 457, 462 und möglicherweise OLG Düsseldorf v. 26.7.1996, 3 Wx 278/96, FamRZ 1997, 518: das angeblich vom Erblasser selbst wenige Tage vor seinem Tod mit der Überschrift „Gemeinschaftliches Testament" verfasste und von ihm und seiner Lebensgefährtin unterzeichnete Testament, in dem sich die Lebensgefährten gegenseitig zu Alleinerben einsetzen, hätte nach dem Willen des Erblassers nur und erst für den Fall der Verheiratung wirksam werden sollen. Zur Heirat kam es jedoch infolge des Todes des Erblassers nicht mehr.

125 BayObLG v. 27.3.2001, 1Z BR 130/00, FamRZ 2001, 1563; MüKo-BGB/*Musielak*, § 2265 Rn 5; *Lutter*, FamRZ 1959, 273; a.A. noch RG v. 20.5.1915, Rep. IV. 699/14, RGZ 87, 33; OLG Neustadt v. 25.7.1958, 3 W 82/58, NJW 1958, 1785.
Einer Umdeutung bedarf es nicht, wenn der bloß mitunterzeichnete Lebensgefährte überhaupt nicht testieren wollte, sondern nur zum Ausdruck bringen wollte, dass er die Erklärung des anderen billigt oder zur Kenntnis nimmt.

126 Grüneberg/*Ellenberger*, § 140 Rn 8; *Kanzleiter*, ZEV 1996, 306, 307.

127 Dies trifft insbesondere zu auf: KG v. 5.12.1968, 1 W 4146/68, NJW 1969, 798; OLG Hamm v. 25.4.1996, 15 W 379/95, ZEV 1996, 304 m. Anm. *Kanzleiter*. Beide Entscheidungen bejahen Wechselbezüglichkeit und sehen sich dadurch – zu Unrecht – an einer Umdeutung gehindert. Dagegen verneint OLG Koblenz v. 21.1.1948, 1 U 203/47, NJW 1947/48, 384 Wechselbezüglichkeit und kommt umdeutungsweise zum Ergebnis wirksamer Erbeinsetzung. Eingehende Willensermittlung bei OLG Zweibrücken v. 18.1.1989, 3 W 188/88, FamRZ 1989, 790; BayObLG v. 27.4.1993, 1Z BR 120/92, FamRZ 1993, 1370; LG Bonn v. 5.12.2002, 18 O 301/02, NJW-RR 2004, 10. Diese Entscheidungen bejahen eine Umdeutung.

einem unwirksamen gemeinschaftlichen Testament wechselbezüglich sein können.[128] Über die Wechselbezüglichkeit und deren Umfang[129] entscheidet jedoch wiederum vorrangig der Erblasserwillen und nicht, wie in der vorgenannten Rechtsprechung praktiziert, die schematische Anwendung der in § 2270 Abs. 2 BGB enthaltenen Vermutungsregel für die Wechselbezüglichkeit.[130] Unabhängig davon, ob der nach seinem Wortlaut nur für Verfügungen unter Eheleuten geltende § 2270 Abs. 2 BGB auch auf Verfügungen von Nichtehegatten Anwendung findet, sind auch wechselbezügliche Verfügungen einer Umdeutung in einseitige Verfügungen zugänglich.[131]

3. Bloß einseitige Formwirksamkeit (untauglicher Versuch der Form des § 2267 S. 1 BGB)

47 In den Fällen des untauglichen Versuchs der Form des § 2267 S. 1 BGB ist die Erklärung des Beteiligten, der das vom anderen verfasste Testament nur mitunterschrieben hat, unheilbar formunwirksam. Was die (materielle) Wirksamkeit der Erklärung des Urhebers betrifft, besteht divergierende Rechtsprechung.

48 Das OLG Hamm hat die gegenseitige Erbeinsetzung in einem vom männlichen Part einer nichtehelichen Lebensgemeinschaft handschriftlich als „Erbvertrag" verfassten und von ihm sowie seiner Lebensgefährtin unterschriebenen Schriftstück für wechselbezüglich gehalten und die darin enthaltene Erbeinsetzung der Lebensgefährtin durch den erstverstorbenen Mann für nichtig und auch nicht umdeutungsweise haltbar erklärt.[132] Eine mit einer formunwirksamen Verfügung des anderen Teils im Verhältnis der Wechselbezüglichkeit stehende Verfügung könne nicht im Wege der Umdeutung als einseitige Verfügung aufrechterhalten bleiben, weil dies ihrem wechselbezüglichen Charakter widerspreche. Dies gelte selbst dann, wenn die formnichtige Verfügung der Lebensgefährtin infolge des Vorversterbens des zum Alleinerben eingesetzten Partners gegenstandslos geworden ist, weil auch bei der Ermittlung des mutmaßlichen Erblasserwillens auf den Zeitpunkt der Testamentserrichtung abzustellen sei.[133] Unausgesprochen soll dabei nach Auf-

128 BGH v. 16.6.1987, IVa ZR 74/86, NJW-RR 1987, 1410 m.w.N.; BayObLG v. 27.4.1993, 1Z BR 120/92, FamRZ 1993, 1370. Wechselbezüglich (korrespektiv) sind Verfügungen, von denen anzunehmen ist, dass die Verfügung des einen Erblassers nicht ohne die Verfügung des anderen Erblassers getroffen sein würde. Über die Wechselbezüglichkeit entscheidet der Willen des Erblassers. Wechselbezüglich können nur die einzelnen Verfügungen sein, nicht das Testament als solches; BGH v. 16.6.1987, IVa ZR 74/86, NJW-RR 1987, 1410 m.w.N.

129 Der Erblasser kann die Abhängigkeit seiner Verfügung von der des anderen auf einzelne Fälle der Nichtigkeit beschränken; vgl. *Kipp-Coing*, § 35 III 1.

130 *Kanzleiter,* ZEV 1996, 306, 307; A.A. KG v. 5.12.1968, 1 W 4146/68, NJW 1969, 798; OLG Hamm v. 25.4.1996, 15 W 379/95, ZEV 1996, 304.

131 Staudinger/*Raff*, BGB, § 2265 Rn 17.

132 OLG Hamm v. 25.4.1996, 15 W 379/95, ZEV 1996, 304 m. Anm. *Kanzleiter*.

133 OLG Hamm v. 25.4.1996, 15 W 379/95, ZEV 1996, 304 m. Anm. *Kanzleiter*.

fassung des OLG Hamm auch der Erkenntnishorizont des Erblassers bei Testamentserrichtung zugrunde gelegt werden. Die vom OLG Hamm vertretene Ansicht ist m.E. abzulehnen. Sie leugnet im Ergebnis die ergänzende Testamentsauslegung. Diese stellt gerade darauf ab, welchen Willen der Erblasser (im Zeitpunkt der Testamentserrichtung) gehabt hätte, wenn er die bis zu seinem Tode eingetretene Entwicklung der für seine Verfügung maßgebenden Umstände vorausgesehen hätte.[134]

In einem vergleichbaren Fall hat das OLG Zweibrücken in einem Beschl. v. 18.1.1988 die Wechselbezüglichkeit nach eingehender Willensermittlung abgelehnt.[135] Zwei Schwestern errichteten ein „gemeinschaftliches Testament", welches die Erstversterbende verfasste und beide unterzeichneten. Darin wurde „nach unserem Tode (…) unser Bruder und dessen Ehefrau Allein-Erbe unseres Anwesens R.-Straße". Das Grundstück gehörte beiden Schwestern zu gleichen Teilen. Das OLG Zweibrücken stellte darauf ab, dass die Erblasserin ihrer Schwester besonders nahestand, mit ihr bis zu ihrem Tode zusammenlebte und sie für deren Lebenszeit absichern wollte. Das Gericht legt die Erklärung dahin aus, dass die Erblasserin ihre Schwester als Vorerbin und ihren Bruder sowie dessen Ehefrau als Nacherben bedacht hat.[136] Die Einsetzung ihrer Schwester durch die Erblasserin sollte, so das Gericht weiter, keineswegs mit der wechselseitigen Erbeinsetzung durch ihre Schwester stehen und fallen. Die offensichtlich gewollte Begünstigung der Schwester würde anderenfalls in ihr Gegenteil verkehrt.[137] Der Ausgangspunkt – Prüfung der Wechselbezüglichkeit – vermag, wie oben gezeigt, nicht zu überzeugen, doch verdient die Entscheidung im Ergebnis Zustimmung. 49

Kanzleiter hat für Fälle der genannten Art – ein Nichtehegatte verfasst und unterzeichnet die gegenseitige Erbeinsetzung, der andere unterschreibt lediglich mit – m.E. überzeugend dargelegt, dass die für sich genommen formwirksame Erklärung des verfassenden Partners meist auch inhaltlich als einzeltestamentarische Verfügung wirksam ist, weil für diesen das gegenseitige Vertrauen entscheidend ist und der andere Teil diesem Vertrauen durch seine Unterschrift gerecht wird.[138] Hinzu kommt, dass mit dem Erstversterben des verfassenden Teils die intendierte gegenläufige Erbeinsetzung gegenstandslos wird.[139] Nur in Ausnahmefällen, in denen der Urheber die Erbeinsetzung des Mitunterzeichners daran knüpfte, dass dieser wirksam gegenläufig testiert, ist eine Umdeutung ausgeschlossen. 50

134 Statt aller Grüneberg/*Weidlich*, § 2084 Rn 8.

135 OLG Zweibrücken v. 18.1.1989, 3 W 188/88, FamRZ 1989, 790.

136 OLG Zweibrücken v. 18.1.1989, 3 W 188/88, FamRZ 1989, 790.

137 OLG Zweibrücken v. 18.1.1989, 3 W 188/88, FamRZ 1989, 790.

138 Staudinger/*Kanzleiter*, BGB (2019), § 2265 Rn 12; ebenso Staudinger/*Raff*, BGB (2022), § 2265 Rn 20. Ebenso OLG Frankfurt v. 17.3.1975, 20 W 796/74, MDR 1976, 667.

139 Staudinger/*Kanzleiter*, BGB (2019), § 2265 Rn 12; ebenso Staudinger/*Raff*, BGB (2022), § 2265 Rn 20. Ebenso OLG Frankfurt v. 17.3.1975, 20 W 796/74, MDR 1976, 667.

4. Beiderseitige Formwirksamkeit

a) (Bloß) gegenseitige Erbeinsetzung

51 Was die gegenseitige Erbeinsetzung von Nichtehegatten in *formwirksamen* gemeinschaftlichen Testamenten angeht, besteht ebenfalls eine nicht unerhebliche Meinungsvielfalt. Das Kammergericht hat einem derartigen gemeinschaftlichen[140] Testament in einem Beschl. v. 5.12.1968 die Umdeutung versagt.[141] Wechselbezügliche Verfügungen könnten nicht aufrechterhalten werden. Ohne in eine eingehende Ermittlung des Erblasserwillens einzutreten, entnimmt das Kammergericht § 2270 Abs. 2 BGB einen allgemeinen Erfahrungssatz des Inhalts, dass bei gegenseitiger Erbeinsetzung die Verfügung des einen Erblassers nicht ohne die Verfügung des anderen getroffen sein würde. Dieser Erfahrungssatz sei durch die langjährige Beziehung und gemeinschaftlich erworbenes Vermögen der Lebensgefährten im konkreten Fall bestätigt worden.[142]

52 Das BayObLG ist von dieser Rechtsprechung in einem Beschl. v. 27.4.1993, der gleichlautende gemeinschaftliche Geschwistertestamente betraf, überzeugend abgewichen.[143] Das BayObLG legt dar, dass die Errichtung formgültiger Verfügungen nahe legt, dass die Erblasser keine Bindungswirkungen (§ 2271 Abs. 1 und 2 BGB) herbeiführen wollen.[144] Hinzu kam, dass sich die betagten Schwestern, die mangels näherer Verwandter im Verhältnis zueinander gesetzliche Erben waren, gegenseitig durch eine Nacherbschaft beschränkten.

53 Nach überzeugender Literaturauffassung ist die gegenseitige Erbeinsetzung von Nichtehegatten praktisch stets als nicht wechselbezüglich anzusehen und einer Umdeutung in wirksame einzeltestamentarische Verfügungen zugänglich. Regelmäßig hätte jeder der Beteiligten seine Verfügung als einseitige getroffen, wenn ihm bekannt gewesen wäre, dass das angestrebte gemeinschaftliche Testament unwirksam war.[145]

b) Schlusserbeneinsetzung nahestehender Personen

54 Während bei gegenseitiger Erbeinsetzung durch (beiderseits) formwirksame gemeinschaftliche Testamente eine Umdeutung in einzeltestamentarische Verfügungen regelmäßig bejaht werden kann, stellt sich die Umdeutung deutlich schwieriger in den Fällen der Schlusserbeneinsetzung dar. Insbesondere dann, wenn die Erblasser sich gegenseitig bedenken und der Letztversterbende Verfügungen (u.a.) zugunsten von Personen trifft,

140 Die Lebensgefährten hatten gleich lautende als gemeinsame letzte Willenserklärung bezeichnete Verfügungen errichtet und jeweils gegenseitig mitunterzeichnet.

141 KG v. 5.12.1968, 1 W 4146/68, NJW 1969, 798.

142 KG v. 5.12.1968, 1 W 4146/68, NJW 1969, 798.

143 BayObLG v. 27.4.1993, 1Z BR 120/92, FamRZ 1993, 1370.

144 BayObLG v. 27.4.1993, 1Z BR 120/92, FamRZ 1993, 1370.

145 Staudinger/*Raff*, BGB (2022), § 2265 Rn 20; Staudinger/*Kanzleiter*, BGB (2019), § 2265 Rn 12; *ders.*, DNotZ 1973, 133, 146; i. Erg. auch Soergel/*Wolf*, § 2265 Rn 5.

die dem Erstversterbenden nahe stehen, stellt sich die Frage, ob der Erstversterbende den Letztversterbenden auch dann als unbeschränkten Alleinerben eingesetzt hätte, wenn er gewusst hätte, dass dieser die Schlusserbeneinsetzung zu seinen (des erstversterbenden Erblassers) Lebzeiten und auch noch danach und selbst nach Annahme der Erbschaft einseitig ändern kann. Häufig wird der Wille der Testatoren dahin gehen, dass ein Verhältnis der Wechselbezüglichkeit zwischen der Erbeinsetzung des anderen Beteiligten und der Schlusserbeinsetzung der dem Erstversterbenden nahestehenden Personen besteht. Indes entscheidet jedoch wiederum vorrangig der Erblasserwillen und nicht die schematische Anwendung der in § 2270 Abs. 2 BGB enthaltenen Vermutungsregel über die Wechselbezüglichkeit und deren Umfang.[146] Der Erblasser kann die Abhängigkeit seiner Verfügung von der des anderen auf einzelne Fälle der Nichtigkeit beschränken.[147] Die Umdeutung in einseitige testamentarische Anordnungen unter Einsetzung des anderen Testators als Vorerben und des Letztbedachten als Nacherben kann zulässig sein und dürfte regelmäßig dem Willen der Beteiligten entsprechen. Die Nacherbfolge dürfte regelmäßig mit dem Tod des Vorerben eintreten.[148]

IV. Zusammenfassung

Die Testierform des gemeinschaftlichen Testaments ist Ehegatten und in eingetragener 55
Lebenspartnerschaft lebenden Personen vorbehalten. Diese in §§ 2265 BGB, 10 Abs. 4 LPartG enthaltene ausdrückliche Anordnung erlaubt nach überzeugender h.M. keinen Gegenschluss in dem Sinne, dass mit gemeinschaftlichem Testierwillen getroffene Verfügungen anderer Personen stets als wirksame Einzeltestamente anzusehen sind. Vielmehr ist auch bei Verfügungen von nichtehelichen Lebensgefährten denkbar, dass die Erblasser den Willen hatten, gemeinschaftlich zu testieren (subjektive Theorie). In diesem Fall ist von einem gemeinschaftlichen Testament auszugehen, wenn der gemeinschaftliche Testierwille in dem Testament – etwa durch Formulierungen wie „unser Nachlass" – Niederschlag findet (Andeutungstheorie). Kommt man nach diesen Grundsätzen zum Ergebnis, dass ein gemeinschaftliches Testament vorliegt, so hat dies nicht zwingend die Unwirksamkeit der darin enthaltenen Verfügungen zur Folge. Insbesondere enthält § 2265 BGB entgegen der Auffassung des Reichgerichts kein Umdeutungsverbot. Die im untauglicherweise versuchten gemeinschaftlichen Testament enthaltenen Ver-

146 *Kanzleiter*, ZEV 1996, 306, 307; A.A. KG v. 5.12.1968, 1 W 4146/68, NJW 1969, 798; OLG Hamm v. 25.4.1996, 15 W 379/95, ZEV 1996, 304.

147 Vgl. *Kipp-Coing*, § 35 III 1.

148 Es kommt jedoch auch in Betracht, den anderen Beteiligten als auflösend bedingten Vollerben und den Letztbedachten als aufschiebend bedingten Nacherben anzusehen, wobei die auflösende Bedingung und der Nacherbfall darin bestünde, dass der andere Beteiligte seine letztwillige Verfügung unverändert aufrechterhält; vgl. Staudinger/*Kanzleiter*, BGB (2019), § 2265 ff. Rn 13; *ders.*, DNotZ 1973, 133, 149 f.

fügungen der Erblasser sind in wirksame Einzelverfügungen umzudeuten, wenn sie deren Formerfordernissen genügen und anzunehmen ist, dass der Erblasser sie als Einzelverfügungen gewollt hätte, wenn er bedacht hätte, dass sie als gemeinschaftliches Testament unwirksam sind (§ 140 BGB). In den in der Praxis nicht seltenen Fällen des untauglichen Versuchs von Nichtehegatten, in der Form des § 2267 BGB zu testieren – ein Beteiligter verfasst und unterschreibt das als gemeinschaftlich beabsichtigte Testament, der andere unterzeichnet es nur – sind die Verfügungen desjenigen Unterzeichners, der sie nicht selbst eigenhändig verfasst hat, einer Umdeutung nicht zugänglich und unheilbar unwirksam. Die Verfügungen des Testamentsverfassers können dagegen regelmäßig umgedeutet werden. Genügen dagegen die Verfügungen beider Erblasser den Formvorschriften für ein Einzeltestament, so lassen sie sich regelmäßig als solche aufrechterhalten. Dies gilt insbesondere für eine gegenseitige Erbeinsetzung. Eine Schlusserbeinsetzung kann im Einzelfall in eine einzeltestamentarische Verfügung umgedeutet werden, die unter der Bedingung erfolgt, dass der letztbegünstigte Dritte das ihm Zugewendete erhält.

§ 11 Pflichtteilsergänzungsansprüche/ Schutz des Vertragserben

A. Überblick

Zuwendungen an den Lebensgefährten können im Erbfall des Veräußerers Pflichtteils- 1
ergänzungsansprüche nach sich ziehen (§§ 2325, 2329 BGB). Sind Zuwendungen an den Lebensgefährten in der Absicht vorgenommen worden, einen erbvertraglich bindend eingesetzten Erben oder Vermächtnisnehmer zu beeinträchtigen, so kann der Zuwendungsempfänger Bereicherungsansprüchen nach §§ 2287, 2288 BGB ausgesetzt sein.

B. Pflichtteilsergänzungsansprüche (§§ 2325 ff. BGB)

Ist der vom Erblasser beschenkte überlebende Lebensgefährte auch Erbe, so ist er Adressat 2
des Pflichtteilsergänzungsanspruchs nach § 2325 Abs. 1 BGB, der dem übergangenen Pflichtteilsberechtigten in Höhe des Betrags zusteht, um den sich der Pflichtteil erhöht, wenn der verschenkte Gegenstand dem Nachlass hinzugerechnet wird.[1] Ist der überlebende Lebensgefährte dagegen nicht Erbe, so ist er nach § 2329 Abs. 1 BGB nur insoweit zur Herausgabe vom Erblasser empfangener Geschenke zum Zwecke der Befriedigung wegen des fehlenden Betrags nach Bereicherungsrecht verpflichtet, als der Erbe selbst die ihm nach § 2325 BGB obliegende Pflichtteilsergänzung zur Sicherung seines eigenen ergänzten Pflichtteils (§ 2328 BGB) oder aufgrund beschränkter Haftung (§§ 1975, 1990, 2060 BGB) verweigern kann oder wenn der Pflichtteilsberechtigte alleiniger Erbe ist.

I. Schenkung

Pflichtteilsergänzungsansprüche kommen nur in Betracht, wenn eine „Schenkung" statt- 3
gefunden hat. Beachtliche Stimmen in der Literatur nehmen an, dass mit der Annahme von Schenkungen in der nichtehelichen Lebensgemeinschaft äußerste Zurückhaltung zu üben sei. Zuwendungen seien regelmäßig als „unbenannte Zuwendungen" zu qualifizieren. Die hinter dem Ausgleichsverbot, das die Rechtsprechung für die schuldrechtliche Auseinandersetzung beendeter nichtehelicher Lebensgemeinschaften entwickelt hat,[2]

1 Zur pro-rata-temporis-Lösung in § 2325 Abs. 3 BGB vgl. *Keim*, ZEV 2008, 161.

2 BGH v. 24.3.1980, II ZR 191/79, BGHZ 77, 55, 58 = NJW 1980, 1520, 1521 = BB 1980, 858 = FamRZ 1980, 664 = JR 1980, 455 m. Anm. *Görgens*; BGH v. 20.1.1983, II ZR 91/82, NJW 1983, 1055 = FamRZ 1983, 349; BGH v. 25.2.1991, II ZR 46/90, DStR 1991, 655, 656 m. Anm. *Goette*; BGH v. 4.11.1991, II ZR 26/91, NJW 1992, 906, 907 = FamRZ 1992, 408 = DStR 1992, 475; BGH v. 8.7.1996, II ZR 340/95, NJW 1996, 2727; BGH v. 25.9.1997, II ZR 269/96, NJW 1997, 3371= FamRZ 1997, 1533; BGH v. 6.10.2003, II ZR 63/02, NJW 2004, 59, 60 = DStR 2004, 50 = FamRZ 2004, 94; BGH v. 13.4.2005, XII ZR 296/00, NJW-RR 2005, 1089,1090 f. = FamRZ 2005, 1151; zustimmend *Röthel*, Jura 2006, 641, 648.

stehende subjektive Äquivalenz[3] der Beiträge der Partner in der nichtehelichen Lebensgemeinschaft sei auf das Pflichtteils(ergänzungs)recht übertragbar. Zuwendungen des Erblassers an seinen ihn überlebenden Lebensgefährten seien somit in pflichtteils(ergänzungs)rechtlicher Hinsicht als objektiv entgeltlich anzusehen.[4]

4 Dieser Ansicht kann nicht gefolgt werden. Das vom BGH stets hervorgehobene Grundaxiom des ausgeschlossenen Ausgleichs der beendeten nichtehelichen Lebensgemeinschaft, wonach die Partner die gegenseitigen finanziellen oder Arbeitsleistungen im Rahmen der Haushaltsführung als gleichwertig ansehen, kann m.E. nicht auf das Pflichtteilsergänzungsrecht übertragen werden.[5] Die obergerichtliche Rechtsprechung teilt überwiegend die hier vertretene Auffassung.[6] Wenn man – wie 2008 der BGH[7] – die unbenannte Zuwendung unter Lebensgefährten anerkennt, ist kein Grund dafür ersichtlich, sie in erbrechtlicher Hinsicht anders zu behandeln als eine ehebedingte Zuwendung, d.h. eine unbenannte Zuwendung unter Ehegatten.[8] Nach der Rechtsprechung des BGH sind unbenannte (ehebedingte) Zuwendungen unter Ehegatten[9] für Zwecke des Pflichtteilsrechts als Schenkung zu behandeln.[10] Mangels Gegenleistung im Sinne von „Verknüpfungen sowohl nach Art eines gegenseitigen Vertrages als auch durch Setzung einer Bedingung oder eines entsprechenden Rechtszwecks" sei eine ehebedingte Zuwendung regelmäßig objektiv unentgeltlich.[11] Mit einer ehebedingten Zuwendung werden keine Leistungen in Erfüllung einer Rechtspflicht entgolten, sondern vielmehr „anerkannt" (belohnende/remuneratorische Schenkung).[12] Wie der BGH m.E. zu Recht hervorgehoben hat, „würde es den Regelungsplan des Gesetzgebers verfehlen, unbenannte Zuwendungen nur deshalb aus dem Anwendungsbereich der genannten Vorschriften (*sc.*: §§ 2287, 2288, Abs. 2 S. 2, 2325 BGB) auszunehmen, weil sie aus Gründen, die ledig-

3 Vgl. BGH v. 1.4.1965, II ZR 182/62, WM 1965, 793, 794.

4 Staudinger/*Herzog*, BGB, § 2325 Rn 85. A.A. MüKo-BGB/*Lange*, § 2325 Rn 24; Soergel/*Dieckmann*, § 2325 Rn 17 Fn 80.

5 Ebenso MüKo-BGB/*Lange*, § 2325 Rn 24; Soergel/*Dieckmann*, § 2325 Rn 17 Fn 80.

6 OLG Köln v. 22.11.1996, 11 U 107/96, FamRZ 1997, 1113; OLG Düsseldorf v. 31.1.1997, 7 U 59/96, FamRZ 1997, 1110, 1113. A.A. jedoch OLG Köln v. 22.11.2000, 11 U 84/00, FamRZ 2001, 1608 = MDR 2001, 756.

7 BGH v. 9.7.2008, XII ZR 39/06, NJW 2008, 3282, und XII ZR 179/05, DNotZ 2009, 52 m. Anm. *Löhnig* = NJW 2008, 3277 = RNotZ 2008, 611 m. Anm. *v. Proff.*

8 Ebenso *DNotI*, Gutachten v. 12.12.2001, Dokumentennummer 1255.

9 Der BGH definiert die „ehebedingte Zuwendung" als Zuwendung unter Ehegatten, der die Vorstellung oder Erwartung zugrunde liegt, dass die eheliche Lebensgemeinschaft Bestand haben werde, oder die sonst um der Ehe willen und als Beitrag zur Verwirklichung oder Ausgestaltung, Erhaltung oder Sicherung der ehelichen Lebensgemeinschaft erbracht wird und die darin ihre Geschäftsgrundlage hat; vgl. BGH v. 17.1.1990, XII ZR 1/89, FamRZ 1990, 600, 601; v. 27.11.1991, IV ZR 164/90, BGHZ 116, 167, 169 f.; *Langenfeld*, ZEV 2000, 14; *Arens*, FamRZ 2000, 266, 267.

10 BGH v. 27.11.1991, IV ZR 164/90, BGHZ 116, 167, 170: „Die unbenannte Zuwendung ist in der Regel objektiv unentgeltlich und im Erbrecht (§§ 2287, 2288, 2325 BGB) grundsätzlich wie eine Schenkung zu behandeln."; v. 14.3.2018, IV ZR 170/16, BeckRS 2018, 3827 Rn 14.

11 BGH v. 27.11.1991, IV ZR 164/90, BGHZ 116, 167, 170.

12 BGH v. 27.11.1991, IV ZR 164/90, BGHZ 116, 167, 171.

lich im Bereich der Ehegatten liegen, in deren (Innen-)Verhältnis zueinander nicht mehr als Schenkung behandelt werden."[13] Dies wäre mit dem Schutzzweck des Pflichtteilsrechts nicht vereinbar.

5 Der BGH hat ausgeführt, dass eine ehebedingte Zuwendung auch für erbrechtliche Zwecke objektiv entgeltlich ist, wenn sie in Erfüllung einer gesetzlichen Pflicht erfolgt.[14] In der nichtehelichen Lebensgemeinschaft sind allerdings im deutschen Recht nur Unterhaltspflichten wegen der Geburt eines gemeinsamen Kindes nach § 1615l BGB denkbar. Diese dürften einer Abgeltung durch lebzeitige Zuwendung allerdings nur im Hinblick auf Unterhalt für die Vergangenheit zugänglich sein, der nur unter den engen Voraussetzungen des § 1615l Abs. 3 S. 1 i.V.m. § 1613 BGB geschuldet ist.[15] Wegen des Verbots, auf Nichtehelichenunterhalt für die Zukunft zu verzichten (§ 1615l Abs. 3 S. 1 i.V.m. § 1614 BGB), kommt dagegen eine Abgeltung zukünftigen Unterhalts als objektiv entgeltlicher Tatbestand nicht in Betracht. Ein solcher Verzicht hätte zudem keinen in Geld bewertbaren Vermögenswert, weil im Verzichtszeitpunkt Bestehen und Höhe des Unterhaltsanspruchs ungewiss sind.[16]

6 Objektiv entgeltlich sind zwar nach einer Literaturauffassung auch Zuwendungen, mit denen der Veräußerer eine Vorleistung entgilt, wenn die Partner anlässlich dieser Vorleistung vereinbart haben, dass die gegenläufige Zuwendung Rechtsgrund für das Behaltendürfen sein soll (kausale Leistungsverknüpfung i.S.d. § 812 Abs. 1 S. 2 Alt. 2 BGB).[17] Nach den BGH-Urteilen vom 9.7.2008 besteht in der nichtehelichen Lebensgemeinschaft

13 BGH v. 27.11.1991, IV ZR 164/90, BGHZ 116, 167, 174.

14 Die Rechtsprechung hat beispielsweise die Ausstattung mit einer nach den konkreten Verhältnissen angemessenen Alterssicherung anerkannt in einem Fall, in dem der Ehemann bei Gütertrennung seine Ehefrau an einer Wertpapieranlage beteiligt hat, die er aus seinem Verdienst zum Zwecke der gemeinsamen Alterssicherung erworben hat; vgl. BGH v. 27.11.1991, IV ZR 164/90, BGHZ 116, 167, 173 unter Verweis auf BGH v. 7.1.1972, IV ZR 132/69, NJW 1972, 580.

15 Für den Familienunterhalt ebenso *Wälzholz*, FR 2007, 638, 643. Vgl. die Gestaltungsempfehlung für Ehegatten von *Moench/Weinmann*, ErbStG, § 7 Rn 137, der darauf hinweist, dass sich durch ein kontinuierliches Ausschöpfen des Rahmens der gesetzlichen Unterhaltspflicht im Laufe der Zeit erhebliches Vermögen schenkungsteuerfrei übertragen lässt. Für den Bereich des Altersvorsorgeunterhalts in intakter Ehe (§§ 1360, 1360a BGB) hat es der BFH jedoch mit Urt. v. 24.10.2001, II R 10/00, BStBl 2002 II, 153, abgelehnt, im Abschluss einer Lebensversicherung durch den Ehemann mit Bezugsberechtigung der Ehefrau ein entgeltliches Geschäft im Valutaverhältnis der Eheleute zu sehen. Diese Entscheidung ist im Schrifttum weithin ablehnend aufgenommen worden; vgl. *Wälzholz*, FR 2007, 638, 642 f. m.w.N.

16 Unter erbschaft- und schenkungsteuerlichen Gesichtspunkten gleiches Erg. für eine Abfindungsregelung im Zusammenhang mit einem im vorsorgenden, vor Eheschließung getroffenen ehevertraglichen teilweisen Verzicht auf nachehelichen Unterhalt FG Nürnberg v. 28.5.2003, IV 422/2001, DStRE 2003, 1463; bestätigt durch BFH v. 17.10.2007, II R 53/05, DStR 2008, 348: Ehevertraglich wurden die nachehelichen Unterhaltsansprüche der Ehefrau auf einen wertgesicherten Betrag von monatlich 10.000 DM gegen Zahlung einer einmaligen Summe von 1,5 Mio. DM „gedeckelt"; krit. *Geck*, DNotZ 2008, 347, 354 ff. Vgl. zur Thematik eingehend *Wälzholz*, FR 2007, 638, 643 f.

17 Vgl. MüKo-BGB/*Koch*, § 516 Rn 28 m.w.N.; Staudinger/*Herzog*, BGB, § 2330 Rn 14.

Raum für derartige kausale Leistungsverknüpfungen.[18] Der BGH hat sie bejaht in dem Fall, dass der Mann seine Partnerin mit Geld und eigenen Arbeitsleistungen dabei unterstützt hat, ein unbebautes Grundstück zu erwerben und mit einem Haus zu bebauen, das die Partner dann bis zu ihrer Trennung gemeinsam bewohnten. Er handelte dabei nach seinem bestrittenen Vortrag in der durch entsprechende Äußerungen seiner Partner genährten Erwartung, dass diese ihm ein Wohnrecht gewähren würde.[19] Es erscheint aber äußerst fraglich, ob die Rechtsprechung für das Pflichtteilsrecht dieser Qualifikation als entgeltlich folgt.

7 Auch in den übrigen Fällen wird man eine objektive Unentgeltlichkeit kaum verneinen können. Dem überlebenden Partner kann der Ausnahmetatbestand der Pflichtschenkung nach § 2330 BGB zu Hilfe kommen, wenn der Erblasser mit der Zuwendung einer sittlichen Pflicht entsprochen hat. Dies kommt etwa in Betracht, wenn mit der Zuwendung langjährige unbezahlte Dienste im Haushalt oder in der Pflege und Versorgung des Erblassers nachträglich vergütet werden sollen.[20] Selbst die Zuwendung eines Grundstücks oder eines Nießbrauchs daran kann im Einzelfall noch einer sittlichen Pflicht entsprechen.[21] Auch eine Zuwendung, die der angemessenen Alterssicherung dient, kann Pflichtschenkung nach § 2330 BGB sein.[22] Allerdings, dies betont der BGH und wird damit seiner Rolle als „Hüter des Pflichtteilsrechts“ gerecht, setzt das Pflichtteilsrecht Grenzen. Weil der Pflichtteil nach Auffassung des BGH Ausfluss einer sittlichen Pflicht des Erblassers ist, ist zwischen den schützenswerten Interessen des zuwendenden Erblassers, sich dankbar zu erweisen, und der Mindestbeteiligung der Pflichtteilsberechtigten abzuwägen.[23]

II. Leihe auf den Tod

8 Die Leihe auf den Tod, d.h. aufschiebend befristet auf den Tod des Eigentümers, an die Lebensgefährtin kommt insbesondere als Ausweichgestaltungsmittel zur faktischen

18 So schon zuvor Reimann/Bengel/J. Mayer/*Bengel*, 5. Aufl. 2006, A Rn 403: „Angesichts der fehlenden rechtlichen Grundverbindung lässt sich eine die Entgeltlichkeit der Zuwendung begründende Zweckvereinbarung im Sinne des § 812 Abs. 1 S. 2 feststellen.“

19 BGH v. 9.7.2008, XII ZR 179/05, DNotZ 2009, 52 m. Anm. *Löhnig* = NJW 2008, 3277 = RNotZ 2008, 611 m. Anm. *v. Proff*; Vorinstanzen: LG Gera v. 24.2.2005, 4 O 2404/03 (nicht veröffentlicht); OLG Jena v. 18.10.2005, 8 U 278/05 (nicht veröffentlicht).

20 BGH v. 10.11.1982, IVa ZR 83/81, NJW 1983, 674, 675 = FamRZ 1983, 53, 54 („moralische Pflicht“); BGH v. 7.3.1984, IVa ZR 152/82, WM 1984, 642, 643; für Ehegatten BGH v. 27.11.1991, IV ZR 164/90, BGHZ 116, 167, 173 unter Verweis auf BGH v. 15.3.1989, IVa ZR 338/87, FamRZ 1989, 732.

21 BGH v. 2.11.1977, IV ZR 144/76, WM 1977, 1410, 1411; v. 26.4.1978, IV ZR 26/77, WM 1978, 905; v. 7.3.1984, IVa ZR 152/82, WM 1984, 642, 643; v. 14.3.2018, IV ZR 170/16, BeckRS 2018, 3827 Rn 22; *obiter* zur sittlichen Pflicht schon – wenngleich mit gänzlich anderer Grundtendenz – RG v. 16.5.1941, VII 143/40, RGZ 166, 395, 400. Übersteigt der Wert der Schenkung die sittliche Pflicht, ist die Schenkung in einen ergänzungspflichtigen und einen nicht ergänzungspflichtigen Teil aufzuteilen; vgl. BGH v. 26.4.1978, IV ZR 26/77, WM 1978, 905.

22 Vgl. BGH v. 14.3.2018, IV ZR 170/16, BeckRS 2018, 3827 Rn 22.

23 BGH v. 13.7.1983, IVa ZR 15/82, BGHZ 88, 102; BGH v. 7.3.1984, IVa ZR 152/82, WM 1984, 642, 643.

Aushöhlung einer bindenden Zuwendung an den Vertragserben in Betracht. Ihre Vorteile bestehen in der Formfreiheit und der Immunität gegenüber Ansprüchen der Vertragserben nach § 2287 BGB. Nachteilhaft sind ihre schuldrechtlichen Schwächen.[24]

Die unentgeltliche Gebrauchsüberlassung auf schuldrechtlicher Grundlage, z.B. einer bindend dem Vertragserben zugewandten Wohnung an den Lebensgefährten im Wege der Leihe, ist nach h.M. keine Schenkung und auch keine sonstige in den Anwendungsbereich des § 2287 BGB fallende unbenannte Zuwendung.[25] Hierin liegt die Stärke gegenüber einem unentgeltlich zugewandten Nießbrauch, der nach der Rechtsprechung nicht gegen Ansprüche aus § 2287 BGB immun ist.[26] Gleiches dürfte im Hinblick auf den übereinstimmenden Schenkungsbegriff für Pflichtteilsergänzungsansprüche (§ 2325 BGB) gelten. 9

Die Leihe soll – so derzeit noch die bisherige Rechtsprechung des IV. und V. Senats des BGH – formfrei zulässig sein, und zwar auch dann, wenn das ordentliche Kündigungsrecht des Verleihers auf Lebenszeit des Partners (Leihers) ausgeschlossen wird.[27] Eine Leihe kommt jedoch nicht schon durch das bloße Zusammenleben in nichtehelicher Lebensgemeinschaft zu Stande.[28] Eine Leihe auf Lebenszeit ist zulässig (Zweckbefristung).[29] Insbesondere sollen nach noch geltender Rechtsprechung des IV. und V. Senats des BGH weder § 2301 BGB noch § 518 BGB gelten.[30] Ob der für nichteheliche Lebensgemeinschaften zuständige XII. Senat dieser Auffassung künftig folgen 10

24 Zur Abgrenzung zwischen einem Mietvertrag gem. § 535 BGB, einer Leihe gem. § 598 BGB, einer sonstigen schuldrechtlichen Nutzungsvereinbarung (§ 241 BGB) und einem bloßen Gefälligkeitsverhältnis ohne Rechtsbindungswillen vgl. BGH v. 20.9.2017, VIII ZR 279/16, BeckRS 2017, 128292, Rn 20.

25 Vgl. BGH v. 11.7.2007, IV ZR 218/06, ZEV 2008, 192 m.w.N.; a.A. Teile der Lit., Nachweise bei *J. Mayer*, ZEV 2008, 192; *Frieser*, ZErb 2008, 34, 37 ff.: Ein langfristiger Leihvertrag komme einer Substanzverlagerung gleich und ermögliche eine Umgehung der den Vertragserben schützenden Vorschriften.

26 BGH v. 27.9.1995, IV ZR 21/93, NJW-RR 1996, 133 = ZEV 1996, 25 (ehebenannte Zuwendung); OLG Karlsruhe v. 18.3.1999, 17 U 19/97, ZEV 2000, 108, 109. Zur zivilrechtlichen Schenkungsnatur vgl. auch *Gebel*, DStZ 1992, 577, 578.

27 Auch in dieser Ausgestaltung ist die Leihe Rechtsgeschäft unter Lebenden und kein Vermächtnis, welches wegen Verstoßes gegen die bindende Zuwendung im Erbvertrag bzw. gemeinschaftlichen Testament unwirksam wäre; vgl. *DNotI*, Gutachten v. 19.12.1997, Dokumentnummer 1227.

28 Vgl. BGH v. 30.4.2008, XII ZR 110/06, BGHZ 176, 262 = FamRZ 2008, 1404 = NJW 2008, 2333, Rn 14 ff.

29 BGH v. 11.12.1981, V ZR 247/80, BGHZ 82, 354, 360, wo auch die Formfreiheit derartiger Verträge eingehend ausgeführt wird.

30 Stetige Rechtsprechung seit dem Urt. des BGH v. 11.12.1981, V ZR 247/80, BGHZ 82, 354, mit dem die frühere h.M. (BGH v. 6.3.1970, V ZR 57/67, NJW 1970, 941 = WM 1970, 638; v. 19.6.1970, V ZR 144/67, WM 1970, 1247) – Qualifikation als Schenkungsversprechen, jedoch Heilung (§ 518 Abs. 2 BGB) schon mit Übergabe – aufgegeben wurde; bestätigt von BGH v. 11.7.2007, IV ZR 218/06, ZEV 2008, 192 m. Anm. *J. Mayer*; *DNotI*, Gutachten v. 19.12.1997, Dokumentnummer 1227; offenlassend dagegen BGH v. 30.4.2008, XII ZR 110/06, BGHZ 176, 262 = FamRZ 2008, 1404 = NJW 2008, 2333, Rn 20; ohne Erörterung der Formproblematik BGH v. 20.9.2017, VIII ZR 279/16, BeckRS 2017, 128292. Anders ist dies im Fall der Zuwendung eines dinglichen Wohn- und Mitbenutzungsrechts; vgl. *DNotI*, Gutachten v. 12.12.2001, Dokumentennummer 1255.

wird, ist jedoch ungewiss. Aus dem Urteil des XII. Senat des BGH v. 30.4.2008[31] sollte die Praxis daher die Konsequenz ziehen, den Leihvertrag (§ 598 BGB), d.h. sowohl die Erklärung des Verleihers als auch die des Entleihers notariell zu beurkunden. Der XII. Senat des BGH hat in diesem Urteil ausdrücklich dahinstehen lassen, ob ein unentgeltliches Nutzungsrecht wirksam durch mündliche Abrede getroffen werden kann oder ob notarielle Beurkundung nach §§ 518, 2301 BGB Wirksamkeitserfordernis ist.[32] Vor diesem Hintergrund erscheint es nicht ausgeschlossen, dass der XII. Senat des BGH demnächst die notarielle Beurkundung ausdrücklich verlangt.

11 Die Leihe ist ein Vertragsverhältnis, das der Verleiher jederzeit kündigen kann.[33] Ein solches Dauerschuldverhältnis kann jedenfalls – als zwingender Grundsatz – aus wichtigem Grund gekündigt werden (§ 314 BGB).[34] Im Falle der Veräußerung der verliehenen Sache tritt der Erwerber nicht analog § 566 BGB in die Pflichten des Verleihers ein.[35] Um eine Schadensersatzpflicht des Verleihers gegenüber dem Entleiher wegen Unmöglichkeit der Gebrauchsgewährung (§ 281 BGB) zu vermeiden, kann der Verleiher zur Kündigung wegen Eigenbedarfs (§ 605 Nr. 1 BGB) berechtigt sein, wenn er die entliehene Sache aus Kostengründen nicht halten kann und den Veräußerungserlös braucht, um seinen Verpflichtungen nachzukommen.[36]

In erbschaftsteuerlicher Sicht ist zu beachten, dass die Leihe auf den Tod als Erwerb von Todes wegen steuerbar ist (§ 3 Abs. 1 ErbStG).[37]

III. Zehnjahresfrist (§ 2325 Abs. 3 BGB)

12 Die Zehnjahresfrist des § 2325 Abs. 3 BGB, die auf den Anspruch nach § 2329 BGB analoge Anwendung findet,[38] beginnt mit Eintritt des Leistungserfolges (§ 2325 Abs. 3 Hs. 1 BGB),[39] d.h. mit Eintritt der letzten zum Eigentumserwerb gesetzlich geforderten Voraussetzung, bei Grundstücksübertragungen also regelmäßig mit Umschreibung im Grundbuch gemäß § 873 Abs. 1 BGB.[40] Der für Ehegattenzuwendungen geltende Anlaufhemmungstatbestand des § 2325 Abs. 3 Hs. 2 BGB (Fristbeginn nicht vor Auflösung der Ehe) findet

31 BGH v. 30.4.2008, XII ZR 110/06, BGHZ 176, 262 = FamRZ 2008, 1404 = NJW 2008, 2333.
32 BGH v. 30.4.2008, XII ZR 110/06, BGHZ 176, 262 = FamRZ 2008, 1404 = NJW 2008, 2333, Tz. 20.
33 BGH v. 17.3.1994, III ZR 10/93, BGHZ 125, 293, 301.
34 BGH v. 11.12.1981, V ZR 247/80, BGHZ 82, 354, 359.
35 BGH v. 17.3.1994, III ZR 10/93, BGHZ 125, 293, 301; OLG Koblenz v. 16.1.1996, 3 W 693/95, NJW-RR 1996, 843, 844; OLG Köln v. 23.4.1999, 19 U 13/96, NJW-RR 2000, 152; Grüneberg/*Weidenkaff*, § 566 Rn 2.
36 Staudinger/*Illmer*, BGB, § 605 Rn 3.
37 FG München v. 24.1.2007, 4 K 816/05, rkr., EFG 2007, 779.
38 Grüneberg/*Weidlich*, § 2329 Rn 1 m.w.N.
39 Der Zeitpunkt der Vornahme der Leistungshandlung ist daher unerheblich; vgl. *DNotI*, Gutachten v. 12.12.2001, Dokumentennummer 1255.
40 Grüneberg/*Weidlich*, § 2325 Rn 25.

auf Zuwendungen an den nichtehelichen Partner keine analoge Anwendung,[41] und zwar auch dann nicht, wenn die Lebensgefährten nach der Zuwendung heiraten.[42] Die Zehnjahresfrist ist daher in ihrem Anlauf nicht auf den Zeitpunkt der Trennung der Partner gehemmt.[43] Bekanntlich hemmt die Vereinbarung eines freien Rückforderungsrechts anlässlich der Schenkung den Anlauf der Zehnjahresfrist.[44] Wie ist es nun, wenn sich der Schenker anlässlich der Zuwendung an seine Lebensgefährtin die Rückforderung für den Fall vorbehält, dass sich die Partner trennen oder die Zuwendung unter die auflösende Bedingung der Trennung der Partner stellt? Hierzu hat jüngst das LG Kiel in einem Urt. v. 2.2.2018 Stellung genommen.[45] In diesem Fall hatte der spätere Erblasser seiner Lebensgefährtin ein Nießbrauchsrecht an einem Grundstück eingeräumt, das auflösend bedingt war durch Beendigung der Lebensgemeinschaft auf andere Weise als durch den Tod des Erblassers.[46] Sein Sohn verlangte nach dem Tod des Erblassers von dessen früheren Lebensgefährtin und späteren Witwe sowie Alleinerbin den Pflichtteil und die Pflichtteilsergänzung. Weil die Einräumung des Nießbrauchsrechts 23 Jahre vor dem Erbfall vereinbart und im Grundbuch vollzogen worden war, lehnte das LG Kiel dahingehende Ansprüche des Sohnes ab. Die auflösende Bedingung in Form der Trennung der Lebensgemeinschaft konnte der Erblasser zwar jederzeit auslösen. Indes hätte er sich damit auch von seiner Lebensgefährtin trennen müssen. Dies könne nicht als freier Rückforderungsvorbehalt angesehen werden.[47] Schließlich habe die auflösende Bedingung, so das LG Kiel weiter, nur klargestellt, was kraft Gesetzes (§ 313 BGB) ohnehin gegolten hätte: bei Trennung hätten Rückforderungsansprüche wegen Wegfalls der Geschäftsgrundlage im Raum gestanden.[48] Das LG Kiel bestätigt weiterhin die ganz h.M., dass die Zehnjahresfrist im Anlauf nicht dadurch gehemmt ist, dass die Partner in nichtehelicher Lebensgemeinschaft leben. Sie sei somit nicht auf den Zeitpunkt gehemmt, in dem sich diese trennen. Auch eine analoge Anwendung dieser Vorschrift, die nach dem Gesetz nur für Ehegatten gilt, komme nicht in Betracht.[49]

41 Die hierin liegende Ungleichbehandlung von Ehegattenschenkungen und Drittschenkungen verstößt nach BVerfG v. 6.4.1990. 1 BvR 171/90, NJW 1991, 217, nicht gegen Art. 3 Abs. 1, 6 Abs. 1 GG.

42 *DNotI*, Gutachten v. 12.12.2001, Dokumentennummer 1255.

43 Einhellige Meinung; vgl. nur Staudinger/*Herzog*, BGB, § 2325 Rn 188; MüKo-BGB/*Lange*, § 2325 Rn 87; *v. Olshausen*, FamRZ 1995, 717, 719; OLG Düsseldorf v. 31.5.1996, 7 U 120/95, NJW 1996, 3156. Auch dem nur auszugsweise veröffentlichten und in seinem Aussagegehalt kryptischen Urt. des OLG Zweibrücken v. 22.2.1988, 4 U 121/87, FamRZ 1994, 1492 ist in diesem Punkt keine abweichende Rechtsauffassung zu entnehmen; gleiche Einschätzung bei *Dieckmann*, FamRZ 1995, 189, 191.

44 Vgl. *v. Proff*, ZEV 2017, 681, 684 m.w.N. auch zur Ablaufhemmung durch Vorbehalt umfassender Nutzungsrechte. Zur Ablaufhemmung bei Vorbehalt eines umfassenden Wohnrechts vgl. OLG München v. 8.7.2022, 33 U 5525/21, BeckRS 2022, 18599 = NJW-RR 2022, 1164 = FamRZ 2022, 1738.

45 Vgl. LG Kiel v. 2.2.2018, 12 O 82/13, BeckRS 2018, 4906, Rn 20 ff.

46 Vgl. LG Kiel v. 2.2.2018, 12 O 82/13, BeckRS 2018, 4906, Rn 4.

47 Vgl. LG Kiel v. 2.2.2018, 12 O 82/13, BeckRS 2018, 4906, Rn 21.

48 Vgl. LG Kiel v. 2.2.2018, 12 O 82/13, BeckRS 2018, 4906, Rn 21.

49 Vgl. LG Kiel v. 2.2.2018, 12 O 82/13, BeckRS 2018, 4906, Rn 28 ff.

13 Das OLG Zweibrücken hat mit Urt. v. 22.2.1988[50] in einem Sonderfall die analoge Anwendung des Anlaufhemmungstatbestandes des § 2325 Abs. 3 Hs. 2 BGB befürwortet. Dabei ging es um eine Grundstücksschenkung an die Lebensgefährtin, die neun Jahre vor Eheschließung und gut zehn Jahre vor dem Tod des Schenkers vollzogen wurde. Es ging nicht um die einhellig verneinte Frage, ob die beim Eintritt des Leistungserfolges bestehende nichteheliche Lebensgemeinschaft Anknüpfungspunkt für eine – bis zu ihrer Auflösung andauernde – Anlaufhemmung sein kann. Vielmehr war entscheidungserheblich, ob voreheliche Schenkungen an den späteren Ehegatten unter § 2325 Abs. 3 Hs. 2 BGB fallen können. Entgegen der ganz h.M.[51] hat das OLG Zweibrücken dies für solche Schenkungen bejaht, die weniger als zehn Jahre vor der Heirat vollzogen worden sind.[52] Das Urteil des OLG Zweibrücken ist m.E. zu Recht kritisiert worden.[53] Der tragende Grund für den Anlaufhemmungstatbestand des § 2325 Abs. 3 Hs. 2 BGB ist, dass der Schenker während der Ehe mit dem beschenkten Ehegatten im Genuss des verschenkten Gegenstandes bleibt.[54] Außerhalb einer Ehe, insbesondere in nichtehelicher Lebensgemeinschaft, hat der Schenker jedoch mit Blick auf das von der stetigen BGH-Rechtsprechung aufgestellte Ausgleichsverbot keine rechtliche Maßgabe, sich den Genuss des verschenkten Gegenstandes zu sichern. Hieran ist m.E. auch nach den Urteilen des BGH v. 9.7.2008 festzuhalten. Danach kann der dinglich nicht beteiligte Partner zwar u.U. Ausgleichsansprüche nach Trennung haben, die jedoch mit dem durch die eheliche Lebensgemeinschaft (§ 1353 BGB) vermittelten Mitbenutzungsrecht nicht vergleichbar sind.

IV. Flankierung durch gegenständlich beschränkten Pflichtteilsverzicht (§ 2346 Abs. 2 BGB)

14 Liegt eine Schenkung an den Lebensgefährten i.S.d. § 2325 BGB vor, die nicht unter den Ausnahmetatbestand des § 2330 BGB (Anstandsschenkung) fällt, und gibt es pflichtteilsberechtigte Personen nach dem Schenker, so wird der beschenkte Lebens-

50 OLG Zweibrücken v. 22.2.1988, 4 U 121/87, FamRZ 1994, 1492; *v. Olshausen*, FamRZ 1995, 717 und *Pentz*, NJW 1997, 2033 führen des Weiteren eine nicht veröffentlichte Entscheidung des OLG Köln v. 22.6.1993, 22 U 26/93 mit gl.A. an.

51 Grüneberg/*Weidlich*, § 2325 Rn 29; Staudinger/*Herzog*, BGB, § 2325 Rn 188; *Dieckmann*, FamRZ 1995, 189; OLG Düsseldorf v. 31.5.1996, 7 U 120/95, NJW 1996, 3156.

52 OLG Zweibrücken v. 22.2.1988, 4 U 121/87, FamRZ 1994, 1492, 1493.

53 Siehe *v. Olshausen*, FamRZ 1995, 717; *Pentz*, NJW 1997, 2033; OLG Düsseldorf v. 31.5.1996, 7 U 120/95, NJW 1996, 3156.

54 Prot. V S. 7619 (*Mugdan*, Die gesammten Materialien zum Bürgerlichen Gesetzbuch für das Deutsche Reich (1899), Bd. 5, S. 791 f.): „Hinsichtlich des Beginnes der Frist erscheine die Bestimmung, dass bei Schenkungen an den Ehegatten des Erblassers die Frist erst von der Auflösung der Ehe an laufen solle, gerechtfertigt. Bei Schenkungen unter Ehegatten bleibe der verschenkte Gegenstand thatsächlich gemeinschaftliches Vermögen, der Schenker habe also während der Ehe auch nach der Schenkung den Genuß desselben nicht zu entbehren, zudem liege hier auch aus anderen Gründen der Verdacht arglistigen Verhaltens besonders nahe.“

gefährte sich die Frage stellen, ob und ggf. wie er sich gegen Pflichtteilsergänzungsansprüche absichern kann. Zur Absicherung des beschenkten Lebensgefährten kommt ein gegenständlich beschränkter Pflichtteilsverzicht des oder der Pflichtteilsberechtigten nach dem Schenker in Betracht (§ 2346 Abs. 2 BGB). Ein solcher Pflichtteilsverzicht setzt die Mitwirkung des Schenkers und des Pflichtteilsberechtigten voraus. Für ihn gilt die notarielle Beurkundungsform des § 2348 BGB.

Kommt eine Mitwirkung des Schenkers vorübergehend nicht in Betracht, so stellt sich die Frage, ob sich der Pflichtteilsberechtigte dem Beschenkten gegenüber, etwa gegen Abfindung, dazu verpflichten kann, mit dem Schenker einen gegenständlich beschränkten Pflichtteilsverzicht zu vereinbaren. Nach der Rechtsprechung fällt auch die nicht dem Erblasser, sondern einem Dritten (z.B. gegen Abfindung) gegenüber eingegangene Verpflichtung, mit dem Erblasser einen Erb-, Pflichtteils- oder Zuwendungsverzicht nach §§ 2346, 2352 BGB zu vereinbaren, unter § 311b Abs. 4 BGB, obwohl sie nur zu Lebzeiten des Erblassers erfüllt werden kann;[55] dieses Ergebnis erscheint zur Vermeidung einer Form-Schutzlücke (§ 2348 BGB gilt nicht) zutreffend, zumal die Vereinbarung unter künftigen gesetzlichen Erben in der Form des § 311b Abs. 5 BGB dann konsequenterweise wirksam sein muss. Gleiches muss gelten, wenn die Verpflichtung nur einen gegenständlich beschränkten Pflichtteilsverzicht oder Pflichtteilsergänzungsansprüche betrifft; dass sich solche Vereinbarungen nur auf einen Einzelgegenstand beziehen und den Nachlass im Einzelfall nicht erschöpfen, hindert die Anwendung des § 311b Abs. 4 und 5 BGB nicht, weil Auswirkungen auf das Pflichtteilsrecht als solches intendiert sind.[56] Dies hat zur Folge, dass eine derartige Vereinbarung, mit der sich der Pflichtteilsberechtigte dem Lebensgefährten gegenüber zur Vereinbarung eines (gegenständlich beschränkten) Pflichtteilsverzicht verpflichtet, nach § 311b Abs. 4 BGB nichtig ist. Weil der Lebensgefährte nicht künftiger gesetzlicher Erbe ist, kommt die Befreiungsvorschrift des § 311b Abs. 5 BGB auch dann nicht zur Anwendung, wenn die Verpflichtung in notarieller Urkunde aufgenommen wird. 15

C. Beeinträchtigung des Vertragserben (§§ 2287 f. BGB)

Hat der Erblasser seine Lebensgefährtin beschenkt und dabei die Absicht verfolgt, einen erbvertraglich oder durch gemeinschaftliches Testament bindend eingesetzten Erben oder Vermächtnisnehmer zu beeinträchtigen, so sind die zugrunde liegenden Rechts- 16

55 BGH v. 4.7.1962, V ZR 14/61, BGHZ 37, 319, 328; Staudinger/*Schumacher*, § 311b Abs. 4, 5 Rn 4; a.A. *Daniels*, Verträge mit Bezug auf den Nachlass eines noch lebenden Dritten (1973), 141 ff.; Staudinger/*Schotten*, § 2346, Rn 146.
56 Staudinger/*Schumacher*, § 311b Abs. 4, 5 Rn 16.

geschäfte zwar schuldrechtlich und dinglich wirksam (§ 2286 BGB).[57] Ein beeinträchtigter Vertragserbe kann jedoch im Erbfall vom Zuwendungsempfänger Herausgabe des Geschenks nach Bereicherungsrecht verlangen (§ 2287 BGB). Ist ein bindend eingesetzter Vermächtnisnehmer beeinträchtigt, kann dieser nach § 2288 Abs. 1, 2 S. 1 BGB von den Erben Wertersatz und nach § 2288 Abs. 2 S. 1 BGB vom Beschenkten Herausgabe fordern, wenn vom Erben Ersatz nicht zu erlangen ist. Vor diesem Hintergrund empfiehlt sich im Zusammenhang mit Übertragungen innerhalb nichtehelicher Lebensgemeinschaften stets zu prüfen, ob der Veräußerer erbvertraglich oder durch wechselbezügliche Verfügung in einem mit einem vorverstorbenen Ehegatten errichteten gemeinschaftlichen Testament[58] gebunden ist. Auch wenn eine derartige Bindung besteht, ist der Notar m.E. nicht dazu berechtigt, die Beurkundung nach § 4 BeurkG (vgl. auch § 14 Abs. 2 BNotO) abzulehnen, da die Missachtung der Bindung das Rechtsgeschäft weder gesetz- noch sittenwidrig macht, sondern dieses schuldrechtlich und dinglich wirksam ist. Es empfiehlt sich allerdings eine (unauffällige) Belehrung, etwa wie folgt:

17 ▼

Muster 11.1: Belehrung über Pflichtteilsergänzung und Bindungswirkung

11.1 Der Notar hat die Beteiligten eingehend insbesondere über das gesetzliche Pflichtteils(ergänzungs)recht und über die Auswirkungen bindend gewordener wechselbezüglicher Verfügungen auf den bindend Bedachten beeinträchtigende Zuwendungen sowie über die dem Bedachten zustehenden Rechte belehrt.

▲

57 Zur Anwendbarkeit bei bindend gewordenen wechselbezüglichen Verfügungen in gemeinschaftlichen Testamenten vgl. BGH v. 26.10.2011, IV ZR 72/11, NJW-RR 2012, 207; v. 28.9.2016, IV ZR 513/15, NJW 2017, 329; v. 10.3.2021, IV ZR 8/20, NJW-RR 2021, 521; OLG Saarbrücken v. 22.6.2022, 5 U 98/21, BeckRS 2022, 24315 Rn 13; Grüneberg/*Weidlich*, § 2271, Rn 10. Zur aufgegebenen BGH-Rechtsprechung zur „Aushöhlungsnichtigkeit" vgl. BGH v. 5.7.1972, IV ZR 125/70, BGHZ 59, 343, 348 ff., wo der BGH in weiter Auslegung des Merkmals der Beeinträchtigungsabsicht in § 2287 BGB unter Aufgabe der älteren Rechtsprechung (vgl. etwa BGH v. 30.9.1959, V ZR 66/58, BGHZ 31, 13, 23) nicht mehr fordert, dass der Wille, den Vertragserben zu beeinträchtigen, treibender oder jedenfalls überwiegender Beweggrund für die lebzeitige Verfügung war – § 2287 BGB lief damit praktisch leer –, sondern darauf abstellt, ob der Erblasser seine Verfügungsfreiheit missbraucht hat; zu dieser Thematik eingehend Staudinger/*Raff*, BGB, § 2286 Rn 26 ff.

58 Eine solche wechselbezügliche Verfügung in einem gemeinschaftlichen Testament wird mit Tod des Ehegatten bindend; vgl. OLG Hamm v. 12.9.2017, 10 U 75/16, BeckRS 2017, 128746 Rn 11; Grüneberg/*Weidlich*, § 2271 Rn 9.

I. Schenkung

Der Begriff der „Schenkung“ in §§ 2287, 2288 BGB stimmt im Ausgangspunkt mit demjenigen in §§ 2325, 2329 BGB überein, so dass im Grundsatz auch sogenannte „gemeinschaftsbezogene Zuwendungen“ als Schenkungen anzusehen sind.[59] Der BGH hat bestätigt, dass es an einer Schenkung fehlen kann, wenn der Erwerber vertraglich Gegenleistungen wie z.B. die Verpflichtung zur Pflege und Betreuung des Veräußerers übernimmt.[60] Dies gelte selbst dann, wenn der Veräußerer im Zeitpunkt des Vertragsabschlusses bei bester Gesundheit ist.[61] Maßgebend ist die Prognoseentscheidung der Parteien anhand einer subjektiven Bewertung des möglichen künftigen Pflegeaufwands aus der Sicht im Zeitpunkt des Vertragsabschlusses.[62] Dabei sind die potentiellen Pflegeleistungen anhand des Produktes aus dem Vervielfältigungsfaktor gemäß Anlage 9 zu § 14 BewG (multipliziert) mit der jährlichen Pflegeleistung zu berücksichtigen. Dies gilt selbst dann, wenn der Veräußerer später stirbt, ohne jemals der Pflege anheimgefallen zu sein.[63] Vom Erwerber übernommene bereits eingetragene oder anlässlich der Übertragung vom Veräußerer vorbehaltene dingliche Belastungen wie z.B. ein vorbehaltener Nießbrauch, mindern nach der BGH-Rechtsprechung von vornherein den Wert eines schenkungsweise zugewendeten Grundstücks und sind daher bei der Berechnung des Werts in Abzug zu bringen.[64] Ein vorbehaltener Nießbrauch ist mit dem kapitalisierten Wert der hieraus zu ziehenden Nutzungen anzusetzen.[65] Zur Kapitalisierung will der BGH den jährlichen Nettoertrag des Nießbrauchs mit der Lebenserwartung des Nießbrauchers auf der Grundlage des Vervielfältigungsfaktors gemäß Anlage 9 zu § 14 BewG multiplizieren.[66] Behält sich der Veräußerer den Rücktritt vom Vertrag vor, kann auch dieser Umstand als wirtschaftlicher Nachteil wertmindernd in Rechnung zu stellen sein.[67] 18

59 BGH v. 27.11.1991, IV ZR 164/90, BGHZ 116, 167; Grüneberg/*Weidlich*, § 2287 Rn 4.

60 BGH v. 28.9.2016, IV ZR 513/15, NJW 2017, 329 Tz. 11; BGH v. 26.10.2011, IV ZR 72/11, DNotZ 2012, 301 Tz. 12.

61 BGH v. 28.9.2016, IV ZR 513/15, NJW 2017, 329 Tz. 11.

62 BGH v. 28.9.2016, IV ZR 513/15, NJW 2017, 329 Tz. 11.

63 Vgl. BGH v. 28.9.2016, IV ZR 513/15, NJW 2017, 329 Tz. 11.

64 BGH v. 28.9.2016, IV ZR 513/15, NJW 2017, 329 Tz. 9; BGH v. 6.3,1996, IV ZR 374/94, ZEV 1996, 197 unter II 2 b; v. 11.4.2000, X ZR 246/98, NJ 2000, 598 unter 1 d; BGH v. 7.4.1989, V ZR 252/87, BGHZ 107, 156, 159 f.

65 BGH v. 28.9.2016, IV ZR 513/15, NJW 2017, 329 Tz. 10; BGH v. 6.3,1996, IV ZR 374/94, ZEV 1996, 197 unter II 3 c.

66 BGH v. 28.9.2016, IV ZR 513/15, NJW 2017, 329 Tz. 10.

67 BGH v. 28.9.2016, IV ZR 513/15, NJW 2017, 329 Tz. 12.

II. Beeinträchtigungsabsicht

19 Die für den Anspruch des Vertragserben bzw. Vermächtnisnehmers konstitutive Beeinträchtigungsabsicht des Erblassers setzt nach der Rechtsprechung des BGH die Feststellung voraus, dass der Erblasser seine Verfügungsfreiheit (§ 2286 BGB) missbraucht hat.[68] Die Missbrauchsprüfung erfolgt aufgrund einer umfassenden Abwägung der Bindung des Erblassers an den Erbvertrag bzw. das gemeinschaftliche Testament einerseits und der Gründe für die Benachteiligung des Vertragserben andererseits.[69] Die Rechtsprechung hat Fallgruppen entwickelt, in denen es an einem Missbrauch der Verfügungsbefugnis und damit an einer Beeinträchtigungsabsicht fehlt. Insbesondere ein anerkennenswertes lebzeitiges Eigeninteresse des Erblassers,[70] die Wahrnehmung einer auf Sitte oder Anstand beruhenden Pflicht[71] oder die Wahrnehmung des wohlverstandenen Vorteils des – typischerweise „missratenen", d.h. insbesondere verschwenderischen, insolventen oder unter Betreuung stehenden – Vertragserben[72] schließen die Beeinträchtigungsabsicht nach ständiger Rechtsprechung des BGH aus. Jüngst hat der BGH bestätigt, dass ein anerkennenswertes lebzeitiges Interesse des Erblassers auch dann vorliegen kann, wenn der sich bester Gesundheit erfreuende Schenker sich vom Beschenkten vertraglich die Pflege in gesunden und kranken Tagen versprechen lässt, selbst wenn er bis zum Tod niemals pflegebedürftig wird,[73] oder wenn der Beschenkte ohne rechtliche Bindung Leistungen, z.B. zur Betreuung im weiteren Sinne, im Zeitpunkt der Schenkung er-

68 BGH v. 5.7.1972, IV ZR 125/70, BGHZ 59, 343, 348 ff.; BGH v. 26.11.1975, IV ZR 138/74, BGHZ 66, 8, 15 ff.; BGH v. 30.3.1977, IV ZR 211/75, FamRZ 1977, 539, 540; BGH v. 23.9.1981, IVa ZR 185/80, BGHZ 82, 274, 278; BGH v. 23.4.1986, IVa ZR 97/85, FamRZ 1986, 980, 982; BGH v. 26.10.2011, IV ZR 72/11, DNotZ 2012, 301 Tz. 11; BGH v. 28.9.2016, IV ZR 513/15, NJW 2017, 329 Tz. 13; OLG Düsseldorf v. 27.1.2017, I-7 U 40/16, ZEV 2017, 328 Tz. 38; OLG Hamm v. 12.9.2017, 10 U 75/16, BeckRS 2017, 128746 Tz. 29; OLG Hamm v.14.9.2017, 10 U 1/17, BeckRS 2017, 140433 Tz. 36; OLG Düsseldorf v. 2.3.2018, I-7 U 23/17, ErbR 2018, 513; OLG Saarbrücken v. 22.6.2022, 5 U 98/21, BeckRS 2022, 24315 Rn 25. Dazu eingehend *Staudinger/Raff*, BGB, § 2287 Rn 29 ff. Vgl. auch OLG München v. 30.4.1987, 24 U 472/86, NJW-RR 1987, 1484; OLG Köln v. 16.3.1994, 19 U 159/93, MittRhNotK 1995, 186.

69 BGH v. 12.6.1980, IVa ZR 5/80, BGHZ 77, 264, 266 f. = NJW 1980, 2307; BGH v. 27.1.1982, IVa ZR 240/80, BGHZ 83, 44, 45 f. = NJW 1982, 1100; BGH v. 28.9.1983, IVa ZR 168/82, BGHZ 88, 269, 271; BGH v. 26.10.2011, IV ZR 72/11, DNotZ 2012, 301 Tz. 11; OLG Düsseldorf v. 27.1.2017, I-7 U 40/16, ZEV 2017, 328 Tz. 43.

70 BGH v. 5.7.1972, IV ZR 125/70, BGHZ 59, 343, 348 ff.; BGH v. 26.11.1975, IV ZR 138/74, BGHZ 66, 8, 15 ff.; BGH v. 12.6.1980, IVa ZR 5/80, BGHZ 77, 264, 266 f.; BGH v. 26.2.1986, IVa ZR 87/84, NJW 1986, 1755; BGH v. 17.6.1992, IV ZR 88/91, NJW 1992, 2630, 2631; BGH v. 26.10.2011, IV ZR 72/11, DNotZ 2012, 301 Tz. 11; OLG Düsseldorf v. 27.1.2017, I-7 U 40/16, ZEV 2017, 328 Tz. 38.

71 BGH v. 26.11.1975, IV ZR 138/74, BGHZ 66, 8, 15 ff.; BGH v. 27.1.1982, IVa ZR 240/80, BGHZ 83, 44, 45 f. = NJW 1982, 1100; BGH v. 26.10.2011, IV ZR 72/11, DNotZ 2012, 301 Tz. 11.

72 Vgl. BGH v. 23.4.1986, IVa ZR 97/85, FamRZ 1986, 980, 982: Der einzige Sohn aus erster Ehe, Vertragserbe aus einem mit dem Tod der Ehefrau bindend gewordenen gemeinschaftlichen Testament, war debil und alkoholsüchtig. Sein Vater übertrug seiner zweiten Ehefrau, die ihren Stiefsohn versorgte, einen Anteil am „Stammhaus".

73 BGH v. 28.9.2016, IV ZR 513/15, NJW 2017, 329 Tz. 14.

bringt und auch in Zukunft vornehmen will.[74] In dem vom BGH entschiedenen Fall hatte der im Jahr 2006 beschenkte Sohn seiner Mutter in einem Zeitraum von 1986 bis 2009 das Haus sauber gehalten, den Garten gepflegt, den Winterdienst geleistet, ab 2003 für sie eingekauft und Botengänge übernommen und ab 2004 alle Fahrdienste erbracht.[75] Überträgt der durch Erbvertrag mit bindender Schlusserbeneinsetzung zugunsten der Kinder aus erster Ehe gebundene Erblasser nach dem Tod seiner Ehefrau eine Eigentumswohnung an seine Lebensgefährtin, um diese dazu zu motivieren, ihn im Alter zu versorgen und zu pflegen, kann ein lebzeitiges Eigeninteresse zu bejahen sein.[76] Im Einzelfall ist sogar die Übertragung eines Geldbetrages in Millionenhöhe an die Ehefrau als nicht missbräuchlich angesehen worden, weil der sehr wohlhabende und kinderlose Ehemann seine wenig bemittelte Gattin dazu veranlassen wollte, im Alter für sein Wohlergehen zu sorgen.[77] Entsprechend hat das OLG Düsseldorf die Beeinträchtigungsabsicht in dem Fall eines sehr wohlhabenden Unternehmens verneint, der seiner zweiten Ehefrau anlässlich der Heirat eine Motoryacht im Wert von einer guten halben Mio. EUR geschenkt hat und dies als der Wertung des § 534 BGB vergleichbare Anstandsschenkung qualifiziert.[78] Es handele sich um ein in vergleichbaren sozialen Kreisen gebräuchliches Gelegenheitsgeschenk. Der Sohn des Erblassers ging mithin insofern leer aus, hatte indes selbst zu gleicher Zeit vom Erblasser GmbH-Geschäftsanteile im Wert von annähernd 8 Mio. EUR erhalten. Obwohl der BGH *obiter* ausgeführt hat, dass keine missbräuchliche Ausübung der Verfügungsmöglichkeit vorliege, wenn der Erblasser mit dem Geschenk einer Person, die ihm in besonderem Maße geholfen hat, Dank abstatten wollte,[79] machen in der Vergangenheit erbrachte Leistungen des Erwerbers im Haushalt nach der Rechtsprechung regelmäßig nicht immun gegen Bereicherungsansprüche nach §§ 2287 f. BGB (belohnende Schenkung). Diese Wertung rechtfertigt sich damit, dass derartigen Arbeiten eines Lebensgefährten im Haushalt typischerweise materielle oder immaterielle „Gegenleistungen" des Erblassers gegenüberstehen, die die Beteiligten in der Vergangenheit bewogen

74 BGH v. 26.10.2011, IV ZR 72/11, DNotZ 2012, 301 Tz. 11.

75 Vgl. BGH v. 26.10.2011, IV ZR 72/11, DNotZ 2012, 301 Tz. 13.

76 BGH v. 30.3.1977, IV ZR 211/75, FamRZ 1977, 539; BGH v. 28.9.1983, IVa ZR 168/82, BGHZ 88, 269, 271 (Der Übertragungsvertrag enthielt keine Pflegeverpflichtung der beschenkten Lebensgefährtin und späteren Ehefrau); BGH v. 23.9.1981, IVa ZR 185/80, BGHZ 82, 274, 282 (betr. Übertragung an den Sohn); OLG München v. 30.4.1987, 24 U 472/86, NJW-RR 1987, 1484 (betr. befreundetes Ehepaar); OLG Köln v. 16.3.1994, 19 U 159/93, MittRhNotK 1995, 186. Die von BGH v. 26.11.1975, IV ZR 138/74, BGHZ 66, 8, 16 *obiter* geprägte Formel, ein „lebzeitiges Eigeninteresse des Erblassers wäre etwa anzuerkennen, wenn es diesem darum ging, seine Altersversorgung zu sichern oder zu verbessern (…)", erscheint mir etwas irreführend, weil der BGH in seiner Rechtsprechung unter „Altersversorgung" entgegen dem allgemeinen Sprachgebrauch nicht eine materielle Absicherung in Form einer Rente oder eines Kapitalstamms versteht, sondern Pflege, Fürsorge und die Vermeidung von Alterseinsamkeit.

77 BGH v. 17.6.1992, IV ZR 88/91, NJW 1992, 2630.

78 OLG Düsseldorf v. 27.1.2017, I-7 U 40/16, ZEV 2017, 328 Tz. 43.

79 BGH v. 26.11.1975, IV ZR 138/74, BGHZ 66, 8, 16; BGH v. 27.1.1982, IVa ZR 240/80, BGHZ 83, 44, 46 f.

haben dürften, von der Vereinbarung eines Entgelts abzusehen.[80] Dementsprechend hat das OLG Hamm ein lebzeitiges Eigeninteresse des Erblassers verneint, obwohl die von ihm im Wert von ca. 250.000 EUR beschenkte Lebensgefährtin während vier Jahren Pflegeleistungen und -zusagen gegenüber dem Erblasser erbracht haben wollte; maßgeblich hierfür war, dass die Schenkungen des Erblassers den bindend seinem Sohn letztwillig zugewandten Nachlass weitgehend wertlos gemacht haben, die Lebensgefährtin während der vier Jahre in vollem Umfang freie Kost und Logis von dem Erblasser erhalten hat, über Jahre hinweg auf Kosten des Erblassers in erheblichem Umfang gemeinsame Reisen mit dem Erblasser unternommen hat sowie auf Drängen des Erblassers von seinem Sohn ein Wohnrecht für die Zeit nach dem Tod des Erblassers erhalten hat.[81] Etwas anderes scheint jedoch für über das übliche Maß hinausgehende Pflege- und Versorgungsleistungen für den Erblasser oder ihm nahe stehende Personen zu gelten, insbesondere wenn die beschenkte Lebensgefährtin lange Jahre die Kinder des Erblassers aus erster Ehe betreut hat.[82] Die Rechtsprechung verneint eine den Missbrauch der Verfügungsbefugnis nach § 2286 BGB ausschließende sittliche Pflicht zur Schenkung, wenn diese bloß aus langjähriger personaler Verbundenheit motiviert ist. Die bloße nichteheliche Lebensgemeinschaft genügt ebenfalls nicht, um eine Schenkung vor §§ 2287 f. BGB zu rechtfertigen.[83]

20 Die Rechtsprechung bejaht die erforderliche Beeinträchtigungsabsicht, wenn der Erblasser, motiviert durch einen Sinneswandel, ohne Änderung der bei Abschluss des Erbvertrages herrschenden äußeren Umstände den Erbvertrag korrigieren will, etwa weil er den Beschenkten inzwischen dem Vertragserben vorzieht.[84] Allerdings ist in der Rechtsprechung anerkannt, dass das Bedürfnis des Erblassers, mit der Schenkung seine Versorgung und Pflege im Alter abzusichern, auch dann ein anerkennenswertes lebzeitiges Eigeninteresse begründen kann, wenn es bereits beim Abschluss des Erbvertrages „latent" abstrakt vorhanden war. Dieses Bedürfnis wird nämlich erfahrungsgemäß erst mit vorrückendem Alter gewichtiger.[85] Hat sich jedoch die Sachlage seit Errichtung des Erbvertrages nicht geändert, so geht die Rechtsprechung davon aus, dass die Schenkung auf einem Sinneswandel beruht und einen Missbrauch der Verfügungsbefugnis dar-

80 Vgl. OLG Hamm v. 12.9.2017, 10 U 75/16, BeckRS 2017, 128746 Tz. 33; OLG Köln v. 13.11.1996, 27 U 64/96, MittRhNotK 1997, 89; *Grziwotz*, Nichteheliche Lebensgemeinschaft, § 30 Rn 44, Fn 53.

81 OLG Hamm v. 12.9.2017, 10 U 75/16, BeckRS 2017, 128746 Tz. 33.

82 *Grziwotz*, Nichteheliche Lebensgemeinschaft, § 30 Rn 45; vgl. auch OLG Köln v. 30.9.1991, 2 W 140/91, NJW-RR 1992, 200; OLG München v. 30.4.1987, 24 U 472/86, NJW-RR 1987, 1484 (langjährige Versorgung eines älteren Ehepaares einschließlich Verköstigung und Verrichtung aller häuslichen Arbeiten).

83 OLG Köln v. 30.9.1991, 2 W 140/91, NJW-RR 1992, 200.

84 BGH v. 30.3.1977, IV ZR 211/75, FamRZ 1977, 539, 540; BGH v. 12.6.1980, IVa ZR 5/80, BGHZ 77, 264, 267; BGH v. 27.1.1982, IVa ZR 240/80, BGHZ 83, 44, 46; OLG Hamm v.14.9.2017, 10 U 1/17, BeckRS 2017, 140433 Tz 39, OLG Saarbrücken v. 22.6.2022, 5 U 98/21, BeckRS 2022, 24315 Rn 27.

85 BGH v. 27.1.1982, IVa ZR 240/80, BGHZ 83, 44, 46.

stellt. Dieser Auffassung ist zuzustimmen. Anderenfalls könnte der Erblasser den anderen am Erbvertrag Beteiligten ohne die Sanktion des §§ 2287 f. BGB täuschen.[86]

Wie der BGH jüngst klar gestellt hat, ist die Frage, ob der Erblasser an der Schenkung ein lebzeitiges Eigeninteresse hatte und damit nicht in Beeinträchtigungsabsicht handelte, nicht zwingend eine Alles-oder-Nichts-Entscheidung.[87] Vielmehr kann es sein, dass das lebzeitige Eigeninteresse nur für einen Teil der Schenkung besteht.[88] Dies dürfte insbesondere dann denkbar sein, wenn der Schenkungsgegenstand wertmäßig deutlich über den vergangenen und künftigen Leistungen des Beschenkten liegt.[89] Rechtfertigt das lebzeitige Eigeninteresse die Schenkung nur zum Teil, ist für die Rechtsfolge weiter entscheidend, ob der gerechtfertigte Teil der Schenkung oder der nicht gerechtfertigte überwiegt. Der BGH zieht die Grundsätze über die Rückabwicklung gemischter Schenkungen[90] heran.[91] Überwiegt der nicht gerechtfertigte Anteil, kann der durch die Schenkung beeinträchtigte Vertragserbe den Schenkungsgegenstand zurückverlangen Zug um Zug gegen Ersatz des gerechtfertigten Anteils in Geld.[92] Anderenfalls kann er den nicht gerechtfertigten Anteil nur in Geld ersetzt verlangen.[93] 21

III. Beeinträchtigung des vertragsmäßigen Vermächtnisnehmers

Restriktiver mit der Annahme eines lebzeitigen Eigeninteresses ist die Rechtsprechung, wenn ein bindend bedachter Vermächtnisnehmer betroffen ist (§ 2288 BGB), weil hier sogar entgeltliche Veräußerungen schädlich sind. Hier nimmt der BGH eine Beeinträchtigungsabsicht bereits dann an, wenn der Erblasser den vermächtnisweise zugewandten Vermögensgegenstand in dem Bewusstsein veräußert, dass damit dem Vermächtnis der Boden entzogen wird und dass die Gegenleistung für den Vermächtnisnehmer keinen Ersatz darstellt. Ein lebzeitiges Eigeninteresse wird nur bejaht, wenn sich das Interesse des Erblassers gerade auf die Veräußerung des Vermächtnisgegenstandes richtete und der erstrebte Zweck nicht auch durch andere wirtschaftliche Maßnahmen zu erreichen gewesen wäre.[94] Veräußert beispielsweise der sehr vermögende Erblasser das bindend vermächtnisweise zugewandte Grundstück und auch den erheb- 22

86 BGH v. 23.11.1983, IVa ZR 230/81, NJW 1984, 731, 732.
87 Vgl. BGH v. 28.9.2016, IV ZR 513/15, NJW 2017, 329 Tz. 15; BGH v. 26.10.2011, IV ZR 72/11, DNotZ 2012, 301 Tz. 14.
88 Vgl. BGH v. 26.10.2011, IV ZR 72/11, DNotZ 2012, 301 Tz. 14.
89 Vgl. BGH v. 26.10.2011, IV ZR 72/11, DNotZ 2012, 301 Tz. 14 („umfassende Gesamtabwägung").
90 BGH v. 12.6.1980, IVa ZR 5/80, BGHZ 77, 264.
91 Vgl. BGH v. 28.9.2016, IV ZR 513/15, NJW 2017, 329 Tz. 15; BGH v. 26.10.2011, IV ZR 72/11, DNotZ 2012, 301 Tz. 14.
92 Vgl. BGH v. 26.10.2011, IV ZR 72/11, DNotZ 2012, 301 Tz. 14.
93 Vgl. BGH v. 26.10.2011, IV ZR 72/11, DNotZ 2012, 301 Tz. 14.
94 BGH v. 23.11.1983, IVa ZR 230/81, NJW 1984, 731; BGH v. 27.12.1997, IV ZR 138/96, NJW-RR 1998, 577.

lichen weiteren Grundbesitz, um sich der Mühen der Hausverwaltung zu entledigen und verschenkt er anschließend den Erlös, so greift § 2288 BGB zugunsten des Vermächtnisnehmers ein.[95] In einem anderen Fall hat der BGH ebenfalls § 2288 BGB bejaht, in dem der Erblasser unter Missachtung eines seiner zweiten Ehefrau erbvertraglich zugewandten Nießbrauchsvermächtnisses an allen Nachlassgegenständen Grundbesitz auf ein Kind aus erster Ehe übertrug, welches sich im Gegenzug verpflichtete, seine geistig bzw. seelisch behinderten Geschwister zu versorgen.[96]

95 BGH v. 17.12.1997, IV ZR 138/96, NJW-RR 1998, 577 = DNotZ 1998, 834 = MittRhNotK 1998, 246. Das Grundstück war einziger Vermächtnisgegenstand.

96 BGH v. 23.11.1983, IVa ZR 230/81, NJW 1984, 731.

§ 12 Absicherung des Lebensgefährten durch Rechtsgeschäfte unter Lebenden

A. Vertrag zugunsten Dritter auf den Todesfall

Mit Verträgen zugunsten Dritter auf den Todesfall kann der Erblasser Vermögen am Nachlass vorbeisteuern, ohne im Deckungsverhältnis die für letztwillige Verfügungen und Schenkungsversprechen von Todes wegen (§ 2301 BGB) angeordneten Formvorschriften einhalten zu müssen.[1] Dies gilt insbesondere für Lebensversicherungen, Wertpapierdepots, Bankkonto- oder Sparguthaben und Sparbücher.[2] Zuwendungen der vorgenannten Art zeichnen sich dadurch aus, dass zwischen dem Abschluss des Vertrages zugunsten des Lebensgefährten und der Erbringung der vertragsgemäßen Leistung durch den Versprechenden (Bank, Versicherung) – regelmäßig nach dem Tod des Versprechensempfängers – ein erheblicher Zeitraum liegt. Daher ist hier in besonderem Maße der Möglichkeit Rechnung zu tragen, dass die nichteheliche Lebensgemeinschaft vor dem Tod (Fälligkeit) durch Trennung der Partner enden kann. Von einer *unwiderruflichen* Bezugsberechtigung des Partners ist daher regelmäßig abzuraten. Im Valutaverhältnis zwischen den Lebensgefährten soll nach jüngst vertretener Ansicht des BGH eine gemeinschaftsbezogene Zuwendung und keine Schenkung vorliegen.[3] Ihre Geschäftsgrundlage kann daher im Valutaverhältnis durch Trennung entfallen.[4] Ob die Trennung die Geschäftsgrundlage wegfallen lässt, richtet sich nach allen Umständen des Einzelfalles, insbesondere der Dauer der Lebensgemeinschaft, dem Alter der Parteien, Art und Umfang der erbrachten Leistungen, der Höhe der dadurch bedingten und noch vorhandenen Vermögensmehrung und den Einkommens- und Vermögensverhältnissen.[5] Welche Konsequenzen die Qualifikation als gemeinschaftsbezogene Zuwendung und nicht als Schenkung insbesondere im Hinblick auf die Form des Versprechens im Valutaverhältnis hat (Geltung des § 518 BGB) ist noch un- 1

1 So ausdrücklich BGH v. 29.1.1964, V ZR 209/61, BGHZ 41, 95, 96; vgl. schon RG v. 25.3.1930, VII 440/29, RGZ 128, 187, 189. Vom Deckungsverhältnis zwischen Versprechendem (z.B. Lebensversicherungsunternehmen) und Versprechensempfänger (Versicherter) ist das Valutaverhältnis zwischen Versprechensempfänger und Drittem zu unterscheiden. Im Valutaverhältnis liegt regelmäßig eine unbenannte (gemeinschaftsbezogene) Zuwendung (so die Rspr.) oder eine Schenkung vor.

2 Reimann/Bengel/Dietz/*Reimann*, C. § 2301, Rn 59 ff.

3 BGH v. 14.11.2012, IV ZR 219/12, VersR 2013, 302 = BeckRS 2013, 592 (Versicherung auf verbundene Leben); vgl. auch BGH v. 6.5.2014, X R 135/11, NJW 2014, 2638, Tz. 10; LG Konstanz v. 30.8.2016, 4 O 453/15, ZEV 2016, 705 = ZErb 2017. Die Qualifikation ist m.E. zweifelhaft, weil die Auszahlung durch die Versicherung an die Partnerin erst nach dem Tod des Partners erfolgt und mithin nicht dem Fortbestand der nichtehelichen Lebensgemeinschaft dienen kann. Zu Recht ging BGH v. 26.11.2003, IV ZR 438/02, NJW 2004, 767, 768 noch davon aus, dass im Valutaverhältnis regelmäßig eine Schenkung vorliegt.

4 BGH v. 14.11.2012, IV ZR 219/12, VersR 2013, 302 = BeckRS 2013, 592 (Versicherung auf verbundene Leben).

5 BGH v. 14.11.2012, IV ZR 219/12, VersR 2013, 302 = BeckRS 2013, 592.

geklärt. Bis zu einer Klärung sollte mit der bislang herrschenden Rechtsprechung von einer Geltung des § 518 BGB ausgegangen werden.[6]

2 Ist bei einer Todesfallversicherung oder bei einer kapitalbildenden Versicherung[7] die Lebensgefährtin als Bezugsberechtigte für den Todesfall[8] benannt, so ist sie im Verhältnis zum Versicherer auch dann anspruchsberechtigt, wenn sie im Todeszeitpunkt des Versicherungsnehmers nicht mehr mit diesem zusammengelebt hat. Dies gilt unabhängig davon, ob die Bezugsberechtigung auf „X" (lediglich namentliche Bezeichnung), „meine Lebensgefährtin" (ohne namentliche Bezeichnung) oder „meine Lebensgefährtin X" lautet.[9] Es handelt sich um eine Frage der Auslegung der Bezugsberechtigung. Maßgeblich ist, wie die Bestimmung des Bezugsberechtigten in dem Zeitpunkt zu verstehen ist (§§ 133, 157 BGB), in dem der Erblasser sie der Versicherung gegenüber getroffen hat.[10] Es kann sich daher empfehlen, die Bezugsberechtigung so zu formulieren, dass bezugsberechtigt sein soll „die Ehefrau, ersatzweise Lebensgefährtin, mit der die versicherte Person zum Eintritt des Versicherungsfalls in gültiger Ehe verheiratet ist bzw. in nichtehelicher Lebensgemeinschaft unter gleicher Meldeanschrift lebt, ersatzweise die gesetzlichen Erben."[11]

3 Fehlt eine durch den Fortbestand der Lebensgemeinschaft bedingte Einschränkung der vorgenannten Art, so sollte der Versicherungsnehmer die Bezugsberechtigung nach der Trennung unverzüglich der Versicherung gegenüber widerrufen; ist der Partner unwiderruflich zum Bezugsberechtigten benannt, so ist ein Widerruf nur mit seiner Zustimmung möglich.[12] Zu beachten ist, dass nach § 9 Abs. 4 ALB[13] entgegen der Auslegungsregel des

6 Vgl. in diesem Sinne für den Fall der Zuwendung einer Kapitallebensversicherung vom Großvater auf die Enkel BGH v. 27.6.2018, IV ZR 222/16, NJW 2018, 3025 Tz. 30.

7 Bei der Todesfallversicherung wird die Versicherungsleistung fällig, wenn die versicherte Person stirbt, bei der kapitalbildenden Versicherung alternativ hierzu schon dann, wenn sie einen bestimmten Stichtag erlebt; vgl. Münchener Anwaltshandbuch Erbrecht/*Andres*, § 47 Rn 9.

8 Für den Erlebensfall (kapitalbildende Versicherung) wird regelmäßig die mit dem Versicherungsnehmer identische versicherte Person bezugsberechtigt sein.

9 Für Ehegatten: BGH v. 22.7.2015, IV ZR 437/14, NJW 2015, 3303; BGH v. 14.2.2007, IV ZR 150/05, VersR 2007, 784 Tz. 12; BGH v. 20.5.1992, XII ZR 255/90, BGHZ 118, 242; OLG Hamm v. 16.11.2017, I-6 U 58/17, BeckRS 2017, 139385 Tz 47, wo der „verwitwete Ehepartner" bezugsberechtigt war; van Bühren/*Prang*, § 14 Rn 523 m.w.N.; Römer/Langheid/*Römer*, VVG, § 160 Rn 8 m.w.N.; Münchener Anwaltshandbuch Erbrecht/*Andres*, § 47 Rn 41 f.

10 BGH v. 22.7.2015, IV ZR 437/14, NJW 2015, 3303 Tz. 14. Dort war der „verwitwete Ehegatte" bezugsberechtigt. Darunter ist die im Zeitpunkt der Erklärung über die Bezugsberechtigung mit dem Erblasser verheiratete Ehefrau zu verstehen, auch wenn die Eheleute später geschieden werden und der Erblasser sich wiederverheiratet.

11 Angelehnt an van Bühren/*Prang*, § 14 Rn 527. Derartige Formulierungen geben den Bezugsberechtigten hinreichend bestimmbar wieder; vgl. BGH v. 27.9.2012, IX ZR 15/12, NJW 2013, 233 Tz. 15. Eine aufschiebend oder auflösend bedingte Bezugsberechtigung ist nach BGH v. 27.9.2012, IX ZR 15/12, NJW 2013, 233 und BGH v. 20.5.1992, XII ZR 255/90, BGHZ 118, 242, 244 f. möglich, im Regelfall jedoch nicht anzunehmen.

12 Der Versicherungsnehmer kann ausdrücklich bestimmen, dass der Bezugsberechtigte sofort und unwiderruflich die Ansprüche aus dem Versicherungsvertrag erwerben soll. In diesem Fall kann dieses Bezugsrecht nur noch mit Zustimmung des Bezugsberechtigten aufgehoben werden (§ 9 Abs. 2 Unterabs. 3 ALB).

13 Allgemeine Bedingungen für die kapitalbildende Lebensversicherung.

§ 332 BGB ein Widerruf oder eine Änderung der Bezugsberechtigung im Deckungsverhältnis nicht durch letztwillige Verfügung des Versicherungsnehmers, sondern nur durch schriftliche Anzeige beim Versicherer möglich ist, weil die Bestimmung des Bezugsberechtigten eine einseitige empfangsbedürftige Willenserklärung (§ 130 Abs. 1 BGB) ist.[14] Der im Deckungsverhältnis wirkungslose Widerruf des Bezugsrechts durch Verfügung von Todes wegen kann aber als Widerruf des Schenkungsangebots im Valutaverhältnis aufzufassen sein, vorausgesetzt, dass das Schenkungsangebot noch nicht zuvor der zu beschenkenden Lebensgefährtin zugegangen ist (§ 130 Abs. 1 S. 2 BGB).[15] In einem Urt. v. 30.1.2018 hat der BGH bestätigt, dass zwischen dem Deckungsverhältnis und dem Valutaverhältnis zu differenzieren ist und erbrechtliche Bestimmungen keine Anwendungen finden.[16] Er hat weiter bestätigt, dass im Valutaverhältnis häufig eine Schenkung nach § 516 BGB vorliegt. Der Schenkungsvertrag kommt dabei in der Weise zustande, dass das Schenkungsangebot der Erblasserin von der Lebensversicherung als Botin dem Beschenkten, d.h. dem begünstigten Zuwendungsempfänger übermittelt wird.[17] Der BGH führt weiter aus, dass der Erblasser das Schenkungsangebot auch durch Testament widerrufen und damit sein Schenkungsangebot, wenn es nicht zuvor schon eingegangen ist, nach § 130 Abs. 1 S. 2 BGB unwirksam machen kann.[18] Dabei muss sich der Widerruf nicht ausdrücklich aus dem Testament ergeben. Es reicht, wenn das Testament einen hinreichenden Widerrufswillen des Erblassers erkennen lässt, z.B. weil dieser im Testament über sein gesamtes Vermögen verfügt und dieses ausschließlich anderen Personen als dem in der Lebensversicherung benannten Begünstigten zuwendet.[19] Damit das Schenkungsangebot durch ein Testament widerrufen wird, muss es dem durch den Vertrag zugunsten Dritter (z.B. durch Lebensversicherung) Begünstigten zur Kenntnis gelangen. In dem vom BGH entschiedenen Fall bestand allerdings die Besonderheit, dass die Erblasserin das Testament in amtliche Verwahrung – hier als privatschriftliches in die Verwahrung des Amtsgerichts – gegeben hat. Damit, so der BGH, habe sie eine Verwahrungsart gewählt, die das Auffinden und die Unterrichtung der Betroffenen sicherstellt. Damit habe sie Erklärungen gegenüber jedem abgegeben, den es angeht. Adressaten seien nicht nur diejenigen Personen, die im Testament ausdrücklich erwähnt werden, sondern auch solche, die aufgrund ihrer Beziehungen zum Erblasser und zum Kreis der möglicherweise Betroffenen gehören, auch wenn sie im Testament nicht bedacht worden sind.[20] Unent-

14 Vgl. BGH v. 26.6.2013, IV ZR 243/12, VersR 2013, 1121 Rn 10; Staudinger/*Klumpp*, BGB, § 332 Rn 9; Grüneberg/*Grüneberg*, § 332 Rn 3.

15 Grüneberg/*Grüneberg*, § 332 Rn 3 m.w.N.; Münchener Anwaltshandbuch Erbrecht/*Andres*, § 47 Rn 47 ff.

16 Vgl. BGH v. 30.1.2018, X ZR 119/15, NJW-RR 2018, 518, Tz. 15.

17 Vgl. BGH v. 30.1.2018, X ZR 119/15, NJW-RR 2018, 518, Tz. 17.

18 Vgl. BGH v. 30.1.2018, X ZR 119/15, NJW-RR 2018, 518, Tz. 19.

19 Vgl. BGH v. 30.1.2018, X ZR 119/15, NJW-RR 2018, 518, Tz. 24 ff.

20 Vgl. BGH v. 30.1.2018, X ZR 119/15, NJW-RR 2018, 518, Tz. 35.

schieden bleibt somit, wie ein privatschriftliches Testament zu werten ist, das nicht in die Verwahrung des Nachlassgerichts gegeben wird.

4 Zu beachten ist, dass das Schenkungsangebot der Lebensgefährtin praktisch häufig schon zu Lebzeiten zugegangen und von ihr auch angenommen sein wird.[21] Teilt der Versicherungsnehmer etwa seiner Partnerin mit, dass er zu ihren Gunsten eine Lebensversicherung abgeschlossen hat, was diese zustimmend zur Kenntnis nimmt,[22] ist der Schenkungsvertrag geschlossen. Ist die Partnerin *widerruflich* als Bezugsberechtigte benannt, so wird die Formunwirksamkeit des Schenkungsversprechens (§ 518 Abs. 1 BGB) mit Todeseintritt geheilt (§ 518 Abs. 2 BGB), weil der Bezugsberechtigte mit dem Tod den Anspruch auf die Versicherungsleistung erwirbt (§ 159 Abs. 2 VVG).[23] Hat der Versicherungsnehmer die Lebensgefährtin *unwiderruflich* zur Bezugsberechtigten eingesetzt, so erwirbt diese die Ansprüche aus dem Versicherungsvertrag sofort (§ 159 Abs. 3 VVG).[24] Heilung des formnichtigen Schenkungsversprechens tritt in diesem Fall schon mit Abschluss des Versicherungsvertrages ein.[25]

5 Hat der Schenker das Schenkungsversprechen dem Beschenkten gegenüber zu Lebzeiten nicht abgegeben, so kommt ein Widerruf durch die Erben des Schenkers nach dessen Tod in Betracht, bevor das Schenkungsversprechen dem Beschenkten zugegangen ist.[26] Die Versicherung ist grundsätzlich als Erklärungsbote des Versicherungsnehmers anzusehen. Teilt sie dem Bezugsberechtigten mit, dass zu seinen Gunsten eine Lebensversicherung besteht, gibt sie ihm gegenüber konkludent als Erklärungsbotin des verstorbenen Partners dessen Schenkungsofferte ab.[27] Die Erben können der Versicherung zuvorkommen, indem sie zeitnah nach dem Erbfall dem Bezugsberechtigten gegenüber alle diesem noch

21 Die Annahme eines zu Lebzeiten abgeschlossenen Schenkungsvertrags bezeichnet BGH v. 29.1.1964, V ZR 209/61, BGHZ 41, 95, 97 als nicht fernliegend. Anders jedoch im vom BGH mit Urt. v. 21.5.2008, IV ZR 238/06, FamRZ 2008, 1516 = ZErb 2008, 324, entschiedenen Fall.

22 Nach der Rechtsprechung verzichtet der Schenker auf den Zugang der Annahmeerklärung des Beschenkten (§ 151 BGB); vgl. BGH v. 29.5.1984, IX ZR 86/82, BGHZ 91, 288, 291; RG v. 25.3.1930, VII 440/29, RGZ 128, 187, 189.

23 Vgl. BGH v. 26.6.2013, IV ZR 243/12, VersR 2013, 1121 Tz. 21; BGH v. 26.11.2003, IV ZR 438/02, NJW 2004, 767, 768: „Als Valutaverhältnis kommt, wenn eine unentgeltliche Zuwendung gewollt ist, im Allgemeinen nur eine Schenkung in Betracht; im Hinblick auf den „Von-selbst-Erwerb" des Begünstigten ist sowohl Vollziehung i.S.v. § 2301 Abs. 2 BGB als auch Heilung des Formmangels gem. § 518 Abs. 2 BGB anzunehmen"; BGH v. 29.5.1984, IX ZR 86/82, BGHZ 91, 288, 291.
Ein Widerruf durch die Erben des Versicherungsnehmers nach dessen Tod ist mithin unbeachtlich.

24 BGH v. 22.10.2015, IX ZR 248/14 BeckRS 2015, 18544Tz. 10; BGH v. 26.6.2013, IV ZR 243/12, VersR 2013, 1121 Tz. 21; BGH v. 27.9.2012, IX ZR 15/12, NJW 2013, 233 Tz. 8.

25 Staudinger/*Chiusi*, § 518 Rn 38; MüKo-BGB/*Koch*, § 518 Rn 27; Grüneberg/*Weidenkaff*, § 518 Rn 15.

26 Staudinger/*Jagmann*, § 331 Rn 22 m.w.N.

27 Grüneberg/*Grüneberg*, § 331 Rn 5. Wie BGH v. 21.5.2008, IV ZR 238/06, FamRZ 2008, 1516 = ZErb 2008, 324 überzeugend entschieden hat, ist eine Übermittlung des Schenkungsangebots durch die Versicherung nicht schon darin zu sehen, dass diese vom Bezugsberechtigten Belege zur Prüfung seines Anspruchs (Versicherungspolice, Sterbeurkunde) anfordert.

nicht zugegangenen Schenkungsangebote des Erblassers widerrufen. Darüber hinaus sollten sie ebenfalls zeitnah der Versicherung gegenüber den vom Versicherungsnehmer erteilten Auftrag, der Bezugsberechtigten das Schenkungsangebot zu übermitteln, widerrufen.[28] *Rohlfing* hat die Rechtslage plastisch als Wettlauf zwischen dem Erben und dem Beschenkten beschrieben.[29] Erfolgt kein Widerruf, so hat die Lebensgefährtin den Anspruch auf die Versicherungsleistung grundsätzlich auch im Valutaverhältnis zu den Rechtsnachfolgern des Versicherungsnehmers mit Rechtsgrund zum Behaltendürfen i.S.d. § 812 Abs. 1 S. 1 BGB erworben.

Eine Lebensversicherung, die der Erblasser einem Dritten zuwendet, unterliegt der Pflichtteilsergänzung nach § 2325 BGB, wenn im Valutaverhältnis eine Schenkung vorliegt.[30] Umstritten war lange Zeit, ob die gesamte Versicherungsleistung oder nur die vom Schenker geleisteten Prämien ergänzungspflichtig sind.[31] Der BGH hat für das widerrufliche Bezugsrecht entschieden, dass sich der Pflichtteilsergänzungsanspruch weder nach der Versicherungsleistung noch nach der Summe der vom Erblasser gezahlten Prämien berechnet. Maßgeblich ist vielmehr allein nach der Wert, den der Erblasser aus den Rechten seiner Lebensversicherung in der letzten – juristischen – Sekunde seines Lebens nach objektiven Kriterien für sein Vermögen hätte umsetzen können. Dies ist in der Regel der Rückkaufswert.[32] Haben sich die Lebensgefährten entweder durch „synallagmatische Verknüpfung“ oder unwiderrufliche Bezugsberechtigung wechselseitig durch Risikolebensversicherungen abgesichert, so fehlt es an einer unentgeltlichen Zuwendung.[33] **6**

28 Vgl. BGH v. 21.5.2008, IV ZR 238/06, FamRZ 2008, 1516 = ZErb 2008, 324. Der Versicherungsnehmer wollte sich von seiner Ehefrau scheiden lassen. Ohne seine Lebensgefährtin hierüber in Kenntnis zu setzen, benannte er sie zur Bezugsberechtigten einer von ihm abgeschlossenen Kapitallebensversicherung. Nach seinem Tod und noch bevor die Versicherung der Bezugsberechtigten sein Schenkungsangebot übermittelt hatte, erklärten seine gesetzlichen Erben, seine Ehefrau und sein Sohn, der Versicherung gegenüber die „Anfechtung“ der Erklärung, mit der der Erblasser seine Lebensgefährtin als Bezugsberechtigte benannt hatte. Nachdem die Versicherung dieses Schreiben erhalten hatte, übermittelte sie der Lebensgefährtin des Erblassers dessen Schenkungsangebot über die Lebensversicherung. Der BGH legt die „Anfechtung“ durch die Erben dahingehend aus, dass sie auch den Widerruf der vom Erblasser an die Versicherung erteilten Botenmacht erfasst.

29 *Rohlfing*, ZErb 2009, 1 (Editorial).

30 Grüneberg/*Weidlich*, § 2325 Rn 13.

31 Zum Streitstand vgl. Grüneberg/*Edenhofer*, § 2325 Rn 13.

32 BGH v. 28.4.2010, IV ZR 230/08, ZEV 2010, 305 m. Anm. *Wall*; LG Konstanz v. 30.8.2016, 4 O 453/15, ZEV 2016, 705 = ZErb 2017; OLG Saarbrücken v. 5.8.2022, 5 W 48/22, ErbR 2022, 1121, 1122 f. = BeckRS 2022, 24229 Rn 8 ff. („reine Risikoversicherung“ falle mangels Rückkaufswert nicht in die Pflichtteilsergänzung, PKH-Sache). Anders noch OLG Stuttgart v. 13.12.2007, 19 U 140/07, RNotZ 2008, 168 = NJW-RR 2008, 389: ergänzungspflichtig seien allein die vom Schenker geleisteten Prämien. Ebenso noch BGH v. 4.2.1976, IV ZR 156/73, FamRZ 1976, 616, 617 m. Anm. *Harder*. Wiederum anders für den Fall der Insolvenzanfechtung (sie erstrecke sich auf die gesamte Versicherungssumme) BGH v. 23.10.2003, IX ZR 252/01, BGHZ 156, 350 = NJW 2004, 214; dem folgend LG Göttingen v. 23.3.2007, 4 S 6/06, NJW-RR 2008, 19.

33 Vgl. *obiter* LG Konstanz v. 30.8.2016, 4 O 453/15, ZEV 2016, 705 = ZErb 2017.

7 Besonderheiten bestehen bei der Risikolebensversicherung beider Partner *auf verbundene Leben*. Bei dieser Art der Versicherung werden beide Lebensgefährten jeweils Versicherungsnehmer und sind versicherte Personen. Sie räumen sich dabei ein wechselseitiges Bezugsrecht ein. Ein Widerruf oder eine Änderung des Bezugsrechts können die Partner nur gemeinsam erklären.[34] Davon unabhängig kann, wie oben ausgeführt, die Geschäftsgrundlage der Versicherung im Valutaverhältnis durch Trennung entfallen.[35]

B. Weiterbenutzung der Wohnung nach dem Tod des Partners

8 Hierzu kann auf die obigen Ausführungen verwiesen werden (siehe oben § 5 Rdn 2 ff.).

C. Adoption des Lebensgefährten?

9 Der Lebensgefährte gilt quer durch alle Bereiche der Rechtsordnung weitestgehend nicht als Angehöriger. Insbesondere im Erbschaftsteuer- und Schenkungsteuerrecht veranlasst dieser Umstand die Beteiligten zu Gestaltungsüberlegungen. Die Ehe ist das naheliegende Rechtsinstitut, das jedoch mitunter aus rechtlichen oder außerrechtlichen Erwägungen bewusst vermieden wird. Die Beteiligten kommen bisweilen auf die Idee, eine (Erwachsenen-) Adoption durch zu führen.

10 Regelmäßig steht bereits die grundsätzliche Irreversibilität der Adoption im Widerspruch zu der jederzeitigen Auflösbarkeit der nichtehelichen Lebensgemeinschaft.

Allerdings soll nach einer – m.E. zweifelhaften Literaturansicht – beispielsweise die geplante Eingehung einer eingetragenen Lebenspartnerschaft zwischen Annehmendem und Angenommenen bei der Volljährigenadoption mit schwachen Wirkungen ein wichtiger Grund für die Aufhebung des Annahmeverhältnisses sein.[36] Ist eine Volljährigenadoption jedoch rechtsmissbräuchlich erfolgt, so kommt ihre Aufhebung nach § 1771 BGB nicht in Betracht.[37] Ein derartiger Rechtsmissbrauch wird bei der Lebensgefährtenadoption praktisch immer vorliegen. Die Literatur folgt dieser Rechtsprechung mit dem Argument, dass anderenfalls jede Sanktion fehlte.[38] Erst recht ist eine Volljährigenadoption mit starken

34 BGH v. 14.11.2012, IV ZR 219/12, VersR 2013, 302 = BeckRS 2013, 592; OLG Köln v. 15.6.2012, 20 U 160/11, BeckRS 2012, 18439; *Benkel/Hirschberg*, Lebens- und Berufsunfähigkeitsversicherung, § 13 ALB 2008 Rn 41.

35 BGH v. 14.11.2012, IV ZR 219/12, VersR 2013, 302 = BeckRS 2013, 592; OLG Köln v. 15.6.2012, 20 U 160/11, BeckRS 2012, 18439.

36 Grüneberg/*Götz*, § 1771 Rn 2.

37 OLG Schleswig NJW-RR 1995, 583; BGH NJW 1988, 1139; AnwK-BGB/*Finger*, § 1771 Rn 4.

38 AnwK-BGB/*Finger*, § 1771 Rn 4.

Wirkungen (§ 1772 Abs. 1 BGB) in solchen Fällen nicht aufhebbar.[39] Hier kann hingegen das Annahmeverhältnis gem. § 1772 Abs. 2 S. 1 BGB nur in sinngemäßer Anwendung der Vorschrift des § 1760 Abs. 1–5 BGB aufgehoben werden. Eine Aufhebung von Amts wegen nach § 1763 BGB, die nur während der Minderjährigkeit eines angenommenen Kindes zulässig ist, sowie eine Aufhebung nach § 1771 S. 1 BGB auf Antrag des Annehmenden und des Angenommenen scheiden hier aus.

Einer Eheschließung zwischen Annehmendem und Angenommenen steht § 1308 Abs. 1 **11** BGB entgegen, wonach eine Ehe nicht zwischen Personen geschlossen werden soll, deren Verwandtschaft im Sinne des § 1307 durch Annahme als Kind begründet worden ist; dies gilt nicht, wenn das Annahmeverhältnis aufgelöst worden ist. Gleiches gilt für die Begründung einer eingetragenen Lebenspartnerschaft (§ 1 Abs. 2 Nr. 2 LPartG).

Im Übrigen wird es am Eltern-Kind-Verhältnis fehlen, wobei dies weniger am Alters- **12** unterschied liegen wird,[40] als vielmehr daran, dass geschlechtliche Beziehungen ein Annahmehindernis bilden, da sie gerade nicht Inhalt eines Eltern-Kind-Verhältnisses sein sollen.[41] Dass Vermögen unter Ersparung von Erbschaft- oder Schenkungsteuer übertragen wird, darf Neben-, nicht aber Hauptzweck sein.[42]

39 BayObLG NJW-RR 1986, 872, 873; Staudinger/*Helms*, BGB, § 1772 Rn 15; AnwK-BGB/*Finger*, § 1772 Rn 6.

40 Dieser ist bei der Erwachsenenadoption keine ausnahmslos zwingende Annahmevoraussetzung; vgl. Grüneberg/*Götz*, § 1767 Rn 7.

41 MüKo-BGB/*Maurer*, § 1767 Rn 11.

42 MüKo-BGB/*Maurer*, § 1767 Rn 18.

§ 13 Nichteheliche Lebensgemeinschaft und gesetzliche Rentenversicherung

Wegfall der Witwenrente als Ehehindernis: In der Praxis geschieht es häufig, dass zwei Personen aus dem Motiv unverheiratet bzw. unverpartnert zusammenleben, da einer oder beide Beteiligten Witwenrente/Witwerrente beziehen. Diese soll nicht durch eine erneute Heirat/Begründung einer eingetragenen Lebenspartnerschaft gefährdet werden. 1

Unter den in § 46 SGB VI aufgeführten Voraussetzungen (insb. Erfüllung der allgemeinen Wartezeit i.S.d. § 50 SGB VI, grundsätzlich mindestens einjährige Ehedauer[1]) hat der verwitwete Ehegatte/eingetragene Lebenspartner Anspruch auf Witwenrente. Der überlebende nichteheliche Lebensgefährte erhält dagegen keine Witwenrente/Witwerrente.[2] § 46 SGB VI ist auf ihn weder unmittelbar noch analog anwendbar.[3] Grundsätzlich wird eine kleine Witwenrente für längstens 24 Kalendermonate nach dem Ablauf des Todesmonats geleistet (§§ 33 Abs. 4 Nr. 1, 46 Abs. 1 S. 2 SGB VI).[4] Eine zeitlich 2

1 Nach § 46 Abs. 2a SGB VI haben Witwen/Witwer keinen Anspruch auf Witwenrente/Witwerrente, wenn die Ehe nicht mindestens ein Jahr gedauert hat, es sei denn, dass nach den besonderen Umständen des Falles die Annahme nicht gerechtfertigt ist, dass es der alleinige oder überwiegende Zweck der Heirat war, einen Anspruch auf Hinterbliebenenversorgung zu begründen. Dieser Ausschluss der so genannten Versorgungsehe von der Witwenrente/Witwerrente gilt nicht für Ehen, die vor dem 1.1.2008 geschlossen wurden (§ 242a Abs. 3 SGB VI). Nach LSG Bayern v. 8.8.2012, L 13 R 555/10, BeckRS 2012, 73567, liegt ein besonderer, gegen eine Versorgungsehe sprechender Umstand nicht darin, dass die Hinterbliebene und der Versicherte vor dem Tod des Versicherten schon seit vielen Jahren ununterbrochen in häuslicher und eheähnlicher Gemeinschaft gelebt haben; ebenso; LSG Hessen v. 16.9.2014, L 2 R 140/13, BeckRS 2015, 67870, Tz. 52. Anders LSG Mecklenburg-Vorpommern v. 28.11.2013, L 4 R 102/10, BeckRS 2014, 65335, in einem Fall, in dem der verstorbene Ehegatte nur deshalb erst vier Monate vor seinem Tod seine mehrjährige Lebensgefährtin heiraten konnte, weil er seine Scheidung von seiner vorherigen Ehefrau abwarten musste. Das LSG Berlin-Brandenburg hat in einem Urt. v. 11.6.2015, L 22 R 89/13, BeckRS 2015, 70889, eine jahrzehntelange nichteheliche Lebensgemeinschaft im Rahmen der umfassenden Sachverhaltswürdigung als einen Umstand gewertet, der gegen das Vorliegen einer Versorgungsehe spricht. Demgegenüber hat das LSG Bayern in einem Urt. v. 5.11.2014, O 20 R 390/13, BeckRS 2015, 66894 die Vermutung der Versorgungsehe auch dann als nicht widerlegt angesehen, wenn die späteren Eheleute jahrzehntelang zusammengelebt haben und dabei eine bloß allgemeine Heiratsbereitschaft hatten; LSG Hessen v. 16.9.2014, L 2 R 140/13, BeckRS 2015, 67870, Tz. 56. Zur Rechtsnatur der Versorgungsehe als unbestimmter Rechtsbegriff vgl. BSG v. 5.5.2009, B 13 R 55/08 R, FamRZ 2009, 1667; LSG Hessen v. 16.9.2014, L 2 R 140/13, BeckRS 2015, 67870.

2 BSG v. 30.3.1994, 4 RA 18/93, NJW 1995, 3270; *Ruland*, NJW 1993, 3234; Kreikebohm/*Löns*, SGB VI, 3. Aufl. 2008, § 46 Rn 4. Das BVerfG hat diese Rechtsprechung in einem Kammerbeschl. v. 17.11.2010, 1 BvR 1883/10, NJW 2011, 1663 = BeckRS 2011, 48091, nicht beanstandet; dazu *Schramm/Haußleiter*, NJW-Spezial 2011, 326.

3 BSG v. 30.3.1994, 4 RA 18/93, NJW 1995, 3270. Die gegen das vorstehende Urteil eingelegte Verfassungsbeschwerde hat die 2. Kammer des Ersten Senats des BVerfG durch Beschl. v. 2.8.1994, 1 BvR 1302/94 nicht zur Entscheidung angenommen.

4 Ist der Ehegatte vor dem 1.1.2002 verstorben oder ist mindestens ein Ehegatte vor dem 2.1.1962 geboren und die Ehe vor dem 1.1.2002 geschlossen worden, besteht der Anspruch ohne Beschränkung auf 24 Kalendermonate, § 242a Abs. 1 SGB VI.

unbefristete[5] große Witwenrente wird nur gewährt, wenn die verwitwete Person ein minderjähriges oder behindertes Kind[6] erzieht, das 45. Lebensjahr vollendet hat[7] oder erwerbsgemindert ist (§§ 33 Abs. 4 Nr. 2, 46 Abs. 2, 242a Abs. 4 und 5 SGB VI).

3 Zusätzliche Voraussetzung der Witwenrente/Witwerrente ist, dass die verwitwete Person nicht wieder geheiratet oder eine eingetragene Lebenspartnerschaft begründet hat; in diesem Fall wird Witwenrente/Witwerrente nach dem vorletzten Ehegatten/Lebenspartner unter der zusätzlichen Voraussetzung gewährt, dass die erneute Ehe/eingetragene Lebenspartnerschaft – etwa durch Tod oder Scheidung – aufgelöst ist (§ 46 Abs. 3 SGB VI). Demgegenüber ist es ohne Auswirkung, wenn sie („nur“) eine nichteheliche Lebensgemeinschaft begründet. Dies ergibt sich aus einem Gegenschluss zu § 46 Abs. 4 S. 1 SGB VI, der der (Wieder-)Heirat lediglich die Begründung einer Lebenspartnerschaft (i.S.d. LPartG) gleichstellt. Zudem fehlt im Recht der gesetzlichen Rentenversicherung des SGB VI auch eine allgemeine Nichtbegünstigungsklausel, wie sie etwa § 20 SGB XII für die Sozialhilfe enthält („Personen, die in eheähnlicher oder lebenspartnerschaftsähnlicher Gemeinschaft leben, dürfen hinsichtlich der Voraussetzungen sowie des Umfangs der Sozialhilfe nicht bessergestellt werden als Ehegatten.“).

5 Zum Erlöschen der Witwenrente bei erneuter Heirat/eingetragener Lebenspartnerschaft vgl. sogleich unten.

6 Vgl. im Einzelnen § 46 Abs. 2 SGB VI.

7 Die Altersgrenze von 45 Jahren wird entsprechend der Anhebung der Regelaltersgrenze ab dem Jahr 2012 als Todesjahr des Versicherten stufenweise um einen Monat angehoben, bis sie im Jahr 2029 eine Altersgrenze von 47 Jahren erreicht hat; vgl. § 242a Abs. 4 und 5 SGB VI.

§ 14 Nichteheliche Lebensgemeinschaft und Einkommensteuerrecht

A. Keine Zusammenveranlagung und Ehegattensplitting

Ehegatten, die unbeschränkt einkommensteuerpflichtig sind und nicht dauernd getrennt leben, eröffnet § 26 Abs. 1 S. 1 EStG das Verfahrenswahlrecht zwischen Zusammenveranlagung nach § 26b EStG und Einzelveranlagung[1] nach § 26a EStG. Wird das Wahlrecht zugunsten der Zusammenveranlagung nach § 26b EStG ausgeübt, so folgt als Automatismus, dass das Splittingverfahren gemäß § 32a Abs. 5 EStG (sogenanntes Vollsplitting) Anwendung findet.[2] Das Splittingverfahren behandelt die Eheleute so, als hätte jeder Ehegatte genau die Hälfte des zu versteuernden Einkommens bezogen,[3] das beide Eheleute insgesamt im Veranlagungszeitraum erzielt haben, gewährt jedem Ehegatten den tariflichen Grundfreibetrag von 10.908 EUR und ordnet an, jeden Ehegatten mit dem so ermittelten zu versteuernden Einkommen dem Einkommensteuertarif zu unterziehen. Andere Steuerpflichtige werden dagegen gemäß § 25 Abs. 1 EStG nach ihrem Einkommen im Veranlagungszeitraum *einzeln* veranlagt; sie sind nach dem eindeutigen Wortlaut des § 26 Abs. 1 S. 1 EStG, der insoweit zwanglos einen Gegenschluss erlaubt, von der Zusammenveranlagung ausgeschlossen. Der III. Senat des BFH hat nichtehelichen Lebensgemeinschaften die Zusammenveranlagung und damit die Anwendung des Vollsplitting in einem Grundsatzurteil vom 27.10.1989 verweigert[4] und dies in einem Beschl. v. 21.3.2012[5] sowie in einem Urt. v. 26.6.2014[6] und in 1

1 Bis einschließlich zum Veranlagungszeitraum 2012 (d.h. 31.12.2012, vgl. § 25 Abs. 1 EStG): „getrennte Veranlagung“. Die geänderte Terminologie geht auf Art. 1 Nr. 14 und 15 des Steuervereinfachungsgesetzes 2011 v. 1.11.2011 (BGBl I 2011, 2131) zurück. Die Übergangsvorschrift des § 52 Abs. 68 EStG ist dort in Art. 1 Nr. 33 Buchst. l) i.V.m. Art. 18 Abs. 2 enthalten.

2 Neben dem Splitting-Verfahren bei Zusammenveranlagung bestehen die hier nicht weiter zu verfolgenden Fälle des so genannten Verwitwetensplitting gemäß § 32a Abs. 6 Nr. 1 EStG und des so genannten Sondersplitting gemäß § 32a Abs. 6 Nr. 2 EStG. Kritisch gegenüber der Akzessorietät der materiellen Ausgestaltung der Einkommensteuerbemessungsgrundlage von der Wahl des Verfahrens *J. Lang*, Bemessungsgrundlage, S. 640 f.

3 „Bezogen“ ist nicht i.S.v. „erzielt“ zu verstehen, sondern umfasst auch den Fall, dass geldwerte Mittel, die ein Ehegatte erzielt hat, dem anderen zur Verfügung gestellt werden.

4 BFH v. 27.10.1989, III R 205/82, BFHE 158, 431/436 = BStBl II 1990, 294/296 f.; BFH v. 18.4.1990, III R 126/86, BFHE 160, 516/521 = BStBl II 1990, 886/887; FG Berlin v. 23.11.1995, IV 285/94, rkr., EFG 1996, 545/546 f. In seinem Urt. v. 17.4.1998, VI R 16/97, BFHE 185, 475/478 = BStBl II 1998, 473/474 hat der VI. Senat des BFH auf Vorhaltungen der Literatur im Internationalen Privatrecht hinsichtlich fehlenden Methodenbewusstseins bei der Auslegung des Begriffs der „Ehegatten“ in §§ 26 ff. EStG ausdrücklich entschieden, dass hierfür die zivilrechtlichen Vorschriften maßgeblich seien und keine „autonome Auslegung“ vorzunehmen sei.

5 BFH v. 21.3.2012, III B 52/11, BFH/NV 2012, 1125 = BeckRS 2012, 95112.

6 BFH v. 26.6.2014, III R 14/05, BStBl II 2014, 829 = BFHE 246, 178.

einem Beschl. v. 26.4.2017[7] bestätigt. Das BVerfG hat die gegen das BFH-Urt. v. 26.6.2014 eingelegte Verfassungsbeschwerde mit Beschl. v. 19.8.2015 nicht zur Entscheidung angenommen.[8] Die ganz überwiegende Literatur hat sich dem BFH angeschlossen.[9]

B. Geltung der Rechtsprechung zu Angehörigenverträgen?

I. Rechtsprechungsgrundsätze zu Angehörigenverträgen

2 Schließen Ehegatten untereinander oder Eltern mit ihren Kindern schuldrechtliche Verträge ab und erbringen sie einander Leistungen zur Vertragserfüllung, so fehlt nach weit verbreiteter Auffassung in einkommensteuerlichen Rechtsprechung und Schrifttum die „Richtigkeitsgewähr".[10] Begründet wird dies damit, dass Abschluss und Durchführung von Angehörigenverträgen durch private Erwägungen veranlasst sein können.[11] Es kann dann an dem für Verträge zwischen einander fremden Personen charakteristischen Interessengegensatz fehlen. Aus diesem Grund erkennen die Rechtsprechung und die Finanzverwaltung in langer Tradition Vereinbarungen zwischen Eheleuten oder nahen Angehörigen (Angehörigenverträge) für einkommensteuerliche Zwecke nur dann an, wenn die betreffenden Verträge klar und ernstlich gewollt sind, entsprechend dem Vereinbarten durchgeführt werden, und sowohl Vereinbarung als auch Durchführung angemessen sind.[12] Die Rechtsprechung hat ihre früher sehr streng und formalistische gehandhabten Kriterien nach dem Oderkonto-Beschluss des BVerfG vom 7.11.1995[13] aufgeweicht. Am Erfordernis der zivilrechtlichen Wirksamkeit, insbesondere Formerfordernissen, hält der BFH nicht

7 BFH v. 26.4.2017, III B 100/16, BeckRS 2017, 113610.

8 BVerfG v. 19.8.2015, 2 BvR 1910/14.

9 *List*, DStR 1997, 1101/1102; *Bilsdorfer*, Inf 1993, 298/299; Blümich/*Ettlich*, EStG, 128. Aufl. 2015, § 26 Rn 39; *Bütelmann*, StuW 2004, 131/134 f.; Hausmann/Hohloch/*Bültmann*, Das Recht der nichtehelichen Lebensgemeinschaft, S. 495/503. Vgl. schon Eser/*Philipowski*, Die nichteheliche Lebensgemeinschaft, S. 61/67 ff.

10 *Schmidt*, StbJb. 1980/1981, 115/122. Kritisch zu dieser Argumentation *Osterloh*, Gesetzesbindung und Typisierungsspielräume bei der Anwendung der Steuergesetze, S. 385 ff.

11 BFH v. 29.5.1972, GrS 4/71, BFHE 106, 504/508; BFH v. 7.6.2006, IX R 4/04, BStBl II 2007, 294 = DStR 2006, 1372; BFH v. 22.2.2007, IX R 45/06, BB 2007, 1373 = GmbHR 2007, 719 m. Anm. *Hoffmann*; *Seeger*, DStR 1998, 1339/1341.

12 BFH v. 11.5.2010, IX R 19/09, DStR 2010, 1514; BFH v. 15.4.1999, IV R 60/98, BStBl II 1999, 524/525. Vgl. auch FG Saarland v. 18.12.2012, 1 K 1628/10, BeckRS 2013, 94369; Niedersächs. FG v. 5.2.2001, 14 K 105/96, EFG 2001, 1111 m. Anm *J. Hoffmann*; *Gosch*, StBp 2000, 251 f. Vgl. auch *Wacker*, StJb. 2002/2003, 85/96 ff. Zu Darlehensverträgen zwischen nahen Angehörigen vgl. *Pump/Kurella*, StBp 2001, 239 ff. Allgemeine Darstellung bei *Ramisch*, Rechtsverhältnisse zwischen Angehörigen im Ertragsteuerrecht.

13 BVerfG v. 7.11.1995, 2 BvR 802/90, BStBl II 1996, 34.

mehr ausnahmslos fest.[14] Auch ein strenger Fremdvergleich wird nicht mehr ausnahmslos verlangt.[15] So betonte der IX. Senat 1996 im Zusammenhang mit einem Ehegattenmietverhältnis, dass nicht jede Abweichung vom Üblichen notwendigerweise die steuerliche Anerkennung des Vertragsverhältnisses ausschließt.[16] Maßgebend ist danach, dass die Hauptpflichten der Mietvertragsparteien (Überlassung einer konkret bestimmten Sache und Höhe der Miete, § 535 BGB) klar und eindeutig vereinbart und wie ver-

14 Eine klare Vereinbarung muss nicht schriftlich sein, um anerkannt zu werden; vgl. BFH v. 20.4.1999, VIII R 81/94, BFH/NV 1999, 1457/1459 (Arbeitsvertrag). Vielmehr reicht es für die steuerliche Anerkennung von Lohnzahlungen als Betriebsausgaben (§ 4 Abs. 4 EStG) aufgrund einer mündlichen Vertragsänderung aus, dass aus der tatsächlichen Durchführung dieser Vertragsänderung auch für außenstehende Dritte erkennbar ist, dass die Leistungen des Arbeitnehmers nur gegen das geänderte Entgelt erbracht werden sollten. Allerdings scheint sich in der Rechtsprechung jüngst eine Anhebung der Anerkennungsschwellen für Angehörigenverträge anzukündigen. Anders als noch BFH v. 13.7.1999, BStBl II 2000, 286 und v. 7.6.2006, IXR 4/04, BStBl II 2007, 294 = DStR 2006, 1372, hat BFH v. 22.2.2007, IX R 45/06, BB 2007, 1373 = GmbHR 2007, 719 m. Anm. *Hoffmann*, einem Darlehensvertrag mit dem minderjährigen Kind als Darlehensgeber die ertragsteuerliche Anerkennung versagt, weil unterlassen worden war, einen Ergänzungspfleger einzuschalten. Die bürgerliche Rechtslage sei klar gewesen und die Nichtbeachtung dieser Wirksamkeitsvoraussetzung daher den Beteiligten anzulasten. Kritisch hierzu *Hoffmann*, GmbHR 2007, 720 ff. Der BFH ist damit im Ergebnis auf die Linie der Finanzverwaltung (vgl. Nichtanwendungserlass des BMF v. 2.4.2007 zum BFH-Urt. v. 7.6.2006, IV B 2 – S 2144/0, BStBl I 2007, 441) eingeschwenkt. Vgl. zu dieser Thematik auch *Heuermann*, DB 2007, 1267 ff.

15 Weil es auf eine „Gesamtwürdigung aller Umstände des konkreten Einzelfalles“ ankomme, sei es unzulässig, die steuerliche Anerkennung dieser Zusagen von einem betriebsexternen Vergleich abhängig zu machen und sie nach den Regeln der objektiven Feststellungslast zu versagen, wenn ein solcher mangels vergleichbarer Beschäftigungsverhältnisse mit fremden Dritten im selben Unternehmen (betriebsinterner Vergleich) und in anderen Betrieben derselben Art und Größenordnung (betriebsexterner Vergleich) unmöglich ist; vgl. BFH v. 18.12.2001, VIII R 69/98, BStBl II 2002, 353/355 m. Anm. *Völlmeke* = GmbHR 2002, 498 m. Anm. *Eisendick*; vgl. zu diesem Urt. auch *Gosch*, StBp 2002. 147 f. Anders für Tantiemen noch BFH v. 31.5.1989, III R 154/86, BFHE 157, 172 und für Oderkonten noch BFH v. 27.11.1989, GrS 1/88, BFHE 158, 563/571 f. = BStBl II 1990, 160/164. Der III. Senat hat dennoch auf Anfrage des VIII. Senats erklärt, dass die Auffassung des VIII. Senats nicht von seinen Ausführungen in BFHE 157, 172 abweicht; vgl. BFH v. 18.12.2001, VIII R 69/98, BStBl II 2002, 353/356 = BFHE 197, 475/482.

16 BFH v. 7.5.1996, IX R 69/94, BStBl II 1997, 196/197 = BFHE 180, 377/379 (unregelmäßige Mietzahlungen in bar) mit ausdrücklicher Aufgabe der früheren Rechtsprechung, wonach schon eine geringfügige Abweichung einzelner Sachverhaltsmerkmale vom Üblichen für sich allein stets zur Nichtanerkennung eines Mietverhältnisses führen konnte; vgl. zu diesem Urteil *Felix*, FR 1996, 729/731 f.; *Bilsdorfer*, BB 1996, 2381/2388 Fn 134; *Gosch*, DStZ 1997, 1/7 f.; *Gorski*, DStZ 1997, 16 ff. Vgl. auch BFH v. 28.1.1997, IX R 23/94, BStBl II 1997, 655/656; BFH v. 22.4.1998, X R 163/94, BFH/NV 1999, 24 (Kauf unter in Scheidung lebenden Ehegatten); BFH v. 25.7.2000, IX R 6/97, BFH/NV 2001, 305 (Mietverhältnis mit der Tochter). Zum Gestaltungsmissbrauch bei Vermietung einer Wohnung an den berufstätigen Ehegatten an seinem Beschäftigungsort im Rahmen der doppelten Haushaltsführung und Deckung von Sollsalden auf dem Objektkonto aus dem gemeinsamen Girokonto beider Eheleute, das im Wesentlichen aus dem Gehalt des Mieter-Ehegatten gespeist wurde vgl. FG Köln v. 23.8.2001, 7 K 8104/97, EFG 2001, 1501 m. Anm. *Hoffmann*, das einen Gestaltungsmissbrauch bejahte und das vielbeachtete Urteil des BFH v. 11.3.2003, IX R 55/01, BFHE 202, 15 = BStBl II 2003, 627 = FR 2003, 775 m. zust. Anm. *Fischer* = HFR 2003, 761 m. Anm. *Heuermann*. Der BFH verneinte einen Gestaltungsmissbrauch. Vgl. zur Problematik auch *Heuermann*, BB 2003, 1465 ff.

einbart durchgeführt werden;[17] die frühere Rechtsprechung,[18] die auf einer exakte Vereinbarung und Durchführung auch der Nebenpflichten bestand, ist damit – angesichts der verfassungsrechtlichen Vorgaben erfreulicherweise – obsolet. Indem die Rechtsprechung auf eine umfassende Würdigung aller maßgebenden Umstände des Einzelfalles abstellt[19] und sich tendenziell von der Aufstellung von Tatbestandsmerkmalen mit Qualität einer *conditio sine qua non* verabschiedet, setzt sie die vom BVerfG im Beschl. v. 7.11.1995 konkretisierten verfassungsrechtlichen Vorgaben um.

II. Praktische Konsequenzen in der Vertragspraxis

3 Welche Konsequenzen die Angehörigenrechtsprechung für die Kaufvertragspraxis hat, zeigt ein BFH-Urt. v. 21.9.2004:[20]

Zusammenveranlagte Eheleute hatten 1987 für einen Kaufpreis von insgesamt 159.100 DM eine Eigentumswohnung zu je ½ Miteigentumsanteil erworben. 1997 erwarb die Ehefrau vom Ehemann seinen Miteigentumsanteil durch notariellen Kaufvertrag. Den Kaufpreis von 160.000 DM erbrachte sie in Höhe von 25.000 DM durch befreiende Übernahme von Darlehensschulden des Mannes und in Höhe von 135.000 DM durch unmittelbare Zahlung auf ein gemeinsames Girokonto (Oderkonto) der Eheleute. Die Ehefrau finanzierte den Barkaufpreis durch ein tilgungsfreies Darlehen einer Versicherung, dessen Valuta durch eine Lebensversicherung abgedeckt war. Die laufenden Darlehenszinsen wurden vertragsgemäß von dem gemeinsamen Girokonto der Eheleute abgebucht. Der Ehemann legte den empfangenen Geldbetrag in Fondsanteilen an. Weil der Fondsbetreiber hierauf bestand, unterzeichneten beide Eheleute die Beitrittserklärung zu dem Fonds. Zwischen beiden Eheleuten bestand jedoch von Anfang an Einvernehmen darüber, dass Berechtigter des Kaufpreises und der Fondsanteile allein der Ehemann sein sollte. Erst im Zuge des Streits mit der Finanzbehörde erklärten die Eheleute dem Fondsbetreiber, dass die Fondsanteile künftig allein einem vom Ehemann geführten Depot zugebucht werden sollten. In der gemeinsamen Einkommensteuererklärung machte die Ehefrau Afa in Höhe des Gebäudeanteils auf den Kaufpreis sowie Darlehenszinsen geltend. Das Finanzamt verweigerte den Abzug, weil die zwischen den Eheleuten getroffenen Vereinbarungen einem Fremdvergleich nicht standhielten. Ein mit dem Verkäufer nicht verwandter Käufer hätte an Stelle der Ehefrau auf eine Kaufpreisabwicklung über Notaranderkonto bestanden. Ein der Käuferin fremder Verkäufer hätte sich im Gegenzug nicht darauf eingelassen, dass der Kaufpreis auf ein gemeinsames Girokonto gezahlt wird.

17 BFH v. 20.10.1997, IX R 38/97, BStBl II 1998, 106 = BFHE 184, 463 (Mietverhältnis mit der Tochter); BFH v. 25.7.2000, IX R 6/97, BFH/NV 2001, 305.

18 Einen Überblick mit zahlreichen Nachweisen hierzu gibt *Schoor*, LSW Gruppe 4 235 S. 3.

19 *Schwendy*, LSW Gruppe 4, 343 S. 5; *Schoor*, INF 2000, 236/238.

20 BFH v. 21.9.2004, IX R 5/03, BFH/NV 2005, 498.

Weder das FG Düsseldorf[21] noch der BFH folgten der Auffassung des Finanzamts. Der Vertrag sei wie unter einander Fremden durchgeführt worden. Die Kaufpreiszahlung auf ein gemeinsames Konto der Ehegatten sei unschädlich.[22] Der Kaufpreis sei auch nicht dadurch an die Ehefrau zurückgezahlt worden, dass der Ehemann ihn in Fondsanteile investierte, die (zunächst) beiden Ehegatten gehörten. Die Fondsanteile hätten im maßgeblichen Innenverhältnis der Eheleute allein dem Ehemann zugestanden (§ 39 Abs. 2 Nr. 1 S. 2 AO). Aus diesem Grund verbiete sich auch die Annahme, dass die Kaufpreisvereinbarung ein unbeachtliches Scheingeschäft und der Miteigentumsanteil in Wirklichkeit verschenkt worden sei. Auch die vom revisionsführenden Finanzamt offenbar nicht thematisierte Zahlung der von der Ehefrau geschuldeten Darlehenszinsen vom gemeinsamen Girokonto hindert m.E. nicht die steuerliche Anerkennung der von den Eheleuten gewählten Gestaltung und den Abzug der geltend gemachten Werbungskosten, weil die Zahlung nach dem maßgeblichen Innenverhältnis allein der Ehefrau obliegt. Der BFH nahm an der Kaufpreiszahlung über Notaranderkonto zu Recht nicht Anstoß. Man mag zwar einwenden, nur bei Kaufpreisabwicklung über Notaranderkonto (mit Auszahlung auf ein Konto des Verkäufers!) sei bereits aufgrund der vertraglichen Gestaltung sichergestellt, dass der Kaufpreis tatsächlich in die Vermögenssphäre des Verkäufers gerät, während sie bei Abwicklung ohne Notaranderkonto, d.h. Fälligkeitsmitteilung und Umschreibungssperre bis zur Mitteilung des Verkäufers, dass er den Kaufpreis erhalten habe, nicht gewährleistet ist, denn letztgenannte Gestaltung schließt nicht aus, dass der Verkäufer dies dem Notar bestätigt, ohne Geld erhalten zu haben. Freilich ist auch bei Abwicklung über Notaranderkonto denkbar, dass der Verkäufer den vom Notaranderkonto überwiesenen Betrag umgehend dem Käufer zurückzahlt. 4

Es besteht mithin m.E. keine Verpflichtung des Notars, Angehörigenverträge im Interesse der Beteiligten an der steuerlichen Anerkennung so zu gestalten, dass eine steuerliche Anerkennung gewährleistet ist oder sie sogar so zu gestalten, dass die Beteiligten bei der Durchführung nicht vom Vereinbarten abweichen können. Letzteres ist ohnehin ein Ding der Unmöglichkeit. Auch ist der Notar nicht verpflichtet, die Beteiligten auf die Ermittlungsmöglichkeiten des Fiskus (gläserner Steuerbürger) hinzuweisen. 5

III. Übertragung auf nichteheliche Lebensgemeinschaften?

Auch zwischen Lebensgefährten sind zivilrechtlich selbstverständlich wirksame vertragliche Gestaltungen denkbar. Leben zwei Personen in intakter und stabiler nichtehelicher Lebensgemeinschaft, so liegt es nicht selten nahe, dass sie sich gegenseitig bei der Gewinnung ihrer Lebensgrundlage absprechen. Auch kann es vorkommen, dass der eine Le- 6

21 FG Düsseldorf v. 2.10.2002, 16 K 2493/00, EFG 2003, 773.

22 Vgl. den Oderkonto-Beschluss des BVerfG v. 7.11.1995, 2 BvR 802/90, BStBl II 1996, 34.

bensgefährte den anderen anstellt oder ihm Räume vermietet. Derartige vertragliche Gestaltungen können (auch) durch die Erwägung veranlasst sein, ein bestehendes Einkommensgefälle zwischen den Lebensgefährten zu nivellieren und damit die Progressionswirkung durch eine Herbeiführung der wirtschaftlichen Auswirkungen des Ehegattensplittings (§ 32a Abs. 5 EStG) abzumildern. Es stellt sich mithin die Frage, ob die von der Rechtsprechung und Finanzverwaltung entwickelten Grundsätze zur Anerkennung von Angehörigenverträgen auch auf Vereinbarungen zwischen Lebensgefährten angewandt werden müssen.

7 Die Rechtsprechung hat die Grundsätze zur Anerkennung von Angehörigenverträgen im Hinblick auf Ehegattenverträge und Verträge zwischen Eltern und ihren Kindern[23] entwickelt.[24] Sie überträgt diese Grundsätze für Verträge unter in intakter Ehe oder Familie lebenden Personen zwar nicht generell auf andere einander persönlich oder wirtschaftlich nahestehende Personen. Sie prüft aber dann, wenn Anhaltspunkte für eine Interessengleichheit bestehen, die steuerrechtliche Anerkennung von Vereinbarungen solcher Personen am gleichen Maßstab wie Ehegattenverträge.[25] So hat der X. Senat in einem Urt. v. 22.4.1998[26] entschieden, dass die zu Verträgen unter nahen Angehörigen entwickelten Grundsätze bei Verlobten jedenfalls dann anwendbar sind, wenn konkrete Anhaltspunkte für eine private Veranlassung sprechen.[27] In einem Beschl. v. 20.11.2002[28] hat derselbe Senat unter Bestätigung seiner Rechtsprechung[29] die Auffassung vertreten, dass im Einzelfall auch bei Vereinbarungen unter Geschiedenen, ebenso wie unter einander gänzlich

23 BFH v. 22.8.1951, IV 246/50 S, BFHE 55, 449 = BStBl III 1951, 181 (Steuerliche Anerkennung kann einer Personengesellschaft zwischen dem Betriebsinhaber und seinen drei Töchtern nicht allein deshalb versagt werden, weil außerbetriebliche, z.B. steuerliche und familienrechtliche Gesichtspunkte, den Abschluss des Gesellschaftsvertrags veranlasst haben); BFH v. 29.5.1972, GrS 4/71, BFHE 106, 504 = BStBl II 1973, 5 (Steuerliche Anerkennung der Gewinnverteilungsabrede zwischen dem Betriebsinhaber und seinen Kindern, die als Kommanditisten bzw. atypisch stille Gesellschafter in die neu gegründete KG eintraten, nur, soweit die Beteiligung der nicht mitarbeitenden Kinder auf längere Sicht zu einer auch unter Berücksichtigung der gesellschaftsrechtlichen Beteiligung der Kinder angemessenen Verzinsung des tatsächlichen Werts des Gesellschaftsanteils führt). Zu Verträgen zwischen Eltern und Kindern vgl. auch BFH v. 10.3.1988, IV R 214/85, BFHE 153, 520.

24 Der Personenkreis, auf den die Finanzrechtsprechung ihre Grundsätze zu Abschluss und Durchführung von Angehörigenverträgen anwendet, ist enger als der Angehörigenbegriff nach § 15 AO; vgl. Schmidt/*Heinicke*, EStG, § 4 Rn 520 Stichwort „Angehörige/Angehörigenverträge a) Grundsatz und b) ee). So ist der Verlobte zwar Angehöriger i.S.v. § 15 Abs. 1 Nr. 1 AO, doch sind auf Verträge zwischen Verlobten die von der Rechtsprechung entwickelten Grundsätze für die steuerliche Anerkennung von Angehörigenverträgen nicht anwendbar, vgl. BFH v. 17.1.1985, IV R 149/84, BFH/NV 1986, 148; v. 14.4.1988, IV R 225/85, BFHE 153, 224/227.

25 Vgl. BFH v. 9.10.2013, IX R 2/13, BFHE 244, 247 = BStBl II 2014, 527, Tz. 23; vgl. auch BFH v. 9.5.2017, IX R 1/16, DStR 2017, 2426 Rn 16 ff.

26 BFH v. 22.4.1998, X R 163/94, BFH/NV 1999, 24.

27 BFH v. 22.4.1998, X R 163/94, BFH/NV 1999, 24.

28 BFH v. 20.11.2002, X B 6/02, BFH/NV 2003, 318.

29 BFH v. 8.2.1995, X S 7/94, BFH/NV 1995, 782.

Fremden, der natürliche Interessengegensatz fehlen kann. Zu entscheiden war über eine lebenslängliche Versorgungszusage eines Unternehmers an seine geschiedene 32 Jahre alte Ehefrau, die weniger als ein Jahr im Betrieb mitgearbeitet hatte. In einem solchen Fall seien die Vereinbarungen darauf zu prüfen, ob sie eindeutig und zivilrechtlich wirksam vereinbart, ernsthaft gewollt sind und einem Fremdvergleich standhalten.[30] Die Frage, ob die Grundsätze über die steuerrechtliche Anerkennung von Ehegatten-Arbeitsverhältnissen auch auf Verträge zwischen getrennt lebenden oder geschiedenen Ehegatten anzuwenden sind,[31] hatte der Senat nicht zu entscheiden, weil sie als abstrakte Frage in einem Revisionsverfahren nicht klärungsfähig ist.[32]

In einem Urt. v. 5.12.1985[33] hatte der IV. Senat darüber zu entscheiden, ob ein selbstständiger Ingenieur „Gehalt" für Arbeitsleistungen seiner Lebensgefährtin in seinem Büro aufgrund eines Arbeitsvertrages als Betriebsausgaben (§ 4 Abs. 4 EStG) steuermindernd geltend machen konnte. Er überwies das „Gehalt" auf sein eigenes privates Bankkonto. Von diesem Konto überwies er seiner Lebensgefährtin monatliche Beträge zwischen 200 und 800 DM, die unter dem vertraglich geschuldeten Lohn lagen.[34] Der Senat stellte sich auf den Standpunkt, dass die von der Rechtsprechung für die Anerkennung von Ehegatten-Arbeitsverhältnissen entwickelten Grundsätze nicht ohne weiteres auf Lebensgefährten-Arbeitsverträge angewandt werden könnten.[35] Letztlich konnte die Übertragung der Angehörigengrundsätze offen bleiben, weil die Überweisung auf das eigene Bankkonto einerseits als Entnahme zu qualifizieren war und andererseits angesichts ihrer schwankenden und hinter dem Vereinbarten zurückbleibenden Höhe nicht nachgewiesen war, dass die Überweisungen von diesem Konto an die Lebensgefährtin Gegenleistung für deren Arbeitsleistungen waren.[36] 8

Knapp zweieinhalb Jahre später musste der Senat im Urt. v. 14.4.1988[37] „Farbe bekennen". Dem lag folgender Sachverhalt zu Grunde: Ein Einzelkaufmann stellte seine Lebensgefährtin ganztägig zu einem Monatsgehalt in seinem Betrieb ein. Sie zahlte in zwei Tranchen insgesamt etwa 10.700 DM als zinsloses Darlehen auf sein betriebliches Bankkonto ein. Man vereinbarte nach der zweiten Einzahlung, dass sich die Frau mit dem 9

30 BFH v. 20.11.2002, X B 6/02, BFH/NV 2003, 318/319.

31 BFH v. 8.2.1995, X S 7/94, BFH/NV 1995, 782 hatte dies noch als ernstlich zweifelhaft bezeichnet, aber offen gelassen.

32 In seinem Urt. v. 25.7.2000, IX R 6/97, BFH/NV 2001, 305, hat der IX. Senat den Mietvertrag zwischen dem Eigentümerehepaar einerseits und der Tochter und ihrem Lebensgefährten andererseits einer Fremdvergleichsprüfung unterzogen und dies damit begründet, dass das Mietverhältnis durch die Beziehung zwischen den Vermietern und ihrer Tochter bestimmt sei.

33 BFH v. 5.12.1985, IV R 182/84, BFH/NV 1986, 452.

34 BFH v. 5.12.1985, IV R 182/84, BFH/NV 1986, 452.

35 BFH v. 5.12.1985, IV R 182/84, BFH/NV 1986, 452.

36 BFH v. 5.12.1985, IV R 182/84, BFH/NV 1986, 452/453.

37 BFH v. 14.4.1988, IV R 225/85, BFHE 153, 224.

eingezahlten Geldbetrag am Unternehmen als typische stille Gesellschafterin beteilige. Ihr Anteil am Gewinn des Unternehmens sollte 25 % betragen, eine Beteiligung am Verlust wurde ausgeschlossen. In den drei Jahren vor Vertragsschluss hatte der Durchschnittsgewinn des Unternehmens 43.000 DM betragen. Die Verzinsung des eingelegten Kapitals der Frau betrug damit im Zeitpunkt der Begründung der Gesellschaftsbeteiligung rund 10.700 DM, also etwa 100 %. Das Finanzamt hielt diese Gewinnverteilungsvereinbarung für rechtsmissbräuchlich. Unter Zugrundelegung der Angehörigenrechtsprechung ließ es die Gewinnanteile der Frau nur in Höhe von 25 % beim Mann zum Abzug als Betriebsausgaben zu.

10 Der IV. Senat verwarf die Auffassung der Finanzverwaltung und ließ die vom Mann geltend gemachten an die Partnerin gezahlten Arbeitslöhne und Gewinnanteile in voller Höhe als Betriebsausgaben zu.[38] Das Finanzamt hätte nachweisen müssen, dass der Unternehmer seiner Partnerin bewusst überhöhte und durch deren Leistungen nicht gerechtfertigte Zuwendungen aus außerbetrieblichen Gründen gemacht habe.[39] Die für die einkommensteuerrechtliche Beurteilung typischer stiller Angehörigen-Gesellschaften und von Arbeitsverträgen zwischen Angehörigen geltenden Grundsätze seien nicht auf Verträge zwischen Lebensgefährten übertragbar. Der Senat lehnte es ausdrücklich ab, Gewinnverteilungsvereinbarungen zwischen Partnern einer nichtehelichen Lebensgemeinschaft einer Angemessenheitsprüfung zu unterziehen. Er behandelte die Lebensgefährten wie einander fremde Personen. Dementsprechend sah er keinen allgemeinen Interessengleichklang von Lebensgefährten.[40] Dies begründete er mit der Rechtsprechung des BGH,[41] nach der die Beendigung einer eheähnlichen Gemeinschaft grundsätzlich keine Auseinandersetzung nach sich zieht. Weiter betonte der Senat, dass zwischen Partnern nichtehelicher Lebensgemeinschaften weder gesetzliche Unterhaltspflichten, ein gesetzliches Erbrecht, Zugewinn- oder Gütergemeinschaft noch eine Pflicht zur Mitarbeit im Erwerbsgeschäft des anderen bestehen.[42]

11 Der Große Senat des BFH hat die Linie des IV. Senats in seinem Oderkonto-Beschl. v. 27.11.1989 bestätigt und entschieden, dass es zulässig ist, den Leistungsaustausch zwischen Partnern einer nichtehelichen Lebensgemeinschaft nicht den strengen Anforderungen zu unterwerfen, die für Verträge zwischen Ehegatten gelten. Dem Leistungsaustausch zwischen Lebensgefährten könne „Familienrecht nicht zugrunde liegen."[43]

38 BFH v. 14.4.1988, IV R 225/85, BFHE 153, 224/226 ff.
39 BFH v. 14.4.1988, IV R 225/85, BFHE 153, 224/228.
40 BFH v. 14.4.1988, IV R 225/85, BFHE 153, 224/227.
41 BGH v. 24.3.1980, II ZR 191/79, BGHZ 77, 55.
42 BFH v. 14.4.1988, IV R 225/85, BFHE 153, 224/227.
43 BFH v. 27.11.1989, GrS 1/88, BFHE 158, 563/576.

Der VIII. Senat ließ in einem Urt. v. 10.7.1991,[44] das die Anerkennung eines Unterbeteiligungsverhältnisses der Lebensgefährtin an einer Beteiligung ihres Partners betraf, dagegen ausdrücklich offen, ob an die steuerliche Anerkennung von Verträgen zwischen Personen, die eine nichteheliche Lebensgemeinschaft führen, besondere Anforderungen zu stellen sind, weil es hierauf nicht ankam.[45] Die Vereinbarungen bezüglich einer Unterbeteiligung enthielten nämlich schon keine Bestimmung über die Höhe der Einlage.[46] **12**

Der III. Senat hat es in einem Beschl. v. 21.12.2017 für nicht fremdüblich erachtet, der geringfügig (sechs Wochenarbeitsstunden) beschäftigten Lebensgefährtin einen Dienstwagen zu überlassen, und die von ihrem Partner und Arbeitgeber geltend gemachten diesbezüglichen Aufwendungen nicht zum Steuerabzug zugelassen.[47] „Ein Arbeitgeber würde einem familienfremden geringfügig Beschäftigten regelmäßig kein Fahrzeug überlassen, da dieser durch eine umfangreiche Privatnutzung des Pkw die Vergütung für die Arbeitsleistung in erhebliche – und für den Arbeitgeber unkalkulierbare – Höhen steigern könnte."[48]

Das FG Baden-Württemberg hat in einem Urt. v. 6.6.2019 einem Mietverhältnis zwischen nichtehelichen Partnern die steuerliche Anerkennung versagt.[49] Dort war die Frau Alleineigentümerin einer Immobilie mit 90 m^2 Wohnfläche (getrennte Schlafzimmer, gemeinsame Bereiche Wohnen, Essen, Küche, Bad und Flur), die sie zusammen mit ihrem Partner bewohnte. Mit „Mietvertrag" überließ sie ihm die Nutzung der Räumlichkeiten „zur Hälfte" gegen Miete inklusive Nebenkosten in Höhe von monatlich 350 EUR. Da sie aus der „Vermietung" Verluste schrieb, begehrte die Frau deren steuerliche Anerkennung als negative Einkünfte. Damit ist sie gescheitert. Das FG führte aus, dass „nicht ein zivilrechtlicher Vertrag, sondern die persönliche Beziehung („innere Bindung") der Partner Grundlage dieses gemeinsamen Wohnens [war]. Aus dem wirtschaftlichen Aspekt der Lebensgemeinschaft ergibt sich, dass beide Partner nach ihren Kräften finanziell zur gemeinsamen Lebensführung beitragen, wozu auch das Wohnen gehört. Die als Mieteinnahmen erklärten Zahlungen des P sind vor diesem Hintergrund als Beiträge zur gemeinsamen Haushaltsführung zu werten."[50] Kein fremder Dritter hätte sich auf eine solche Mitnutzung eingelassen.[51] **13**

44 BFH v. 10.7.1991, VIII R 22/90 und 23/90, BFH/NV 1992, 25.

45 BFH v. 10.7.1991, VIII R 22/90 und 23/90, BFH/NV 1992, 25/26. Für den Bereich der Körperschaftsteuer hat BFH v. 29.11.2000, I R 90/99, DStR 2001, 392 m. Anm. *Hoffmann* entschieden, dass die Pensionszusage einer Kapitalgesellschaft an die nichteheliche Lebensgefährtin des Gesellschafter-Geschäftsführers nicht notwendig eine verdeckte Gewinnausschüttung i.S.d. § 8 Abs. 3 S. 2 KStG ist.

46 BFH v. 10.7.1991, VIII R 22/90 und 23/90, BFH/NV 1992, 25/26.

47 BFH v. 21.12.2017, III B 27/17, BeckRS 2017, 141396.

48 BFH v. 21.12.2017, III B 27/17, BeckRS 2017, 141396 Rn 11.

49 FG Baden-Württemberg v. 6.6.2019, 1 K 699/19, BeckRS 2019, 14530 (rkr).

50 FG Baden-Württemberg v. 6.6.2019, 1 K 699/19, BeckRS 2019, 14530 Rn 23.

51 FG Baden-Württemberg v. 6.6.2019, 1 K 699/19, BeckRS 2019, 14530 Rn 24.

14 Es bleibt somit fest zu halten, dass die bisherige BFH-Rechtsprechung die Angehörigengrundsätze auf Verträge zwischen Lebensgefährten nicht anwendet.[52] Es lässt sich aber nicht ausschließen, dass sich diese Rechtsprechung ändert. Zudem prüft auch der BFH dann, wenn Anhaltspunkte für eine Interessengleichheit der Vertragsparteien bestehen, am gleichen Maßstab wie Angehörigenverträge. Aus Vorsichtsgründen sollte die Praxis darauf dringen, dass dieser Maßstab eingehalten wird.

52 Vgl. FG Düsseldorf v. 21.10.2014, 13 K 1554/12 E, EFG 2015, 709.

§ 15 Nichteheliche Lebensgemeinschaft und Bürgergeld, Grundsicherung/Sozialhilfe

A. Allgemeines

1 Sozialhilfe und Bürgergeld bzw. Grundsicherung (bis zum 31.12.2022: Arbeitslosengeld II; bis zum 31.12.2004: Arbeitslosenhilfe) sind steuer- und nicht beitragsfinanzierte Systeme staatlicher Daseinssicherung. Sie kommen nur Bedürftigen zu Gute. Bei erwerbsfähigen Bedürftigen, die das 15. Lebensjahr vollendet und das 67. Lebensjahr noch nicht vollendet haben, geht das Bürgergeld der Sozialhilfe vor (§ 5 Abs. 2 S. 1 SGB II). Sozialhilfe und Bürgergeld werden vom Nachranggrundsatz beherrscht: Sie erhält nur, wer sich weder selbst helfen kann noch die erforderliche Leistung von anderen erhält.[1] Für nicht getrennt lebende Ehegatten und für eheähnliche Gemeinschaften gilt eine verschärfte Bedürftigkeitsprüfung, die als eine tatbestandlich konkretisierte Ausprägung des Nachranggrundsatzes verstanden werden kann.[2] Ihr liegt eine Ausnahme von der grundsätzlich geltenden individuellen Betrachtungsweise zu Grunde. Eine in intakter Ehe oder in eheähnlicher Gemeinschaft lebende Person kommt nicht schon dann in den Genuss von Sozialhilfe und Bürgergeld, wenn ihr eigenes Einkommen und Vermögen unter den Schädlichkeitsgrenzen liegt. Ein Anspruch besteht für sie vielmehr nur dann, wenn auch der andere Ehegatte bzw. Lebensgefährte nicht über ein für beide ausreichendes Einkommen oder Vermögen verfügt; dann kommt es (anders als bei der allgemeinen Bedürftigkeitsprüfung) im Grundsatz nicht auf tatsächliche Unterhaltsleistungen an.

2 Seit der für Erwerbsfähige geltenden „Zusammenlegung“ von Arbeitslosenhilfe und Sozialhilfe im Bürgergeld II (bis 31.12.2022: Arbeitslosengeld II) mit Wirkung zum 1.1.2005 und dem gleichzeitig eingeführten Vorrang des Arbeitslosengeldes II vor der Sozialhilfe (§ 5 Abs. 2 S. 1 SGB II, § 21 S. 1 SGB XII) ist das Bürgergeld und nicht mehr die Sozialhilfe die Grundform staatlicher nicht beitragsfinanzierter finanzieller Daseinssicherung. Erwerbsfähige Personen im Alter zwischen 15 und 65 Jahren erhalten bei Hilfebedürftigkeit nur Bürgergeld, nicht dagegen Sozialhilfe. Ein Großteil der bisherigen Leistungsberechtigten ist damit aus der Sozialhilfe ausgeschieden. Knapp 5,0 Millionen Menschen erhielten Ende 2021 Gesamtregelleistungen (Arbeitslosengeld II/Sozialgeld).[3] Gut 1,1 Millionen Personen haben im Dezember 2021 Leistungen der Grundsicherung im

1 Vgl. § 2 Abs. 1 SGB XII, § 7 Abs. 1 SGB II.

2 Vgl. § 19 Abs. 1, 20 SGB XII, §§ 7 Abs. 3, 9 Abs. 2 S. 1 SGB II.

3 Statistisches Bundesamt (Destatis), https://www.destatis.de/DE/Themen/Gesellschaft-Umwelt/Soziales/Mindestsicherung/aktuell-mindestsicherung.html.

Alter und bei Erwerbsminderung nach dem Zwölften Buch Sozialgesetzbuch (SGB XII) bezogen. Davon erhielten knapp 589.000 Personen Grundsicherung im Alter.[4]

3 Der Gesetzgeber hat zugleich das Bürgergeld deutlich an die Sozialhilfe angenähert. Kennzeichnend hierfür ist, dass das Lebensstandardprinzip, das bis Ende 2004 insbesondere in §§ 195 und 200 Abs. 3 SGB III verankert war, ab 1.1.2005 nicht mehr besteht. Damit ist ein wesentlicher Strukturunterschied zwischen Sozialhilfe und Arbeitslosenhilfe alter Prägung eingeebnet worden.

B. Die verschärfte Bedürftigkeitsprüfung

4 Beim Bürgergeld und im Sozialhilferecht sollen zum Schutz der Ehe (Art. 6 Abs. 1 GG) Besserstellungen der eheähnlichen Gemeinschaft gegenüber Ehegatten durch die folgenden Regelungen vermieden werden.

5 Bürgergeld wird nach §§ 7 Abs. 1 S. 1 Nr. 3, 9 Abs. 1 SGB II nur Hilfebedürftigen gewährt. Hilfebedürftig ist, wer seinen Lebensunterhalt nicht aus eigenen Kräften, insbesondere durch zumutbare Arbeit oder aus Einkommen oder Vermögen sichern kann. Nach § 9 Abs. 2 S. 1 SGB II ist bei Personen, die in einer Bedarfsgemeinschaft leben, auch das Einkommen und Vermögen des Partners zu berücksichtigen. Zur Bedarfsgemeinschaft eines erwerbsfähigen Hilfebedürftigen gehört u.a. sein „Partner" (§ 7 Abs. 3 Nr. 3 SGB II). „Partner" ist dabei legaldefiniert als der nicht dauernd getrennt lebende Ehegatte oder Lebenspartner (i.S.d. LPartG) sowie der Lebensgefährte. Letzterer wird seit einer Änderung durch das Gesetz zur Fortentwicklung der Grundsicherung für Arbeitssuchende vom 20.7.2006[5] umschrieben als „eine Person, die mit dem erwerbsfähigen Hilfebedürftigen in einem gemeinsamen Haushalt so zusammenlebt, dass nach verständiger Würdigung der wechselseitige Wille anzunehmen ist, Verantwortung füreinander zu tragen und füreinander einzustehen". Die vorgenannte Neuregelung durch das Gesetz vom 20.7.2006 ist nicht rein terminologisch-ästhetischer Natur, sondern Reaktion auf Auslegungs- sowie Verfassungsmäßigkeitszweifel und praktische Umsetzungsschwierigkeiten[6] der Anrechnungs- und Bedürftigkeitsprüfung im Hinblick auf eheähnliche Gemeinschaften.[7]

4 Statistisches Bundesamt (Destatis), Pressemitteilung Nr. 180 v. 28.4.2022, https://www.destatis.de/DE/Presse/Pressemitteilungen/2022/04/PD22_180_228.html.

5 BGBl I 2006, 1706. Die Neuregelung trat im Wesentlichen zum 1.8.2006 in Kraft. Bis dahin war von der „Person, die mit dem erwerbsfähigen Hilfebedürftigen in eheähnlicher Gemeinschaft lebt", die Rede.

6 Hierzu eingehend *Lauterbach*, NJ 2006, 199/201 f.

7 BT-Drucks 16/1410 S. 16: „Gleichgeschlechtliche Partner, die nicht nach dem LPartG eingetragen sind, aber in einer Einstehens- und Verantwortungsgemeinschaft zusammenleben, sollen den eheähnlichen Gemeinschaften gleichgestellt werden und somit zukünftig ebenfalls eine Bedarfsgemeinschaft bilden. Zudem soll Forderungen der Praxis Rechnung getragen und eine Beweislastumkehr bei der Prüfung, ob eine eheähnliche oder partnerschaftsähnliche Gemeinschaft vorliegt, eingeführt werden." Vgl. auch die Äußerungen des Parlamentarischen Staatssekretärs *Franz Thönnes* sowie der Bundestagsabgeordneten *Klaus Ernst* (Die Linke) und *Andrea Nahles* (SPD) in der Plenarsitzung vom 1.6.2006, Bundestag Plenarprot. 16/37 v. 1.6.2006, 3335 ff.

Nach dem Inkrafttreten des SGB II zum 1.1.2005[8] entsprach es einhelliger Auffassung in der Wissenschaft sowie der Verwaltungs- und der ganz überwiegenden Gerichtspraxis, dass „eheähnliche" Gemeinschaft nur eine heterosexuelle Verbindung, nicht dagegen eine homosexuelle sein könne.[9] Diese Lesart hat der Gesetzgeber für die Vergangenheit bestätigt und für die Zukunft korrigiert.[10] In einem Beschl. v. 16.2.2005[11] hat das SG Düsseldorf die damit verbundene Ungleichbehandlung verschieden- und gleichgeschlechtlicher freier Verbindungen als Verstoß gegen den allgemeinen Gleichheitssatz (Art. 3 Abs. 1 GG) eingestuft. Diese Entscheidung löste starke Resonanz in der Tagespresse und der Fachwelt aus und fand sogar Eingang in die Gesetzesbegründung des Entwurfs eines Gesetzes zur Fortentwicklung der Grundsicherung für Arbeitssuchende.[12] Wenngleich die Beschwerdeinstanz, das LSG Nordrhein-Westfalen, im Beschl. v. 21.4.2005[13] diese verfassungsrechtlichen Zweifel nicht geteilt hat, erwies sich die Regelung als äußerst streitanfällig.[14] 6

Hinzu kam – aus praktischer Sicht noch bedeutender –, dass vor wie zunächst nach dem Inkrafttreten des SGB II die Beweislast für das Bestehen einer eheähnlichen Gemeinschaft nach der gesetzlichen Verteilung der Feststellungslast bei dem Leistungsträger lag. Allerdings war in der Rechtsprechung der Verwaltungsgerichte, die bis zum 31.12.2004 zuständig waren, eine Tendenz zur Objektivierung des Kriteriums der „Einstehens- und Verantwortungsgemeinschaft" im Sozialhilferecht und zu einer Verschiebung der Beweislast zu Lasten der Lebensgefährten zu erkennen. Auch wenn das BVerwG in einem nicht veröffentlichten Nichtzulassungsbeschluss vom 24.6.1999[15] vor einer Beweislastumkehr zu Lasten 7

8 Art. 1 des Vierten Gesetzes für moderne Dienstleistungen am Arbeitsmarkt v. 24.12.2003, BGBl I 2003, 2954.

9 SG Düsseldorf v. 16.2.2005, S 35 SO 28/05 ER, NJW 2005, 845; LSG Nordrhein-Westfalen v. 21.4.2005, L 9 B 6/05 SO ER, NJW 2005, 2253 (Beschwerdeinstanz im vorgenannten Verfahren vor dem SG Düsseldorf); LSG Berlin-Brandenburg v. 18.1.2006, L 5 B 1362/05 AS ER, NJ 2006, 239; *Lauterbach*, NJ 2005, 430/431; *ders.*, NJ 2006, 199/201 m.w.N. aus der Rechtsprechung. Alle vorgenannten Autoren verweisen auf die Definition durch BVerfG v. 17.11.1992, 1 BvL 8/87, BVerfGE 87, 234. Für diese Ansicht sprach die systematische Stellung des „Lebensgefährten" in Buchst. b der Nr. 3 und damit zwischen dem Ehegatten (Buchst. a) und dem Lebenspartner (Buchst. c).

10 Vgl. die Gesetzesbegründung zum Entwurf eines Gesetzes zur Fortentwicklung der Grundsicherung für Arbeitssuchende vom 20.7.2006, BT-Drucks 16/1410 S. 19.

11 SG Düsseldorf v. 16.2.2005, S 35 SO 28/05 ER, NJW 2005, 845.

12 BT-Drucks 16/1410 S. 19.

13 LSG Nordrhein-Westfalen v. 21.4.2005, L 9 B 6/05 SO ER, NJW 2005, 2253. Das LSG Nordrhein-Westfalen geht mit der ganz überwiegenden Auffassung davon aus, dass „eheähnliche Gemeinschaft" nur eine verschiedengeschlechtliche Verbindung sein kann; weitere Rechtsprechungsnachweise in diesem Sinne bei *Lauterbach*, NJ 2005, 430/431. Demgegenüber sieht sich das SG Berlin in seinem Beschluss v. 26.4.2005, S 59 AS 1728/05 ER, NJ 2005, 430 zu der Feststellung genötigt, dass eine verfassungswidrige Ungleichbehandlung durch eine extensive Auslegung des § 7 Abs. 3 Nr. 3 Buchst. b SGB II, d.h. eine Anwendung auch auf gleichgeschlechtliche Verbindungen (jenseits eingetragener Lebenspartnerschaften i.S.d. LPartG), abgewendet werden könne.

14 *Lauterbach*, NJ 2005, 430/431.

15 BVerwG v. 24.6.1999, 5 B 114/98, juris. Zustimmend OVG Brandenburg v. 31.5.2002, 4 B 64/02, FEVS 54,40/41; OVG Schleswig-Holstein v. 2.1.2002, 2 M 104/01, FEVS 54, 166/168.

in eheähnlicher Gemeinschaft lebender Personen gewarnt hatte, tendierte die Rechtsprechung insbesondere der Oberverwaltungsgerichte unverkennbar zu einer Vermutung der Bedarfsdeckung innerhalb nichtehelicher Lebensgemeinschaften. Der VGH Mannheim hat in einem vielbeachteten[16] und als Grundsatzentscheidung angelegten Urt. v. 14.4.1997[17] entschieden, dass das entscheidende Kriterium für das Bestehen einer „Einstehens- und Verantwortungsgemeinschaft" die zwischen den Beteiligten bestehende Wohngemeinschaft sei.[18] Müsste sich der Träger der Sozialhilfe mit nicht nachprüfbaren Erklärungen der Lebensgefährten begnügen, sei eine durch Art. 6 Abs. 1 GG verbotene faktische sozialhilferechtliche Schlechterstellung der Ehe gegenüber der nichtehelichen Lebensgemeinschaft im Verwaltungsvollzug unvermeidbar.[19] Daher seien an eheähnliche Gemeinschaften die gleichen Nachweisanforderungen wie an Eheleute zu stellen und nicht auf innere Tatsachen, sondern auf äußere Indizien abzustellen. Nach einem Beschluss des BayVGH vom 16.1.2002 war § 122 S. 1 BSHG die Vermutung zu entnehmen, dass die Partner einer eheähnlichen Gemeinschaft ebenso füreinander einstehen wie die in intakter Ehe lebenden Personen.[20]

8 Die Praxis der seit 1.1.2005 zuständigen Sozialgerichte neigte dagegen dazu, an den Nachweis für das Bestehen einer eheähnlichen Gemeinschaft sehr hohe Anforderungen zu stellen.[21] Es genügte ihr nicht, dass sich die Parteien selbst als „Lebenspart-

16 Das BVerwG hat dieses Urteil in seinem erwähnten Nichtzulassungsbeschluss v. 24.6.1999, 5 B 114/98, juris, gebilligt.

17 VGH Mannheim v. 14.4.1997, 7 S 1816/95, FEVS 48, 29 ff. = VBlBW 1998, 31 ff. Dazu: Mergler/Zink/*Zeitler*, BSHG, § 122 Rn 9 a; *Tegethoff*, ZfSH/SGB 2001, 643/644 f.

18 Ebenso OVG Saarland v. 3.4.1998, 8 V 4/98, FEVS 48, 557/558. Ähnlich OVG Brandenburg v. 5.9.2002, 4 B 115/02, FEVS 54, 106/108 f. Das sächsische OVG bewertet in einer Entscheidung v. 22.10.2002, 4 BS 347/02, FEVS 54, 328/328 f. die Wohngemeinschaft mit einem gemeinsamen Hausstand als wichtigstes Indiz für das Bestehen einer eheähnlichen Gemeinschaft. Auch das OVG Nordrhein-Westfalen v. 28.2.2001, 22 B 1771/00, juris, sah das Fortbestehen der Wohngemeinschaft als „Hauptindiz" für das Bestehen einer Wohngemeinschaft an und lässt es für die Anwendung des § 122 BSGH ausreichen, dass nicht nur Küche, Bad und Toilette, sondern auch das Wohnzimmer gemeinsam genutzt wurden und die Lebensgefährtin sich auch nach Erkrankung des Hilfesuchenden weiter um ihn gekümmert hat. Noch weitergehend: Gagel/*Ebsen*, SGB III, § 193 Rn 46 ff., nach dem das Zusammenleben eines Mannes und einer Frau in einer Wohnung nach den Regeln des Beweises des ersten Anscheins typischerweise den Schluss auf das Vorliegen auch einer Wirtschaftsgemeinschaft erlaube; besteht eine Wohn- und Wirtschaftsgemeinschaft, so sei typischerweise der Schluss zulässig, dass auch hinreichende personale Beziehungen bestünden, die ein gegenseitiges Einstehen füreinander erwarten lassen.
A.A. OVG Lüneburg v. 26.1.1998, 12 M 345/98, FEVS 48, 545 in einem *obiter dictum*. Das Gericht sieht in der Wohngemeinschaft aber ein gewichtiges Indiz und kommt so zum gleichen Ergebnis wie der VGH Mannheim. Der Beschluss des OVG Lüneburg ist – im Hinblick auf das Urteil des Ersten Senats des BVerfG v. 27.11.1992, 1 BvL 8/87, BVerfGE 87, 234 – vorsichtiger formuliert. Kritisch zum Urteil des VGH Mannheim OVG Schleswig-Holstein v. 2.1.2002, 2 M 104/01, FEVS 54, 166/169.

19 VGH Mannheim v. 14.4.1997, 7 S 1816/95, FEVS 48, 29 = VBlBW 1998, 31.

20 BayVGH v. 16.1.2002, 12 CE 01.2310, BayVBl. 2003, 179/180.

21 Diese Rechtsprechung findet eine eingehende Rezeption in der Gesetzesbegründung zum Entwurf eines Gesetzes zur Fortentwicklung der Grundsicherung für Arbeitssuchende vom 20.7.2006, BT-Drucks 16/1410 S. 19.

ner" bezeichneten. Teilweise wurde sogar in der Regel eine Mindestdauer der Beziehung von drei Jahren verlangt.[22]

9 In Reaktion auf Erfahrungen mit den erheblichen Schwierigkeiten beim Beweis eheähnlicher Gemeinschaften hat das Gesetz zur Fortentwicklung der Grundsicherung für Arbeitssuchende vom 20.7.2006[23] mit § 7 Abs. 3a SGB II eine Vermutungsregel eingefügt.[24] Ist die Haushaltsgemeinschaft nachgewiesen, so wird „ein wechselseitiger Wille, Verantwortung füreinander zu tragen und füreinander einzustehen", vermutet, wenn Partner länger als ein Jahr zusammenleben, mit einem gemeinsamen Kind zusammenleben, Kinder oder Angehörige im Haushalt versorgen oder befugt sind, über Einkommen oder Vermögen des anderen zu verfügen."[25] Das BSG legt diese Vorschrift eng aus, indem es eine Partnerschaft und hierfür wiederum „das Zusammenleben und kumulativ das Wirtschaften aus einem Topf" fordert.[26] Die Vermutung knüpft an Gesichtspunkte an, die schon nach bisheriger Rechtsprechung als Indizien für das Bestehen einer eheähnlichen Gemeinschaft angesehen wurden.[27]

10 § 20 SBG XII[28] normiert, dass eheähnliche Gemeinschaften hinsichtlich der Voraussetzungen und des Umfangs der Sozialhilfe nicht bessergestellt werden als Ehegatten. Wie im Bürgergeld besteht im Sozialhilferecht eine Vermutung für das Bestehen einer eheähnlichen Gemeinschaft (§ 39 S. 1 SGB XII: „Lebt eine nachfragende Person gemeinsam mit anderen Personen in einer Wohnung oder in einer entsprechenden anderen Unterkunft, so wird vermutet, dass sie gemeinsam wirtschaften (Haushaltsgemeinschaft)

22 LSG Berlin-Brandenburg v. 18.1.2006, L 5 B 1362/05 AS ER, NJ 2006, 239; weitere Nachweise bei *Lauterbach*, NJ 2006, 199/201. A.A. aber LSG Nordrhein-Westfalen v. 21.4.2005, L 9 B 6/05 SO ER, NJW 2005, 2253, 2254. Das LSG Nordrhein-Westfalen bejahte eine eheähnliche Gemeinschaft. Dabei handelte es sich freilich um einen eindeutigen Fall. Zwischen den Lebensgefährten bestand zwar ein Mietvertrag, doch zog der „Vermieter" aus einer voll eingerichteten autarken Wohnung in einem anderen Haus in zwei Dachzimmer auf derselben Etage wie die „Mieterin", deren Bad und Doppelbett er benutzte. Der Stromverbrauch der „Mieterin" entsprach einem Drei-Personen-Haushalt. In ihrem Kleiderschrank befand sich Herrenwäsche des „Vermieters", der überdies dem Besuchsdienst des Leistungsträgers die Tür der „Mieterin" in Unterhemd und Unterhose öffnete.

23 BGBl I 2006, 1706. Die Neuregelung trat zum 1.8.2006 in Kraft. Bis dahin war von der „Person, die mit dem erwerbsfähigen Hilfebedürftigen in eheähnlicher Gemeinschaft lebt", die Rede.

24 Hierzu eingehend BSG v. 23.8.2012, B 4 AS 34/12 R, BeckRS 2012, 74358 = NZS 2013, 190; LSG Thüringen v. 15.3.2012, L 9 AS 454/08, BeckRS 2012, 73471.

25 Dazu BSG v. 23.8.2012, B 4 AS 34/12 R, BeckRS 2012, 74358 = NZS 2013, 190.

26 BSG v. 23.8.2012, B 4 AS 34/12 R, BeckRS 2012, 74358 = NZS 2013, 190, Tz. 21; LSG Sachsen v. 7.6.2012, L 3 AS 150/10, BeckRS 2013, 65090.

27 Hinsichtlich der Ersatzansprüche i.S.d. § 34b SGB II hat das LSG Nordrhein-Westfalen v. 29.11.2012, L 16 AL 329/11, BeckRS 2013, 65437, entschieden, dass „Lebenspartner" i.S. dieser Vorschrift nicht nichteheliche Lebensgefährten, sondern nur Lebenspartner i.S.d. Lebenspartnerschaftsgesetzes sind.

28 § 20 SGB XII entspricht in seiner Formulierung der Vorgängervorschrift § 122 BSHG. Daher kann *Hertlein*, Der Bayerische Bürgermeister 2004, 190/191 in seiner Einschätzung nicht gefolgt werden, dass § 20 SGB XII die Beweislast zu Lasten von Lebensgefährten umkehre. Dies geschah erst durch die Neufassung des § 36 SGB XII.

und dass die nachfragende Person von den anderen Personen Leistungen zum Lebensunterhalt erhält, soweit dies nach deren Einkommen und Vermögen erwartet werden kann.“). § 20 SBG XII ordnet eine entsprechende Anwendung der §§ 19 Abs. 1 S. 2, 85 Abs. 1 SGB XII an. Bei der verschärften Bedürftigkeitsprüfung sind daher Einkommen und Vermögen des Lebensgefährten zu berücksichtigen (Einstandsgemeinschaft).[29]

11 Zur Ermittlung der Hilfsbedürftigkeit beim Bürgergeld und bei der Sozialhilfe ist daher der Bedarf der Mitglieder der Einstandsgemeinschaft, nämlich die Regelleistung zur Sicherung des Lebensunterhalts,[30] Leistungen für etwaige Mehrbedarfe beim Lebensunterhalt,[31] für Unterkunft und Heizung[32] mit Einkommen[33] und Vermögen[34] der Bedarfsgemeinschaft zu vergleichen.[35]

12 Die vorbeschriebene Beweislastumkehr sowie die verschärfte Bedürftigkeitsprüfung dürften in der Praxis nicht selten die Folge haben, dass nichteheliche Lebensgemeinschaften dadurch verschleiert werden, dass unterschiedliche Wohnsitze angemeldet werden oder ein Zusammenzug sogar gänzlich unterbleibt. Für eine Trennung genügt allerdings weder der Umstand allein, dass einer der Partner einer eheähnlichen Lebensgemeinschaft wegen eines pflegebedingten Aufenthaltes in einem Heim räumlich von dem anderen Partner getrennt lebt und eine Wirtschaftsgemeinschaft zwischen ihnen mithin nicht mehr besteht, noch die mangelnde Bereitschaft des im bisherigen gemein-

29 BVerwG v. 17.5.1995, BVerwG 5 C 16.93, BVerwGE 98, 195/197.

30 Die monatliche Regelleistung zur Sicherung des Lebensunterhalts beträgt beim Arbeitslosengeld II für eine nicht alleinstehende Person der Bedarfsgemeinschaft 360 EUR. Dies sind 90 % der Regelleistung für eine Person, die alleinstehend oder alleinerziehend ist oder deren Partner minderjährig ist; die Regelleistung beträgt aktuell 399 EUR.

31 Vgl. die weitgehend übereinstimmenden Regelungen in § 21 SGB II und § 30 SGB XII.

32 Vgl. § 22 Abs. 1 SGB II und § 35 SGB XII.

33 Einkommen sind nach den weitgehend übereinstimmenden Definitionen in § 11 SGB II und in § 82 SGB XII Einkünfte in Geld oder Geldeswert, die einem Mitglied der Bedarfsgemeinschaft (Einstandsgemeinschaft) laufend oder einmalig zufließen; vgl. dazu W. Schellhorn/H. Schellhorn/K.-H. Hohm/*W. Schellhorn*, SGB XII, § 82 Rn 7.

34 Vermögen i.S.d. § 12 SGB II und § 90 SGB XII ist die Gesamtheit der einer Person gehörenden, in Geld schätzbaren, verwertbaren Güter mit einer gewissen Wertigkeit, soweit sie nicht zum Einkommen gehören; W. Schellhorn/H. Schellhorn/K.-H. Hohm/*W. Schellhorn*, SGB XII, § 90 Rn 4.

35 Zum Zwecke der Verwaltungsvereinfachung und zur Stärkung der Selbstverantwortung der Leistungsberechtigten decken die Regelsätze des Arbeitslosengelds II und der Sozialhilfe auch einmalige Bedarfe ab, so dass die Leistungsberechtigten größere Anschaffungen, beispielsweise Haushaltsgeräte und Kleidung, aus angesparten Regelsatzleistungen bestreiten müssen. Gesondert erbracht werden im Wesentlichen nur noch Erstausstattungen für Wohnung und Bekleidung. Diese in § 24 Abs. 3 SGB II und § 31 SGB XII getroffene Regelung knüpft an Erfahrungen mit der 1999 eingeführten und seit 1.1.2005 obsoleten Experimentierklausel in § 101a BSHG an; vgl. BT-Drucks 15/1514 S. 59. Nach dieser konnte die Landesregierung durch Rechtsverordnung die örtlichen Träger der Sozialhilfe dazu ermächtigen, in Modellvorhaben Leistungen zur Deckung von Einzelbedarfen pauschaliert zu erbringen.

samen Heim verbliebenen Partners, für den anderen die ungedeckten Pflegeheimkosten aus seinem Sparvermögen zu erbringen.[36]

C. Übergang und Überleitung von Ansprüchen auf den Sozialträger, Erbenhaftung

Aus der Kautelarpraxis spielen neben der verschärften Bedürftigkeitsprüfung das Bürgergeld (SGB II) und die Sozialhilfe (SGB XII) vor allem im Kontext von Übertragungsverträgen (Rückforderung von Schenkungen wegen Verarmung des Schenkers gemäß § 528 BGB) und beim Behindertentestament insbesondere wegen der Vorschriften über den kraft Gesetzes erfolgenden Übergang aller Ansprüche beim Bürgergeld (§ 33 SGB II) bzw. bei der Sozialhilfe nur von Unterhaltsansprüchen (§ 94 SGB XII) – für sonstige Ansprüche greift die Überleitung durch schriftliche Anzeige der Behörde (§ 93 SGB XII) ein – eine Rolle. Hinzu kommt die Erbenhaftung nach § 102 SGB XII. **13**

Für nichteheliche Lebensgemeinschaften können diese Vorschriften ebenfalls einschlägig sein: **14**

- Unterhaltsansprüche aus Anlass der Geburt eines nichtehelichen Kindes können übergehen.
- Ausgleichsansprüche insbesondere nach Trennung, wie sie die BGH-Urteile vom 9.7.2008[37] anerkennen, sind ebenfalls übergangs- (§ 33 SGB II) bzw. überleitungsfähig (§ 93 SGB XII).

36 SG Karlsruhe v. 14.8.2015, S 1 SO 1225/15, FD-SozVR 2015, 373225 = BeckRS 2015, 71276.

37 BGH v. 9.7.2008, XII ZR 179/05, DNotZ 2009, 52 m. Anm. *Löhnig* = NJW 2008, 3277 = RNotZ 2008, 611 m. Anm. *v. Proff*; BGH v. 9.7.2008, XII ZR 39/06, NJW 2008, 3282.

§ 16 Ausblick

Trotz einer auch zukünftig voraussichtlich weiter ansteigenden Verbreitung nichtehelicher Lebensgemeinschaften in Deutschland ist mit einer einschlägigen gesetzlichen Regelung derzeit nicht zu rechnen. Der Notar ist daher besonders gefordert, mit beteiligten Rechtssuchenden für Rechtsfrieden und Rechtssicherheit zu sorgen. 1

Stichwortverzeichnis

fette Zahlen = Paragrafen, magere Zahlen = Randnummern

Benutzerhinweise für den Download

Zur Nutzung des PDF-Musterverzeichnisses benötigen Sie einen **lokal installierten PDF-Reader**, da die Funktionalität über das reine Anzeigen einer PDF-Seite hinausgeht.

Den Download-Link (URL) finden Sie auf der Seite 4 (IV) des Werks (Impressum). Über diesen Link stellen wir Ihnen sämtliche im Werk enthaltenen Muster und Formulierungsbeispiele zur Verfügung. Zur Nutzung der Muster/Formulierungsbeispiele gehen Sie auf den Download-Link und laden die dort abgelegte zip-Datei auf Ihr Laufwerk herunter. Um den Ordner zu entpacken, klicken Sie mit der rechten Maustaste auf die Datei, wählen „**Alle extrahieren**" und folgen dann den Anweisungen. Die Nutzung der Muster ist unabhängig vom Betriebssystem Ihres Rechners.

Durch das Extrahieren werden ein **PDF-Musterverzeichnis** sowie die **Worddateien** der jeweiligen Muster auf dem von Ihnen gewählten Laufwerk Ihres Rechners abgelegt.

Zur Nutzung des PDF-Musterverzeichnisses benötigen Sie einen kostenlosen PDF-Reader. Das Musterverzeichnis gibt Ihnen einen Überblick über die enthaltenen Muster und erleichtert Ihnen den Zugang zu den Mustertexten. Beim Anklicken des gewünschten Musters in dem PDF-Musterverzeichnis öffnet sich der Text direkt in Microsoft Word oder in dem bei Ihnen eingesetzten Textverarbeitungsprogramm. Dann können Sie die Word-Datei direkt bearbeiten und unter einem neuen Dateinamen abspeichern. Bei Nutzern von Microsoft Word können Sicherheitshinweise auf dem Bildschirm erscheinen. Dort müssten Sie die Nutzung ggf. zulassen. Dies wird in den verschiedenen Wordversionen und Textverarbeitungsprogrammen unterschiedlich gehandhabt. In den einzelnen Word-Dateien sind keine Makros o.Ä. eingebunden. Damit die Navigation über das PDF-Musterverzeichnis funktioniert dürfen der Ordner „Muster-Doks" und die ursprünglich gelieferten Dateien nicht umbenannt werden. Speichern Sie die bearbeiteten Worddateien daher stets unter einem neuen Dateinamen ab.

Die in einigen Word-Mustertexten vorhandenen **Formularfelder** können Sie markieren und überschreiben. Sie können sich die Bearbeitung erleichtern, indem Sie diese Formularfelder mit dem Default-Tastaturkürzel Ihres Textbearbeitungsprogrammes ansteuern. Für Microsoft Word ist dies i.d.R. das Tastaturkürzel F11, um zum nächsten Feld zu springen und „UMSCHALT+F11", um zum vorherigen zu springen. Diese Tastaturkürzel werden von der Arbeitsumgebung Ihres Textverarbeitungsprogramms und nicht durch die bereitgestellten Word-Muster-Dateien definiert. Daher können die Tastaturkürzel in alternativen Betriebssystemen und/oder Textbearbeitungsprogrammen (z.B. LibreOffice Writer) abweichen.

Bearbeiten der Muster/Formulierungsbeispiele mit einer anderen Textverarbeitung und/oder einem anderen Betriebssystem

Wenn Sie kein Microsoft Word, sondern ein anderes Textverarbeitungsprogramm auf Ihrem Rechner installiert haben, können Sie die Dateien trotzdem aufrufen und bearbeiten. Gehen Sie dazu direkt auf das gewünschte Muster in dem abgelegten Ordner "Muster-Doks". Über diesen Weg können Sie auch auf die Word-Dateien zugreifen, wenn Sie nicht über das mitgelieferte PDF-Musterverzeichnis navigieren möchten. Jedem Mustertext ist eine Nummer zugewiesen, die in dem Download-Symbol neben dem jeweiligen Formular/Mustertext im Buch abgedruckt ist. Über den Dateinamen (p = Paragraf und m = Muster) lässt sich die gewünschte Mustertext-Datei auffinden.